U0592767

欧亚历史文化文库

总策划 张余胜

兰州大学出版社

内陆欧亚历史语言论集

——徐文堪先生古稀纪念

丛书主编 余太山

许全胜 刘震 编

图书在版编目(CIP)数据

内陆欧亚历史语言论集:徐文堪先生古稀纪念 / 许全胜,刘震编. — 兰州:兰州大学出版社,2014.12
(欧亚历史文化文库/余太山主编)
ISBN 978-7-311-04651-4

Ⅰ.①内… Ⅱ.①许… ②… Ⅲ.①语言—欧洲—文集②语言—亚洲—文集 Ⅳ.①H-53

中国版本图书馆 CIP 数据核字(2014)第 299691 号

策划编辑 施援平
责任编辑 李 丽 施援平
装帧设计 张友乾

书 名 内陆欧亚历史语言论集
——徐文堪先生古稀纪念
主 编 余太山
作 者 许全胜 刘 震 编
出版发行 兰州大学出版社 (地址:兰州市天水南路 222 号 730000)
电 话 0931-8912613(总编办公室) 0931-8617156(营销中心)
0931-8914298(读者服务部)
网 址 http://www.onbook.com.cn
电子信箱 press@lzu.edu.cn
网上销售 http://lzup.taobao.com
印 刷 兰州人民印刷厂
开 本 700 mm×1000 mm 1/16
印 张 29.75(插页 2)
字 数 400 千
版 次 2014 年 12 月第 1 版
印 次 2014 年 12 月第 1 次印刷
书 号 ISBN 978-7-311-04651-4
定 价 90.00 元

出版说明

随着20世纪以来联系地、整体地看待世界和事物的系统科学理念的深入人心，人文社会学科也出现了整合的趋势，熔东北亚、北亚、中亚和中、东欧历史文化研究于一炉的内陆欧亚学于是应运而生。时至今日，内陆欧亚学研究取得的成果已成为人类不可多得的宝贵财富。

当下，日益高涨的全球化和区域化呼声，既要求世界范围内的广泛合作，也强调区域内的协调发展。我国作为内陆欧亚的大国之一，加之20世纪末欧亚大陆桥再度开通，深入开展内陆欧亚历史文化的研究已是责无旁贷；而为改革开放的深入和中国特色社会主义建设创造有利周边环境的需要，亦使得内陆欧亚历史文化研究的现实意义更为突出和迫切。因此，将针对古代活动于内陆欧亚这一广泛区域的诸民族的历史文化研究成果呈现给广大的读者，不仅是实现当今该地区各国共赢的历史基础，也是这一地区各族人民共同进步与发展的需求。

甘肃作为古代西北丝绸之路的必经之地与重要组

成部分，历史上曾经是草原文明与农耕文明交汇的锋面，是多民族历史文化交融的历史舞台，世界几大文明（希腊—罗马文明、阿拉伯—波斯文明、印度文明和中华文明）在此交汇、碰撞，域内多民族文化在此融合。同时，甘肃也是现代欧亚大陆桥的必经之地与重要组成部分，是现代内陆欧亚商贸流通、文化交流的主要通道。

基于上述考虑，甘肃省新闻出版局将这套《欧亚历史文化文库》确定为2009—2012年重点出版项目，依此展开甘版图书的品牌建设，确实是既有眼光，亦有气魄的。

丛书主编余太山先生出于对自己耕耘了大半辈子的学科的热爱与执著，联络、组织这个领域国内外的知名专家和学者，把他们的研究成果呈现给了各位读者，其兢兢业业、如临如履的工作态度，令人感动。谨在此表示我们的谢意。

出版《欧亚历史文化文库》这样一套书，对于我们这样一个立足学术与教育出版的出版社来说，既是机遇，也是挑战。我们本着重点图书重点做的原则，严格于每一个环节和过程，力争不负作者、对得起读者。

我们更希望通过这套丛书的出版，使我们的学术出版在这个领域里与学界的发展相偕相伴，这是我们的理想，是我们的不懈追求。当然，我们最根本的目的，是向读者提交一份出色的答卷。

我们期待着读者的回声。

总序

本文库所称“欧亚”(Eurasia)是指内陆欧亚，这是一个地理概念。其范围大致东起黑龙江、松花江流域，西抵多瑙河、伏尔加河流域，具体而言除中欧和东欧外，主要包括我国东三省、内蒙古自治区、新疆维吾尔自治区，以及蒙古高原、西伯利亚、哈萨克斯坦、乌兹别克斯坦、吉尔吉斯斯坦、土库曼斯坦、塔吉克斯坦、阿富汗斯坦、巴基斯坦和西北印度。其核心地带即所谓欧亚草原(Eurasian Steppes)。

内陆欧亚历史文化研究的对象主要是历史上活动于欧亚草原及其周邻地区(我国甘肃、宁夏、青海、西藏，以及小亚、伊朗、阿拉伯、印度、日本、朝鲜乃至西欧、北非等地)的诸民族本身，及其与世界其他地区在经济、政治、文化各方面的交流和交涉。由于内陆欧亚自然地理环境的特殊性，其历史文化呈现出鲜明的特色。

内陆欧亚历史文化研究是世界历史文化研究中不可或缺的组成部分，东亚、西亚、南亚以及欧洲、美洲历史文化上的许多疑难问题，都必须通过加强内陆欧亚历史文化的研究，特别是将内陆欧亚历史文化视做一个整体加以研究,才能获得确解。

中国作为内陆欧亚的大国，其历史进程从一开始就和内陆欧亚有千丝万缕的联系。我们只要注意到历代王朝的创建者中有一半以上有内陆欧亚渊源就不难理解这一点了。可以说,今后中国史研究要有大的突破,在很大程度上有待于内陆欧亚史研究的进展。

古代内陆欧亚对于古代中外关系史的发展具有不同寻常的意义。古代中国与位于它东北、西北和北方，乃至西北次大陆的国家和地区的关系,无疑是古代中外关系史最主要的篇章,而只有通过研究内陆欧亚史,才能真正把握之。

内陆欧亚历史文化研究既饶有学术趣味,也是加深睦邻关系,为改革开放和建设有中国特色的社会主义创造有利周边环境的需要，因而亦具有重要的现实政治意义。由此可见,我国深入开展内陆欧亚历史文化的研究责无旁贷。

为了联合全国内陆欧亚学的研究力量，更好地建设和发展内陆欧亚学这一新学科,繁荣社会主义文化,适应打造学术精品的战略要求,在深思熟虑和广泛征求意见后,我们决定编辑出版这套《欧亚历史文化文库》。

本文库所收大别为三类:一,研究专著;二,译著;三,知识性丛书。其中,研究专著旨在收辑有关诸课题的各种研究成果;译著旨在介绍国外学术界高质量的研究专著;知识性丛书收辑有关的通俗读物。不言而喻,这三类著作对于一个学科的发展都是不可或缺的。

构建和发展中国的内陆欧亚学,任重道远。衷心希望全国各族学者共同努力,一起推进内陆欧亚研究的发展。愿本文库有蓬勃的生命力,拥有越来越多的作者和读者。

最后,甘肃省新闻出版局支持这一文库编辑出版,确实需要眼光和魄力,特此致敬、致谢。

余太山

2010年6月30日

目录

1　最早的可以辨认释读的汉字[1]

梅维恒　Victor H. Mair
University of Pennsylvania

1.1　巫师

在1990年写的一篇论文里[2]，我描述了T型十字架（☩，这是一种臂部长度相等而其四个末端呈“T”形的十字架，在英语里称为crutch cross，而在德语里则被叫作Krückenkreuz）如何至迟在公元前12世纪出现于东亚内地的情景。在那个时代的甲骨占卜铭文里，与这个十字相应的现代汉字是“巫”（现代汉语的发音是wū，而在古音里的读法有点近似mya[g]）。应该强调的是，西方从古至今的T形十字是巫师的标志（magician<magi<拉丁语magus<希腊语magos<古波斯语maguš）。最通常的解释是把巫视为“萨满”，但这是明显错误的，因为“shaman”是个通古斯语词，其年代要比甲骨文的年代晚两千多年。而且，甲骨刻辞描述巫的职责，与典型的萨满极其不同，而更加接近于古伊朗语中的maguš的活动。因此，无论是这个图形，还是巫这个词语，都是在非常早的时期被借入古汉语的。

更引人注目的是，图形☩（巫，也就是mage）发现在青铜时代的一件小小的蚌雕人头像的顶部。人头像共有两件，出土于西周宫室建筑群遗址，年代被确定为公元前8世纪早期。这两件雕像表现的人头

〔1〕这是我有幸特地贡献给为徐文堪祝寿的文集的短文。在之前20多年的时间里，他经常向我提供有用的参考和研究资料。

〔2〕Victor H. Mair, “Old Sinitic *myag, Old Persian *maguš,* and English ‘Magician’”, *Early China*, 1990, 15: 27-47.

准确无误地具有欧罗巴（或高加索）体质特征：圆而深陷的眼睛，高鼻子，尖脸，窄头[1]。由于maguš一词源于印欧语系的伊朗语支，人像顶端的符号是巫师的标志，表明他是古代伊朗宗教的实践者。

虽然有关古代伊朗人在中亚和东亚文明发展中所起作用的细节犹待探明，但已有足够事实说明他们在公元前三千纪以降有重大的影响[2]。他们领先的领域包括铜的冶炼、骑马术、牧养大的动物、对狗的重视和利用，等等。可能先于伊朗人到达中亚东部的另一支重要的印欧人族群是吐火罗人，他们无疑曾将其有用的文化知识和技艺贡献给了与他们有接触的人们[3]，例如汉语的词“蜜”和“狮子”就来自吐火罗语[4]。

1.2 女神

在我写了关于发现于西周王室建筑群、时代为公元前8世纪的小小的伊朗巫师头像的论文20年后，以及我与马劳瑞（J. P. Mallory）合写《塔里木古尸》一书10年后，我又与迪克塞特（Miriam Robbins Dexter）合作——她是金布塔斯（Marija Gimbutas）的另一

[1] 雕像图形见于Victor H. Mair, “Old Sinitic *myag, Old Persian *maguš*, and English ‘Magician’”图2（29页），亦见于J. P. Mallory and Victor H. Mair, *The Tarim Mummies: Ancient China and the mystery of the Earliest Peoples from the West*（London and New York: Thames and Hudson, 2000) 的326页。那里也有关于这一发现对于欧亚史的意义的讨论。

[2] 参看Elena E. Kuz'mina, *The Origin of the Indo-Iranians*, J. P. Mallory, ed.（Leiden and Boston: Brill, 2007) 和同一作者，*The Prehistory of the Silk Road,* Victor H. Mair, ed.（Philadelphia University of Pennsylvania Press, 2008); David W. Anthony, *The Horse, the Wheel, and Language: How Bronze-Age Riders from the Eurasian Steppes Shaped the Modern World*（Princeton: Princeotn University Press, 2007); N. Chernykh, *Ancient Metallurgy in the USSR*（Cambridge: Cambridge University Press, 1992).

[3] J. P. Mallory, *In Search of the Indo-Europeans: Language, Archaeology, and Myth* (London and New York: Thames & Hudson, 1989), 223–226页以及书中各处。

[4] William G. Boltz（鲍则岳），“Language and Writing” in Michael Loewe（鲁惟一）and Edward L. Shaughnessy（夏含夷）, ed., *The Cambridge History of Ancient China: From the Origins of Civilization to 221 B.C.*（Cambridge: Cambridge University Press, 1999), 74–123页，特别是87页。

位学生[1]——共同写了《神圣的展示》（*Sacred Display*）[2]一书。迪克塞特和我注意到有一种描绘一个妇女展示其生殖器的图像。这种图像形式从新石器时代至今遍布整个欧亚大陆。对我来说特别有趣的是，这样的人像（有时作为模型展示）也画在中国西北地区出土的新石器时代的陶罐[3]上。

这些器皿属于马家窑文化的马厂期，年代约为公元前2300年。这在时间和空间方面都是至关重要的。从时间上说是公元前三千纪的第二个后半期，从空间来看是今天西北省份甘肃的黄河上游地区，其时正近于东亚的青铜冶炼、战车被引入、文字兴起和出现其他技术创新之前的约一千年，所有这些东亚腹心地区的创新都有证据表明出于西北。但正如我们在下面部分将要讨论到的，关于中国文字的起源尚无确证。

马厂陶罐上描绘的人像的吸引人之处在于它们的腿像蛙形，手臂和腿上有鳍状物，而此类型的图像已反复见于整个欧亚大陆。这种图像明显有表达一种女性的繁殖力的意思。但在其他一些例子里，妇女从事此类展示则有趋避邪恶的功能。无论是驱赶罪恶的影响，还是表现多产丰饶，这类标准的妇女像，特别是当它们具有鱼类或蛙形动物的特征时，都暗示着我们可以将其设想为女神。

1.3 文字

在本文的第一节，我已经指出，出现于西周宫室建筑遗址的两个蚌雕人像代表的巫师曾在周代宫廷从事宗教活动。值得注意的是，“巫”这个字亦见于甲骨刻辞，经常与求取与解释预兆联系在一起，他们被认作中国最早的能够识文断字的人，因此，他们无疑与中国最

〔1〕马劳瑞和迪克塞特以及许多重要的学者和考古学家都在洛杉矶加州大学接受过金布塔斯的培养。

〔2〕Miriam Robbins Dexter and Victor H. Mair, *Sacred Display: Divine and Magical Female Figures of Eurasia* (Amherst, New York, Cambria, 2010).

〔3〕对这些陶罐的描述见上引《神圣的展示》12–18页，并参见图8–12。

早的书写系统有关联，而甲骨刻辞的年代约为公元前1200—公元前1050年[1]。

直到2011年秋季，关于中国文字的起源尚无突破。学者们知道最早通行的文字，他们能够比定包含在对占卜活动的解释中的各个类型的单字，因为熟悉大量卜辞的内容而能够译释文字的最早形式，但他们对究竟是谁创造了文字以及这种文字来自何方，并没有明确的认

〔1〕巫显然与商代的占卜活动有密切的关系。关于他们与占卜和文字的关联，这里有几个问题必须回答：

a.他们的确切作用是什么？

b.在部分或所有的情况下，他们是否有可能就是那些写下卜辞的人？

c.谁最像是从事实际书写活动的人？

研究甲骨文的专家安德逊（Matthew Anderson），对于这些问题有如下的看法：

大部分出现“巫”一词的卜辞都很难读，导致许多不同的解释。有一个刻辞（《合集》5647f），有的读作壬辰卜，亘，贞㞢曹巫，争取以。曹就是在册之下有一个口。㞢（佑）册巫可能有“授巫以册（典册）”的意思。册字上加口，有许多学者据上下文理解为删，即“切割的祭品”（所以㞢［佑］册巫义谓“授巫以切割的祭品”）。但有时也可以确定有“典册”的意思，这里也应予考虑。没有更多的上下文或其他熟悉的卜辞，确实很难弄懂句子的确切含义，但我不相信任何情况下都是如此。至少有些情况表明巫与文字可能是有联系的。下面将对另一刻辞“貞：今㞢巫九备”做简要讨论。

有趣的是㞢曹指向一个并不是巫的实体，就我所知，通常是指向已逝的祖先或神灵/先朝的祖先“河”，唯一的例外是在一个刻辞上指向“三十邑”。

巫的确切作用是个大问题。从卜辞来看，巫确实非常重要，但其并非经常出现于卜辞（依据我的粗略统计少于一百，这些甲骨要么残损，要么晦涩难懂）。在中国学术界（通常并不称其为“萨满”），最常见的是将其理解为神祇名，在有些情况下，祭品供献给四方的巫。但这也不足以解释所有出现的“巫”的含义。巫有时会“以”或“取”，说明他们有时是献祭的祭品；有时又会“曰”，表明他们在占卜过程中起某种作用（不过我想起饶宗颐曾谓巫在这里作动词，意为“占卜”）；有时他们成为驱除邪魔的主体或客体（“御”——虽然此字实际上与此不同），他们以“舞”与其职责和行为相联系（以舞降神）。他们也在燎祭中作为牺牲的领受者或呈现者出现；在禘祭中则既作为祭品亦为祭品的呈现者。“巫”一词有时也以极其晦涩难懂的形式表达，如：貞：今㞢巫九备，就我所知，至今尚无令人满意的解释（当然也有若干理论提出）。但有时也和典、册同时出现，再次指明其与书写可能存在联系。无论如何，巫被称为“宁风”，并在禘祭中被提及，说明他们确实极其重要。

要准确说明在甲骨上刻写文字的是谁是个困难的问题，但我想可以保险地说，实际书写文字的既非王也不是占卜者。同一个王或同一个占卜者的不同的占卜记录有时笔迹完全不同，看来独特的同一种笔迹在占卜中也会被一个以上的占卜者（我想可能有一个以上的王）所用。这些情况只会导致更多问题。

识。有些研究者试图把文字与器物上的刻画符号联系起来，但对于中国书写系统的起源，并没有大多数专家接受的解释[1]。

2011年10月17日，《甘肃日报》发表了一篇题为《巫：从神灵使者到汉字书写——马家窑彩陶上发现中国最早可释读文字》的文章。

这两件彩陶（见图1–1、图1–2），属马家窑文化的半山期。在这两件器物上，我们看到相同的女人像，两者都手臂高举，腿部外张，犹如蛙形。阴部都清楚地描画出来，并且用两列环绕着的整齐圆点予以突出。人物躯体背部向外伸展的平行线条可能意指肋骨（呈射线形），还有帽子、翅膀或其他附属物。这两件陶器明显地与在前节里描述的马厂陶器属同一传统，只是在形式上有所差异，即躯体向外伸展的两边有平行线条。

图1–1

图1–2

然而，与马厂陶器最不同之处在于，这两件半山陶器都有巫师（𢆉=巫）的记号。第一件陶器上的巫字写得尤为平整。不容置疑的是，巫是制作和使用这些彩陶的人的重要记号。同样可以确定的是，描画在彩陶上的人与巫紧密相连。正如刻在周代蚌雕人像顶部的𢆉，表明其为巫，围绕着半山彩陶的女人像的𢆉，也最像是巫。当然，𢆉

〔1〕当然，有大量孤立的刻画符号（通常每件器物上只有一个记号），其中有些多少与甲骨刻辞有点近似，但大多数并非如此。而且无论如何，大多数刻画符号的年代是新石器时代，通常离甲骨刻辞的年代有数千年。参看Robert W. Bagley, "Anyang Writing and the Origin of the Chinese Writing System", in Stephen D. Houston, ed., *The First Writing: Script Invention as History and Process*(Cambridge and New York: Cambridge University Press, 2004), pp. 190-249; David N. Keightley, *Sources of Shang History: The Oracle-Bone Inscriptions of Bronze Age China* (Berkeley and Los Angeles: University of California Press, 1978) 以及 "The Origins of Writing in China: Scripts and Cultural Contexts", 载于Wayne M. Senner, ed., *The Origins of Writing* (Lincoln, Nebraska: University of Nebraska Press, 1989), pp. 171-202; and William G. Boltz, *The Origin and Early Development of the Chinese Writing System*, American Oriental Series, vol. 78 (New Haven, Connecticut: American Oriental Society, 1994; revised 2003).

这个记号本身是吉祥而强有力的，它的意思是让被描画在彩陶上的这个女人神圣化并为之祈福。在这些彩陶上，巫的记号反复出现，这绝不是无心的、随意的，也不仅仅是为了装饰。这类器物上放置巫的记号是有缘由的，或者是把画在上面的人比定为巫师，或者是想借助于巫师的力量和权威。

我们知道古代有男巫，也有女巫。他们的作用和责任是祈求神灵、解释天象、占卜、治病（包括医药）、祈福、驱祸等等。巫在公元前两千纪和一千纪的商、周时期非常重要。现在，通过上述半山彩陶的发现，我们可以确信商朝和周朝之前的公元前三千纪后半期，巫也具有同样的重要性。

带有巫记号的半山彩陶提供了巫师在商周时代连续性的证据。既然"巫"已经见于商代甲骨刻辞、周代铜器铭文以及后世典籍，我们可以确信马家窑彩陶上意为巫的符号是商代之前可以辨认识读的最早的汉字。而且，正如我们在本节开始和注释中做的讨论那样，"巫"不仅是历史上可释读的最早的汉字，而且他们本身负责书写，因而可能是中国文字的创造者，虽然这一点尚未获得无可辩驳的证实。由于公元前三千纪后期彩陶上的"巫"字的发现和比定，使我们有了牢固的基础，更有信心，期盼今后出现更坚实可信的材料。

1.4　游牧人

谁是公元前三千纪后半期和商代的巫？既然这个词来自伊朗语，那么将此词语和图像带到西北地区并进而抵达东亚腹心地区的应该是伊朗人。这并不令人惊奇，因为早期伊朗人是马的主人（无论是用来牵引车辆，还是后来用于乘骑），并且拥有令人钦佩的机动性，使他们能够进行长途迁徙。而且，伊朗的巫师以与商代的巫师起同样类型的作用而著称于世。

近来学术界已经日益清楚中央和内陆欧亚的畜牧和游牧民对于欧亚大陆定居的边缘居民的巨大影响。这在欧洲、南亚、东亚、西南亚，甚至延伸到东南亚都是真实无疑的。我们以苏美尔作为例证。正如卢比奥（Gonzalo Rubio）在近来所做的一次题为《苏美尔人的形成：语言、文学和政治》的讲演（这次讲演的地点是纽约大学古代世界研究学院，时间为2012年1月30日星期一）所指出：公元前三千纪并不存在像苏美尔民族认同那样一件事。有一种语言叫作苏美尔语，美索不达米亚的最南部地区（苏美尔）说这种语言，而在公元前三千纪末，正是这种语言已经不是任何人的母语之后，苏美尔文学的文化产品的协调过程才得以开始。这种情况也符合权力中心向北方苏美尔以外地区的替换和转移〔1〕。

我们看到，国家的形成来自北方，来自像肤色白、发色浅的古提（Guti）游牧人，他们从那个方向发起冲击，并在美索不达米亚建立了国家。同样的景象一而再、再而三地出现于草原边缘。就是这样，内亚和中亚成了驱使欧亚大陆文明发展的动力。当然，如果就凭直觉，大多数人会把内亚和中亚的居民视为"蛮族"，但是，我们必须认识到，许多最富于革命性的技术和文化（不用提政治）创新，并非发生在欧亚大陆的边缘定居地区，而是产生于内陆欧亚的核心地区〔2〕。

---

〔1〕卢比奥讲演的简要概括基于他在ISAW开讲之前所散发的提要。

〔2〕对于欧亚大陆历史的新的探索见于利伯曼（Victor Lieberman）的极有说服力、给人深刻印象的巨著，题为*Strange Parallels: Southeast Asia in Global Context, c. 800-1830*（充分的书目信息见本文后附"参考文献"），此外也请参看：

Victor H. Mair. "Comments on Victor Lieberman, Strange Parallels", *The Journal of Asian Studies*, 70.4 (2011年11月), 979–982. 同一期《亚洲研究杂志》还登载了在一个专题小组讨论会上其他学者对利伯曼巨著的评注。

Victor H. Mair. "The North(west)ern Peoples and the Recurrent Origins of the 'Chinese' State". 载于 Joshua A. Fogel（傅高义）, ed. *The Teleology of the Modern Nation-State: Japan and China*. Philadelphia: University of Pennsylvania Press. pp. 46–84, 205–217.

Victor H. Mair, ed. *The Bronze Age and Early Iron Age Peoples of Eastern Central Asia*. 2 vols. Journal of Indo-European Studies Monograph Series No. 26. Washington, DC: Institute for the Study of Man; Philadelphia: The University of Pennsylvania Museum of Archaeology and Anthropology.

Christopher I. Beckwith（白桂滋）. *Empires of the Silk Road: A History of Central Eurasia from the Bronze Age to the Present*. Princeton: Princeton University Press, 2009.

Tansen Sen（沈丹森） and Victor H. Mair. *Traditional China in Asian and World History*. Key Issues in Asian Studies, No. 9. Ann Arbor, MI: Association for Asian Studies, 2012.

人类学家也许会问：为什么会这样呢？这些居住在内亚、中亚广大地区而人口稀少的族群，远离人口稠密的定居社会的中心，何以能对后者产生巨大的影响呢？我们可以这样回答：

他们并非静止，而是富于机动性，生活在充满挑战的条件之下，自然具有活力。

他们有丰富的资源，得以生存下去，既包括文化适应性，也包括人际关系。

人口较少的族群延伸在广阔的地域上，需要诸多方面的创造性，包括通讯方式（例如，他们发展了卓越的邮驿系统）、跨越大地的航行方法（例如，他们“读”天的能力），以及食物的获取、制备和储存。

当他们进攻定居居民时，由于其拥有的高超技艺，使他们能够统治数量是其十倍甚至更多的居民，这就是何以如斯基泰人、匈人、哥特人、阿瓦尔人、蒙古人以及其他不计其数的游牧人——尽管其数量少——会对他们遇到的定居居民产生如此巨大的影响。

所有这一切的中心是他们精通马匹以及与马有关的技术（战车、组合弓、制革和胶合技术等等）。

还要说的是对所饲养动物的产物进行初次和二次加工所得到的产品（例如高蛋白的日常饮食），这与他们的热量消耗是匹配的。

鸣谢：

我感谢徐文堪使我注意到有关半山彩陶的材料，也感谢斯密士（Jonathan Smith）和安德逊向我提供有关“巫”的甲骨刻辞和铜器铭文的注释。

参考文献

Anthony D W. 2007. The Horse, the Wheel, and Language: How Bronze-Age Riders from the Eurasian Steppes Shaped the Modern World. Princeton: Princeton University Press.

Bagley R W（贝格立）. 2004. Anyang Writing and the Origin of the Chinese Writing System // Houston S D. The First Writing：Script Invention as History and Process. Cambridge，New York：Cambridge University Press: 190-249.

Boltz W G（鲍则岳）. 1999. Language and Writing // Loewe M（鲁惟一）, Shaughnessy E L（夏含夷）. The Cambridge History of Ancient China: From the Origins of Civilization to 221 BC. Cambridge: Cambridge University Press: 74-123.

Boltz W G. 1994. The Origin and Early Development of the Chinese Writing System. American Oriental Series: vol 78. New Haven, Connecticut: American Oriental Society.

Chernykh E N. 1992. Ancient Metallurgy in the USSR. Cambridge: Cambridge University Press.

Dexter M R, Mair V H（梅维恒）. 2010. Sacred Display: Divine and Magical Female Figures of Eurasia. Amherst, New York: Cambria.

Keightley D N（吉德炜）.1989. The Origins of Writing in China: Scripts and Cultural Contexts // Senner W M. The Origins of Writing. Lincoln, Nebraska: University of Nebraska Press: 171-202.

Keightley D N. 1978. Sources of Shang History: The Oracle-Bone Inscriptions of Bronze Age China. Berkeley, Los Angeles: University of California Press.

Kuz'mina E E. 2007. The Origin of the Indo-Europeans. Mallory J P, ed. Leiden, Boston: Brill.

Kuz'mina E E. 2008. The Prehistory of the Silk Road. Mair V H, ed. Philadelphia: University of Pennsylvania Press.

Lieberman V. 2003. Strange Parallels: Southeast Asia in Global Context, c. 800-1830: Volume 1: Integration on the Mainland. Cambridge: Cambridge University Press.

Lieberman V. 2009. Strange Parallels: Southeast Asia in Global Context, c. 800-1830: Volume 2: Mainland Mirrors: Europe, Japan, China, South Asia, and the Islands. Cambridge: Cambridge University Press.

Mair V H. 1990. Old Sinitic **myag*, Old Persian *maguš*, and English "Magician". Early China, 15: 27-47.

Mallory J P. 1989. In Search of the Indo-Europeans: Language, Archaeology, and Myth. London and New York: Thames & Hudson.

Mallory J P, Mair V H. 2000. The Tarim Mummies: Ancient China and the Mystery of the Earliest Peoples from the West. London, New York: Thames and Hudson.

Qiu Xigui （裘锡圭）. 2000. Chinese Writing // Translation of 文字学概要 by Gilbert L Mattos（马几道）and Jerry Norman（罗杰瑞）. Early China Special Monograph Series: 4. Berkeley: The Society for the Study of Early China and the Institute of East Asian Studies, University of California.

2 释“丑”

潘悟云　上海师范大学

“丑”的古文字主要有以下一些字形（取自《古文字诂林》）：

 菁三·一 甲二四六三 令簋

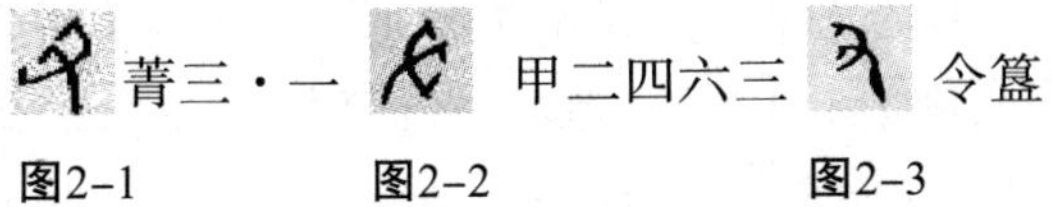

图2–1　图2–2　图2–3

 先秦货币文篇·六八

图2–4

 貉子卣 天亡簋 侯马盟书字表

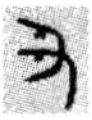

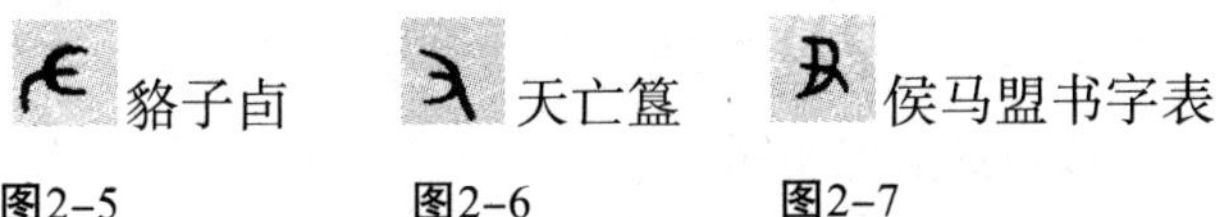

图2–5　图2–6　图2–7

《说文》说是“象手之形”。但是各种字书中似乎没有这种解释。《汉语大词典》只解释作地支名与小丑的“丑”。《汉语大字典》还增加了“纽”“手械”二义。古代的其他字书、韵书也只有这几个词义。

文字学家们对它的解释也各有不同。叶玉森《殷墟书契前编集释卷一》：“并象手。其指或屈或伸。似即手之古文。”郭沫若《释干支》：“此实象爪之形，当即古爪字”。杨树达《积微居小学述林》：“丑字像手被系缚之形，故知即杽字之初文矣”。马叙伦谓：“此今作扭之初文。从又象屈指有所扭执”。

古文字的“手”与“丑”显然不同，图2–8的“手”字像五指张开的完整手掌，而图2–1至图2–7的“丑”则只有三指：

图2–8　　图2–9

图2–9的“叉”（爪），指间有短画，像指上的指甲，与图2–3、图2–4的“丑”字的字形有点像，所以郭沫若以为它就是古“爪”字。但是“爪”与“丑”的声母相差太远，不大可能就是一个字。“丑”像手形，但是它既不是“手”，又不是“爪”，所以更可能就是“手指”。甲骨文中的图2–1、图2–2都突出了手指的形象。图2–3、图2–4指下的点，更像是指事标记，标示这个字形的所指是手指的部位，而不是整张手。图2–7的指间一杠，很多人都解释为指为束缚之形，从而把“丑”解释为“扭”之初文。但是从图2–1至图2–7，都没有这一杠，都只是简单的手指形状，如果把这一杠也解释为指事，以与图2–3、图2–4相一致，那么“丑”的所有图形都有一致的解释，即“手指”。“杽”又作“杻”，与“丑”同音，“丑”应是它的初文。它是一种夹手指的刑具。“丑”的初义是手指，后来把夹手指的刑具也叫作“丑”，这是最自然不过的引申。

不过，通过字形来解释字义，毕竟见仁见智，必须有语言学方面的材料加以确定。

我们先来论证“丑”的上古读音。

“丑”字中古彻母尤韵，上古音可以构拟为*thuʔ>MC ʈhɨu，也可以构拟为*ph-luʔ>MC ʈhɨu。

潘悟云（2002）指出，上古汉语的端组字如果与见系字发生关系，有以下的来源：

*k-l->MC t-　*kh-l->MC t-　*g -l->MC d-

脱*kh-lo̤d>*thot>M.thwat，可比较藏文glod（松脱），缅文klwat <*klot（解脱，脱落），龙州壮语kjo:t < *klo:t。

读*g-lo̱g >M.duk，可比较藏文klog（读）。

跳kh-le̱ws>M.theu，可比较“跳”在汉越语中读khieu。

多*k-la̱l>M.tɑ，与“移”*lal谐声，可比较泰文hlaaj^{1}（多），壮语la:i^{1}（多）。

田*g-li̱ŋ>*g·lin>M.den，可比较藏文ʑiŋ（田，地）<*ljiŋ，还可比较览金瑶语gi:ŋ^{2}，三江瑶语ljaŋ$^{2}{}_{z}$。（王辅世，毛宗武，1995）。

担*k-lam>M.tɑm，可比较克木语klam（肩负。包拟古，2009），景颇语khap^{55}担子。

如果发生在三等，就变成知、彻、澄。

同样的道理，端（知）组如果与帮系发生关系，则是：

*p-l->MC t-　*ph-l->MC t-　*b -l->MC d-

地支名“丑”在布依语中是piu，这说明上古汉语应该是*ph-luʔ，布依语没有送气与不送气的对立，借用为plu，以后演变为piu，侗台语中有音变plu->pju->piu。

但是“丑”与“纽”谐声，而且以“纽”为声训，《说文》：“丑，纽也”。《释名》“丑纽也，寒气自屈纽也”，可见此处的“纽”实即“扭”字。但是“纽”是泥母字，它又怎么能与*ph-谐声呢？这又要先讨论上古汉语的两条音变规则：

*m-l->n-

“猱”，中古泥母，却以明母“矛”得声，它的变化是：

*ma̭lu̱>*m-lu̱>*m-mu̱>*nu̱>MCnɑu。

在有些方言，却是另一种变化：

*ma̭lu̱>*malu̱>malau。

宋赵彦卫《云麓漫钞》：“北人谚语曰胡孙为马流”，现代广州话谓“马骝”ma^{23}lɐu^{55}，都是这种变化的结果。

既然“丑”前带唇冠音，那么与之谐声的“纽”也一定带唇冠音：*m-luʔ>nuʔ>MC nɨu。

但是，鼻音一般不与塞音谐声，“纽”如果是鼻音*m-luʔ，“丑”就不太可能是带塞冠音的*ph-luʔ。

这就要用上清鼻音的变化规则：

*m->MC m-	*m̥->MC ph-
脈	派
无	抚
免	娩

因为鼻音与清鼻音可以谐声，所以“丑”的上古音一定是*m̥-luʔ>ph-luʔ>MC ʈhu，它与“纽”*m-luʔ的谐声关系属于鼻冠音的清浊交替。

缅文的“食指”叫lak ŋ̥ɯ2，其中的lak是“手”，所以后头的ŋ̥ɯ2就是“指”，缅文的词义缩小，专指指头中最重要的“食指”了。

缅文ŋ̥ɯ2与汉语“丑”的语音对应关系是整齐的。

缅文的部分ɯ对应于汉语的幽部*u：

缅文ɯ	上古汉语u
kɯ3（ကိုး 九）	九*kuʔ。
khɯ3（ခိုး 鸽）	鸠*ku。
ɯ^{2}（ကို 兄弟）	舅*gŭʔ。
khjɯ（ချို 角<*khlɯ）	觓*gru

缅文的部分低平调，即第2调，对应于汉语的上声调（引自黄树先，2003）：

补*pa̠ʔ	ဖာ phaa^{2} 缝补；弥补；补正（词典578）。
象*zaŋ<*sɢlaŋʔ	ဆင် tshaŋ^{2} 象（词典276）。
反*panʔ	ပြန် pran^{2} 颠倒，翻滚（词典568）。
启*khɯlʔ	ချီ khjii^{2} 开始（词典118）。
雨*ɢwraʔ	*ɢwăs ရွာ rwaa^{2} 下雨（词典815）。
领*g-reŋʔ	လည် lan̥^{2}<leŋ^{2} 脖子，颈（词典893）。
死*siʔ	သေ se^{2} 死（词典976）。

引* linʔ	ရှည် hran̥^{2}（时间）长，久；（身材）高（词典831）。
止*kljɯʔ	ခြေ khre^{2} 脚，腿；根基，底，根部（词典136）。
妇*buʔ	ပျို pjɯ^{2} 少女，姑娘（词典547）。

缅文的n̥-，与汉语“丑”的上古清鼻音对应。

缅文的这个词在其他藏缅语中都是“手指”，第一个语素都是“手”，第二个语素与缅语的hn̥ɯ^{2}同源，例如：

怒苏怒语	阿昌语、波拉语	绿春哈尼语	嘎卓语
la̠^{53}n̥ɯ^{55}	lɔʔ^{55}n̥au^{31}	la^{31}nø^{55}	la^{53}ŋ^{35}

勒期语	错那门巴语	浪速语	载佤语
lɔʔ31ŋio̠55	laʔ53priu53	laʔ31ŋju̠k55	loʔ21ŋju̠i21

值得注意的是，第二个语素在错那门巴语中是priu53，它与“丑”在布依语中的借词piu非常相似，同时还带有介音-r-，这些正说明这个语素在这些语言中的原始形式可能是m̥-lu>n̥u之类的音，在门巴语中是m̥-lu>m̥lu>plu。与此类似的还有基诺语的la55pu44。

“手指”的这个形式还出现在侗台语中：

泰语	老挝	版纳	德宏	傣拉	龙州	琼山	标语
niu^{4}	niu^{4}	niu^{4}	leu^{4}	n̥iu^{4}	ni:u^{4}	niau^{3}	n̥au^{2}

德宏傣语声母n、l不分，leu^{4}就是neu^{4}。侗台语的声母是n-或n̥-。

这个词在侗台语中的读音也与汉语的“丑”对应：

侗台语的第4调对应汉语的上声。

侗台语复辅音Cl-会变成Cj-：

单衣

武鸣	靖西	柳江	凌乐	砚山
ple:u^{1}	pe:u^{1}	pju^{5}	piu^{1}	piu^{1}

所以“手指”在侗台语中的-iu，很可能有相似的来源，这使我们推测，它很可能有如下的演变：m-lu>niu，这与汉藏语的手指读音非

常相似。手指是身体部位名称，属于核心词中的核心词，不大可能会是借词。而且，假如侗台语这么多的语言，不约而同地向汉藏语借用这个词，更是匪夷所思。

如果藏缅、侗台中的“手指”在音义上都与汉语的“丑”相对应，再结合汉字的古文字字形，我们大致可以肯定“丑”的上古词义就是手指。在上古汉语，“手”指手掌，“丑”是手指的总称，“指”是特定手指，如拇指、小指，等等。

参考文献

包拟古. 2009. 原始汉语与汉藏语. 潘悟云，冯蒸，译. 北京：中华书局.

黄树先. 2003. 汉缅语比较研究. 武汉：华中科技大学出版社.

潘悟云. 2002. 流音考//东方语言与文化. 上海：上海东方出版中心.

王辅世，毛宗武. 1995. 苗瑶语古音构拟. 北京：中国社会科学出版社.

3　“康罟”与“鼍鲁”

许全胜　复旦大学

西周金文有一字，作如下数形：

（1）、、（四十三年逨鼎）[1]

（2）（辛鼎）[2]、、（颂鼎）、、、、（颂簋）、（颂壶）、（颂盘）[3]

（3）、（四十二年逨鼎）[4]、（昊生残钟）[5]

此字旧说颇多。前人皆据第（2）、（3）两形考证，阮元、徐同柏、吴大澂、林义光、郭沫若皆释虔；刘心源释褫；徐中舒释复；高田忠周释虢；高鸿缙释渔；李孝定隶定为𦇧，读为和；周法高读𦇧为嘏；陈汉平释为谐[6]。何琳仪读为擱，通强[7]。

按，以上所释字皆有未安，周法高未释何字，但读为嘏则颇有道理（详下文）。四十三年逨鼎为近出青铜器，（1）形为前所未见，今据此重新加以考订。此字从“爫”“冈”“又”，像两手执网状，

〔1〕见陕西省考古研究院、宝鸡市考古研究所、眉县文化馆《吉金铸华章——宝鸡眉县杨家村单氏青铜器窖藏》，文物出版社，2008年版。四十三年逨鼎甲，55页；鼎乙，63页；鼎己，95页。

〔2〕辛鼎见中国社会科学院考古研究所《殷周金文集成》2660，中华书局1984—1994年版。下简称《集成》。

〔3〕颂鼎见《集成》2827、2829。颂簋见《集成》4333、4336、4338、4339。颂壶见《集成》9732。颂盘见张长寿、闻广《跋落照堂藏颂鼎颂盘拓本》，《文物》2009年第9期，52页。

〔4〕见陕西省考古研究院、宝鸡市考古研究所、眉县文化馆《吉金铸华章——宝鸡眉县杨家村单氏青铜器窖藏》，文物出版社，2008年版。四十二年逨鼎甲，39页；鼎乙，47页。

〔5〕见《集成》105。

〔6〕参见陈汉平《金文编订补》，中国社会科学出版社，1993年版，299-303页。

〔7〕何琳仪《莒县出土东周铜器铭文汇释》，原载《文史》2000年第1期。收入《安徽大学汉语言文字研究丛书·何琳仪卷》，安徽大学出版社2013年版，49-50页。

是会意字，当即“罟”字表意初文。（2）、（3）两形皆加“虍”（或“虎”）旁为声符，成为形声字。而（3）乃省一“又”或“罒”之位置，以“虍”代之。此两形亦可理解为执网捕虎，虎亦声。甲骨文有、[1]，像以网捕虎状，从网从虍。虍、虎在晓母鱼部，而罟在见母鱼部，二者古音极近。此字从虍或虎者，甲金文中皆应为罟字之异体。甲骨文又有、等字，像双手执网捕鱼，可隶定为“罴”，此字在卜辞中作动词，当读作“渔”。[2]罟为网之通名，设网可捕鸟兽，亦可为渔具。渔网又称罛[3]，罟、罛古音相同，皆在见母鱼部，当是同源字[4]。后世捕鱼之竹栅栏名“沪”，“沪”即罟或罛之音转[5]。

西周早期之辛鼎文句颇古奥，铭曰：

> 辛作宝。其亡彊。厥家雍德罟，用昔（契）厥剿（孽）多友。多友厘辛，万年惟人[6]。

按，亡彊即无疆，此处盖为“万年无疆”之省，以下有“万年”而避复。或云“无彊”与《诗》“无竞惟人”之“无竞”义同，亦通。雍，和也。罟与嘏皆从古声，可通假，嘏字此处训大。《诗·周颂·我将》：“伊嘏文王，既右飨之。”陆德明《释文》：“嘏，古雅反。毛‘大也’。”孔颖达《正义》：“毛于嘏字皆训为大，此嘏

〔1〕见《甲骨文合集》第4册10732、10733，中华书局1979年版，1569页。

〔2〕见《甲骨文合集》第9册28428“其渔”、28429“弜渔”，中华书局1981年版，3502页。

〔3〕《尔雅·释器》：“鸟罟谓之罗，兔罟谓之罝，麋罟谓之罞，彘罟谓之羉，鱼罟谓之罛。”“鱼罟谓之罛”注：“最大罟也，今江东云。”疏：“李巡曰：‘鱼罟，捕鱼具也。’然则捕鱼之具，最大者名罛。《诗·卫风》云：‘施罛濊濊。’是也。”参见晋郭璞注、宋邢昺疏《尔雅注疏》，北京大学出版社1999年版，138–139页。

〔4〕罟与罛古书中多通假之例，见高亨《古字通假会典》，齐鲁书社，1989年版，858页。

〔5〕唐陆龟蒙《渔具》诗序云：“列竹于海澨曰沪。”清黄叔璥《台海使槎录·赋饷》：“沪者，于海坪潮涨所及处，周围筑土岸，高一二尺，留缺为门……潮涨淹没沪岸，鱼蛤随涨入沪。潮退水由沪门出，鱼蛤为网所阻。”（见《汉语大词典》沪字条）则改设竹栅为筑土岸以捕鱼矣。

〔6〕郭沫若曾指出辛鼎“昔厥剿多友”与叔夷钟“达而（尔）朋剿”（《集成》277）可互证（见《两周金文辞大系考释》）。达字从赵平安释（参见赵平安《“达”字两系说——兼释甲骨文所谓“途”和齐金文中所谓“造”字》，《新出简帛与古文字古文献研究》，商务印书馆，2009年版，88页）。

亦为大也。王肃云：‘……维天乃大文王之德，既佑助而歆飨之。’”[1]家雍德嘏，犹言家和德隆。

四十二年逨鼎、四十三年逨鼎皆云：

降余康罟、屯右（佑）、通录（禄）、永令（命），眉寿绰绾。

逨盘云：

降逨鲁多福，眉寿绰绾，受（授）余康罟、屯右（佑）、通录（禄）、永令（命）、灵冬（终）[2]。

逨钟云：

降余多福、康罟、屯右（佑）、永令（命）[3]。

颂鼎、颂簋、颂壶、颂盘皆云：

用追孝祈匄康罟、屯右（佑）、通录（禄）、永令（命）。

昊生残钟云：

用降多福，用喜侃前文人，用祈康罟、屯鲁。

按，康罟之罟，可通嘏或祜。嘏，福也。《诗·小雅·宾之初筵》："锡尔纯嘏，子孙甚湛。"郑笺："纯，大也。嘏，谓尸与主人以福也。湛，乐也。王受神之福于尸，则王之子孙皆喜乐也。"[4]祜亦训福，贾谊《新书》卷6《礼》："《诗》曰：'君子乐胥，受天之祜。'胥者，相也。祜，大福也。"[5]

"祜"，㾓钟又作"严祜"：

用追孝敦祀卲各（格）乐大神，大神其陟降严祜，㸓妥（绥）厚多福。其丰丰㣎㣎，受（授）余屯鲁、通录（禄）、永

〔1〕〔汉〕毛亨传、〔汉〕郑玄笺、〔唐〕孔颖达疏《毛诗正义》，北京大学出版社，1999年版，1302页。

〔2〕参见《吉金铸华章——宝鸡眉县杨家村单氏青铜器窖藏》，189-190页。逨盘"罟"字与（3）昊生残钟字同形。

〔3〕参见刘雨、卢岩《近出殷周金文集成》106-109号，中华书局，2002年版。逨钟"罟"字作第（2）形。

〔4〕《毛诗正义》，885页。

〔5〕〔汉〕贾谊撰，阎振益、钟夏校注《新书校注》，中华书局，2000年版，216页。

令（命）、眉寿、灵冬（终）[1]。

而两周之际曾、黄两国铜器铭文则多见“祜”与“福”连言为“祜福”一词[2]。

屯右，据《尚书·君奭》“天为纯佑命”可读为纯佑，纯训大[3]。而屯本训为厚、盈，亦可不必改读。佑，神明保佑。通者，谓不间断也。《诗·小雅·瞻彼洛矣》：“君子至止，福禄如茨。”郑笺：“君子至止者，谓来受爵命者也。爵命为福，赏赐为禄。茨，屋盖也。如屋盖，喻多也。”[4]永命，即长寿。

器铭“屯右”“通录”“永令”等皆偏正词，故“康罟”亦当为偏正词。康，通庚、赓，有连绵不断之意。康瑕或康祜，犹言永福。

“通录（禄）”或称为“屯录（禄）”。屯可训聚，亦喻多，屯不必改读为纯。𦮂伯簋[5]云：

> 用祈屯录（禄）、永命、鲁寿、子孙。

按，井叔采钟云：

> 用祈福履、多寿、繁鲁。[6]

𦮂伯簋之“鲁寿”疑可读为旅寿，与井叔采钟之“多寿”同义，“鲁”古书中多与“旅”通假，而旅有众多之意。但鲁字在古文字中多训为嘉，有美善之意[7]。作形容词者，如金文中习见“鲁休”“鲁

---

[1] 见《集成》247、248、249、250。246𤼈钟铭云：“用祷寿、匄永令（命）、绰绾、发录（禄）、屯鲁。弋（式）皇祖考，高对尔烈，严在上，丰丰（蓬蓬）𩐙𩐙（勃勃），融妥（绥）厚多福。广启𤼈身，勱于永令（命），裦受余尔𪓐福。”

[2] 如曾孟嬴削簋云：“曾孟嬴削自作行簠，则永祜福。”（见湖北省文物考古研究所编《曾国青铜器》，文物出版社，2007年版，82页）曾子伯誩鼎：“曾子伯誩铸行器，尔永祜福。”（《集成》2450。又见《曾国青铜器》434页）黄君孟鼎：“黄君孟自作行器，厥子孙则永祜福。”（《集成》2497）

[3] 陈汉平《西周册命制度研究》，学林出版社，1986年版，315页。

[4]《毛诗正义》，855页。

[5] 𦮂伯簋见《集成》4331。

[6] 此井叔采钟铭据《集成》357。“多寿”，《集成》356作“寿”。“履”“繁”二字释读，从陈剑《金文字词零释（四则）》，复旦大学出土文献与古文字研究中心网站2008年2月5日首发。

[7] 于省吾《释鲁》指出，鲁字在甲骨文中多训为嘉，嘉为美善之义，如“允鲁”即“允嘉”。甲文又有“吉鲁”连用之例，尤可证鲁为美善之义（见《甲骨文字释林》，中华书局，1979年版，52-53页）。

令（命）”“鲁休令（命）”[1]，又有“鲁福”“鲁多福”“大鲁福”“大鲁命”等语。亦可作动词，如西周早期𤔲作周公簋云：

> 鲁天子□厥濒（频）福[2]。

“鲁”作名词，与“福”义近，如高卣[3]云：

> 尹其亘万年，受厥永鲁。

“永鲁”即永福。金文又屡见“屯鲁”一词，如上引昊生残钟“康詈（嘏）”与“屯鲁”并举。西周早期伯姜鼎[4]云：

> 天子万年，百世孙孙子子受厥屯鲁，伯姜日受天子鲁休。

又春秋晚期叔夷钟云：

> 用祈眉寿、灵命、难老。丕显皇祖其乍（作）福，元孙其万福屯鲁[5]。

徐中舒《金文嘏辞释例》谓屯鲁“即厚福、大福、全福之意”，亦即典籍中之“纯嘏”[6]，则徐说以“鲁”训为福或嘏。

按，近出西周青铜器獄簋云：

> 用匄百福、迈（万）年，俗（欲）兹百生（姓）亡不𡨦（禀）厥临㚇鲁[7]。

裘锡圭先生曰：

> 簋铭“㚇鲁”之“㚇”，左旁不可识，《考释》谓其“象两个臣字正反相连，中间共享一笔，当为‘臣’字繁构”，恐不可信。但《考释》谓此字从“夆”声，“似应读为逢，《书·洪范》：‘身其康强，子孙其逢吉。’马注：‘逢，大也。’（引

〔1〕休义为赏赐，鲁休犹言嘉赐（嘉锡）、嘉奖，鲁休令（命）犹言嘉奖令。

〔2〕见《集成》4241。□字或释造。鲁天子，亦见《史记·周本纪》“鲁天子之命”，鲁字《鲁世家》作“嘉”，《书序·嘉禾篇》作“旅”（参见上引于省吾《释鲁》）。

〔3〕高卣见《集成》5431。

〔4〕伯姜鼎见《集成》2791。

〔5〕见《集成》277。

〔6〕参见《徐中舒历史论文选集》（上册），中华书局，1998年，545页。

〔7〕此处簋铭释读据裘锡圭《獄簋铭补释》，复旦大学出土文献与古文字研究中心网站2008年4月24日首发，又载《安徽大学学报》2008年第4期。下引裘说即见此文，《考释》指吴镇烽《獄器铭文考释》，《考古与文物》2006年第6期。

者按：所引马融注见《释文》。既用马注，引经文似乎不必按伪《孔传》断句，宜从《经义述闻》在‘逢’字断句，‘吉’字自成一读）……‘𠡥鲁’就是丰厚的福”，则相当有道理。王引之《经义述闻》卷三“子孙其逢”条，述王念孙说，举出了古书中“逢”当训大的一些例证，并以为“逢”、“丰”古通，“是古‘逢’、‘丰’声义皆同也”。《国语·周语下》“景王二十二年谷、洛鬬”条，有“则此五者而受天之丰福”语。“逢鲁”“丰福”义近。依此解，“厥临”和“鲁”是“稟”的并列宾语。不过，“㚊鲁”之“㚊”似乎也有可能应该读为逢遇之“逢”，也就是认为“逢鲁”跟“稟厥临”一样也是动宾结构。在上文引过的《国语·周语上》“十五年有神降于莘”条中，有“道而得神，是谓逢福；淫而得神，是谓贪祸”之语，韦昭注：“逢，迎也。”“逢鲁”可能与“逢福”意近。

按，“㚊”字原文作，此字亦见新出卫簋，作（簋甲盖）、（簋乙盖）。卫簋与㺇簋关系密切[1]，铭文亦相似，上引㺇簋铭，卫簋作：

用匄百福、迈（万）年，俗（欲）兹百生（姓）亡不鲁。

无“稟厥临”三字。字，李学勤以为其左旁从囦（“渊”之古文）声，其字读为“烟”[2]。其实，若将之左旁字顺时针转九十度为，并将卫簋此字所从，与史墙盘字所从（蜜）旁[3]、上博楚简《容成氏》蜜（密）须之蜜比照[4]，其嬗变之迹昭然若揭。从亼、米、口。亼、口即合，像器形。从亼、米、甘，亼、甘与

〔1〕参见朱凤瀚《卫簋与伯㺇诸器》，《南开大学学报》（哲社版），2008年第6期。

〔2〕参见李学勤《伯㺇青铜器与西周祀典》，《古文字与古代史》第一辑，台湾中央研究院历史语言研究所，2007年版。又见李学勤《文物中的古文明》，商务印书馆，2008年版，290页。

〔3〕史墙盘见《集成》10175。

〔4〕李零指出上博简《容成氏》密须氏之密与史墙盘铭字左旁相合，知此字从密声（见《上海博物馆藏楚竹书（五）》，上海古籍出版社，2005年版，287页）。按其说是，但严格地说当是蜜字，通假为密。

“合”义同，论者以为从米声，甚是[1]。据此，之框形两边外凸像蜂窝之形，内四点代表蜜蜂，当中一竖像蜂房之间隔。卫簋之框形四边皆突出尤其像蜂窝，中间无一竖，但内亦有四点。、所从之“米”，盖由獄簋“䗬”字所从旁中间四点一竖笔画演变而来，以充作声符。而、方框若分解书写，则可衍为从亼从口或甘之形。此字当是“蜜”字之表意初文。、当分析为从蜜、从夆声，应释作“䗬”（或“蜂”）。

另外，日本神户白鹤美术馆藏商代晚期小子卣[2]。，一作，旧不识，字从、（或隶定为“囧”），“夆”旁各有两点共四点。对比獄簋字、卫簋，可知二者皆从“夆”声，、与、义同，皆像蜂窝状。亦有四点像蜜蜂，惟置于、之外耳。卣字与簋铭义符稍异，当是“䗬”字之异体。“䗬”为人名，古籍中亦有之，如逢蒙，或作蓬蒙、䗬蒙、䗬门、逢门[3]。

獄簋“百姓亡不禀厥临䗬鲁”与上引伯姜鼎“百世孙孙子子受厥屯鲁”句式意思皆相似。獄簋“禀厥临䗬鲁”之“厥”代指前文“其日夙夕用厥馨香敦示（祀）于厥百神”之“百神”；而“受厥屯鲁”之“厥”代指上文之“天子”，其意与上引燮作周公簋“鲁天子厥濒（频）福”亦相近，“屯鲁”之“鲁”犹“频福”之“福”。上引井叔采钟之“繁鲁”即“频福”，犹言“多福”。

据卫簋铭作“欲兹百姓亡不䗬鲁”，则“亡不”后“䗬鲁”应视为动宾结构或为形容词。如“䗬”是动词，当通假为逢遇之逢，䗬鲁即逢福。如“䗬”通训为大之逢，“鲁”不能作名词，而作形容词训为嘉，䗬鲁即大嘉。而獄簋铭“亡不禀厥临䗬鲁”之“䗬鲁”亦应作如是观，上引裘文前一说不可从，后一说可从。

---

〔1〕见李守奎、曲冰、孙伟龙编《上海博物馆藏楚竹书（一—五）文字编》，作家出版社，2007页，593页。

〔2〕见《集成》5417。

〔3〕参见梁玉绳《人表考》，卷8“逢门子”条，收入《史记汉书诸表订补十种》，中华书局，1982年版，864页。

“鼄（逢）鲁”前已言“匄百福”，而上引铭文“屯鲁”“繁鲁”前亦见“万福”“多福”“福履”等语，故作名词用之“鲁”似与通常之“福”有所不同，疑特指子孙繁盛之福[1]，如叔夷钟“元孙其万福屯鲁”犹《尚书·洪范》“子孙其逢”之意，獄簋“欲兹百姓亡不稟厥临鼄鲁”意即希望族人皆能受百神之眷顾而得以繁荣昌盛。

或谓旲生残钟“康嘏”之嘏训福，不亦与前文“多福”意复乎？其言诚是，故余复疑“康罟”当读为“康固”，康训赓，则康固即永固也，亦与康强同义。然则“康罟”与“鼄鲁”，同《洪范》“身其康强，子孙其逢”之语正相合矣。

〔1〕鲁字古文字从鱼、从口，鱼在上古时代之象征性多与生殖崇拜密切相关，鲁有福之义，或与此有关。

4 《三国志》裴注引《江表传》中的“相撲”*

朱庆之 香港教育学院

《三国志·吴书·嫔妃传》裴松之注引西晋虞溥《江表传》，解说吴主孙晧[1]如何荒淫无度。其文有曰：

……昼夜与夫人房宴，不听朝政。使尚方以金作华燧、步摇、假髻以千数，令宫人着以相撲。朝成夕败，辄出更作，工匠因缘偷盗，府藏为空。（页1202）[2]

这是“相撲”一语在古代非佛教文献中的最早用例。

数年前，笔者在《“相撲”语源考》一文中讨论作为体育或竞技项目名称的“相撲”一词的来源，提到过这条材料。那篇文章的结论是，根据文字记载和考古数据（如图4-1），作为一种竞技活动，今天流行于日本的相撲（sumō）源于先秦两汉的角抵；但在后来取“角抵”之名而代之的“相撲”这个说法[3]，却源自汉译佛经。出于谨

*本文曾在辅仁大学中文系召开的“第十届先秦两汉学术国际研讨会”（2013年5月4日至5日）上报告。感谢东华大学王文进教授精彩中肯的讲评，指出有关孙晧的史料，除了笔者引用几种之外，还有志怪小说可供参考，对讨论孙晧与佛教之关系不无益处。王教授现场赠送其高足许圣和博士的大作《“国事孙晧”与“故事孙晧”——从〈三国志〉到〈高僧传〉间的观察》（《国立彰化师范大学文学院学报》2012年第6期）给笔者。该文列举和分析了不同史料对孙晧形象的描写之差异，有助于读者更好地把握孙晧的佛教徒身份以及在东吴佛教发展中所起到的作用。

〔1〕字或作“皓”，正文中统一为“晧”，引文中依原文。

〔2〕本文引用正史，均用（北京）中华书局标点本。

〔3〕宋高承《事物纪原》“博弈嬉戏”类“角抵”条：“今相撲也。《汉武故事》曰：‘角抵，昔六国时所造。’《史记》‘秦二世在甘泉宫，作乐角抵’，注云：‘战国时增讲武，以为嬉乐相夸，角其材力以相抵斗，两两相当也。汉武帝好之。’”辽希麟《续一切经音义》卷5“角胜”条：“《汉书故事》云‘未央庭设角抵戏’者，使角力相抵，即今之相撲也。”

慎，当时将《江表传》这条材料排除在外，以为其中的“相撲”不是本人要讨论的“相撲”，而是“相扑”，即一般意义上的相互击打。在古代文献中，由于音同，“撲”和“扑（攴）”往往相混[1]；到了现代，“扑”更固定成为“撲”的简化字。实际上，两个字最初记录的是不同的词。

图4-1　湖北江陵秦墓角抵漆绘木梳

最近读佛教史，看到了一段与孙皓有关的文字，让我改变了想法：《江表传》中的“相撲”不但可能正是本人讨论的“相撲”，而且相关的史实还可能是佛教和伴随而来的印度文化在当时已有相当影响的一个佐证。

从印度传入的佛教经过后汉的草创期到三国时期，其发展，在吴地出现了一个小的高峰。对此贡献最大的，首推两位外籍佛教人士——支谦和康僧会。支谦是月支移民的后代，他的工作主要是译经；康僧会是康居移民的后代，他将主要精力放在弘法上[2]。梁慧皎的《高僧传》卷1“康僧会传”对康僧会的工作有近乎传奇的描写——使

〔1〕扑，《说文解字》作攴，释“小击也。从又从卜。”撲，《说文》释“挨也。从手菐声。”又“挨，击背也。从手矣声。”《广韵》扑、撲同音，均为“普木切”，滂母屋部。两者的核心语素均为“击”，记录的应为同源词。《史记・刺客列传》：“高离渐举筑扑秦皇帝。”《淮南子・说林》：“荫不祥之木，为雷电所撲。”高注：“撲，击也。”（参看《汉语大字典》）但在佛经中，“相撲”似无写作“相扑”者。

〔2〕参看汤用彤（1938）第2分第6章《佛教玄学之滥觞・三国佛教史实与传说》（页87–97）。

吴主孙权和孙皓认识佛教，信仰佛教，支持佛教，为佛教在吴地的传播创造了很好的条件。传文节录如下[1]：

……时吴地初染大法，风化未全。僧会欲使道振江左，兴立图寺，乃杖锡东游。以吴赤乌十年初达建邺，营立茅茨，设像行道。

时吴国以初见沙门，睹形未及其道，疑为矫异。有司奏曰："有胡人入境，自称沙门。容服非恒，事应检察。"权曰："昔汉明帝梦神，号称为佛。彼之所事，岂非其遗风耶？"即召会诘问有何灵验。会曰："如来迁迹忽逾千载，遗骨舍利神曜无方。昔阿育王起塔，乃八万四千。夫塔寺之兴，以表遗化也。"

权以为夸诞。乃谓会曰："若能得舍利，当为造塔。如其虚妄，国有常刑。"会请期七日。乃谓其属曰："法之兴废在此一举。今不至诚，后将何及！"乃共洁斋静室。以铜瓶加几，烧香礼请。七日期毕，寂然无应。求申二七，亦复如之。

权曰："此寔欺诳！"将欲加罪。会更请三七。权又特听。会谓法属曰："宣尼有言曰：文王既没，文不在兹乎？法灵应降而吾等无感，何假王宪？当以誓死为期耳。"三七日暮，犹无所见，莫不震惧。既入五更，忽闻瓶中铊然有声。会自往视，果获舍利。明旦呈权。举朝集观，五色光炎照耀瓶上。权自手执瓶泻于铜盘，舍利所冲，盘即破碎。权大肃然惊起而曰："希有之瑞也。"会进而言曰："舍利威神岂直光相而已？乃劫烧之火不能焚，金刚之杵不能碎。"权命令试之。会更誓曰："法云方被，苍生仰泽。愿更垂神迹以广示威灵！"乃置舍利于铁砧礁上，使力者击之。于是砧礁俱陷，舍利无损。权大叹服，即为建塔。以始有佛寺，故号建初寺；因名其地为佛陀里。由是，江左大法遂兴。

[1] 本文引用汉语佛教典籍，均利用《中华电子佛典集成》（CBETA，2011年版）电子数据库检索和拷贝。该数据由台湾中华电子佛典协会出版发行，特此鸣谢。

以上讲的是康僧会向孙权传教的故事。他成功地说服这位吴国开国君主接受了佛教，还创立了寺院，为佛教在江东的传播奠定了重要的基础。文章接下来就提到了孙皓。

孙皓（264—280年在位）是吴国的末代国君。继位之初，他曾试图改变前朝对佛教的扶持政策。为此，有大臣进行了规劝，康僧会也做了许多说服的工作：

> 至孙皓即政，法令苛虐，废弃淫祀，乃及佛寺，并欲毁坏。皓曰："此由何而兴？若其教真正与圣典相应者，当存奉其道；如其无实，皆悉焚之。"诸臣佥曰："佛之威力不同余神。康会感瑞大皇创寺，今若轻毁，恐贻后悔。"
>
> 皓遣张昱诣寺诘会。昱雅有才辩，难问纵横。会应机骋词，文理锋出。自旦之夕，昱不能屈。既退，会送于门。时，寺侧有淫祀者。昱曰："玄化既孚，此辈何故近而不革？"会曰："雷霆破山，聋者不闻。非音之细，苟在理通，则万里悬应；如其阻塞，则肝胆楚越。"昱还，叹会才明"非臣所测，愿天鉴察之"。
>
> 皓大集朝贤，以马车迎会。会既坐，皓问曰："佛教所明，善恶报应。何者是耶？"会对曰："夫明主以孝慈训世则赤乌翔而老人见；仁德育物则醴泉涌而嘉苗出。善既有瑞，恶亦如之。故为恶于隐，鬼得而诛之；为恶于显，人得而诛之。《易》称积善余庆，《诗》咏求福不回。虽儒典之格言，即佛教之明训。"皓曰："若然，则周孔已明，何用佛教？"会曰："周孔所言，略示近迹；至于释教，则备极幽微。故行恶则有地狱长苦，修善则有天宫永乐。举兹以明劝沮，不亦大哉？"皓当时无以折其言。

然而，这位昏君依然我行我素，甚至故意亵渎佛像，直到受到了报应：

> 皓虽闻正法，而昏暴之性不胜其虐。后使宿卫兵入后宫治园，于地得一金像，高数尺。呈皓，皓使着不净处，以秽汁灌

之，共诸群臣笑以为乐。俄尔之间，举身大肿，阴处尤痛，叫呼彻天。太史占言："犯大神所为。"即祈祀诸庙，永不差愈。

婇女先有奉法者。因问讯云："陛下就佛寺中求福不？"皓举头问曰："佛神大耶？"婇女云："佛为大神。"皓心遂悟，具语意故。婇女即迎像置殿上，香汤洗数十过，烧香忏悔。皓叩头于枕，自陈罪状，有顷痛间。

遣使至寺，问讯道人，请会说法。会即随入。皓具问罪福之由。会为敷析，辞甚精要。皓先有才解，欣然大悦。……皓见慈愿广普，益增善意，即就会受五戒，旬日疾瘳。……会在吴朝亟说正法，以皓性凶粗，不及妙义，唯叙报应近事以开其心。……

按照《康僧会传》的说法，为了治病而"受五戒"，孙皓最终成为一名佛教徒[1]。

然而，孙皓与中国历史上大多数末帝一样，同样以昏庸、凶残见称，《高僧传》的上述记载已见一斑。《三国志·吴志·三嗣主传》孙皓本传说他"既得志，麤暴骄盈，多忌讳，好酒色，大小失望"（页1163）。具体的事例如：

皓每宴会群臣，无不咸令沈醉。置黄门郎十人，特不与酒，侍立终日，为司过之吏。宴罢之后，各奏其阙失，迕视之咎，谬言之愆，罔有不举。大者即加威刑，小者辄以为罪。后宫数千，而采择无已。又激水入宫，宫人有不合意者，辄杀流之。或剥人之面，或凿人之眼。岑昏险谀贵幸，致位九列，好兴功役，众所患苦。是以上下离心，莫为皓尽力，盖积恶已极，不复堪命故也。（页1173）

《三国志·吴志·妃嫔传》有其母何姬传。孙皓继承大位后，母以子贵，外戚得势。作者陈寿写道："吴末昏乱，何氏骄僭，子弟横放，百姓患之。故民讹言'皓久死，立者何氏子'云。"（页1202）

[1]《高僧传》是我们今天所能见到的最早的佛教自己的历史记载之一。以上内容汤用彤认为"其叙述甚诡异错乱"，其中的"史实与传说"需要仔细甄别才是。但无论如何，吴国历代君主与佛教有密切的关系，则是不争的事实。

百姓为何讹言皓久死？裴松之的注引了以下《江表传》的一段文字来说明：

> 皓以张布女为美人，有宠，皓问曰："汝父所在？"答曰："贼以杀之。"皓大怒，棒杀之。后思其颜色，使巧工刻木作美人形象，恒置座侧。问左右："布复有女否？"答曰："布大女适故卫尉冯朝子纯。"即夺纯妻入宫，大有宠，拜为左夫人。昼夜与夫人房宴，不听朝政。使尚方以金作华燧、步摇、假髻以千数，令宫人着以相扑。朝成夕败，辄出更作，工匠因缘偷盗，府藏为空。
>
> 会夫人死，皓哀愍思念，葬于苑中，大作冢，使工匠刻柏作木人，内冢中以为兵卫，以金银珍玩之物送葬，不可称计。已葬之后，皓治丧于内，半年不出。国人见葬太奢丽，皆谓皓已死，所葬者是也。（页1202）

与百姓讹言直接有关的是第二段，而第一段算是"题外话"，但亦提供了孙皓恶行的更多事例。文中提到的张布，本为景帝孙休的重臣，任左将军，掌握军权。其时的丞相是濮阳兴，陈寿说二人"共相表里，邦内失望"，可见不得人心。休薨，受左典军万彧的唆使，张布与濮阳兴连手"废休适子而迎立皓"，是孙皓上位的功臣。皓即位后对二人犒赏有加，但其后万彧又向孙皓告密，说二人对废嫡之事后悔，引起孙皓的疑心，遂杀了兴、布二人，且"夷三族"（《三国志·吴书·濮阳兴传》，页1452）。孙皓杀了张布，却对其女情有独钟，已是变态；又为了博美人一笑，不惜用尽府藏，"使尚方以金作华燧、步摇、假髻以千数，令宫人着以相扑。朝成夕败，辄出更作"，更是荒诞。

看到吴末帝孙皓昏君和佛教徒的双重身份，以及与佛教的种种瓜葛，让笔者想起自己在二十年前写的一篇题为《"金莲"语事考源》的小文。在那篇文章里，我讨论了后代用来指称女子纤足的"金莲"一语的"真正"来源。

过去认为“金莲”一词源自《南史·齐纪下·废帝东昏侯传》。传主是萧齐倒数第二代皇帝萧宝卷，曾用黄金制作莲花铺在地上，令其潘姓爱妃用脚踩踏。其文曰：

> 又凿金为莲华以帖地，令潘妃行其上，曰：“此步步生莲华也。”（页154）

一般工具书追溯“金莲”之源，到此为止（参图4-2）。

图4-2　现代画家潘絜青所作潘妃步步生莲图

然而，萧宝卷“此步步生莲华也”（犹言“这正是‘步步生莲华’啊”）中的“步步生莲华”并非随意而发，而是“有所本”的。我在上述小文中提供了这个“本”，即在翻译佛经中常见的一则印度佛教传说，讲的是佛母摩耶夫人（Mahāmāyā）前世为鹿女的本生（jātaka）故事。

据笔者所见，这则故事传入中国，最晚不晚于三国时期。如吴康僧会编《六度集经》卷3中就有这个故事的一个简单版本：

昔有独母，为理家[1]赁，守视田园。……时至欲食，沙门[2]从乞。心存斯人绝欲弃邪、厥行清真。[以为]济四海饿人，不如少惠净戒真贤者。以所食分，尽着钵中，莲华一枚着上贡焉。道人现神足[3]放光明。母喜叹曰："真所谓神圣者乎？愿我后生百子若兹。"

母终神迁，应为梵志[4]嗣矣。其灵集梵志小便之处。鹿舐小便，即感之生。时满生女。梵志育焉。年有十余，光仪庠步，守居护火。女与鹿戏，不觉火灭。父还恚之，令行索火。

女至人聚，一蹪步处一莲华生。火主曰："尔绕吾居三匝，以火与尔。"女即顺命。华生陆地，围屋三重。行者住足，靡不雅奇。

斯须宣声闻其国王，王命工相相其贵贱。师曰："必有圣嗣，传祚无穷。"王命贤臣娉迎礼备。容华奕奕，宫人莫如。怀妊时满，生卵百枚。后妃逮妾靡不嫉焉。……

该故事最详细的版本，或许见于失译《大方便佛报恩经》卷3《5论议品》[5]。我在写《"金莲"语事考源》时，为篇幅所限，仅做了节引，在此全文引出，以见其全貌（希望读者能结合着敦煌莫高窟的相关壁画耐心读完）。

---

[1] 理家，"居士"的早期异译。常见的梵语平行词是由gṛha（居屋，家，house, home）和pati（主人，所有者，master，lord，owner）构成的复合词gṛha-pati，意思是房舍的主人（the master of a house, householder），或村落的首领（the head or judge of a village）。"理家"和"居士"均为仿译，或意译为"长者"。"理家"最早见于东汉安玄译《法镜经》，共使用74次，后被"居士"取代。三国吴支谦译《佛开解梵志阿颰经》："经说帝王生子，有三十二相者，立即当为飞行皇帝，王四天下，自然七宝：一金轮宝，二白象宝，三绀马宝，四玉女宝，五神珠宝，六理家宝，七贤将宝。"西晋竺法护译《顶生王故事经》："曩昔久远时，有大王名顶生，真法之王，治化人民，无有卒暴，七宝具足。所谓七宝者：轮宝，象宝，绀马宝，珠宝，玉女宝，居士宝，典兵宝。"可知"理家宝"与"居士宝"是同词异译。

[2] 沙门，印度对于各种宗教出家修道者的总称。梵语śramaṇa，巴利语samaṇa。有学者认为是该词西域方言变体（如龟兹语ṣamāne，于阗语samanā）的音译。

[3] 佛教五种神通之一。可随意飞行、随意变化和随意自在。

[4] 梵志，印度指立志求梵者，梵语brāhmaṇa。

[5] 梁僧佑《出三藏记集》收入卷4"新集续撰失译杂经录"。

话说佛陀为诸弟子和信众说法，其中说到自己以及父亲悦头檀王和母亲摩耶的前世因缘。听众尤其对佛母摩耶能够孕育出释迦牟尼佛这样的“天人世间无与等者”赞叹不已。有一位叫作阏婆摩罗的音乐家问佛陀个中缘由：“世尊，摩耶夫人修何功德？以何因缘得生如来？”佛陀回答说：“善听，吾当为汝分别解说。”“分别”是详细的意思。释迦牟尼就详细地讲了这个前世的因缘故事。

> 乃往过去久远不可计劫，有佛出世，号毗婆尸如来[1]……尔时有国，号波罗奈[2]。去城不远有山……其山有一仙人[3]住在南窟，复有一仙住在北窟。二山中间有一泉水，其泉水边有一平石。尔时南窟仙人在此石上，浣衣洗足已，便还所止。去后未久，有一雌鹿来饮泉水。次第到浣衣处，即饮是石上浣垢衣汁。饮此衣垢汁已，回头反顾，自舐小便处，尔时雌鹿寻便怀妊。
>
> 月满产生——鹿产生法，要还向本得胎处——即还水边，住本石上，悲鸣宛转，产生一女。
>
> 尔时仙人闻此鹿悲鸣大唤。尔时南窟仙人闻是鹿大悲鸣声，心生怜愍，即出往看，见此雌鹿产生一女。尔时鹿母宛转舐之，见仙人往，便舍而去。

以上说明鹿女的来历（参图4-3）。

> 尔时仙人见此女儿，形相端正[4]，人相具足。见是事已，心生怜愍，即以草衣裹拭将还，采众妙果，随时将养。渐渐长大，至年十四，其父爱念。
>
> 常使宿火令不断绝。忽于一日心不谨慎，便使火灭。其父苦责，数已，语其女言：“我长身已来，未曾使此火灭。汝今日云何[5]令灭？北窟有火，汝可往取！”

[1] 毗婆尸，梵语vipaśyin。印度佛教所谓过去七佛之第一佛。

[2] 波罗奈，梵语vārāṇasī。印度古王国名，今之瓦纳那西。

[3] 指宗教出家修道者。

[4] 端正，在中古口语中形容人的长相，为英俊或漂亮之意。

[5] 云何，为何。

图4-3　敦煌莫高窟第231窟东壁门南报恩经变（局部）鹿女出生因缘

> 尔时鹿女即随父教，往诣北窟。步步举足，皆生莲华。随其踪迹，行伍次第，如似街陌。
>
> 往至北窟，从彼仙人乞求少火。尔时仙人见此女人福德，如是足下生于莲华，报言："欲得火者，汝当右绕我窟，满足七匝。"行伍次第，了了分明。随其举足，皆生莲华。绕七匝已，语其女言："欲得火者，复当在此右边还归去者，当与汝火。"尔时鹿女为得火故，随教而去。

以上说明鹿女具有"步步举足，皆生莲华"的非凡能力，是为故事的引子。接下来说明这种有"福德"之像引起国王的注意，要娶其为妻，故事进入了主题（参图4-4）。

> 其女去后未久之间，波罗奈王将诸大臣，百千万众，前后围绕，千乘万骑，入山游猎，驰逐群鹿。波罗奈王独乘名象，往到北窟仙人所，见其莲华绕窟行列。尔时大王心生欢喜，叹言："善哉！善哉！大德神仙！大仙导师！福德巍巍，其事如是！"
>
> 尔时仙人即白王言："大王，当知此莲华者，非我所能。"王言："非大师者，是谁所为？"报言："大王，是南窟仙人生育一女，姿容端正，人相具足，世间难有。其女行时，随其足下

皆生莲华。”王闻是语，心生欢喜，即往南窟。见彼仙人，头面礼足[1]。尔时仙人即出问讯：“大王，远涉途路，得无疲极？”尔时大王报仙人言：“闻君有女，欲求婚姻。”

图4-4　敦煌莫高窟第85窟南墙报恩经变。其中文字说明自右下角往上，依次为“尔时一雌鹿产生一女”“其鹿女渐大年十四其父爱念使女往诣北窟取火步步生花”“尔时王鹿女夫人还宫时”“尔时王见池中莲花……一叶下有一童子”

父亲舍不得女儿从此远离，故有所托词，但奈何王命难违：

尔时仙人报大王言：“贫身有此一女，稚小无知，未有所识。少小已来住此深山，未闲人事，服草食果。王今云何乃欲顾录？又此女者，畜生所生。”即以上事向王具说。王言：“虽尔，无苦。”问其父言：“鹿女者今在何许？”报言大王：“在此草窟。”

〔1〕即施吻足礼，为印度最高民族性礼节之一种，至今亦可偶见。

> 尔时大王即入窟中，见其鹿女，心生欢喜。即以沐浴香汤，名衣上服，百宝璎珞庄严其身，乘大名象，百千导从，作倡伎乐，还归本国。尔时鹿女从生已来，未曾见如此大众，心惊怖惧。
>
> 尔时其父上高山顶，遥看其女，目不暂舍，而作是念："我今遥观我女，远去不现。"当还本处，悲号懊恼，流泪满目。"我生育此女未有所知，与我远别。"复作是念："我今住此，不应余转。何以故？若我女反顾后望不见我者，令女忧苦。"伫立良久，女去不现，竟不回顾。
>
> 尔时其父心生恚恨，而作是言："畜生所生，故不妄也。我小长养，今得成人。为王所念，而反孤弃。"即入窟中诵持咒术而咒其女："王若遇汝薄者，皎然不论；若王以礼接汝者，当令退没，不果所愿。"

父亲怨恨女儿不顾自己而去，对女儿发了毒咒，要破坏她与国王的婚姻。

> 尔时波罗奈王到宫殿已，拜为第一，名曰"鹿母夫人"。诸小国王、百官、群臣皆来朝贺。王见此已，心生欢喜。
>
> 未久数日，便觉有娠。王自供养夫人，床卧饮食皆令细软。至满十月，望其生男，绍系国位。月满产生，生一莲华。仙人咒力，令王瞋恚，而作是言："畜生所生，故不妄也。"王即退其夫人职，其莲华者使人遗弃。

女儿以福德故，继续其非常之举，为国王诞下一朵莲华。但国王受到仙人咒力的影响，抛弃了母子。不过他很快就发现自己做错了。

> 其后数日，波罗奈王将诸群臣入后园中，游戏观看，作倡伎乐，斗其象马，并诸力士。中有第一大力士，踉蹡颠蹶，以足蹴地，地皆震动，动莲华池。其华池边有大珊瑚，于珊瑚下有一莲华，迸堕水中。其华红赤，有妙光明。王见此华，心生欢喜，问群臣言："如此华者，未曾有也。"即使使者入池取之。
>
> 其华具足有五百叶，于一叶下有一童男，面首端正，形状妙好。尔时使者即前白王："此莲华者未曾有也。大王，当知其莲

华者具五百叶，于一叶下有一天童男。”王闻此语，心惊毛竖，慨叹所以。问使者言：“审实尔耶？此非[1]是我鹿母夫人所生华也？”即问青衣：“鹿母夫人所生华者，遗弃何处？”答言：“大王！埋此池边大珊瑚下。”王审实其事，知鹿母夫人所生。

王自入宫，向鹿母夫人自责悔过，而作是言：“我实愚痴无智，不识贤良，横生恶贱，违逆夫人。”忏谢讫已，还复本位。王大欢喜，召诸群臣、诸小国王并诸婆罗门相师，一切集会。抱五百太子，使诸相师占相吉凶。卦曰：“道德所归，国蒙其福。若在家者，四海颙颙，鬼神保之；若出家者，必断生死，超度欲流，越生死海，获得三明六通，具四道果。”王闻是语，遂增欢喜，即遍宣令国土，选取五百乳母。

尔时鹿母夫人白大王言：“王莫耗扰国土，召诸乳母。王宫中自有五百夫人。诸夫人者妒我生男，王今可以一太子与一夫人，令其乳哺，非其子耶？”王报夫人：“五百夫人常怀嫉妒，恼害鹿母。鹿母今者欲令我鞭打杖策、摈出驱遣、夺其命者，不逆夫人。夫人今者云何于怨嫌中放舍——此事甚难及也——又复能开天地之恩，以其太子与诸夫人？”

尔时五百夫人心大欢喜：“鹿母夫人施我安隐快乐，云何复能以太子与我？”欢喜无量。尔时无量百千大众闻是事已，心生欢喜，皆发道心[2]。

尔时大王报夫人言：“未曾有也！吾不及汝。”夫人言：“贪恚所生，皆由嫉妒。谏恶以忍，谏怒以顺。我从生已来未曾与物共诤，诸夫人者自生恼害。譬如有人夜行见机，便起贼想，或起恶鬼之想。寻时惊怖，四散驰走，或投高岩，或覆水火，荆棘丛林伤坏身体。因妄想故，祸害如是。一切众生亦复如是。自生自死，如蚕处茧，如蛾赴灯，无驱驰者。一切众恶从妄想起，诸夫人者亦复如是。我今不应与彼群愚起诸诤讼。”五百夫人即

〔1〕“非”，犹言“将非”或“莫非”，表示测度语气的副词（朱庆之，1991）。

〔2〕道心，皈依佛教之心。

前礼鹿母夫人，自谢悔过，奉事鹿母，如蒙贤圣，如母姊妹，所养太子，如所生不异。

时五百太子年渐长大。一一太子力敌一千，邻国反叛不宾属者，自往伐之。不起四兵，国土安隐。天神欢喜，风雨以时，人民丰壤炽盛。

鹿母夫人为国王生下五百子嗣，确保了王位后继有人，也确保了国家的安宁。但故事并没有到此结束。鹿母夫人的非常之处亦达到一个新的境界，她鼓励五百个王子出家求道。

……尔时五百太子年渐长大，于后一时集一处，坐莲华池边，见其形容，水底影现。时诸太子共相谓言："一切诸法，如幻如化，如梦所见，如水中形，体无真实。我等今者，亦复如是。虽复豪尊，处在深宫，五欲自恣。壮年美色不可久保；物成有败，人生有死；少壮不久，会当有老；饭食不节，会得有病；百年寿命，会当有死。"诸太子即愁忧不乐，不能饮食，即还宫殿，白父母言："世界皆苦，无可乐者。父母今者，听我等出家。"王报太子："生老病死，一切共有，汝何以独愁？"白父王言："不能复以死受生，劳我精神，周遍五道。"王不忍拒，即便听许。母报子言："汝出家者，莫舍我远去，可于后园。其中清净，林木茂盛，四事供养，不令乏少。"

时诸太子即便出家，受其母请，住后园中。一一太子皆得辟支佛道[1]，如是次第四百九十九太子皆得道果。往诣宫中，至父母前，报言父母："出家利益，今已获得。"时诸比丘身升虚空，东踊西没，西踊东没，南踊北没，北踊南没。或作大身满虚空中，复以一身作无量身；或身上出水，身下出火；身下出水，身上出火。为其父母作种种神变已，即便烧身，取般泥洹[2]。

〔1〕辟支佛，梵语pratyeka-buddha的音译。指无师而能自觉自悟者，而非佛教之大道。

〔2〕般泥洹，"涅槃"的早期译名，下文"泥洹"同。平行梵语为parinirvāṇa，印度宗教修行所要达到的最高境界。

时鹿母夫人收取身骨，于后园中，即起四百九十九塔供养。最小太子过九十日已，亦得辟支佛道，亦为父母现大神变，现神变已即取泥洹。尔时其母收取身骨，起塔供养。

尔时鹿母夫人烧众名香，作妙伎乐，日日入后园中，供养是五百辟支佛塔。于其塔前愁忧不乐，而作是言："我虽生是五百太子，虽复出家，而无一人能发菩提之心。"即立誓愿："我供养是五百辟支佛，并起五百塔，供养舍利功德，悉以回向普及一切众生。令我来世不用多生诸子，而不能发菩提之心，但生一子能发道心，现世出家，得一切智。"

由于五百子仅修成了辟支佛之小道，鹿母夫人当时发出誓愿，要在来世生出一子来修成大道。

故事的最后，释迦牟尼为阿难为首的诸弟子点题：

佛告阿难：尔时鹿母夫人者，今摩耶夫人是。摩耶夫人供养五百辟支佛，及修无量善业，是故今者得生如来身。

以上就是佛教用来解释摩耶所以成为佛母之原因的一则本生故事（参图4–4）。

佛母摩耶前世所具有的"步步举足，皆生莲华"之瑞像，在佛传类经典中也能见到（参看图4–5、4–6）。传说释迦牟尼出生时，亦有步生莲华之祥瑞出现。如隋阇那崛多译《佛本行集经》卷4"受决定记品下"：

图4–5　敦煌莫高窟第72窟北壁（局部）诞生奇瑞

图4-6　榆林窟第3窟东壁中部 诞生奇瑞

[尔时，世尊……复告阿难：]阿难，往昔以来，有如是法：凡诸菩萨初生之时，东西南北各行七步，无人执持。阿难，彼莲华上，佛初生时，两足蹈地，其地处处皆生莲华，面行[1]七步，东西南北所践之处，悉有莲华，故号此佛为莲华上。

又卷8“树下诞生品”：

菩萨生已，无人扶持，即行四方，面各七步，步步举足，出大莲华。行七步已，观视四方，目未曾瞬，口自出言。先观东方，不如彼小婴孩之言，依自句偈，正语正言：“世间之中，我为最胜，我从今日，生分已尽。”此是菩萨希奇之事，未曾有法。

唐地婆诃罗译《方广大庄严经》卷3“诞生品”：

“尔时圣后放身光明，如空中电，仰观于树，即以右手攀树

[1] 面行，犹言“面面各行”。

东枝，频申欠呿[1]，端严而立。是时欲界[2]六万百千诸天婇女，至圣后所承事供养。比丘当知，菩萨住胎成就如上种种功德神通变现，满足十月，从母右胁安详而生，正念正知而无染着[3]。”

佛告诸比丘：“是时帝释及娑婆世界主梵天王[4]，恭敬尊重，曲躬而前，一心正念，即以两手覆憍奢耶衣[5]，承捧菩萨。其事已毕，即将菩萨处胎之时所居宝殿还于梵宫。

尔时菩萨既诞生已，观察四方，犹如师子及大丈夫，安详瞻顾。比丘当知，菩萨于多生中积集善根，是时即得清净天眼，观见一切三千大千世界国土城邑及诸众生所有心行，皆悉了知。如是知已，而复观察是诸众生，所有戒定智慧及诸善根与我等不？乃见十方三千大千世界，无一众生与我等者。

尔时菩萨善自思惟称量正念，不假扶持即便自能东行七步，所下足处皆生莲华。菩萨是时无有怖畏，亦无謇讷，作如是言：“我得一切善法，当为众生说之。”

“步步生莲华”是专属于佛母摩耶和佛陀的佛教祥瑞[6]。毫无疑

[1]“频申”“欠呿”同义，平行梵语为vijṛmbhita等，本义为打哈欠，伸懒腰，抖动身体。为动物从休息或放松状态恢复过程中的表现。

[2]梵语平行词为复合词kāma-dhātu（kāma，欲望，希望，爱，情欲；dhātu，层，物体的构成部分）。佛教指情欲、色欲、食欲和淫欲重的众生居住的地方。

[3]佛教指世间的一切杂念恶习。

[4]帝释，佛教天界之主，俗称玉皇大帝。梵语平行词śakra-devānām-indra的意音合璧型译词，全音译为“释迦提桓因陀罗”。娑婆世界主梵天王，作为娑婆世界主宰的梵天王。“娑婆世界”佛教指人类所居之世俗世界，为梵语平行词sahā-loka-dhātu（sahā<sabhā，音译为娑婆；loka-dhātu，意译为“世”和“界”）的半音半意合璧型译词。

[5]梵语平行词为kāśikāni vastrāṇi，为一种由贝那勒斯出产的名叫kāśika的织品缝制的衣物。

[6]敦煌本《老子西化胡经·序说第一》：“是时太上老君以殷王汤甲庚申之岁建□之月，从常道境，驾三气云，乘于曰精垂□九耀，入于玉女玄妙口中，寄胎为人。庚辰□二月十五日诞生于亳。九龙吐水灌洗其形，化为九井。尔时老君须发皓白，登即能行，步生莲花，乃至于九。左手指天，右手指地，而告人曰：天上天下，唯我独尊。我当开扬无上道法，普度一切动植众生，周遍十方乃幽牢地狱，应度未度，咸悉度之。”

问，东昏侯萧宝卷看着潘妃表演所说的"此'步步生莲华'也"[1]中的"步步生莲华"指的就是佛母前世作鹿女时所出现的"步步举足，皆生莲华"。

"东昏侯"是萧宝卷的谥号，宝卷有字曰智藏[2]。由"宝卷"之名和"智藏"之字可知这位君王是一个佛教徒，或者至少出生在一个信仰佛教的家庭中，他熟知佛母摩耶的故事丝毫不令人感到意外；但另一方面，由谥号中的"昏"字，可见这位谥主也是一个昏庸之辈。

据《南史》本传记载，宝卷喜出游，却给百姓带来灾难：

> 陈显达平，渐出游走，不欲令人见之，驱斥百姓，唯置空宅而已。是时率一月二十余出，既往无定处，尉司常虑得罪，东行驱西，南行驱北，应旦出，夜便驱逐，吏司奔驱，叫呼盈路。打鼓蹋围，鼓声所闻，便应奔走，临时驱迫，衣不暇披，乃至徒跣走出，犯禁者应手格杀。百姓无复作业，终日路隅。从万春门由东宫以东至郊外，数十里，皆空家尽室。巷陌县幔为高障，置人防守，谓之"屏除"。高障之内，设部伍羽仪，复有数部，皆奏鼓吹，羌胡伎鼓角横吹。夜反，火光照天。每三四更中，鼓声四出，幡戟横路，百姓喧走，士庶莫辨。或于市肆左侧过亲幸家，环绕宛转，周遍都下，老小震惊，啼号塞道。处处禁断，不知所过。疾患困笃者，悉掆移之。无人掆者，扶匐道侧，吏司又加捶打，绝命者相系。从骑及左右因之入富家取物，无不荡尽。工商莫不废业，樵苏由之路断。至于乳妇昏姻之家，移产寄室，或舆病弃尸，不得殡葬。有弃病人于青溪边者，吏惧为监司所问，推置水中，泥覆其面，须臾便死，遂失骸骨。前魏兴太守王敬宾新

---

〔1〕是则宝卷"此步步生莲华也"，最好标点为"此'步步生莲华'也"。

〔2〕《南齐书》本传说他"本名明贤，高宗辅政后改焉"。"智藏"，佛教术语，平行梵语为jñānākara-garbha，指佛之智慧。吕叔湘（1988）举出见于正史纪传中的晋朝到隋朝时人物与佛教有关的人名字共41个，以说明"佛教在中国流行近二千年，南北朝是它已臻强盛而尚未丧失活力的时期，单从当时人的命名用字上也可以看出它的影响是多么广泛而深入"。这41个人名绝大多数为音译，只有"道""法"是译义。在文章的末尾，作者还提到一些本为佛教术语的人名，如"禅师""居士""总持""智藏""宝积""智积""圆通"等等。

死未敛，家人被驱，不得留视。及家人还，鼠食两眼都尽。如此非一。又尝至沈公城，有一妇人当产不去，帝入其家，问："何独在？"答曰："临产不得去。"因剖腹看男女。又长秋卿王儇病笃，不听停家，死于路边。丹阳尹王志被驱急，狼狈步走，惟将二门生自随，藏朱雀航南酒垆中，夜方得羽仪而归。（页153）

宝卷虽有一个带有浓郁佛教色彩的名字，但对佛教僧侣却不能以慈悲为怀，更突显其性格荒诞的一面：

喜游猎，不避危险。至蒋山定林寺，一沙门病不能去，藏于草间，为军人所得，应时杀之。左右韩晖光曰："老道人可念。"帝曰："汝见獐鹿亦不射邪？"仍百箭俱发。（页153）

宝卷的昏庸还表现在他对潘姓爱妃的宠爱上，可谓有求必应，不惜代价：

……又别为潘妃起神仙、永寿、玉寿三殿，皆匝饰以金璧。其玉寿中作飞仙帐，四面绣绮，窗间尽画神仙。又作七贤，皆以美女侍侧。凿金银为书字，灵兽、神禽、风云、华炬，为之玩饰。椽桷之端，悉垂铃佩。江左旧物，有古玉律数枚，悉裁以钿笛。庄严寺有玉九子铃，外国寺佛面有光相，禅灵寺塔诸宝珥，皆剥取以施潘妃殿饰。

性急暴，所作便欲速成，造殿未施梁桷，便于地画之，唯须宏丽，不知精密。酷不别画，但取绚曜而已，故诸匠赖此得不用情。又凿金为莲华以帖地，令潘妃行其上，曰："此步步生莲华也。"涂壁皆以麝香，锦幔珠帘，穷极绮丽。絷役工匠，自夜达晓，犹不副速，乃剔取诸寺佛刹殿藻井、仙人、骑兽以充足之。武帝兴光楼上施青漆，世人谓之"青楼"。帝曰："武帝不巧，何不纯用琉璃。"

潘氏服御，极选珍宝，主衣库旧物，不复周用，贵市人间金银宝物，价皆数倍，虎珀钏一只，直百七十万。都下酒租，皆折输金，以供杂用。犹不能足，下扬、南徐二州桥桁塘埭丁计功为直，敛取见钱，供太乐主衣杂费。由是所在塘渎，悉皆隳废。又订出雄雉头、鹤氅、白鹭缞，百品千条，无复穷已。亲幸小人，因缘为奸，科一输十。又各就州县求为人输，准取见直，不为输送。守宰惧威，口不得道，须物之处，以复重求。如此相仍，前后不息，百姓困尽，号泣道路。少府太官，凡诸市买，事皆急速，催求相系。吏司奔驰，遇便虏夺，市廛离散，商旅靡依。（页154）

其行为荒诞如此。

直接孕育出“金莲”语事的萧、潘故事除了可以用来说明六朝帝王生活的荒诞侈靡之外，还可以与其他材料相互印证，用来说明佛教和佛教经典对于当时社会生活的影响程度。至此，让我们再回到《江表传》孙皓之“使尚方以金作华燧、步摇、假髻以千数，令宫人着以相撲”的记载上。

孙皓为什么要令宫人“相撲”呢？是不是与萧宝卷“凿金为莲华以帖地，令潘妃行其上”一样，也有所“本”呢？孙皓既是历史上著名的昏君，又是佛教的信徒，的确与萧宝卷十分相似，——这些让我们怀疑孙皓令宫人相撲的恶作剧可能也与佛经的记载有关。

笔者《“相撲”语源考》一文考察的一个重点是作为竞技项目名称的“相撲”一词是什么时候出现的。穷尽性的语料调查发现，这个字眼在唐代之前的非佛教文献里仅出现过两次，而且均在东晋以后[1]；与此形成鲜明对照的是，在从传世的东汉到隋的翻译佛经和其他佛教撰述中，“相撲”这个说法共出现45次，其中东汉5次，三国到两晋11次。显然，它最初不是汉语固有的“说法”，而是翻译佛经时由翻译家创造的一个“佛教汉语”特有的词语，尽管其后它竟

〔1〕除了《江表传》，另外一例见于《太平御览》卷755引晋王隐《晋书》：“颍川、襄城二郡，班宣相会，累欲作乐。襄城太守责功曹刘子笃曰：‘卿郡人不如颍川人相撲。’笃曰：‘相撲下伎，不足以别两国优劣；请使二郡更对论经国大理、人物得失。’”按照我原先的想法，《江表传》的用例不是“相撲”而是“相扑”，而王隐《晋书》的材料出自《太平御览》，已是后时资料。似乎在唐代之前，“相撲”在非佛教文献中还没有见到可靠的用例。

然替换了汉语原有的“角抵”，成为唐宋时期的用来指称“角抵”的常用词。

东汉竺大力共康孟详译《修行本起经》卷1“试艺品”，描写“太子”（即释迦牟尼）出家前的一次相亲比武（参图4-7）。其中提到“相撲”，可能是最早的汉文用例。不过这时它还是一个动词，是“相互撲”的意思；也可以单说“撲”。

图4-7　敦煌莫高窟第290窟壁画（北周）太子相撲图

……于是太子……至年十七，妙才益显，昼夜忧思，未曾欢乐，常念出家。王问其仆：“太子云何？”其仆答言：“太子日日忧悴，未尝欢乐。”王复愁忧召诸群臣：“太子忧思，今当如何？”有一臣言：“令习兵马。”或言：“当习手搏射御。”或言：“当令案行国界，使观施为，散诸意思。”有一臣言：“太子已大，宜当娶妻，以回其志。”

王为太子采择名女，无可意者。有小国王，名须波佛（汉言善觉），有女名裘夷。端正皎洁，天下少双。八国诸王，皆为子求，悉不与之。白净王[1]闻即召善觉，而告之曰：“吾为太子娉取卿女。”善觉答言：“今女有母，及诸群臣国师梵志，当卜所宜，别自启白。”

〔1〕佛陀生父名，古印度迦毗罗卫国王。或译“净饭”，梵语平行词śuddhodana（śuddha，清净的，干净的，纯净的，白色的；odana，煮熟的米饭）的仿译。

善觉归国，愁忧不乐，绝不饮食。女即问王："体力不安？何故不乐？"父言："坐汝令吾忧耳。"女言："云何为我？"父言："闻诸国王来求索汝，吾皆不许。今白净王为太子求汝，若不许者，恐见诛罚；适欲与者，诸国怨结。以是之故，令吾忧戚。"女言："愿父安意，此事易耳。我却七日，自处出门。"善觉听之，表白净王："女即七日自出求处国中勇武技术最胜者，尔乃为之。"白净王念："太子处宫，未曾所习，今欲试艺，当如何乎？"

至其时日，裘夷从五百侍女，诣国门上，诸国术士，普皆云集。"观最妙技、礼乐备者，我乃应之"。王敕群臣当出戏场观诸技术。王语优陀："汝告太子：为尔娶妻，当现奇艺。"优陀受教往告太子："王为娶妻，令试礼乐，宜就戏场。"太子即与优陀、难陀、调达、阿难等[1]五百人，执持礼乐射艺之具。当出城门，安置一象，当其城门，决有力者。调达先出，见象塞门，扠之一拳，应时即死。难陀寻至，牵着道侧。太子后来，问其仆曰："谁枉杀象？"答言："调达杀之！""谁复移者？"答言："难陀。"菩萨慈仁，徐前接象，举掷城外，象即还稣，更生如故。

调达到场，扑众力士，莫能当者。诸名勇力，皆为摧辱。王问其仆："谁为胜者？"答言："调达。"王告难陀："汝与调达二人相扑。"难陀受教即扑，调达顿躄闷绝，以水灌之，有顷乃稣。王复问言："谁为胜者？"其仆答言："难陀得胜。"王告难陀："与太子决。"难陀白王："兄如须弥[2]，难陀如芥子，实非其类。"拜谢而退。

复以射决。先安铁鼓，十里置一，至于七鼓，诸名射者，其箭力势，不及一鼓。调达放发，彻一中二；难陀彻二，箭贯三鼓。其余艺士无能及者。太子前射，挽弓皆折，无可手者。告其

[1] 均为释迦牟尼的同族（同父异母或堂表）兄弟。

[2] 大山名，处世界之中心。平行梵语词为sumeru。

仆曰："吾先祖有弓，今在天庙，汝取持来。"即往取弓，二人乃胜，令与众人，无能举者。太子张弓，弓声如雷。传与大众，莫能引者。太子揽牵弹弓之声，闻四十里；弯弓放箭，彻过七鼓；再发穿鼓入地，泉水涌出；三发贯鼓着铁围山[1]。一切众会叹未曾有，诸来决艺悉皆受折惭辱而去。

复有力人王，最于后来，壮健非常，勇猛绝世。谓调达、难陀为不足击，当与太子共决技耳。被辱去者，审呼能报，踊跃欢喜，语力人王："卿之雄杰，世无当者，决力取胜，必自如意。"皆随从还，观与太子决于胜负。调达、难陀奋其威武，便前欲击。太子止言："此非为人，大力魔王耳。卿不能制，必受其辱。吾自当之。"父王闻此，念太子幼，深为愁怖；诸来观者，谓胜太子。时力人王，蹹地勇起，奋臂举手，前撮太子，太子应时接撲着地，地为大动。众会重辱，散去忽灭。太子殊胜，椎钟击鼓，弹琴歌颂，骑乘还宫。

根据《说文解字》，"撲"的意义同"挨"，盖指"推搡"[2]。翻译佛典中的"相撲"之"撲"指的是什么呢？下面两个用例对于了解"相撲"的所指会更有帮助。一个采自失译的《兴起行经》[3]：

往昔久远世时，于罗阅祇[4]，时大节日聚会。时国中有两姓力士：一姓刹帝利种，一姓婆罗门种，亦来在会。时两力士共相撲，婆罗门力士语刹帝利力士曰："卿莫撲我，我当大与卿钱宝。"刹帝利便不尽力，戏令其屈伏也。二人俱得称，皆受王赏，婆罗门力士竟不报刹帝利力士所许。

---

〔1〕按照佛教的宇宙观，世界中心须弥山之外有八山八海围绕，最外层为铁制之山，故称。梵语平行词为cakravāḍa-parvata。

〔2〕《说文》释云："撲，挨也。""挨"，《说文》释云："击背也。"《列子·黄帝》："既而狎侮欺诒，挡拯挨抌，亡所不为。"张湛注："挨，推也。""挨"之本义是为从背后推。

〔3〕梁僧佑《出三藏记集》失译。隋彦琮《众经目录》始将著作权归在后汉康孟详名下。今以僧佑录为准。

〔4〕古印度摩揭陀国首都，意译为王舍城。

到后节日，复来聚会相撲，婆罗门力士复求首刹帝利力士，如前相许，刹帝利力士复饶不撲，得赏如上，复不相报。如是至三。

后节复会，婆罗门力士重语刹帝利力士曰："前后所许，当一时并报。"刹帝利力士心念曰："此人数欺我，既不报我、又侵我分，我今日当使其消。"是刹帝利便于笑语曰："卿诳我满三，今不复用卿物。"便右手捺项，左手捉袴腰，两手蹙之，挫折其脊，如折甘蔗，擎之三旋，使众人见，然后撲地，堕地即死。王及群臣，皆大欢喜，赐金钱十万。

这是一个十分有趣的故事。最后"撲地"之"撲"与"仆"的意思相近[1]。

另一个例子出自隋阇那崛多译《佛本行集经》卷13"捔术争婚品"，其实就是前引《修行本起经》"试艺品"故事的另一个版本，但"相撲"的使用更多，所指也更清晰：

……所试之者，而一切处太子皆胜。时诸释种复作是言："我等今知悉达[2]太子一切技能悉皆精胜。今须相撲，得知谁能？"是时太子却坐一面。其诸释种一切童子双双而出，各各相撲。如是次第，三十二翻。诸童子等相撲各休，却住一面。

次阿难陀忽前着来，对于太子，欲共相撲。太子始欲手执难陀，太子身力及威德力，而彼不禁，即便倒地。其后次至提婆达多……疾走而来，欲撲太子。

尔时太子不急不缓，安详用心，右手执持提婆达多童子而行，擎举其身，足不着地。三绕试场，三于空旋。为欲降伏其贡高故，不生害心，起于慈悲，安徐而撲，卧于地上，使其身体不损不伤。

---

〔1〕《说文解字·人部》："仆，顿也。从人卜声。"朱骏声《说文通训定声·需部》："仆，前覆曰仆，后仰曰偃。"二者的区别或许是：撲为他动，仆为自动。

〔2〕悉达，释迦牟尼未出家时之名。梵语平行词为siddhārtha。

太子复言："咄！汝等辈！不假人人共我相撲。饶汝一切一时尽来共我相撲。"

尔时彼诸释种童子一切皆起憍慢之心，并各奔来，走向太子，而欲撲之。是诸童子各以手触。彼等以是太子身力复威德力，各各不禁，皆悉倒地。……

可见翻译佛经中所谓"相撲"之"撲"指印度的一种竞技比武形式[1]，亦是佛陀前世所擅长的一种"功夫"[2]。有的翻译者没有使用汉语中已有的"角抵"或"角力"来翻译，而是"另起炉灶"，称其为"撲"或"相撲"，或说明这种印度的竞技形式与中国固有的角抵有所不同[3]。

由于"相撲"一语是翻译佛经的创造，由于早在汉代的译经中已有印度相撲的具体描写，我们认为，孙皓嫔妃的"相撲"与萧宝卷潘妃的"步步生莲华"一样，均是有"本"之举，这个"本"就是佛经中的相关故事。

印度佛教自东汉正式传入中国，外国僧侣主导的佛经传译活动蓬勃开展，佛教迅速在以首都洛阳为中心的中原地区传播开来。但在公元世2纪发生的由于宦官干政而导致的中央政府管制危机和由此而引发的军阀混战和民众暴动（起义），严重地破坏了中原地区的生产

---

〔1〕根据其他一些译经的记载可知，相撲在印度是一种很普遍的活动。如后秦弗若多罗译《十诵律》卷5："轮行人：若伎人、歌舞人、踯绝人、相打人、相撲人、俳笑人，以粗轮载财物，细轮载妻子，游行诸国，营轮住宿。" 又《十诵律》卷40："佛在舍卫国。迦罗梨比丘往看斗象、斗马、斗车、相撲、斗羊、斗水牛、斗鸡、斗狗、斗男女、斗小男小女，自往观看。"元魏般若流支译《正法念处经》卷19："……彼以闻慧，见此众生因节会日相撲、射戏、樗蒱、围碁，种种博戏。"

〔2〕"相撲"本来是动词性词语，义为"相互撲"。但后来凝固为一个词，进而转为名词。《广韵》"撲"有两读，一为屋韵"普木切"，释"拂着"；一为觉韵"蒲角切"，释"相撲"。这个"相撲"就是佛经首见，后来成为角抵替换词的"相撲"。"撲"的意义为"击打"，与本应写作"扑"的动词"撲"有别。在翻译佛经中，没有发现"角抵"的使用，但有意义相近的"角/捔"或"角/捔力"。

〔3〕"相撲"一语在《法华经》中也出现过。鸠摩罗什译的《妙法莲华经》卷5："云何名菩萨摩诃萨亲近处？菩萨摩诃萨不亲近国王、王子、大臣、官长，不亲近诸外道梵志、尼揵子等，及造世俗文笔、赞咏外书，及路伽耶陀、逆路伽耶陀者；亦不新近诸有凶戏、相扠相撲，及那罗等种种变现之戏。"辛嶋静志（2001）给出了"相撲"的梵语平行词是malla（摔跤）。又据荻原雲來（1979），在汉译佛经中，"相撲"还是梵语√yudh (yuddha) 和 sālambha的汉译。根据Franklin Edgerton (1952)，sālambha是指一种摔跤竞赛。但具体形态还有待进一步了解。

力，也破坏了佛教生存和传播的环境。随着汉王朝的灭亡和魏、蜀、吴三国分立的新政治格局的建立，佛教的主要活动区域也从北方转移到南方。最终，吴国的首都建业成为三国时期佛教的中心（汤用彤，1938：89）。从内因上说，这一方面得益于佛教的代表人物支谦和康僧会与吴国最高统治者建立了密切的关系，取得了他们的信任[1]，另一方面也得益于吴地的佛经传译在当时冠绝中华。根据梁僧佑《出三藏记集》的记载，三国时代翻译（宣讲）佛经的团队主要有3个，吴地据其二，魏地据其一。其中吴地的支谦及其团队"以吴主孙权黄武至孙亮建兴中译出"36部，康僧会及其团队"以吴主孙权孙亮世译出"4部[2]，二者相加共有40部；而魏地的白延及其团队仅译出3部。支谦等的译经在内容和语言风格上继承了后汉康孟详的传统：在内容上，译出的经典以文学性和故事性更强的本缘部经典为主；在风格上，与初期安世高、支谶那种直译硬译相比，有意识地融入了更多的中国本土文化的元素，语言则增加了典雅和文学的元素，使得译经的面貌发生了质的变化，由"诘屈聱牙"变得平顺流畅[3]。这些改变使得佛经的流布更加容易，也更加为人喜闻乐见。在外因方面，相对于经历汉献之乱的中原地区而言，开发较晚的吴地不但政治局势相对稳定，自然条件也得天独厚，物产丰富，这同样是佛教得以很好传播和发展的必要条件。

不难想象，翻译佛经所记载的印度文化以其深厚的底蕴和迷人的色彩，以其新颖的叙述方式和引人入胜的故事性内容，在佛法大行的吴地，必然会受到当时读者和听众的欢迎，给他们留下深刻印象。受过五戒的孙皓，是一名正式的佛教信徒，对佛教经典中所记载的具有异域色彩的"相撲"和相撲的故事应不陌生。这让我们有理由推测

---

〔1〕《高僧传·康僧会传》说支谦"汉献末乱避地于吴，孙权闻其才慧，召见悦之，拜为博士，使辅导东宫，与韦曜诸人共尽匡益。"汤用彤（1936）考证支谦辅导的东宫应为孙登（页92）。

〔2〕据佑录《康僧会传》："会于建初寺译出经法《阿难念弥经》《镜面王察微王梵皇王经》《道品》及《六度集》……又注《安般守意》《法镜》《道树》三经。"是僧会的译经有4部。

〔3〕康孟详、支谦和康僧会都是在中国出生的西域人，汉语应是他们的第二母语。有关他们译经语言的特色，可参看朱庆之（2012）。

《江表传》所记载的孙皓“使尚方以金作华燧、步摇、假髻以千数，令宫人着以相撲”云云或许不是普通的恶作剧，其性质与后代萧宝卷让潘妃表演“步步生莲”是一样的，同样是对佛经故事的模仿。这个故事在说明吴末帝孙皓的挥霍无度和荒唐之外，同样透露出印度佛教文化在三国时代的影响。

参考文献

崔乐泉．2000．中国古代体育文物图录．北京：中华书局．

Edgerton F. 1953. Buddhist Hybrid Sanskrit Grammar and Dictionary（混合梵文语法及词典）. New Haven: Yale University, 1953.

荻原雲來等．1979．汉译对照梵和大辞典：合订本．台湾：新文丰出版公司．

《汉语大字典》编辑委员会．2010．汉语大字典：第二版，九卷本．武汉：崇文书局．

吕叔湘．1988．南北朝人名与佛教．中国语文（4）：241-247．

Monier-Williams M. 1960. A Sanskrit-English Dictionary: new edition, greatly enlarged and improved (《梵英词典》新扩编版). Oxford: Oxford University Press, 1960.

邵文良．1986．中国古代体育文物图集．香港：香港大道文化有限公司．

汤用彤．1938．两汉魏晋南北朝佛教史．上海：商务印书馆．

辛嶋静志．2001．妙法莲华经词典．东京：日本创价大学国际佛教学高等研究所．

朱庆之．1991．“将无”考//季羡林教授八十华诞纪念论文集（上）．南昌：江西人民出版社．

朱庆之．1994．“金莲”语事考原//文史：第34辑．北京：中华书局．

朱庆之，梅维恒．2004．荻原雲來《汉译对照梵和大辞典》汉译词索引．成都：巴蜀书社．

朱庆之．2006．“相撲”语源考//Anderl C, Eifring H, ed. Studies in Chinese Language and Culture. Oslo: Hermes Academic Publishing.

朱庆之．2012．上古汉语“吾”“予/余”等第一人称代词在口语中消失的时代．中国语文（3）：195–210.

5　佛经音义所释外来词考探[1]

徐时仪　上海师范大学

5.1　引言

汉译佛经中有许多外来词，这些外来词由于语源不同，且不是一时一地产生的，也不是统一地按一定原则吸收融入汉语中的，因而往往一个词有许多种音译，产生“一词多形”“一词多音”的现象。胡适在《〈辞通〉——新编古汉语双音节词语字典》一文中指出：“在翻阅这部巨著时，又感到有个遗憾。辞典省略了较重要的一类即佛教词语的变化。这些佛教词语的变化常使研究中国文学和历史的读者困惑。如果在这部辞典中能收入梵文译名的各种变化的话，不仅能大大提高它的使用价值，并能有助于未受训练的读者熟悉那些原理，就是在大量的纯中国字的令人费解的变化中所涉及到的音韵学原理。”[2]实际上唐释玄应和慧琳等已注意到由于翻译所据经文不同，译者不同，时代不同，方言不同等造成佛经中外来词一词多译的现象，在其所撰佛经音义中收入了大量梵文译名的各种变化形式。玄应《一切经音义》是现存最早集释众经的佛经音义，又名《众经音义》，简称

〔1〕国家社会科学基金重大项目（10&ZD104）；国家社会科学基金项目（08BYY044）；上海市教委085工程项目“宋代文献整理与研究”；上海师范大学重点学科建设项目。

〔2〕胡适《〈辞通〉——新编古汉语双音节词语字典》，《辞书研究》1983年第4期，页127，原载《图书季刊》1934年第1–2期。

《玄应音义》，共25卷。[1]慧琳《一切经音义》则是佛经音义的集大成之作，简称《慧琳音义》，共100卷。[2]这两部佛经音义收释了大量的外来词，根据佛经音义的解释可以考知一些外来词的源流演变以及中外文化的交往线索，[3]下文以苏莫遮、飒磨遮、苏幕遮、缽縰、锦筵、舞筵、地衣、毛锦、氍毹、毾㲪、毯、罽、白氎、丹枕等为例略做探讨。

5.2 苏莫遮、飒磨遮、苏幕遮、悉麽遮、悉磨遮

苏莫遮是西域一种祈求丰年、禳灾灭祸的民俗歌舞，亦作"苏幕遮""苏幙遮""波罗遮""飒磨遮"等，又名泼寒胡戏、乞寒舞、浑脱舞等。[4]检《慧琳音义》卷41释《大乘理趣六波罗蜜多经》第1卷苏莫遮冒："苏莫遮，西戎胡语也，正云飒磨遮。此戏本出西龟慈国，至今由（犹）有此曲。此国浑脱、大面、拨头之类也。或作兽面，或象鬼神，假作种种面具形状。或以泥水沾洒行人；或持羂索搭钩捉人为戏。每年七月初，公行此戏，七日乃停。土俗相传云：常以此法攘厌驱趁罗刹恶鬼食啖人民之灾也。"《大乘理趣六波罗蜜多

[1]《玄应音义》今传本主要为碛砂藏、赵城藏、丽藏本等释藏本和庄炘、钱坫等校刻本，各本及慧琳所转录部分皆略有不同，大致形成碛砂藏和丽藏本两大系列，详参拙文《玄应音义各本异同考》，《文史》2004年第4期。本文据丽藏本（台湾新文丰出版公司1982年影印出版），参以赵城藏、碛砂藏、永乐南藏、宛委别藏、海山仙馆丛书本、敦煌写卷和日本石山寺、七寺、金刚寺、西方寺等写卷本及慧琳《一切经音义》（简称《慧琳音义》）所转录部分校补。

[2]本文所据《慧琳音义》为上海古籍出版社1986年影印狮谷白莲社藏版《正续一切经音义》本，以频伽精舍本和日本大正新修《大藏经》第54册《一切经音义》参校。参拙文《慧琳一切经音义各本异文考》，《传统中国研究集刊》第3辑，上海人民出版社2007年。

[3]笔者曾考释了岚、毗蓝婆、鞞岚婆、毗岚婆、吠蓝婆、鞞蓝婆、随蓝、旋蓝、鞞蓝、旋岚、湩、酪、酥、醍醐、䅟𪊨、餺饠、塔、塔婆、偷婆、薮斗波、窣睹波、浮屠、浮图、佛图、刹的源流和词义演变，详参拙文《佛经音义所释外来词考》，《汉学研究》第23卷第1期，2005年。

[4]唐人张说《苏摩遮》诗之一："摩遮本出海西胡，琉璃宝服紫髯鬍。闻道皇恩遍宇宙，来将歌舞助欢娱。"范文澜、蔡美彪等《中国通史》第3编第7章第8节《唐代长安——各国文化交流的中心》："泼寒胡戏又称乞寒泼胡。大约起源于天竺和康国，经龟兹传入长安。舞者骏马胡服，鼓舞跳跃，以水相泼。唐时又称此舞为苏莫遮，因之乐曲也称苏莫遮曲。"

经》为唐般若译，原文为："又如苏莫遮帽，覆人面首。令诸有情，见即戏弄。老苏莫遮亦复如是。从一城邑至一城邑，一切众生被衰老帽，见皆戏弄。以是因缘老为大苦。"（8/867c）苏莫遮帽是西域的一种帽子或头巾。据《宋史·外国六·高昌传》载："妇人带油帽，谓之'苏幕遮'。"此帽用羊皮制，外涂油以防水，西域民族乐舞中舞者所戴面具似与此相类。据慧琳所释，西龟兹国每年七月初，公行此戏，或戴种种面具，或以泥水沾洒行人，或持羂索搭钩捉人为戏，以此禳厌消灾，可证这是西域一种类似傩戏的民俗娱乐。

据岑仲勉《唐代戏乐之波斯语》一文考证，"苏莫遮"源自波斯，[1]盛行于龟兹、康国等西域各地。[2]又据玄奘《大唐西域记》载，玄奘曾于贞观二年（628年）目睹龟兹的苏莫遮。其时男女老少赤脚露臂，头戴毡帽和各种假面具，纵情歌舞，有人捧着盛水皮囊以水相泼，有人手持绢索勾人作耍。人们一面驱赶着扮成罗刹魔鬼的演员，祈望禳灾灭祸；一面把水洒向天空，象征水从天降，五谷丰登。慧琳所说与浑脱、大面、拨头类似，大面、拨头都是面具，浑脱则是大头娃娃式的覆盖头颈的套子式面套，又借以指乐舞。[3]苏莫遮与浑脱、大面、拨头等歌舞戏在表演程式上大同小异。表演时舞者用油囊装水，互相泼洒，为了不使水浇到脸上，头上戴着面具或帽子。

考《新唐书》卷118载吕元泰上唐中宗书言时政曰："比见坊邑相率为浑脱队，骏马胡服，名曰'苏莫遮'。旗鼓相当，军阵势也；腾

[1] 岑仲勉《唐代戏乐之波斯语》，《东方杂志》40卷17号。向达《唐代长安与西域文明》认为"苏莫遮"原本出于伊兰，传至印度以及龟兹；中国之乞寒戏当又由龟兹传来也。三联书店，1957年版，第74页。

[2] 段成式《酉阳杂俎》前集卷4载："龟兹国，元日斗牛马驼，为戏七日，观胜负，以占一年羊马减耗繁息也。苏莫遮，并服狗头猴面，男女无昼夜歌舞。"又《文献通考》云："乞寒本西国外蕃康国之乐，其乐器有大鼓、小鼓、琵琶、五弦、箜篌、笛。其乐大抵以十一月，裸露形体，浇灌衢路，鼓舞跳跃而索寒也。"

[3] 唐崔令钦《教坊记》："大面，出北齐兰陵王长恭，性胆勇而貌若妇人，自嫌不足以威敌，乃刻木为假面，临阵着之，因为此戏，亦入歌曲。"《旧唐书·音乐志》："拨头出西域。胡人为猛兽所噬，其子求兽杀之，为此舞以象之也。" 又《郭山恽传》："时中宗数引近臣及修文学士，与之宴集，尝令各效伎艺，以为笑乐。工部尚书张锡为'谈容娘舞'，将作大匠宗晋卿舞'浑脱'。"

逐喧噪，战争象也；锦绣夸竞，害女工也；督敛贫弱，伤政体也；胡服相欢，非雅乐也；浑脱为号，非美名也。安可以礼义之朝，法胡虏之俗？《诗》云：‘京邑翼翼，四方是则。’非先王之礼乐而示则于四方，臣所未谕。《书》曰：‘谋时寒若。’何必裸形体，灌衢路，鼓舞跳跃而索寒焉？”又据宋王明清《挥麈前录》卷4记太平兴国元年王德延等奉使高昌，叙其所见云：“妇人戴油帽谓之苏幕遮，用开元七年历以三月九日为寒食，余二社冬至亦然。以银或鍮为筒贮水，激以相射。或以水交泼为戏，谓之压阳气去病。”例中“裸形体，灌衢路，鼓舞跳跃而索寒”和“压阳气去病”，似以泼水索寒来消暑气，后演变为一种乐舞，时间也不限于七月。检《旧唐书·张说传》载：“自则天末年季冬为泼寒胡戏，中宗尝御楼以观之。”考敦煌文献中写作“悉䃺遮”“悉磨遮”。如P.4640《己未年—辛酉年（899—901年）归义衙内破用纸布例》：“（庚申年）二月七日，支与悉䃺遮粗纸叁拾张。”又S.1053《己巳年（909或969年）某寺诸色入破历算会残卷》：“粟叁䒭，二月八日郎君踏悉磨遮用。”[1]又据1903年日本大谷光瑞探险队的崛贤雄和渡边哲信于龟兹昭怙厘佛寺遗址出土一个舍利盒，盒上彩绘有歌舞图画。图画沿圆形舍利盒展开，由21人组成。最前面一女一男手持舞旄或幡幢为先导，后面为三女三男六个舞蹈者手牵手列队踏舞。接着是一位持棍独舞者。后面紧随着八人组成的乐队。乐手们身着翻领紧袖花边长袍，腰扎联珠纹式腰带，足蹬高筒皮靴，挂着短剑，留着短发，有的还在脑后扎着布结。演奏的乐器分别为大鼓、竖箜篌、弓形琵琶（凤首琵琶）、排箫、铜角、鼗鼓和鸡篓鼓。最后是三个儿童围绕在一位持棍舞蹈者身旁，为他精彩的表演拍手助兴。舞者戴有各式面具，身披甲胄般彩色舞服，装扮为方巾披肩的武士、盔冠长须的将军、竖耳钩鼻的鹰头、浑脱尖帽的人面和戴兜状帽子的老者。两个持棍舞者似戴猴面，拖着长尾巴。

---

〔1〕姜伯勤《敦煌悉磨遮为苏摩遮乐舞考》一文认为“踏”即“踏舞”。“悉磨遮” 即“苏摩遮”，亦作“苏幕遮”“飒磨遮”“苏莫遮”“娑摩遮”，是传自西胡波斯的一种乐舞。《敦煌研究》1996年第3期。

图5-1 龟兹昭怙厘寺出土舍利盒上的苏莫遮乐舞

此画可以说是慧琳所说“至今犹有此曲”的真实写照，[1]反映了胡乐的入华及西域苏莫遮舞与中原乐舞的交融。[2]

---

〔1〕柏红秀、李昌集《泼寒胡戏之入华与流变》(《文学遗产》2004年第3期）和王凤霞《也谈泼寒胡戏入华与流变》(《艺术百家》2005年第2期）已做有探讨，此从略。

〔2〕王国维《宋元戏曲史》认为“盖魏齐周三朝，皆以外族入主中国，其与西域诸国，交通频繁，龟兹、天竺、康国、安国等皆于此时入中国；而龟兹乐则自隋唐以来，相承用之，以迄于今。此时外国戏剧，当与之俱入中国，如《旧唐书·音乐志》所载拨头一戏，其最著之例也。”华东师范大学出版社1995年版，第7–8页。

5.3 綩綖、婉莚、舞筵、地衣、毛锦、氍毹、毾㲪、毯、罽

5.3.1 綩綖

"綩綖"一词与绵褥毡毯等毛绵物品有关。据《玄应音义》卷3释《摩诃般若波罗蜜经》第39卷綩綖一词说："一远反，下以旃反。相传坐蓐也。未详何语。"又卷6释《妙法莲华经》第2卷此词说："诸经有作蜿蠕二形。《字林》一远反，下以旃反。相承云坐缛也，未详何语立名耳。""綩綖"是个外来词，玄应指出其有作蜿蠕二形，相承为坐缛，对其出自何语存阙。检西晋竺法护译《佛说海龙王经》卷3载海龙王于大殿上化立狮子座，"敷无数百千天缯，以为綩綖"。又竺法护译《普曜经》卷1载有"璎珞之饰床座綩綖"，卷8载有"吾子在宫时，茵蓐布綩綖，皆以锦绣成，柔软有光泽"，可知"綩綖"是锦绣成的褥垫或褥套，用以敷饰在床座上。在新疆克孜尔石窟206窟《为释迦族女说法》和207窟《蛤闻法升天因缘》等壁画的坐具上敷设有綩綖。[1]

5.3.2 婉莚

考窥基《妙法莲华经玄赞》卷5释"婉莚"云："重敷婉莚者，敷，陈设也。有作綩綖，綩音《字林》一远反。《玉篇》綩，纮也。纮，冠也。今应作婉。婉，美文章。綖者，席褥，应作莚字。《切韵》綖者，冠上覆。《玉篇》冠前后而垂者名綖。今取文缛、华毡之类綩綖以为茵蓐，不知义何所从，故字应从婉莚。"检玄奘译《大般若波罗蜜多经》第398卷云："于其座上重敷裀褥，次铺绮帊，覆以白氎，络以綩綖，宝座两边双设丹枕，垂诸帏带散妙香花。"经中"络以綩綖"意谓在裀褥周围连缀上丝线等制成的穗状垂饰物，"綩綖"相当于流苏，故窥基认为"字应从婉莚"。

---

〔1〕新疆龟兹石窟研究所《中国新疆壁画·龟兹》，新疆美术摄影出版社2008年版，图80和120。

5.3.3 舞筵、地衣

考《慧琳音义》卷12释《大宝积经》第12卷綩綖："上于远反，下以旃反，并假借字。若依字义，与经甚乖，今并不取。经云綩綖者，乃珍妙华丽锦绣绵褥、褫（音池）毡、花毯、舞筵之类也。《字书》并无此正字，借用也。"又卷15释《大宝积经》第118卷"綩綖"亦云："上音宛，下音延。经云綩綖者，花毡、锦褥、舞筵之类。"据慧琳所释，綩綖指精织的绵褥花毡花毯之类，可用作坐褥，也可用作舞筵。

慧琳所释舞筵指歌舞时铺在地上的席子或毡毯。《说文》："筵，竹席也。"筵是贴地而铺较为宽大的垫席。《周礼·春官·序官》："司几筵。"郑玄注："筵亦席也。铺陈曰筵，藉之曰席。"贾公彦疏："设席之法，先设者，皆曰筵，后加者为席。"孙诒让正义："筵长席短，筵铺陈于下，席在上，为人所坐藉。"古人席地而坐，坐于席上，席下又有贴地之席称为"筵"，在上面跳舞，即在铺有席子或毡毯的地上跳舞，故綩綖可指坐褥，又可指舞筵。蒋星煜《唐人勾栏图诠释》一文曾认为"锦筵"与"地毯"有关，[1]任半塘《明张宁咏唐人勾栏图诗解释及辨正》一文则说："蒋氏深文周内，因追勾栏如何'锦绣'，乃攀到'锦筵'，结论曰：'看来这是铺在舞台或演出场所地上（或楼上）的精织的地毯'，如此设想，未免蹈空。'筵'之本意是坐垫；塞以棉，罩以锦，乃为'锦筵'。从席地而坐之古风，上升到座椅与长案之制度；终不能卑之，降筵于地，指地毯也。唐诗所见'舞锦筵''踏锦筵'，乃于酒席筵前作歌舞，给座中人赏，非跳向陈设杯盘之桌面上歌舞也。偶见王誉昌《崇祯宫辞》云：'锦罽平铺界紫庭，裙衫风度压娉婷。'所谓'罽'，是毛织物；从知'锦罽'方是地毯，'锦筵'不是。"[2]任氏指出"'筵'之本意是坐垫；塞以棉，罩以锦，乃为'锦筵'"甚是，然认为蒋氏深文周纳，却未明"席地而坐之古风上升到座椅与长案之制

---

〔1〕蒋星煜《唐人勾栏图诠释》，载《戏剧艺术》1978年第2期。

〔2〕任半塘《唐戏弄》（下册），上海古籍出版社，1984年版，第1299页。

度”，“筵”随之引申可指陈设杯盘之桌面的筵席，而其铺陈于地之意仍存，锦筵指铺在舞台或演出场所地上的精织的地毯正用其原义，无须“降筵于地”。考《慧琳音义》卷4释《大般若波罗蜜多经》第398卷“綩綖”云：“上鸳远反，下余旃反。经言綩綖者，即珍妙绮锦筵、绣褥、舞筵、地衣之类也。”又卷16释《阿閦佛国经》上卷“綩綖”：“于远反，下音延。经文错用也，正体从草作菀莚，舞莚、地衣之类。”由慧琳所释可知锦筵、绣褥、舞筵、地衣为同类物品。如白居易《青毡帐二十韵》：“软暖围毡毯，枪摐束管弦。最宜霜后地，偏称雪中天。侧置低歌座，平铺小舞筵。”诗中“毡毯”与“舞筵”对举。又考《慧琳音义》卷11释《大宝积经》第9卷中“綩綖”慧琳所加按语云：“綩綖，地褥也，即舞筵也。俗呼为地衣、毛锦是也。”又卷74释《僧伽罗刹集》下卷中“菀莚”亦特地加按语云：“菀莚，地褥也。即舞莚也。俗呼为地衣、毛锦是也。”菀莚，即綩綖，皆为绣褥锦筵类花毯花毡的音译记音词，慧琳指出俗呼为地衣、毛锦，“地衣”即“地毯”。如白居易《红绣毯》诗云：“一丈毯，千两丝，地不知寒人要暖，少夺人衣作地衣。”又如王建《宫词》：“自夸歌舞胜诸人，邀勒君王出内频。连夜宫中修别院，地衣帘额一时新。”诗中所说“地衣”亦即“地毯”。

5.3.4 毛锦、氍毹

慧琳所说“毛锦”亦为毛毯类物品，即任氏所说的“锦罽”。细的毛织物通称“纗”，“罽”是纗的假借字，又可省写成“罽”。[1]考《说文·糸部》：“纗，西胡毳布也。”罽是人工织成的毛织物，看上去与动物的皮毛相似，故又称为织皮。尼雅遗址出土有绿地人兽葡萄纹和蓝地龟甲四瓣花纹的罽。邢昺疏所说“氍毹”也是毛毯类物品。如《慧琳音义》卷45释《优婆塞净行法门经》下卷中“氍毹”云：“上具俱反。下数俱反。《声类》云：氍毹，毛锦也。”又作

〔1〕“罽”是一种细渔网。《汉语大字典》第八册所附《异体字表》以“罽”和“纗”为正字，以“罽”为“罽”的异体字，“纗”又为“纗”的异体字。

"氍㲣"。如《慧琳音义》卷64释《四分律删补随机羯磨》中卷"氍㲣"云，"《博雅》：氍㲣，西戎罽㲪也。即是毛锦有文彩如五色花㲪也"，指出毛锦即有文彩的五色花毯。氍毹、氍㲣、毛锦与綩綖皆为敷以座席的毛毯类物品。如《正法华经》卷2："彼大长者等赐诸子七宝大车，珠交露幔，车甚高广，诸珍严庄，所未曾有。清净香华，璎珞校饰，敷以缯褥氍毹綩綖。"又如《摩诃般若波罗蜜经》第39卷："其座四足，或以黄金，或以白银，或以琉璃，或以颇梨，敷以綩綖，杂色茵褥，垂诸帏带，以妙白氎而覆其上。"今仍用以称演戏时铺在舞台上的地毯，并用"氍毹"或"红氍毹"借指舞台，由此亦可见其与"舞筵""綩綖"等词的相承渊源。

"氍毹"也是外来词，据《慧琳音义》卷37释《陀罗尼集》第3卷中"氍毹"云："梵语也。毛毯、地衣之类也。亦无正字也。"慧琳指出"氍毹"是梵语。藤田豐八《榻及毾㲪氍㲣考》一文说，氍㲣、氍毹在"波斯语中无相当之语，惟阿剌伯语中有ghàshiyat，gäshiya等语。""氍㲣、氍毹殆阿剌伯语之对音，而汉代之中国人，已知是物，故此阿剌伯语，似在远古，业已传入波斯及其它东方诸国矣。吾人苟不得其佐证，尚未敢断言也。"[1]新疆出土的佉卢文书中也提到一种名叫kośava的毛织物，[2]亦写作kojśava，意为粗毛毯。[3]kośava亦即氍㲣。马雍《新疆佉卢文书中的kośava即"氍㲣"考——兼论"渠搜"古地名》一文指出"佉卢文kośava一词当源自梵文kośa。""'氍㲣'古音当读作küśou或küśau。就音读言，ko转为kü是没有问题的：śava按梵语'特弱变化'的音变规则也可能转化为śau，所以kośava可以转化为küśau而被译作'氍㲣'。"从字的形体而言，

---

〔1〕藤田豐八《榻及毾㲪氍㲣考》，载《中国南海古代交通丛考》，商务印书馆，1936年版，第520-521页；马雍《新疆佉卢文书中的kośava即"氍㲣"考——兼论"渠搜"古地名》一文指出gäshiya的意思是一种覆盖在马鞍上的垫子，即中国古代所谓障泥。认为汉文的"氍㲣"不可能译自阿拉伯语，而只可能译自西域的某种古代语言，这种语言或许属印度语系，或许与印度语系有着共同的来源。载《中国民族古文字研究》，中国社会科学出版社，1984年版。

〔2〕佉卢文字是古代印度重要字母之一，使用区域包括我国新疆、印度西北部、巴基斯坦、阿富汗、苏联一些地区。在于阗王国和鄯善王国遗址曾发现有大量使用一种印度俗语写成的佉卢残卷。

〔3〕饶宗颐《符号·初文与字母——汉字树》，上海书店出版社，2000年版，第77页。

“氍毹”等外来词已为形声字，马雍据此认为“氍毹”显然是晚出的译音字，其最初的得名与古西域名为渠叟或渠搜的部落或许有关联，“很可能最初因为这个部落擅长织‘渠叟’，故也被称为‘渠叟’。后来为了将两者加以区别，才在毛织物的名称上加以‘毛’旁，成为㲣毹。既然这个名词来自音译，写法也不固定，从而产生了氍、毹之类的新字。于是，这种毛织物的名称与部落名称的关系便被人们遗忘了。”〔1〕“氍毹”又写作“㲣㲣”。如《慧琳音义》卷60释《根本说一切有部毗奈耶律》第26卷中“氍毹”云：“上具愚反。下数蒭反。西戎胡语。《考声》云：织毛为文彩五色，或作鸟兽人物，即毛布也。《声类》：毛席也。出西戎，字无定体。或作㲣㲣，或名毾㲪，即地衣、舞筵之类，形声字也。”慧琳指出“氍毹”是西戎胡语，或名毾㲪，即地衣、舞筵之类。

5.3.5　毾㲪

毾㲪也是西域一带人们对织花毛毯的音译词。如《玄应音义》卷14释《四分律》第37卷毾㲪：“《广雅》《苍颉》云毾㲪，毛有文章也。《释名》云：施之大床前小榻上所以登上床。因以为名焉。”又卷2释《大般涅槃经》第11卷中“氍毹”引《通俗文》云：“织毛褥曰㲣毹，细者谓之毾㲪。”可知相对于“毾㲪”而言，“氍毹”是一种较粗的毛毯。劳费尔在《中国伊朗编》一书中考述了波斯的纺织品，指出毾㲪“代表一个译音，相当于中古波斯语里一个字，与字根

〔1〕马雍《新疆佉卢文书中的kośava即“氍毹”考——兼论“渠搜”古地名》，载《中国民族古文字研究》，中国社会科学出版社，1984年版，第51–54页。林梅村《古道西风》认为kośava是犍陀罗语词，“氍毹”当译自该语词的另一形式koj'ava（三联书店，2000年版，第384页）。劳费尔《中国伊朗编》一书还探讨了《元史》卷43《顺帝本纪六》中所载波斯语词saqalαt、saqallαt的音译“撒哈剌”一词，指出其词义可能是一个产红布的城名，“或指红布或以此红布制的衣”。黄时鉴《元代扎你别献物考》一文认为从劳费尔引述的西方文献看，似乎“撒哈剌”是一种丝织品，但是从汉文文献看，它显然是一种毛织物。如《大明一统志》卷90说，撒哈剌“以毛织之，蒙茸如毡毾，有红绿二色。”曹昭《格古要论》卷下说，洒海剌“出西番，绒毛织者，阔三尺许，紧厚如毡。西番亦贵。”陈诚等《西域番国志》中提到豪家巨室有用撒哈剌“遮护墙壁”的。“从这些材料可以确知，撒哈剌是一种毛织物，质高价昂，有红绿两种颜色，可用以制作衣衫，也可用以装饰室壁。”载《文史》第35辑，中华书局，1992年版。

√tāb（纺绩）有关。”“汉语译音所根据中古波斯字或许是tāptāṅ或tāpetān，-āṅ是复数的词尾。”[1]藤田豐八《榻及毾㲪氍毹考》一文说：“毾㲪出于印度北部及葱岭以西诸国，而以大秦所产者之彩纹尤为鲜明。”认为“毾㲪系波斯语tàkht-dàr或其古形的音译。”[2]张永言《汉语外来词杂谈》一文指出“‘毾㲪’显然是个音译词。劳费尔以为当是源于中古波斯语的tāptāŋ，但这仅是他的拟构，并非真实存在的词（actual word）。藤田豐八撰《榻及毾㲪氍毹考》谓‘毾㲪’系波斯语tàkht-dàr或其古形的音译，但对音不合，似不可靠。晚近马端志认为‘毾㲪’当是波斯语tābīdan（义为woven）的对音，较为可信。而我国古人却误‘以中国之言，求外邦之义’，如《御览》引《通俗文》云‘名毾㲪者，施大床之前，小榻之上，所以登而上床也’，以至连字也随义而改了，如刘熙《释名·释床帐》第18云：‘榻登，施之承大床前小榻上，登以上床也。’”[3]刘正埮等《汉语外来词词典》释此词词义为羊毛毡，或一种产于波斯的布料，源自中古波斯语tãptãn，tãpetãn。[4]

据《慧琳音义》卷89释《高僧传》第2卷“佣织毾”云：“下贪荅反。《埤苍》云：毾㲪即毛席也。《释名》云：毾㲪，施之大床前小榻上所敷床者也。《考声》云：毾㲪，西域织毛为文彩也。《古今正字》从毛㩗声，㩗音同上。㲪音登。”《慧琳音义》所引的《释

[1] 劳费尔《中国伊朗编》，商务印书馆，1963年版，第321页。

[2] 藤田丰八《榻及毾㲪氍毹考》，载《中国南海古代交通丛考》，商务印书馆，1936年版，第516–520页。史有为《异文化的使者——外来词》说，毾㲪是一种精织细毛薄毯，织有花纹。原词与波斯语taftan（原义纺、织）有关，应源自比中古波斯语tap(e)tan更古的形式。（吉林教育出版社，1991年版，第121–122页）

[3] 张永言《汉语外来词杂谈》，《语言教学与研究》1989年第2期，又载《语文学论集》，语文出版社，1999年版，第303–304页。

[4] 刘正埮《汉语外来词词典》，上海辞书出版社，1984年版，第335页；叶隆礼《契丹国志》中诸小国贡进物件有“玉、珠、犀、乳香、琥珀、玛瑙器、宾铁兵器、斜合黑皮、褐黑丝、门得丝、怕里呵、硇砂、褐里丝，衣上皆细毛织成，以二丈为匹”（上海古籍出版社，1985年版，第205页）；黄时鉴《辽与“大食”》一文指出《契丹国志》中的“门得丝”和“怕里呵”是伊朗语，“现代波斯语中有mandish，义为地毯、毯子，可以与门得丝构成对音。中古波斯语有prngn(parnagan)，义为多色锦缎或花布（包括毛织物），可能是怕里呵的原词”（台北《新史学》1992年第3卷第1期）。

名》与传本《释名》不尽相同，传本为“登以上床也”，慧琳引为“所敷床者也”。据王先谦《释名疏证补》云：“毕沅曰今本作‘榻登施大床之前小榻之上，所以登床也。’据《后汉书》注引改。《一切经音义》引作‘毾㲪，施之大床前小榻上所以登上床者，因以名焉。’按毾㲪亦《说文》新附字。成蓉镜曰《御览》708引《通俗文》：‘氍㲣细者谓之毾㲪。’名毾㲪者，施大床之前小榻之上所以登而上床也。王启原曰：‘榻登之物，缘榻以登而名故。’[1]《说文》无毾㲪字，然成国之前已有作毾㲪者，如成所引服虔《通俗文》是也。《东观汉纪》‘景丹率众至广阿，光武出城外。下马坐毾㲪上，设酒肉。’班固《与弟书》‘月支毾㲪大小相杂，但细好而已。’皆在成国前。毾㲪以毛为之，古制字从毛也。”[2]颜洽茂《佛教语言阐释》一书论及此词时指出“云‘所敷床者’，是；云‘登以上床也’，则是‘以中国之言，求外邦之义’（《管锥篇》第1461页）了。究为古本不误，今本以讹传讹？还是《释名》强说语源？今并录之存参。”[3]考《释名疏证补》中毕沅所引《一切经音义》出自《玄应音义》，《玄应音义》卷2释《大般涅槃经》第11卷、卷4释《观佛三昧海经》第7卷和卷14释《四分律》第37卷中“毾㲪”一词时皆引《释名》云：“施之大床前小榻上所以登上床”，可知玄应所引当为唐时所见《释名》的原文，玄应以此为“毾㲪”一词得名之因。慧琳引《释名》时显然做有改动，他将《释名》所释“登以上床也”改为“所敷床者也”，很可能是认为刘熙在解释“毾㲪”一词的得名原因时有穿凿附会之处。

5.3.6　毯、罽

毾㲪又省略为毯。据《广韵》，毾的中古音为吐盍切，盍韵透母入声；㲪为都藤切，登韵端母平声。毯的中古音为吐敢切，敢韵透母。毯和毾为阳入对转，毾受后音节n鼻尾的影响而变为m鼻尾，从语

[1] 故，颜洽茂《佛教语言阐释》一书中属下句，杭州大学出版社，1997年版，第115页。

[2] 王先谦《释名疏证补》，上海古籍出版社，1984年影印本，第289-290页。

[3] 颜洽茂《佛教语言阐释》，杭州大学出版社，1997年版，第115页。

音上分析，毯可以看作毾㲪的省略或变音形式。“毯”是中古汉语中才出现的后起字，指用来铺盖或张挂的御寒或装饰的棉或毛织物。黄金贵《古代文化词义集类辨考》说“据今人贾应逸等所考，‘毯’字唐代始见；而‘地毯’连称，要到元代。大抵合情。至今未见唐以前用‘毯’字的材料。”[1]《汉语大词典》释此词引首见书证为唐无名氏《补江总白猿传》：“嘉树列植，间以名花；其下绿芜，丰软如毯。”《辞源》和《汉语大字典》亦同。

实际上南北朝时“毯”字已出现。考新疆维吾尔自治区吐鲁番县阿斯塔那一号墓出土文书《某人条呈为取床及买毯事》载得有：“床十一斛，作丝二斤三两半。盆儿前买毯贾（价）。”（18页）[2]据此墓同时出土的《韩渠妻随葬衣物疏》记载称，“建初十四年八月二十九日，高昌郡高县都乡孝敬里民韩渠妻命早终，谨条随身衣裳杂物”。考建初是西凉李皓年号，然建初十三年二月李歆已改元嘉兴，盖其时高昌地区仍沿用建初年号，故有十四年，实为嘉兴二年（418年）。此墓中尚出土有《罚毯文书》云“（罚）毯贰拾贰张入官”。（21页）又据新疆维吾尔自治区吐鲁番县哈拉和卓九六号墓出土的《伊乌等毯帐》云“伊乌毯十张，伊受毯廿张，羌儿母毯五”。（78页）这些文字与北凉真兴六年（424年）出受麦帐写在同一纸面上。此墓中出土的《悬募追捕逃奴赏格班示》载有“得者募毯十张”（76页），《毯帐》残片上则写有“有毯半张”等（79页）。此外，阿斯塔那二三三号墓出土的文书《相辞为共公乘芰与杜庆毯事》上亦载有“正月内被敕，催公乘芰枣直毯，到芰舍。芰即赍毯六张，共来到南门前，见杜庆。芰共相即以毯与庆。”（208页）[3]

---

〔1〕贾应逸《新疆地毯史略》，轻工业出版社，1984年；黄金贵《古代文化词义集类辨考》，上海教育出版社，1995年版，第644页。

〔2〕国家文物局古文献研究室等《吐鲁番出土文书》第一册，文物出版社，1981年。下文同，括号内为页码。这些文书现藏于新疆博物馆和吐鲁番地区文物保管所。朱大渭《中古汉人由跪坐到垂脚高坐》（《中国史研究》1994年第4期）一文引《晋书》有“毯”字，考其所引为《晋书》卷90《良史·吴隐之传》，传文载东晋良史吴隐之清贫，“坐无毡席”。朱大渭文中所引“毯”当为“毡”之误。

〔3〕此文书的年代约为十六国时期。

唐代已出现“毯子”一词，如圆仁《入唐求法巡礼行记》卷2开成五年三月五日载：“于州城内第门前庭中铺二毯子。”[1]

罽、毯多为毛织物，但罽一般指衣料，毯则指用来铺盖或张挂的御寒或装饰的织物。毡也以毛为原料，有时可泛指以动植物的毛絮为原料的织物。考《慧琳音义》卷26所录《云公音义》释《大般涅槃经》第20卷中“劫贝娑花”云：“花同柳絮，可以为绵。询问梵僧，白毡是也。”从慧琳所载可知梵僧将劫贝娑花织成的绵也称为白毡，且毯与毡都可用作坐褥或地毯等铺垫物，往往同义连用，泛指毛制物品，但二者性能与制作方法并不相同。据《慧琳音义》卷14释《大宝积经》第81卷中“毡褥”引《考声》云：“杵毛为之曰毡，以缯彩衣之曰褥也。”毯是用动物的毛或植物的纤维纺拈成线，再以经纬编织而成。毡则是将动物的毛通过湿、热、挤、压等物理加工制成的无经无纬的块片状厚毛物，可用来做帐篷。毡出现较早，毯出现比毡晚。一般而言，毯指厚实有毛绒的毛制品时与毡相似，指细软的棉或毛织品时与罽相似。如《汉书·东方朔传》云：“木土衣绮绣，狗马被缋罽。”颜师古注：“罽，织毛也，即氍毹之属。”《慧琳音义》卷79释《经律异相》第37卷中“氍毹”亦云：“上具俱反，下数俱反。《考声》：氍毹，织毛为布文彩。亦名罽，为出罽宾国毛布也。”“毛布”也用作地毯。如《慧琳音义》卷61释《苾刍尼律》第12卷中“氍毹”云：“上渠俱反，下数于反。蕃人语也。即今之毛布有文为地衣是。”还可称为“毛褥”。如《慧琳音义》卷59释《四分律》第31卷中“氀毹”引《通俗文》云：“织毛褥曰氀毹。细者谓之毾㲪也。”慧琳引《通俗文》所说“毛褥”亦指“毯”。宋人俞琰《席上腐谈》卷上曾解释说：“毯之别名曰毛褥。”

〔1〕《汉语大词典》引明陈广野《麒麟罽》为首见书证。董志翘《入唐求法巡礼行记词汇研究》指出：“毯”单用例，唐代多见。“毯子”一词，《入唐求法巡礼行记》例是较早的。（中国社会科学出版社，2000年版，第111页）

毾㲪、氍氀、氍毹、毯等词皆有以动植物毛絮为原料的织物义，[1]其词义与梵语、波斯语及西域一带的语言有语源上的联系。考《说文新附》云：“氍，氍毹、毾㲪皆毡緂之属，盖方言也。”据《旧五代史》卷138《外国列传第二》载，周世宗时，瓜州团练使元恭所贡波斯锦、安西白㲲等，“皆因其来者以名见”。《慧琳音义》卷13释《大宝积经》第37卷中“氍毹”一词时也指出其“本胡语也。此无正翻。”卷15释该经第120卷中“黄毯”云：“他感反。或作毯。《考声》云：纤毛为之。出吐蕃。”卷64释《四分律删补随机羯磨》中卷“氍氀”一词又云：“上具俱反，下数衢反。波斯胡语也。”宋应星《天工开物·褐毡》亦说：“其氍毹、氆氇等名称，皆华夷各方语所命。”这些与“毯”有关的外来词可能源自印度，也可能源自波斯，更可能源自受印度或波斯等语言影响的当时西域语言，其中或据焉耆语，或据吐火罗语，抑或据和阗语、粟特语等其他西域语，[2]此尚有待随着西域语言研究的进展而根据其与相关语言的对音再做进一步的深入考证。

由此可知𣯴𣰆、锦筵、绣褥、地褥、舞筵、地衣、毛锦、毛布、毛褥等皆为毛制物品，而“𣯴𣰆”既有“座褥、褥垫、褥套”等及坐具的敷设义，又有“褥套周边的流苏”义，还有毡毯和地毯义。

5.4　白㲲

玄奘译《大般若波罗蜜多经》中“覆以白㲲”意谓铺上白棉布，“㲲”是棉纱织物，也指细毛布。《玉篇·毛部》：“㲲，毛布

---

〔1〕据文献记载，尚有帛叠、桐花布、荅布、都布、越诺、屈眴、黄润、毲等与“㲲”类似的指织物的词，亦皆以木棉树的绵或类似木棉树的绵及野蚕丝织成。苏继庼注汪大渊《岛夷志略·三岛》“地产黄腊、木绵、花布”中“木绵”一词说：“榻布、荅布、都布殆皆谓绵布，即叠布是也，而其名之见于我国载籍又较康泰之白叠为早多矣。故榻布、荅布、都布均可视为梵语pata之省音。”（《岛夷志略校释》，中华书局，1981年版，第29页）劳费尔《中国伊朗编》、藤田豐八《古代华人关于棉花棉布之知识》和饶宗颐《蜀布与cinapaṭṭa——论早期中、印、缅之交通》（《历史语言研究所集刊》第四五本第四分册，1974年）对此亦有考证，此从略。

〔2〕据《高僧传·竺法护传》载，其时西域诸国号称“外国异言三十六种，书亦如之”。

也。”“白叠”又作“榻布”。[1]《史记·货殖传》“其帛絮细布千钧，文采千匹，榻布皮革千石”，裴骃集解引《汉书音义》曰：“榻布，白叠也。”白叠即白𣰋。《南史》卷79《夷陌》下云高昌国“多草木，有草实如茧，茧中丝如细纑，名曰白𣰋子。国人取织以为布，布甚软白，交市用焉。”唐刘言史《王中丞宅夜观舞胡腾》：“细𣰋胡衫双袖小。”《玄应音义》卷19释《佛本行经》第39卷中“白𣰋”云：“古文𣯍，同。徒颊反，毛布也。”《慧琳音义》卷4释《大般若波罗蜜多经》第398卷中“白𣰋”亦云：“下徒颊反，西国草名，其草花絮堪以为布。”又卷33释《转女身经》中“抽毳纺𣰋”云：“毳音椎芮反。毳者，鸟兽细茸毛也。郑注《礼记》曰：‘毳者，毛之细缛也。’孔注《尚书》曰：‘耎毳细毛也。’《说文》亦兽之细毛也。‘案毳衣者，采鸟兽细耎五色毛纺绩织成文罽，以为上服。转轮圣王服御衣也。纺音芳冈反。杜注《左传》曰：‘纺缉为纑也。’《古今正字》从纺声也。下音牒。𣰋者，西国木绵草花，如柳絮。彼国土俗皆抽捻以纺成缕，织以为布，名之为𣰋。”又卷64释《四分尼羯磨》中“白𣰋”一词，慧琳所加按语云：“𣰋者，西国木绵花，如柳絮。彼国土俗皆抽拈以纺为缕，织以为布，名之为𣰋。《说文》从毛叠声。”又卷68释《阿毗达磨大毗破沙论》第2卷中“𣰋絮”一词所加按语又云：“𣰋絮者，西国木绵托絮也，如此土柳絮之类。今南方交址亦有之。”又卷61释《根本说一切有部毗奈耶律》第37卷中“拈劫贝线”云：“上年典反。拈劫贝线者，拈劫贝草花絮以为织缕线也，织为白𣰋布也。《方言》：捻，续也。《苍颉篇》：縒线也。经而纬之织成𣰋布。”据慧琳所说，可见𣰋是一种用木绵花絮织成的布，与蚕所织的丝绵相似。考《慧琳音义》卷14释《大宝积经》第89卷中“白𣰋”引《考声》又云：“毛布也。草花布也。”慧琳的释义指出“𣰋”可以是木绵类植物花絮织成，也可以是动物的毛织成。劳

[1] 孙机《汉代物质文化资料图说》云：“根据吐鲁番出土的高昌文书及《梁书·高昌传》等文献，新疆地区一直称棉花为白疊。上海古籍出版社，2008年增订版，第89页。

费尔在《中国伊朗编》一书中指出“氎”古时为dziep,dziep,[1] diep,dib,反切为“徒颊”，即t‘iap，diab,d‘ab，此是梵语dvipa的译音。宋董冲《唐书释音》卷23以“徒协”为切，等于中古波斯语dip或dep，相当于新波斯语diba（丝锦），dibah（金绢），dibadz（锦马甲）。《汉书》注云《外国传》里曾说到诸薄（爪哇）的妇女制造“叠”和“花布”。[2]

据文献记载，尚有桐花布、荅布、都布、越诺、古贝、吉贝、屈眴、黄润、劫贝、劫波育、迦波罗等与“氎”类似的指织物的词，亦皆以木棉树的绵或类似木棉树的绵及野蚕丝织成。如《玄应音义》卷14释《四分律》第2卷中“拘遮罗劫贝”云，劫贝“或言劫波育，或言劫波婆，正言迦波罗，此译云树花名也，可以为布。高昌名氎，氎是衣名。罽宾以南大者成树，以此形小，状如土葵，有壳，剖以出花如柳絮，可纫以为布，用之为衣也。”又卷1释《大方等大集经》卷15中“劫波育”云：“或言劫贝者，讹也。正言迦波罗。高昌名氎，可以为布。罽宾以南大者成树，以此形小，状如土葵，有壳，剖以出花如柳絮，可纫以为布也。”[3] 据玄应所释，迦波罗与木绵有关，有绵布之义。又写作劫波育、劫波婆、劫贝、波毓等，可以为布。考《一字奇特佛顶经》上卷有“氎缕”一词，《慧琳音义》卷35释此词云：“上音牒，西国草花蕊也。如此国蓟花絮然为缕作布，从毛叠声，或从糸作緤。本无此字，译经者权制之，故无定体。”据《旧五代史》卷138《外国列传第二》载，周世宗时，瓜州团练使元恭所贡波斯锦、安西白氎等，“皆因其来者以名见”。

〔1〕“氎”音diep，拟作dziep和dziep是把舌音拟为齿音，在音理上似欠依据。

〔2〕劳费尔《中国伊朗编》，商务印书馆，2001年版，第318页。

〔3〕劳费尔《中国伊朗编》和藤田丰八《古代华人关于棉花棉布之知识》对此考证甚详，此不赘述。

5.5 丹枕

《大般若波罗蜜多经》中“宝座两边双设丹枕”，“丹枕”意谓赤色布做的软靠垫。《慧琳音义》卷4此经中释“丹枕”云：“天竺国风俗，不用木、石为枕，皆赤皮或赤色布作囊，贮以睹罗绵及以毛絮之类为枕。或用枕头，或作倚枕。丹，红赤色者用也。”又卷27释《妙法莲花经》“丹枕”云：“有释枕著仙丹可以延寿，此谓不然。案天竺无木枕，皆以赤皮叠布为枕，贮以睹罗绵及毛絮之类，枕而且倚。丹，赤色也，即同诸经朱色枕耳。头枕、倚枕悉赤如丹。”据慧琳所释，“丹枕”以赤色布做囊，贮以睹罗绵及毛絮，用以倚靠身体或做枕头。如《佛本行集经》卷19：“在于宫内，细滑床敷，柔软毡褥，或覆天衣，或复两边挟置倚枕，或卧或偃，随意自在。”考《慧琳音义》卷13释《大宝积经》第37卷“倚枕”云：“上衣绮反，下之荏反。大枕也。以袋盛耎物而倚凭之。”又卷49释《菩提资粮论》第1卷“倚枕”云：“上衣纪反，下针荏反。案倚枕者，大枕也。锦绮缯彩作囊，盛轻耎物，置之左右前后，尊贵之人倚凭，名为倚枕。”据慧琳所释，“倚枕”以锦绮缯彩做囊盛轻软物，置之座椅的左右前后，用以倚靠身体，相当于现在沙发上用以倚凭的软靠垫。考《玄应音义》卷2释《大般涅槃经》第11卷“丹枕”云：“案天竺无木枕，皆以赤皮叠布为枕，贮以兜罗绵及毛，枕而且倚。丹言其赤色也。”由玄应和慧琳所释可知唐时人们尚用木、石作枕，而天竺不用木、石为枕。敦煌莫高窟431窟南壁观无量寿经变九品往生中有形如腰鼓且绘有花纹的枕头。[1]现在人们用以倚凭的软靠垫源自印度，如印度阿旃陀第26窟涅槃石雕和新疆库木吐喇石窟第16窟前壁涅槃图中佛陀皆头枕丹枕而卧。[2]倚枕又称隐囊。清桂馥《札朴》卷4“隐囊”条云：“今床榻间方枕，俗呼靠枕，即隐囊也。”江浩然《丛残小语》

〔1〕施萍婷《敦煌石窟全集·5·阿弥陀佛画卷》，商务印书馆（香港）有限公司，2002年版，图88、图91、图92、图94。

〔2〕吐喇石窟第16窟前壁涅槃图今藏柏林亚洲艺术博物馆。

云："隐囊形制，未有详言者，盖即今之圆枕，俗名西瓜枕，又名拐枕，内实棉絮，外包绫缎，设于床榻，柔软可倚。"

5.6 结语

佛经音义是解释佛经中字词音义的训诂学著作，其虽"义附彼教，而训释华言，采获所及，莫非古训"，[1]且摭拾甚广，包孕弥富，[2]学者无不叹其诚小学之渊薮，艺林之鸿宝。佛经音义引用的汉唐典籍和佚书是古籍整理和辑佚的宝库，辨析的异文俗体是研究文字学的宝库，标注的异切方音是研究音韵学的宝库，诠释的方俗词义是研究词汇学的宝库，而其训释的外来词则不仅是研究汉语史的宝库，也是研究中外交通史的宝库。窥一斑可见全豹，由上文所述，可见佛经音义收释的这些外来词是可补胡适在《〈辞通〉——新编古汉语双音节词语字典》一文中所说之憾，且足可以和《辞通》相媲美的。根据佛经音义的记载可以考知一些外来词的源流和演变以及中外文化的交往线索，这在汉学研究和汉语史研究上无疑皆具有其不可忽视的学术价值。今天我们已经步入一个数字化和网络化的时代，我们可以通过建立佛经音义所释外来词与有关佛经今存写卷和刻本异文相关联的数据库，辨音析词，勾勒东汉至隋唐佛经所载外来词的演变线索，承佛经音义已有的解释再做进一步的新开拓，编纂成更为全面反映梵文译名各种变化的佛经外来词辞典，这应也是目前研究中外交通史和佛经语言的题中应有之义。

〔1〕陆宗达《一切经音义引用书索引跋》，上海古籍出版社1986年影印狮谷白莲社藏版《正续一切经音义》，第5661页。

〔2〕黎养正《重校一切经音义序》，载频伽精舍影印本《一切经音义》卷首。

6 The Chinese Name for "Holland"：和兰，荷兰，贺兰—A Historical Survey

Koos Kuiper Universiteit Leiden

During the four hundred years of contacts between the Dutch and China, several Chinese names have been used for "Holland" and for the Dutch. The use of each of these different names was in general confined to a certain time, place and environment. The purpose of this article is to clarify the conditions of use of these different names. As far as possible, the reasons for each change will also be analysed. It is hoped that further research may complete the picture, in particular regarding the older periods. The history of Dutch-Chinese relations is not the topic of this article, since that history has been studied in depth elsewhere.[1]

6.1 "Holland and the Netherlands"

"Holland" or "Holtland" was an ancient geographical name meaning "Woodland". It is attested as the name of a county since 1101. Later it became one of the seven provinces of the Republic of the Seven United Netherlands (1588–1795). Since it was the largest and most important province, including the harbour towns of Amsterdam, Rotterdam

[1] Several studies will be mentioned below. Thanks are due to Dr Ad Dudink and Dr Lloyd Haft for commenting on the draft of this article.

and the government town The Hague, it was also used to represent the Netherlands as a whole. That usage has been adopted by many other languages as the common or even formal name, such as "Holland" in English, "Holanda" in Spanish and Portuguese (pronounced Olanda) and "Gollandiya" (ГОЛЛАНДИЯ) in Russian. In the Netherlands it is still an informal name for the whole country, evoking a feeling of intimacy, and it is a favourite name among Dutch expats residing in other countries. But Dutchmen from the northern and eastern provinces having strong regional feelings tend not to use this name, since they wish to distinguish themselves from the "Hollanders" in the western part of the country.

The name "The Netherlands" is attested from the sixteenth century referring to both the present Netherlands, Belgium and Luxembourg. This region is still sometimes called in English "the Low Countries", which is just another translation of the same designation. In 1588 the Republic of the Netherlands only comprised the Northern Netherlands, while the southern part continued to be ruled by the Spanish, later the Austrian Habsburgs. After the Napoleonic period, in 1815 the Kingdom of the Netherlands was established. In this Kingdom the Northern and Southern Netherlands were reunited for a short period, but they were divided again after the Belgian revolution of 1830.[1] In Chinese the first direct translation of the name "Netherlands" appeared in the middle of the nineteenth century. In 1844 Wei Yuan's (魏源) *Haiguo tuzhi* (《海国图志》) (1844) used *Nidalan* (尼达兰)[2] in the sense of "the Low Countries":

[1] In Dutch a distinction is made between the plural *de Nederlanden* ("the Netherlands", including Belgium, except in *Koninkrijk der Nederlanden*, "Kingdom of the Netherlands") and the singular *Nederland* ('the Netherlands' proper).

[2] In the late twentieth century *Nidelan* (尼德兰) was sometimes used as a name for the Netherlands in both senses.

The two countries Holland and Belgium are in the same region and have the general name of the Low Countries (Netherlands).[1]

6.2 The Official Name in the Late Ming Dynasty (1368–1644): 和兰国

When two Dutch ships under Jacob van Neck arrived for the first time on the Chinese coast in 1601, there were no official contacts with the Chinese. In a contemporary Chinese report the Dutch were simply referred to by their outward appearance as *Hongmao gui* (红毛鬼), "Red-Haired Devils".[2] This and similar designations continued to be used for centuries, such as *Hongmao fan* (红毛番),[3] "Red-Haired Barbarians", the short form *Hongmao* (红毛), "Red-Hairs", and its literary form *Hongyi* (红夷), "Red Barbarians". From about 1800 the name *Hongmao* was also used for all other Northern Europeans, in particular the British.[4] It is still informally used on Taiwan for the Dutch and in Singapore and other places referring to all Northern Europeans and Americans.[5]

The second time Dutch ships came to China, in 1605, the Dutch commander Wijbrant van Warwijck had obtained support and advice from a Chinese merchant in Patani (now Southern Thailand), who was well acquainted with the Dutch and had even visited the Netherlands. He was

---

〔1〕"荷兰及弥尔尼壬两国同区总名曰尼达兰"《海国图志》卷40。

〔2〕王临亨（Wang Linheng）《粤剑编》(*Yuejian bian*)，卷3/4，转引自章文钦（Zhang Wenqin）《明清时代荷兰与广州口岸的贸易和交往》，见蔡鸿生主编《广州与海洋文明》，广州：中山大学出版社，1997年版，第284–337、285–286页。This vulgar expression seems to have been common in Guangzhou.

〔3〕This is also the name of the chapter about Holland in Zhang Xie's (张燮) *Dongxi Yangkao* (《东西洋考》) (1617) (《惜阴轩丛书》，卷6, p. 15). Zhang Xie was from Fujian. This expression seems to have been often used in Fujian.

〔4〕Lo-shu Fu（傅乐淑）. 1966. *A Documentary Chronicle of Sino-Western Relations* (1644–1820). Tucson: The University of Arizona Press, 1966, pp.428-429 (note 55).

〔5〕周长楫、周清海《新加坡闽南话词典》，北京：中国社会科学出版社，2002年版，69页。

called Impo in Dutch sources,[1] while in Chinese sources[2] he is referred to as Li Jin (李锦) from Haicheng (海澄), a harbour town near Zhangzhou (漳州), Fujian Province. At the time only Chinese from Zhangzhou were allowed by the Chinese government to leave China and to engage in trade overseas, while foreigners were only allowed to proceed to Guangzhou. Li Jin advised Van Warwijck to try to establish relations with the Chinese in Zhangzhou and on the Pescadores. Together with the harbour master in Patani, he wrote a Chinese letter for the Dutch to the Chinese authorities.[3] It was probably in this letter that for the first time the name Holland was transcribed as 和兰, literally meaning "Harmonious Orchid", now pronounced in Hokkien (Minnanhua) as *Hôlan* and in Mandarin as *Hélán*. If Li Jin had been a Cantonese, he would not have chosen these characters, since in Cantonese they are pronounced *Wòhlāan*.[4] The account of this incident in *Dongxi yangkao* (《东西洋考》)(1617) is the earliest attested source using this name. The first sentence of this account shows that this name was directly derived from Dutch: "The Red-Haired Barbarians call themselves the country of Holland" (红毛番自称和兰国). Holland appeared here as *Helanguo*, "the country of Holland", a hybrid compound that would be commonly used until well into the twentieth century, though *Helan* was sometimes

---

〔1〕In Dutch archives the characters for *Impo* can be found as 恩浦 (Leonard Blussé, "Impo, Chinese Merchant in Pattani" in: *Proceedings of the Seventh IAHA Conference*, Bangkok, 1979, pp. 290-309. Chinese translation 包乐史,《巴达维亚华人与中国贸易》, 广西人民出版社, 1997, pp. 190-204).

〔2〕*Dongxi Yangkao* (《东西洋考》), section *Hongmao fan* (红毛番) and the *History of the Ming Dynasty* (*Mingshi* [《明史》], *Helan zhuan* [和兰传]).

〔3〕Bao Leshi (包乐史), *Zhong-He jiaowangshi* (《中荷交往史》), 荷兰: 路口店出版社, 1989 (revised ed. 1999), pp. 38-39. Translation of Leonard Blussé, *Tribuut aan China, Vier eeuwen Nederlands-Chinese betrekkingen*, Amsterdam: Otto Cramwinkel, 1989, pp. 38-39.

〔4〕Hokkien (Minnanhua [闽南话]) transcriptions are in the Church Romanisation, Cantonese in the Yale system.

written with other characters. This *guo* was often added for clarification, except when *Helan* was used as a modifier meaning "Dutch".

The name *Helanguo* (和兰国) continued to be used during the Ming dynasty, for instance in the *Shilu* (《实录》) of 1623.[1] It was also used (without *guo*) in the *Mingshi* (《明史》), the official history of the Ming dynasty (1368–1644), first printed in 1739.[2] This history includes accounts of four Western countries; besides the *Helan zhuan* (和兰传) about Holland, there are reports on Portugal (*Folangji* [佛郎机], from Arabic Ferengi, "Franks"), Spain (*Lüsong* [吕宋], Luzon, the main island of the Philippines) and Italy (*Yidaliya* [意大里亚]).[3]

6.3 Continued Use of the Ming Name Outside China

From the 1650s on, the modern name with the characters 荷兰 came to be used in correspondence with the Chinese authorities, but the old name remained in use in some places outside China until the middle of the twentieth century.

The Ming name *Helan* (和兰) (without the addition of *guo*) was in general use among the Chinese on Java at least from the eighteenth century onwards, perhaps based on the *Dongxi yangkao*. It can be found in letters from the Indies to China that were translated by local Chinese. In the

〔1〕Quoted by Zhang Weihua (张维华)《明史佛郎机吕宋和兰意大里亚四传注释》, Peiping: *Yenching Journal of Chinese Studies, Monograph Series No. 7*, 1934, p. 108. Reprinted as 《明史欧洲四国传注释》上海古籍出版社，1982. *Ming Shilu* (《明实录》)，台北，中央研究院历史语言研究所, 1966, 卷33, v. 128, p. 3a (p. 1681).

〔2〕In 1679 the Kangxi Emperor of the Qing dynasty (1644 - 1912) gave orders to compile the history of the preceding dynasty; it was finished in 1724. Bao Leshi（包乐史）*Zhong-He jiaowangshi*（《中荷交往史》）, p. 1; Arthur W. Hummel, *Eminent Chinese of the Ch'ing Period*, Washington: Government Printing Office, 1943, p. 56.

〔3〕An annotated edition is in Zhang Weihua（张维华）《明史佛郎机吕宋和兰意大里亚四传注释》, pp. 107-154.

earliest known letter with this name, dating from 1736, the Dutch authorities in Batavia thanked the Chinese government for helping Dutch castaways in the previous year and for repairing another ship in Guangzhou. "Holland (和兰) gratefully received the favour of your Country, and not only on one occasion." [1]

This name was used in the first edition of *Haidao yizhi* (《海岛逸志》) (preface 1791, printed 1806), written by *Wang Dahai* (王大海), who worked as a school teacher on Java. But in the reprint of 1843, the name Holland was changed into 荷兰.[2]

The name 和兰 was exclusively used in the minutes of the Kong Koan, the Chinese Council of Batavia, from 1787 until 1912.[3] One can find it in the Malay-Chinese dictionary *Tongyu jinliang bianlan* (《通语津梁便览》) (1889), where it was written 和囒.[4] The name was also still used in a handbook for Chinese bookkeeping for the Colonial Tax Office in the Indies of 1927.[5]

In the abbreviated form *He* 和 it preceded Western dates, for instance 和一仟八百二十三年七月, "July 1823 [in the] Dutch

---

〔1〕"和兰叨受国恩，已非一日"。转引自章文钦《明清时代荷兰与广州口岸的贸易和交往》，第316页。

〔2〕Reprint of the original (漳园) edition of 1806 in 王锡祺辑《小方壶斋舆地丛钞》第14帙（台北：广文书局，1964），第14册. The name was changed in the reprint in 《舟车所至》(1843序), photographic reprint台北：中正书局, 1962, pp. 787-842.

〔3〕The Kong Koan Archives (1787－1960s) are now in the East Asian Library, Leiden University library. Ten volumes of the Chinese minutes have been published: 包乐史(Leonard Blussé), 庄国土主编《公案簿》第1–10辑，in《吧城华人公馆（吧国公堂）档案丛书》，厦门大学出版社, 2002－2010.

〔4〕Tan Tianpi (陈天秘) 参订, Lin Tjay Tat (林采达) 辑,《通语津梁便览》(*Kitap Tong Gi Tjin Liong basa Malayoe of Tjin na*) 新嘉坡集文斋, 1889, 卷下, pp. 12b, 18b. The Ming name also appeared in the prefaces, but in the dictionary itself there are two examples of the modern name: 荷兰豆 (bean) and 荷兰薯 (potato) (卷下, pp. 32b, 34a).

〔5〕In the list of Netherlands-Indies Chinese terminology, for instance和兰灰厂"Holl. Kalkbrenne- rei" (Dutch lime-kiln), 和兰工部局 "Bauverwaltung" ([Dutch] Department of Construction). M.G. Pernitzsch, H. Tittel: *Chinesische Buchhaltung*, Supplement der Mitteilungen der deutschen Gesellschaft für Natur- und Völkerkunde Ostasiens, Tokyo 1927, pp. 68, 69. In this book Western dates preceded by *He* 和 are attested until 1924.

[calendar]." [1] In the Kong Koan archives, dates were always given in this way until 1920, and in other documents at least until 1937. [2]

During the nineteenth century the Dutch interpreters of Chinese in the Indies, who strove to use mainland Chinese terminology, would use the modern name in their translations of Netherlands-Indies ordinances, but they mostly used *He* 和 in dates. [3]

Because of direct contacts with China, the modern name *Helan* 荷兰 was also used by the Chinese, in particular in the Outer Districts such as Sumatra. The modern name came to be used more on Java as well from the beginning of the twentieth century, following Chinese modernisation and the rise of the nationalist movement among the Chinese in the Indies. After 1912, the modern name began to appear in the Kong Koan archives, concurrently with the Ming name. [4]

The Ming-dynasty name was also commonly used in Japan. In the first letter from the Japanese *shōgun* Ieyasu to the Dutch *Stadholder* Maurits, dated 1609, the Japanese used the name *Oranda*, a loanword from Portugese *Holanda*, written with the characters 阿兰陀. [5] This name would often be used afterwards, but at least from the eighteenth century until the middle of the twentieth century, the Ming-dynasty Chinese name would also be frequently used, in particular in book titles. It was also

---

[1] By contrast, Chinese dates could be preceded by Tang (唐), "Chinese [calendar]" , Koos Kuiper, *Catalogue of Chinese and Sino-Western Manuscripts in the Central Library of Leiden University*, Leiden, Legatum Warnerianum in Leiden University Library, 2005, pp. 7, 97.

[2] *De boekhoudingen van Chineezen, Japanners, Britsch-Indiërs and Arabieren zooals deze in Nederlandsch-Indië worden aangetroffen*, Batavia: Dienst der belastingen, 1937, p. 68. In the 1930s *Xi* (西) "Western [date]", often replaced *He* (和).

[3] For instance, an ordinance from 1875 using 大荷兰 and a translation of an oath of 1884. Illustrations in Kuiper, *Catalogue*, p. 105 and frontispiece.

[4] It appeared also in words such as 荷人("Dutchman"), 荷文("Dutch language"), 荷国("Holland") etc. Thanks are due to Dr. Chen Menghong (陈萌红), who provided information on the Kong Koan archives in an email dated 12-1-2010.

[5] Kuiper, *Catalogue*, p. 1.

pronounced *Oranda*, for instance in the name of the largest Dutch-Japanese dictionary *Oranda Ji'i* (《和蘭字彙》(1855–1858).[1] However, the abbreviation was always *Ran* (蘭), such as in *Rangaku* (蘭學), "Dutch studies, Western studies" . It was never abbreviated to 和, because that character in the pronunciation *Wa* was an ancient name for Japan or Japanese.[2] Other names borrowed from Chinese were incidentally used in Japan.[3] After the Second World War, the name for Holland came to be written in *katakana* instead of in characters as オランダ, just like other loanwords from Western languages. But the abbreviation *Ran* continued to be used, for instance in *Nichi-Ran gakkai* (日蘭学会), "Japan-Netherlands Institute" .

6.4 The Official Name in the Early Qing Dynasty (1644 – 1912): 荷兰国

The modern name *Helan*, in the combination *Helanguo* (荷兰国), literally meaning "Lotus Orchid Country" , is first attested in 1653. After the Manchus overthrew the Ming dynasty in 1644 and the following wars had ended, the Dutch East India Company tried to establish commercial relations with China. At the time this could only be done by way of the Chinese tribute system, as the tributary states Korea, Vietnam and Thailand did. When a Dutch embassy from Batavia arrived in China in 1653, they were received and conducted to Guangzhou by the Censor Inspecting the Sea (巡视海道), Shen Shi (沈时). On 10 March 1653 he reported to the Governor of Guangdong 广东巡抚 Li Qifeng (李栖凤)

[1] This was an enlarged printed edition of Hendrik Doeff's manuscript dictionary ('Doeff Halma', first version 1816, last version 1833).

[2] Short for *Da He* (大和), in Japanese *Yamato*, an ancient name for Japan.

[3] Such as 贺囒 (贺with mouth radical) and 荷兰 (in reprints of Chinese books). The name喎兰 in *Oranda shinyaku chikyū zenzu* (《喎兰新译地球全图》)(1796) was based on Matteo Ricci's map and *Zhifang waiji* (《职方外纪》) (1623); in these works 喎兰地 referred to the province of Holland, not the Netherlands proper.

that he brought the Dutch via the Boca Tigris (虎门) to Guangzhou. This is the oldest attested source using the characters 荷兰 for Holland.[1] Shen Shi did some research and found that there was no reference to this country, Holland, in the *Collected Statutes of the Ming Dynasty* and *General Description of Guangdong*:

The country of Holland, a country that has never embraced our culture and never communicated with us, admires justice and wishes to submit. It wishes to follow our calendar. This indeed has never happened before. [...] Searching in the *Collected Statutes* and the *General Description* which give a complete account, and from which all affairs from the past can be ascertained, there was never the name of the country of Holland. When I asked information from the traders on the various ships, they told me that "Holland" referred to the Red-Hairs (*Hongmao*).[2]

From this account it is clear that Shen had no access to printed sources about Holland and he did not know the Ming-dynasty name Helan (和兰) that was used in the *Dongxi yangkao*. In any case, the new name was transcribed according to Cantonese, Hokkien and Mandarin pronunciation and could be used more widely than the old name. Governor Li Qifeng wrote in a memorial to the Emperor that Holland wished to establish a tributary relationship, but this request was rejected on formal grounds.[3] A second request with the required letter and local products was accepted two years later. The new name for Holland would be used in all Chinese

〔1〕The new name may have been coined and previously used in Taiwan, perhaps by He Bin (何斌), the well-known Chinese interpreter for the Dutch. This name was later used by Zheng Jing (郑经) on Taiwan in his letter to the Dutch admiral Bort of 23 January 1664. Kuiper, *Catalogue*, pp. 77–79.

〔2〕"荷兰一国，从来声教不通，今慕义来归，愿奉正朔，此旷代所无者。[……] 稽诸《会典》及《通志》，所载毕述，往事彰彰可考，未尝有荷兰国名。迨询诸舶商，则谓荷兰即红毛也。" Quoted in Zhang Wenqin（章文钦）《明清时代荷兰与广州口岸的贸易和交往》, pp. 293–294. English translation in Lo-shu Fu（傅乐淑）, *A Documentary Chronicle of Sino-Western Relations*(1644–1820), p. 11.

〔3〕梁廷楠（Liang Tingnan）《粤道贡国说》（1846） 卷3，"荷兰国"，载《海国四说》，北京：中华书局，1993，p. 205。

correspondence concerning the three Dutch tribute embassies in the seventeenth century, led by Pieter de Gooyer and Jacob de Keyzer (1655–1657), Pieter van Hoorn (1666–1668) and Vincent Paets (1685–1687).[1] Thereby it became well established as the official name of the Netherlands in China. This name can therefore also be found in authoritative books such as Wang Shizhen's (王士禛) *Chibei outan* (《池北偶谈》)(1691), the large encyclopaedia *Gujin tushu jicheng* (《古今图书集成》)(1728),[2] the administrative history of the Qing dynasty up to 1785 *Qinding Huang Qing wenxian tongkao* (《钦定皇清文献通考》)(1787), and still later in the *Collected Statutes of the Qing Dynasty*: *Da Qing huidian shili* (《大清会典事例》) (1818) etc.[3]

6.5 The Addition of the Mouth Radical

At least from the eighteenth century on, one often sees the mouth radical added to characters representing foreign sounds. "Holland" could then be written as 嗬囒.

Besides indicating foreign sounds, the addition of the mouth radical could also have a phonetic function: representing a change of tone. The *Hailu* (《海录》) (1820) used the variant 荷囒国, with the mouth radical

[1] Many sources are quoted in full by J. Vixseboxse, *Een Hollandsch gezantschap naar China in de zeventiende eeuw (1685 - 1687)*, Leiden: E. J. Brill, 1945. This includes letters translated in Batavia (Kuiper, *Catalogue*, p. 78).

[2] Only when quoting Ming-dynasty sources was the Ming name used.

[3] Holland is not mentioned in the earlier edition of the *Da Qing huidian* (《大清会典》) of 1764 (date of preface).

only added to the second character.[1] This was also the case in the Hokkien rhyme dictionary *Zengbu Huiyin* (《增补彙音》) (1820) (*juan* 2, p. 1a). These characters also appeared in later Cantonese dictionaries, for instance E.J. Eitel's *A Chinese-English Dictionary of the Cantonese Dialect* (Hongkong 1911). The reason for this transcription was the different pronunciation of the second character. Both in Cantonese and in Hokkien, the second character 嘣 is pronounced in the *yinping* tone, instead of the *yangping* of the original character *lan* (兰).[2]

6.6 The Name Used by Cantonese Merchants in the Eighteenth Century: 贺兰国

Although in the second half of the seventeenth century the official name for Holland was always used by the government, in Guangzhou and Macao another translation became common among Cantonese merchants. They were directly in contact with the Dutch and probably did not know the official characters. This new name was 贺兰 *Hèlán*, in Cantonese *Hohlāan*. This translation was perhaps chosen because *Hèlán* is an existing geographical name in China; nowadays *Hèlán Xiàn* (贺兰县) and *Hèlán Shān* (贺兰山) are still the names of a county and a mountain range in Ningxia.[3] This name is first attested in Qu Dajun's (屈大均) (1630—

[1]《海录》, pp. 41b–42a. This book was based on Xie Qinggao's (谢清高) (1765 – 1822?) travels to foreign countries, but it was written down by Yang Bingnan (杨炳南) in 1820; both were from Jiayingzhou (嘉应州) (Kenneth Ch'en, "Hailu, Forerunner of Chinese Travel Accounts of Western Countries", in: *Monumenta Serica* 7 [1942] pp. 208–226, p. 213). They must have been Hakkas, but since they were living in Macao, they would also have known Cantonese.

[2] In Cantonese 嘣 is pronounced *lāan* instead of *làhn*, and in Hokkien it is *lan* instead of *lân*.

[3] It was an ancient surname as well. Perhaps the falling tone of Mandarin *Hè* 贺 was also considered better suitable to represent the stressed syllable *Hol* in Holland than the rising tone of *Hé* 荷. In the revised American edition of *Mathews' Chinese-English Dictionary* (1944 etc.) 荷 in 荷兰 is also pronounced in the fourth tone as *Hè*. In Cantonese this argument is perhaps not valid since these characters are both pronounced with low tones: low falling *Hòh*荷 and low level *Hoh*贺.

1696) *Guangdong xinyu* (《广东新语》) (preface 1700). Qu used this name several times while describing a visit to a Dutch ship, where he musthave had direct contact with Chinese merchants as well.[1] Elsewhere he designated the Dutch simply as *Hongmao*, Red-Hairs. Strangely, he used the official name *Hélán* (荷兰) also once in a poem, but this was in a different context from the visit to the Dutch ship and it was not published in *Guangdong Xinyu*.[2]

During the eighteenth century this name was generally used by merchants in Guangdong. Remarkably, it appeared in a memorial from the Governor of Guangdong, Qingfu (庆复), in 1742 when *quoting* a Cantonese merchant about the Chinese massacre in Batavia of 1740.[3] The first local gazetteer of Macao *Aomen jilüe* (《澳门纪略》) (1751) used this name in the main entry about Holland, but in quotations from other books it also used the Ming-dynasty name 和兰 and the official name 荷兰.[4] Yet Chinese officials used the official name in their memorials; for instance, in 1762 the Governor of Guangdong wrote: "The Barbarian merchants from the Country of Holland" (荷兰国夷商).[5]

〔1〕The literal meaning "Congratulatory Orchid" was irrelevant, since these characters merely represented the sound. *Guangdong xinyu* (《广东新语》), 北京：中华书局, 1985, pp. 481–482. In part quoted in Zhang Wenqin (章文钦)《明清时代荷兰与广州口岸的贸易和交往》, p. 304, Cai Hongsheng（蔡鸿生）《清代广州的荷兰馆》; published in: 蔡鸿生主编,《广州与海洋文明》, 广州：中山大学出版社，1997 (pp. 338–355), p. 338.

〔2〕*Zhenhailou* (镇海楼), quoted in part by Cai Hongsheng（蔡鸿生）《清代广州的荷兰馆》, p. 338. Full text in *Qu Dajun quanji* (《屈大均全集》)，北京：人民文学出版社，1996, *juan* 1, p. 38.

〔3〕Quoted by Zhang Wenqin(章文钦)《明清时代荷兰与广州口岸的贸易和交往》, p. 309.

〔4〕Yin Guangren (印光任)、Zhang Rusen (张汝霖) 编撰《澳门纪略》, 中国地方志丛书, 第109号，台北：成文出版社, pp. 184–190 (下卷, p. 9b–12b).

〔5〕Zhang Wenqin(章文钦)《明清时代荷兰与广州口岸的贸易和交往》, p. 317, Liang Tingnan(梁廷楠)《粤道贡国说》(1846) 卷3, p. 211. Other variants occur in Chinese manuscripts of the Dutch East India Company (Nationaal Archief, The Hague), such as 何 and 阑. Thanks are due to Dr. Liu Yong (刘勇) of Xiamen for this comment.

6.7 Three Names for Holland in One Dossier (1794)

In 1794 the fourth and last Dutch embassy was sent to China by the Dutch East India Company. It was led by Isaac Titsingh (1745–1812),[1] who was assisted by the Dutch merchant A.E. van Braam Houckgeest from Guangzhou.[2] In the Chinese correspondence three names for Holland were successively used, in letters written in Batavia, Guangzhou and Beijing, showing different spheres of use.[3] Titsingh had brought a letter for the Emperor that had been translated into Chinese in Batavia, with congratulations on the sixtieth anniversary of his reign. It is not surprising that in that letter the Ming-dynasty name 和兰 for Holland was used. The names of Dutch officials, and also one title, were transcribed according to Hokkien pronunciation, as was customary on Java. For instance, Isaac Titsingh was called 余悚第生, in Hokkien *Î-sok tē-sing*,[4] but fortunately all names were written in smaller characters to avoid misunderstanding. The letter ended with a phrase in large characters stating that it had been written by the Secretary in Batavia, using a transcription for "Secretary" that would make no sense in China: 朱葛礁, in the Indies this was the usual loanword for Dutch *secretaris*, pronounced in

[1] Titsingh stayed for 31 years in the Far East. He had been head of the Dutch factory in Japan in 1784 - 1789, stimulating the spreading of Western knowledge in Japan, and collecting information about Japan for the West.

[2] J. J. L. Duyvendak, "The Last Dutch Embassy to the Chinese Court (1794 - 1795)", in: T'oung Pao (34) 1938, pp. 1-137; "The Last Dutch Embassy in the 'Veritable Records'", in: *T'oung Pao* (34) 1938, pp. 223-227; "Supplementary Documents on the Last Dutch Embassy to the Chinese Court", in: T'oung Pao (35) 1940, pp. 329-353.

[3] Published in Liang Tingnan(梁廷枏)《粤道贡国说》(1846) 卷3, pp. 211-213. Liang's main source was the Guangdong Customs archives (preface p. 2).

[4] In Mandarin *Yushu Disheng*. The correct pronunciation of 悚 is *sóng* or *chhióng* in Hokkien (Mandarin *sòng*), but it was doubtless meant to be pronounced like its phonetic 束 *sok* (Mandarin *shù*). The reading *Î-sok* tallies better with Isaac (Zhangzhou [漳州] pronunciation).

Hokkien as *chu-koah-ta*. Pronounced in other dialects, these characters seem to represent a name, for instance in Mandarin it is *Zhu Gejiao*.[1] The style and contents of this letter were critically received by Chinese officials, and the letter was subsequently thoroughly revised. Van Braam's report was summarised by Duyvendak as follows:

On September 24th (1794), the "Hoppo" (Suleng'e [苏楞额])[2] asked to see the letter to the Emperor, thought its appearance too simple and begged leave to open it in order to examine the Chinese translation and make the necessary alterations, "assuring the ambassador that this was indispensable and that its contents should be communicated to the Emperor in advance." The ambassador said that he could not guarantee the Chinese translation made at Batavia, and that he would be glad to have another one. The Hoppo then read the translation, seemed to make several objections, shook his head and promised a new translation. He proposed to take the letter with him to show it to the Vice-roy (Changlin[长麟])[3] and to send it back through the merchant Paonkéqua, with the necessary indications for changes. On September 27th this merchant "who was the second chief or director of the Co-hong," reported that the Council of the Vice-roy, the Governor (Zhu Gui [朱珪])[4] and the "Hoppo" had ordered him to make a fresh translation. He himself and three other members of the Co-hong assembled in Van Braam's room; Van Braam

[1] In Dutch the syllable *ta* in *secreTAris* is stressed. The phrase only appeared in the copy reproduced by Duyvendak ("Last Embassy", opposite p. 36): "噶喇吧土库内朱葛礁书" (Written by the secretary in the Toko (Castle) of Galaba (Batavia).) This phrase is missing in Liang Tingnan's version (Liang Tingnan [梁廷楠]《粤道贡国说》[1846] 卷3), pp. 211-212. Surprisingly, Duyvendak mistook the original translation from Batavia for the revised translation ("Last Embassy", pp. 28, 33, 37).

[2] Suleng'e, referred to in documents as Shu (舒), was responsible for customs in Guangdong 粤海关税务. He had been appointed in 1793. Duyvendak, "Last Embassy", p. 16, note 1.

[3] Changlin was Governor General of Guangdong and Guangxi两广总督in 1793(8) –1796(6). Duyvendak, "Last Embassy", pp. 18-19, note 5.

[4] Zhu Gui (1731–1801) was Governor of Guangdong 广东巡抚 in 1794(5) –1796(6). Duyvendak, "Last Embassy" , p. 22, note 4.

translated the letter into English, and they put it into Chinese, working till past midnight. It was found that the Chinese translation made at Batavia contained less than one fourth of the Dutch text.[1]

A week later, on 3 October, this new translation was again handed over by Changlin to two high officials, "in order to make the text more elegant and in a pompous style worthy of the eyes of the Emperor." In this revised translation, the name for Holland was changed into贺囒 (with the mouth radical), the common name among Cantonese merchants. Titsingh was called嘚胜 (with the mouth radical; later also written 德胜; Cantonese *Dak sihng*; Mandarin *Déshèng*), and the "Secretary" had disappeared altogether. All foreign personal and geographical names were now written with the mouth radical.[2]

On 15 October Changlin sent his first memorial to the Emperor announcing the arrival of the Dutch embassy, and added the revised translation of the Dutch letter.[3] In his memorial he used the same new Chinese names for Titsingh 嘚胜 and other Dutchmen as in the revised translation, and only changed the characters for Holland, using the official name *Hélánguó* (荷兰国).

Now there is a mysterious Imperial decree from which a phrase was quoted by Liang Tingnan (1796–1861) in his history of Sino-foreign relations *Yuedao Gongguo shuo* (《粤道贡国说》)(1846), at the beginning of his chapter about Holland. The decree was probably issued after the Emperor received this memorial and letter. The meaning of the decree is not entirely clear, since it is without context and precise date; literally it says:

---

〔1〕Duyvendak, "Last Embassy", pp. 37–38. Based on Van Braam's French report. French quotations are here translated into English. "Suggested" has been altered to "proposed."

〔2〕Published in Liang Tingnan (梁廷楠《粤道贡国说》[1846]卷3), p. 212.

〔3〕Lo-shu Fu（傅乐淑）, *A Documentary Chronicle of Sino-Western Relations*(1644–1820), p. 332. *Shilu*（《实录》）, p. 1462 (pp. 18b–19b).

By Imperial decree of the fifty-ninth year of Qianlong (1794), "*Hèlánguó* (贺嘣国) is changed and written as *Hélánguó* (荷兰国)." [1] Here both characters of *Hèlán* (贺嘣) were written with the mouth radical, just as in the second version of the Dutch letter. Liang Tingnan quoted this phrase at the beginning of his chapter about Holland, since he probably considered it a decree standardising the characters for Holland. Later scholars have also assumed that standardisation was the purpose of this decree. And indeed, it may also have had such a general effect. At least from then on, in all correspondence about this embassy *Helanguo* (荷兰国) was used. [2] And most publications after this year, including those in Guangzhou, used the modern characters *Helan* (荷兰). [3]

However, when placed in the above context, there are two other possible explanations. Perhaps Changlin had not checked the official name of Holland and in his original memorial used the same merchants' version 贺嘣国 as in the revised Dutch letter, just like all other transcriptions of names. When the Emperor received the documents, he gave orders to change the name of Holland in the memorial to the official *Hélánguó* (荷兰国), but he could not give such an order for the letter from the Dutch (at least it was not changed in the copy kept in the Guangdong Customs archives).

Another possible explanation is that Changlin had checked and used the correct name, as a result of which the memorial and the letter had different transcriptions of "Holland". In that case this Imperial decree was not an order to change the name, but only an observation by the Emperor that the name in the memorial had been changed as compared

〔1〕"乾隆五十九年，奉旨：'贺嘣国改写荷兰国'。" Liang Tingnan(梁廷楠)《粤道贡国说》(1846) 卷3, p. 202.

〔2〕Liang Tingnan(梁廷楠)《粤道贡国说》, pp. 213-216; Duyvendak "Last Embassy", p.21 and facsimile reproductions.

〔3〕Several examples can be found in Cai Hongsheng(蔡鸿生)《清代广州的荷兰馆》, pp. 351-352.

with the revised letter from the Dutch. Since that name was the official name, it would of course be used in the subsequent correspondence. And if the decree was after all an Imperial order, it could mean that 贺囒国 in the letter from the Dutch should be changed to 荷兰国.

However, despite the Imperial decree, the name 贺兰 did not altogether disappear; in 1847 it was used again in Macao as the name for Holland, with the mouth radical added, in the chapter "Hèlánguó quánzhì" (《贺囒国全志》) in *Xinshi dili beikao quanshu* (《新释地理备考全书》), a geography of the world written by the Portuguese interpreter Martinho José Marquez (or Marques, 1810–1867).[1]

6.8 Standardisation in the Late Qing (Nineteenth Century)

In the middle of the nineteenth century, several other works on world geography were published in China, all using the modern name 荷兰 in their entries on Holland. By then, this name was well established in China. Among these works there were some by Western missionaries, such as the journal *Dongxi yangkao meiyue tongji zhuan* (《东西洋考每月统记传》) (Canton and Singapore, 1833–1839), and Karl Gützlaff's (1803–1851) *Wanguo dili quanji* (《万国地理全集》) and *Maoyi tongzhi* (《贸易通志》). Wei Yuan's (魏源) *Haiguo tuzhi* (《海国图志》) (first edition 1844) also used this name as the beginning of a heading; a later edition provided long quotations from earlier Chinese geographical works, mentioning all three names for Holland. Xu Jiyu's (徐继畬) *Yinghuan zhilüe* (《瀛寰志略》) (first edition 1850) also used荷兰 in a heading,

[1] 大西洋玛吉士著《新释地理备考全书》(1847).

providing in smaller characters the older names: 和兰、贺兰、法兰得斯 (Flanders).[1]

6.9 Revival of the Ming Name 和兰 (1863–1944)

In 1863 a major change took place in the official name for Holland, caused by one of the first Dutch sinologists. From the 1850s, some Dutch youngsters were trained to serve as Chinese interpreters in the Netherlands Indies. They usually first studied Chinese for about three years in Leiden with Professor J. J. Hoffmann (1805–1878), who was the first professor of Chinese and Japanese in the Netherlands starting in 1855. Then they went to Xiamen and other places in China to learn the dialects most spoken in the Indies: Hokkien and later also Hakka. One of the first students was C. F. M. de Grijs (凯士, 1832–1902), who studied in Xiamen from 1857 to 1863. He was at the same time appointed there as acting Vice-Consul for the Netherlands. Another student who probably played a role in this change was M. Schaalje (沙烈)(1840–1899), who studied in China in 1859–1864.

In the 1860s, following several other Western nations, the Netherlands wished to establish diplomatic relations and regulate trade with China. In 1862 the Dutch Consul in Guangzhou J. des Amorie van der Hoeven sent a letter to Xue Huan (薛焕), Commissioner of the Southern Harbours in Shanghai, wishing to conclude a treaty. This letter was probably translated into Chinese by Schaalje, who was then studying Cantonese in Guangzhou. In this letter, "the Netherlands" ("Holland") was translated with the modern name, with the added honorific customary in diplomacy *Da*, "Great", and with *guo*, as *Da Helanguo* (大荷兰国). Surprisingly, the "King of the Netherlands" was translated as *Da Helanguo Da Huangdi*

[1] The latter name was quoted from Aleni's *Zhifang waiji* (《职方外纪》) (1623).

(大荷兰国大皇帝), “the Great Emperor of the Great Country of Holland”. At the time translations were not standardised as they are now, and there was some confusion about the correct Chinese translation of the word “King”.[1] But in his memorial to the Chinese Emperor, Xue Huan commented on this word as follows: in their letter they called their ruler the Great Emperor (*Da Huangdi* [大皇帝]); in the future a way should still be found to make them change this.[2]

The next year, in 1863, De Grijs was assigned to accompany the Dutch Consul who was now made plenipotentiary, J. des Amorie van der Hoeven (礬大何文), to Tianjin. Therefore De Grijs was responsible for the later correspondence with the Chinese authorities. While in 1858 he still used the name 荷兰 as the official name,[3] already in 1861 he had coined a new name for the Netherlands, probably with the assistance of his most trusted Chinese teacher Ang In Liong (汪寅亮).[4] This was *Da Heguo* (大和国),[5] an abbreviation of the Ming-dynasty name 和兰国. This was no doubt coined after the example of *Da Qingguo* (大清国) (China), *Da Yingguo* (大英国) (Britain) and *Da Faguo* (大法国) (France),

---

[1] W. Lobscheid added in his dictionary a footnote to the entry “King”: “皇 [*huang*] means emperor and 王 [*wang*] king, a distinction, which has not always been observed when making treaties with the Chinese.” (Lobscheid, *English and Chinese Dictionary, with the Punti and Mandarin Pronunciation*, 4 vols., Hongkong, 1866-1869, vol. Ⅲ, p. 1076, footnote). Nowadays both words are still confused by Cantonese speakers in Hong Kong; in Cantonese *wáng* and *huáng* are both pronounced *wòhng*. And *huangjia* 皇家 is still the standard Mandarin translation of ‘royal.’

[2] “内称伊主为大皇帝，将来尚须设法令其更改。” This was followed by: “其余词气，均尚恭顺.” (The tone of the rest of the words is altogether respectful and submissive.). *Chouban yiwu shimo* (《筹办夷务始末》) (台北：台联国峰出版社, 1972) vol. 5, p. 255 (同治朝卷 10, original edition p. 8b).

[3] In 1858 he translated “Netherlands Vice-Consulate” as 荷兰海关衙署. This name and other names can be found in Chinese letters in the minutes of the Vice-Consulate in Leiden University Library (Or. 26.273). Kuiper, *Catalogue* 2005, p. 41.

[4] Ang was also an assistant of the British missionary John Stronach (1810－1888), one of the Delegates of the Delegates’ Bible translation (G. Schlegel, *The Hung League or Heaven-Earth-League*, Batavia 1866, p. 236).

[5] He translated “Netherlands Vice-Consul” as 大和国领事官. Kuiper, *Catalogue* 2005, p. 41.

which had been used in treaties in 1842–1860; the latter two were abbreviations of the common names at that time: *Yingjili* (英吉利) and *Falanxi* (法兰西).[1] De Grijs probably chose the Ming-dynasty name *Helan* (和兰) as the basis for this new name because it was generally used on Java. As acting Vice-Consul, he often came into contact with Chinese from the Indies, and the Vice-Consulate was sometimes addressed by them as *Helan Da gongsi* (和兰大公司).[2] Another, stylistic reason for this choice may have been that *Da Heguo* (大和国), "Great Harmonious Country" seemed a more elegant name than *Da Heguo* (大荷国), "Great Lotus Country". At the same time De Grijs translated "King" with the neutral term *junzhu* (君主) "sovereign", just as the British had done in their treaties with China since 1842. The "King of the Netherlands" was now translated as *Da Heguo Da Junzhu* (大和国大君主).

Xue Huan had now been succeeded as Commissioner in Shanghai by Li Hongzhang 李鸿章 (1823–1901), who would later become the foremost Chinese diplomat. After receiving this letter, Li Hongzhang commented in his memorial to the Emperor as follows about the wording:

The character荷 (*Hé*) in the name of their country has been changed to the character 和 (*Hé*), apparently because it has the same sound. In their request of last year they called their ruler Emperor (皇帝*Huangdi*), but in this letter they call him sovereign (君主*junzhu*). Therefore this item has already been changed without the trouble of a forceful debate. In the

[1] In the nineteenth century, these were the most common names for England and France, appearing for instance in the modern geography schoolbook by Zhang Shiying (张士瀛), *Diqiu yunyan* (《地球韵言》)(*juan* 3, pp. 5a, 10a; many editions 1898–1905). These names were later superseded by the modern names *Yingguo* (英国) and *Faguo* (法国) that had also been used in the treaties. By contrast, *Heguo* (和国) never became the common name for the Netherlands.

[2] *Gongsi* was also a name for government agencies. Kuiper, *Catalogue* 2005, p. 41.

future, when concluding the treaty we should of course take this text of the envoy as final.[1]

Li Hongzhang did not mention that 和 was derived from the archaic name 和兰 from the Ming dynasty (1368–1644), and he seems to have accepted this change in combination with the change from "Emperor" to "sovereign". In the Sino-Dutch treaty signed in Tianjin on 6 October 1863, the newly coined name *Da Heguo* (大和国) and also *Heguo* (和国) were used, and because they were written in the treaty text, they became the official names used in diplomacy. Therefore, in the 1880s, G. Schlegel in his large Dutch-Chinese dictionary introduced this translation as the modern name. In the entry on *Koninkrijk* (Kingdom), he gave the example: "the Kingdom of the Netherlands (formerly) *Da Helanguo* (大荷兰国) (nowadays) *Da Heguo* (大和国)."[2] Schlegel, who was otherwise fond of etymologies, did not explain the Ming origin of the name. Since the official name was now *Da Heguo*, in diplomacy the colloquial name *Helan* (和兰) was also written with the characters used in the Ming dynasty.[3]

Although these names were the official names used in diplomacy, they were not generally known.[4] Dutch officials sometimes preferred to use

---

〔1〕"其国名荷字改用和字，似取音同之故。其去年申陈内称伊主为皇帝。兹文内则称为君主。是此一层，不烦力争而先已更易。将来立约，自当以该使此文为定。"《李文忠公全集》(1908)，奏稿，卷4, pp. 9a-9b (punctuation added).

〔2〕"Het Koninkrijk der Nederlanden (vroeger) 大荷兰国 (thans) 大和国." (Hokkien transcriptions are omitted here). G. Schlegel, Hô Hoâ Bûn-Gí Luī-Ts'am 荷华文语类参 Nederlandsch-Chineesch woordenboek met de transcriptie der Chineesche karakters in het Tsiang-tsiu dialect. (4 vol., Supplement), Leiden, E.J. Brill, 1882-91. vol. Ⅱ, p. 520. In the Supplement 'Holland' was translated as Helanguo (荷兰国) and Daheguo (大和国), but 'Hollander' (Dutchman) was translated only as Helanren (荷兰人) and Hongmao 红毛.

〔3〕Only Lobscheid's English-Chinese dictionary (1866 - 1869) adopted these characters in the name for Holland. Lobscheid may have heard about the new name from De Grijs, who visited Hongkong in 1863–64.

〔4〕J. J. L. Duyvendak, who had been an interpreter at the Legation in 1912 - 1919, was of course aware of this ("Last Embassy", p. 30, note 4). However, even in diplomacy the official Ming name was not always used.

the common name in their contacts with Chinese. For instance, the Netherlands Consul in Harbin, L. van der Hoeven, used the modern name on his calling card, designating himself 大荷兰领事官 (Netherlands Consul), while in the Chinese letter of recognition of 1927 the name *Daheguo*(大和国) had been used.[1]

On one occasion, the Ming-dynasty name became well-known again. In 1917 an incident occurred at the Netherlands Legation in Beijing. After a failed political coup, general Zhang Xun took refuge in the Dutch Legation. The correspondence about this incident between the Dutch and Chinese authorities was published a few years later as "张勋逃匿和兰使馆案" (the case of the refuge of Chang Hsün in the Dutch legation).[2]

The revival of the ancient name was an anachronism in China and could be confusing for historians. In the *Qingchao Xu wenxian tongkao* (《清朝续文献通考》) of 1915,[3] the official name *Helan* (和兰) was used as the heading, with the additional information that it could also be written 荷兰: "和兰亦作荷兰." The official forms of each period were used; that is, before 1864 it was 荷兰 and afterwards 和[兰]. The editors of the *Draft History of the Qing Dynasty* (*Qingshi gao* 《清史稿》, published in 1927–1928) also introduced Holland with the official name 和兰, but they mistakenly stated that the modern name 荷兰 was the one from the Ming dynasty.[4] They probably assumed that the official name

[1] In function in 1927-1941. Thanks are due to Mrs. Helene de Vries-van der Hoeven, who provided copies of this letter and a calling card of her father, L. van der Hoeven (万德厚).

[2] 外交部刊行《外交文牍》3, 1921. Reprinted in 沈云龙主编《近代中国史料丛书》第87辑, No. 861, Vol. 2，台北：文海出版社, 1966. It is not known to me how it was written in newspaper reports about this incident. When these dossiers are quoted now on the Internet, *Helan* is mostly written with the modern name.

[3] *Juan* 335, 四裔考・五. This work (preface 1915) comprised Qing administrative history from 1786 to 1912.

[4] The chapter about Holland begins: "和兰,《明史》作'荷兰'，欧罗巴滨海之国。" (Holland和兰, written 荷兰in the *History of the Ming Dynasty*, is a country on the coast of Europe.)

at the time was the newest one. In the annotated edition of the *Qingshi gao* from Taiwan (1986–1991) this mistake was not fully clarified.[1] Moreover, probably in order to fulfill the demand for consistency in names, inspired by Western historiography, the editors retroactively used the ancient name in their account of the whole Qing dynasty, even before 1864.

This new meaning of the character和 for "Holland" and the combination *(Da) Heguo* ([大]和国) has to my knowledge never been explained in any Chinese dictionary. Recently, the editors of the minutes of the Kong Koan Archives from Batavia were of course aware of this meaning of *He* (和), but they assumed that other historians would not understand it. They therefore, after each character *He* 和 meaning "Holland" in the minutes, added between brackets an explanation in small characters: 和(荷兰), amounting to about one thousand occurrences in each volume![2]

The different meanings of the character *He* (和) could also be made use of in a literary fashion. The sinologist and diplomat Robert Hans van Gulik (高罗佩，1910–1967), who greatly admired Chinese civilisation, loved to play and to study the Chinese lute (*guqin* [古琴]).[3] In 1940, when he was stationed in Japan, he had a special room where he kept his instruments and his books about Chinese music. According to Chinese custom, he gave this room a literary name: *Zhonghe qinshi* (中和琴室). The most obvious meaning of this is "The Lute Hall of Middle Harmony".[4] But it can also mean "Chinese-Dutch Lute Hall" or perhaps even "Chinese-

[1] Only Li Hongzhang's memorial was quoted, without much further analysis. *Qingshigao jiaozhu* 《清史稿校注》, 台北，国史馆, v. 6, 卷166, 志141, 邦交志7, pp. 4415–4421.

[2] 包乐史(Leonard Blussé), 庄国土主编《公案簿》第1至10辑, 载《吧城华人公馆（吧国公堂）档案丛书》, 厦门大学出版社, 2002－2010.

[3] At the time *qin* (琴) was often translated as 'lute'; nowadays musicologists would call it a 'cither.'

[4] This is Van Gulik's own translation in his *Chinese Pictorial Art as Viewed by the Connoisseur*, Rome, Istituto Italiano per il Medio ed Estremo Oriente, 1958, p. 437. It could also be translated as 'The Lute Studio of the Central Harmony.'

Japanese Lute Hall" .[1] Van Gulik must have been fully aware of all these connotations.

6.10 Restoration of the Common Name 荷兰 in 1944

From 1863 the use of (*Da*) *Heguo* ([大]和国) and *Helan* (和兰) in diplomacy continued for eighty years, but it was of course an anomaly. Finally, in 1943 the Dutch Embassy[2] prepared a memorandum requesting to have the name changed. The main argument was that *Da Heguo* (大和国) seemed to refer to Japan,[3] a country with which both China and the Netherlands were at war. Jan van den Berg (1899–1982), Counsellor at the Dutch Embassy in Chongqing, wrote about the matter in a letter dated 30 November 1943 to his wife, Erica Zoetelief Tromp, who was then living in California:

Composed a memorandum about the name of "Holland" in Chinese – in English we get into trouble with "Dutch" and in Chinese with a word HE (和) that can both mean Harmony and Japan. The Good Lord, it seems, is of a mind to do something about our name in another language.[4] We are now proposing a word HE (荷) that means "water lily" and that is also

[1] 'Chinese-Japanese' would normally be *Zhong-Ri* (中日) or *Han-He* (汉和).

[2] In April 1943 the Dutch Legation had been upgraded to Embassy.

[3] *Da He* (大和)(*Yamato*) was an ancient name for Japan, but in treaties *Da Riben guo* (大日本國) was used.

[4] 'Dutch' is derived from 'Deutsch' meaning'German,'and it sometimes still means 'German': the 'Pennsylvania Dutch' are actually descendants of Germans. Therefore the name 'Dutch' could be confusing for speakers of English. Because of these two ambiguous names, during the Second World War the Dutch might be mixed up with both Axis nations!

used in Chinese literature.[1]

Unfortunately no copy of this memorandum could be found in the archives of the Ministry of Foreign Affairs of the Netherlands,[2] but the reasons for the request are clear from this letter. The Chinese Ministry of Foreign Affairs agreed with the request, and on 1 April 1944 sent the following announcement to the Ministry of Justice:

We have received a letter of 22 March from the Dutch Embassy, which we summarise as a request to change the official Chinese translation of the name of that country "和兰" *Helan* to "荷兰" *Helan*. This Ministry has already expressed agreement. It is proper that we request you to deign to take notice and pass on orders informing all your subordinates.[3]

The next year the "new" name was used in the new Sino-Dutch treaty for the abolishment of extraterritorial rights. On 29 May 1945, this treaty was signed in London, where the Dutch government and Queen Wilhelmina had been residing since the beginning of the German occupation of the Netherlands in 1940. The original text of this treaty was only in English, but in the Chinese translation "the Netherlands" (Holland)

---

[1] "Een nota gedicht over de naam van 'Holland' in het Chinees – in het Engels hebben we last met 'Dutch' en in het Chinees met een woord HO dat zowel Harmonie als Japan kan betekenen. O.L.H. heeft blijkbaar iets voor met onze naam in een andere taal. We stellen nu voor een woord HO dat waterlelie betekent en dat in Chinese literatuur ook wordt gebruikt." Many thanks are due to Mr. R. van den Berg, sinologist, former diplomat, and son of Jan van den Berg, for providing this information.

[2] After this article was finished, a copy of the memorandum was found by Mr Vincent Chang (to whom thanks are due) in the China file, inv. 4556, toegang 2.05.80, Londens Archief, Ministry of Foreign Affairs, Nationaal Archief, The Hague.

[3] "准荷兰大使馆三月二十二日节略请将该国中文正式译名'和兰'改为'荷兰'等由本部已表同意相应电请查照并转饬所属为荷" In the following days orders were given to inform the Supreme Court, Provincial High Courts, Procuratorates and Forensic Institutions. Document 022000000272A, 国使馆, 新店, Taipei. The Chinese reaction is only known to me from this dossier. Many thanks are due to Mr. Vincent Chang, who gave me a copy of the dossier.

was written with the new name 荷兰.[1] Thus ended almost a century of revival of the Ming name in China. The official name of the "Kingdom of the Netherlands" is nowadays *Helan wangguo* (荷兰王国); the short name is *Helan* (荷兰), usually without *guo* (国).

6.11 Conclusion

For the past 400 years, different names for "Holland" have been used in China, but they were confined to a certain time, place and context. Therefore the use of a certain name can help the historian to confirm or even determine the origin of a document or text.

The oldest name, *Helanguo* (和兰国), was used in the Ming dynasty. The characters和兰were suitable for Hokkien and Mandarin pronunciation, but not for Cantonese, since they were pronounced as *Wòhlāan* in that dialect. At least from the eighteenth to the middle of the twentieth century, *Helan* (和兰) was used by the Chinese on Java, and often shortened to *He* (和) preceding Western dates. During the same period *Helan* (和兰) was also commonly used in book titles in Japan, where it was pronounced *Oranda*.

From 1653 on, the name *Helan(guo)* (荷兰[国]) was used in the first official contacts between the Dutch and China, and it would remain the official name until 1862. These characters were suitable for Hokkien, Mandarin and Cantonese pronunciation. Besides being the official name, this also became the most common name in China, and it was the only name in China from about 1800 on.

During the late seventeenth and eighteenth centuries, Chinese merchants in Guangzhou and Macao mostly used the name *Helan(guo)* (贺

---

[1] The Chinese title of the treaty was: "中荷关于荷兰国放弃在华治外法权及解决有关事件条约". It was ratified by China in Chongqing on 5 December 1945.

兰[国]), possibly because this was an existing geographical name. After 1800 it was mostly superseded by the modern name *Helan* (荷兰).

From 1863 to 1944, *Da Heguo* (大和国), *Heguo* (和国) and *Helan(guo)* (和兰[国]) were the official names used in diplomacy, and thereby the Ming name was revived. But outside of diplomacy and formal historiography *Helan(guo)* (荷兰[国]) remained the common name for Holland in China.

Since 1944, 荷兰 has been the only name for Holland.

"Holland"	earliest attested source	sphere of use
和兰	*Dongxi yangkao* (1617)	China (Ming dynasty,?–1644); Java (until 1930s); Japan (until 1945); official name in Sino-Dutch diplomacy (*Da*) *Heguo* ([大]和国) (1863–1944)
荷兰	Shen Shi's report (10 March 1653)	official name in Sino-Dutch relations (1653–1862 and after 1944); common name used in China from 1650s to present
贺兰	Qu Dajun's (1630–1696) *Guangdong xinyu* (1700)	Cantonese merchants in Guangzhou and Macao (ca. 1680–1800, 1847)

7　关于“吐火罗语”的最早研究

耿世民　中央民族大学

上海复旦大学的刘震同志让我为徐文堪先生的70寿辰写些什么。由于年老多病，思前想后，考虑到徐先生曾为我国新疆汉唐时期的古代民族吐火罗人的研究做出过贡献〔1〕，于是我决定把多年前从三位对早期吐火罗问题研究做出巨大贡献的德国学者缪勒（F. W. K. Mueller）、泽格（E. Sieg）、泽格灵（W. Siegling）的德文文章所做汉文笔记，整理成这篇小文，以示祝贺。缪勒1907年发表的文章题作“Beitrag zur genaueren Bestimmung der unbekannten Sprachen Mittelasiens”（《对确定新疆一种不知名语言的贡献》）〔2〕。泽格–泽格灵1908年发表的文章题作“Tocharisch, die Sprache der Indoskythen—Vorlaeufige Bemerkungen ueber eine bisher unbekannte indogermanische Literatursprache”（《吐火罗语，一种印度–斯基泰语——对一种迄今不明印欧语的初步研究》）〔3〕。〔4〕

缪勒文章的主旨：

……

〔1〕其专著《吐火罗人起源研究》（北京昆仑出版社，2007年版）就是证明。

〔2〕刊于1907年普鲁士科学院通报（SPAW），页958–960。

〔3〕发表在1908年德国科学院通报（SPAW），页915–932。

〔4〕这里介绍的两篇德国学者关于吐火罗问题研究的论文至今尚未失去其意义。缪勒在该文中首次把回鹘人称作Toxry的不知名语言I 定名为吐火罗语。经过一百多年来各国学者的争论，至今尚未完全解决。现在我们可以说，回鹘人所说的Toxry语就是汉唐时期新疆焉耆、吐鲁番地区当地的语言，现在可称之为古代焉耆–高昌（吐鲁番古名）语。至于回鹘人为什么把这种语言称作Toxry语，以及它与历史上吐火罗人（其公元前1世纪至公元3世纪的居住地在今阿富汗的北部，即历史上的吐火罗斯坦）的关系问题，迄今虽尚未完全解决，但也不是全无关系。第二篇论文为德国两位梵文学家泽格、泽格灵关于破解吐火罗语的世界第一篇论文，其巨大的科学意义自不言而喻的。

本文是想让语言研究者注意一件新发现的残卷，它可能为此前昏暗不清的领域投下光明。这里顺便提一下日本人南条文雄（Bunyiu Nanjio）《大藏经目录》中的附录。人们仔细检查那些按照民族名称排列的作者和译者的材料，特别是在印度作者后的外国译者的名字，特别是以“支”字起头的人名，它们是“月支”（即Indoskythen，印度斯基泰）的缩写（耿按：缪勒这一看法不妥，现在学者一般认为“斯基泰”为操伊兰语的Saka/塞人）。

月支后面跟着的就是“康”姓人，即粟特人（Sogdier）。“康”指粟特人或萨马尔罕人，这点是毫无疑问的。

这些粟特人译者后被龟兹人（即突厥人——译者按：此说不妥）所代替。

这些属于不同民族的佛经的译者依照语言可以排列如下：

印度斯基泰语（Indoskythisch）

粟特语（Sogdisch）

突厥语（Türkisch）。

事实上，在德国从新疆吐鲁番地区所获佛教文献中，迄今已发现有突厥语和粟特语的佛教文献。其中也存在印度斯基泰语（耿按：这里指吐火罗语）的佛教文献，这点已为一古代突厥语文献中的跋文所证明。这件文献残卷为勒考克（Le Coq）所领导的德国吐鲁番考古队所获得，现存德国科学院。

下面即为这件残文的拉丁字母转写和译文（原文附原件图版一张）：

残卷编号：TⅡ. S 2

（开头残缺，背面空白）

拉丁字母转写	汉文译文
-lary nirvan bulmaq küsüsin	他们怀着获得涅槃的愿望
yalnguq-lar yirin soqlanyp tüzün	羡慕人间的世界，愿跟随仁者
maitri udusynta yirtincökä qody	弥勒下降到人世间……
inär-lar..	

vaibazaki ariacintri bodisvt ksi	毗婆沙派的圣月菩萨
acary änätkäk tylyntyn toxry tyly-	法师从印度语制成吐火罗语……
nca yaratmys.. prataniaraksiacary	智护法师
toxry[1] tylyntyn türk tylynca	（又）从吐火罗语译成突厥语的
aqtarmys maitrisimit nom bitigdä	《弥勒会见记》经书中
maitri bodisvt tuzit tngri yiri-	名叫"弥勒菩萨从兜率天
ntin yirtincökä inmäk atlgh	下降到人世间"的
onunc ülüs nom tükädi.	第十品完。

在此经（明显为一关于弥勒授记*Maitreya-vyākaraṇa*的著作）（耿按：此语不正确。"弥勒授记"为另一类关于弥勒的书）的跋文中，明确地说曾存在一种吐火罗语（Tocharisch）的佛教文献。因为上面我们已经知道粟特语和突厥语的佛教文献已经发现，所以我们把所谓两种不知名的、证明为佛经内容的语言之一定为吐火罗语（Tocharisch），即印度斯基泰语，应该不会引起人们更多的惊讶。

这里的吐火罗语或印度斯基泰语也就是Leumann所说的第一种不知名语言（Sprach I）。

Sieg, Siegling专门从事研究德国吐鲁番考古队收集品中这种语言残卷的工作，并已证明这种语言的印欧语性质[2]及其更近于欧洲语言（比起亚利安语arisch来）的特点。

泽格–泽格灵文章的主旨：[3]

……

在枢密院顾问Pischel先生的鼓励下，我们开始研究普鲁士皇家科学院派去的以勒考克（Le Coq）和格伦威德尔（A. Gruenwedel）为首

〔1〕当然toxry也可读成tuxri。但这不能改变其重要性，因为古希腊语为Toxaroi,梵文为Tukhara 。参见Franke文：《中亚突厥和斯基泰人考》（*Zur Kenntnis der Turkvolker und Skythen Zentralasiens*），im Anhange zu den Abhandlungen der Berlin Akad. Der Wissenschft , 1904, p. 30.

〔2〕比较Le Coq的猜测，见《民族学杂志》（*Zeitschrift fuer Ethnologie*），1907，页509下面。

〔3〕耿按：此文发表至今虽已过去一百多年，但作为第一篇解读报告，仍具有重要的学术史意义。只有印度斯基泰语（即今之印度—伊兰语）一语不妥（实际上吐火罗语属于印欧语系中的欧罗巴语支）。实际上应题作《吐火罗语——一种新发现的欧罗巴语》。

的德国吐鲁番考察队携回的用婆罗米字母书写、不知名语言写本的研究工作。根据霍恩勒（Hoernle）的文章和研究[1]，这里共有3种不知名语言[2]，其中之一（就是我们研究的文献）应与伊兰语有关（见Hoernle, JASB.70, Part 2, Extra-Nr.1, 页32以下）（耿按：吐火罗语不属于伊兰语，而近于印欧语系中的欧罗巴语言），第二种语言为“原始藏语”（见Hoernle上文，及A. Stein, *Ancient Khotan*, 页150，272），第三种应为蒙古语或突厥语（见Hoernle, JASB. BD. 62, 页8 上，页40下及BD.70, Extra-Nr. 1, 页13；Leumann, ZDMG.61, 1907, 页652 推测为古代突厥语[回鹘语]）。

我们很快就知道（其间Leumann 也看出并指出这一点，ZDMG，页648及62，1908，页83），文献的语言（即Leumann的IIb组语言）与之前认为的原始藏语（即Leuman 的IIa）有关。Leumann这时根据Müller发表在SBAW，1907，页960的文章又称其原称为亚利安语（Arisch）的语言为“非亚利安语”（Unarisch），但仍为不知名语言（属于他的分类I语言）。Müller在其上述论文中[3]根据回鹘文一跋文和我们的研究成果——这是一种具有毫无疑问的印度-欧罗巴（耿按：德国学者称为印度日尔曼）语言性质的语言，定名为吐火罗语（Tocharisch），也即印度斯基泰语（Indoskythisch）。所以我们也据此称这种语言为吐火罗语。我们一方面认为Leumann的“非亚利安”一名会把人引入歧途，另外我们认为缪勒的定名是正确的[4]。此外Le Coq先生也告诉我们同样的意见（见*Zeitschrift fuer Ethnologie* 1907，页509下面）。

斯坦因携回的、和田出土的婆罗米字母写本，除梵文外，主要为所谓新疆亚利安语（耿按：指和田塞语）写本残卷，只有很小部分为

〔2〕参见JASB, Bd. 62, 1893, 页7以下，bd.70, 1901, part 2, Extra-Nr. 1, 页12以下，19，32以下。

〔3〕第4种新的语言有时用婆罗米字母写成，并也在吐鲁番出土写本中发现。早从Stonner的发表在SPAW, 1904，页1288以下文章开始，人们就知道是回鹘语，所以这里我们不加考虑，因为Le Coq, F. W. K. Müller正在从事这些文献的研究。

〔3〕德文原名是Beitrag zur genaueren Bestimmung der unbekannten Asprachen Mittelasiens.

〔4〕见Beitrag zur genaueren Bestimmung der unbekannten Asprachen Mittelasiens, 页928。

吐火罗语的；而在Le Coq、Gruenwedel于吐鲁番所获写本中，情况正好相反。这一情况说明：所谓说“亚利安”语的人居住在新疆（塔里木盆地）的南部，而说吐火罗语的人居住在新疆（塔里木盆地）的北部。

像语言一样，它们所使用的字母也是这样，主要为两种字母：Hoernle[1]称其中之一为中亚笈多（Gupta）体，称另一种为中亚斜体（slanting）。和田出土的写本多为笈多体，而吐鲁番出土的多为斜体。出土的梵文写本用两种字母书写，所有吐火罗语写本都用斜体写成，而所有“亚利安”语写本都用笈多字体写成（耿按：现在学者一般称书写吐火罗语的字体为婆罗米字母斜体，称书写和田塞语的字体为婆罗米字母直体）。

与Leuman分类的IIa 和IIb相适应，他把吐火罗语也分为两组：Ia为佛教内容的，而Ib则为医药方面的[2]。这一分类是不正确的，因为这两类的语言是一样的。我们研究吐鲁番出土写本后，提出对吐火罗语的另一种两分法，也就是说，是语言方面的二分法，而不是内容方面的二分法，我们暂称之为甲、乙（也即A、B）两种。这两类文献残卷使用的文字都是一样的，出土的地点不同。关于它们之间的差别是时间上的抑或是地域上的，目前我们尚说不上什么。我们称之为甲（A）种的语言是迄今完全不知道的语言。迄今已刊布的吐火罗语残卷[3]都属于乙（B）种语言。在我们研究的材料中两种语言的都有。

甲乙两种语言的差别主要表现在元音和辅音及词法变化上，当然也表现在词汇上。甲种语言中的“名字”一词ñom，在乙种语言中为ñem；“诞生”一词甲吐为cmol，乙吐为cmel；“词”甲吐为rake，乙吐为reke；“世界”甲吐为śoṣi，乙吐为śaiṣṣe；“家”甲吐为waṣdh，乙吐为oṣdh；“手”甲吐为tsar，乙吐为ṣar；“熄灭”甲吐为

〔1〕JASB.70, 1901, part 2, Extra-Nr. 1, p. 11f. 及 Taf. 2.

〔2〕ZDMG.61, p. 651.

〔3〕参见Leumann文：Ueber eine von den unbekannten Literatursprachen Mittelasiens（关于中亚一不知名书面语考）, Zapiski Imp. Akad. Nauk, Ⅷ, Serie, Tome 4, Nr.8, St. Petersburg 1900, p. 2ff.及Hoernle, JASB.70, part 2, Extra-Nr. I; App. 1901 及Weber 写本的重新影印本，part Ⅸ及Macartney 写本，Set Ⅰ. Calcutta 1902.

ksalune，乙吐为kselñe；“当……”甲吐为kupre，乙吐为kwri等等。两种语言的名词变格完全不同。

目前我们对乙种吐语的研究尚不充分，这里主要是谈甲种吐语。

（下略关于字母的段落）

吐语有下列语音：

元音：a, a, i, (i), u, (u) , e , o , (ai , au), a

辅音：k(k) , ṅ

c, ñ

t(dh), n

p(p), m

y, r, l, w

ś, ṣ, s, h

名词变化：

名词变化很复杂，目前我们尚不能完全掌握。可以肯定的是：名词分三性，存在元音和辅音词的变化。双数似不存在。格的数目超过梵文。格字尾也各种各样，除主格和客体格外，单复数（复数有特殊的词干）变格加同样的格字尾。

词干常以-e结尾，在吐语中以字尾-une构成动词和名词；从动词yam“做”构成名词yamlune，从śol“生活”（？）构成śolune，从riṣak“仙人”构成riṣakune。名词变化可列表如下：

	单数	复数
主格及客体格	yaml-une	-uneyantu及unentu
工具格	-uneyo	-uneyäntuya
与格	-uneyac	-uneyäntwac
从格	-uneyaṣ	-uneyäntwäṣ
所有格	-uneyis	-uneyäntwis
位格	-uneyaṃ	-uneyäntwaṃ
另有：	-uneyaśśäl	-uneyäntwaśśäl
	-uneyā	-uneyäntwā
		-uneyäntwāśśi

字尾-aśśal构成共同格（Komitativus），与后置词śla有关。格字尾-ā似表示“根据……”。-āśśi似为分配词的所有格。

e词干的se“儿子”，kule“妻子”的变化如下：

	单数		复数
主格（和客体格？）	se	主格	sewāñ
工具格	seyo	客体格	sewās
与格	seyac	位格	sewāsaṃ
从格	seyäṣ	从格	sewāsaṣ
位格	seyaṃ	其他	sewāsaśśäl, sewāśśi
kule的相应形式	kule		kulewāñ
	kuleyac		kulewās
	kuleyaṃ		-wāsyo
			-wāsac
			-wāsaṣ
			-wāsaṃ
			-wāsā
			-wāśśi

以辅音结尾的词（ñkadh“神”）的举例：

	单数		复数
主格（及客体格？）	ñkadh	主格	ñäktañ
		客体格	ñäktas
工具格	-		-
与格	ñäktac		ñäktasac
从格	ñäktäṣ（ñäkdhaṣ）		ñäktasaṣ
所有格	ñäktes		-
位格	ñäktaṃ		ñäktasaṃ
其他形式：	-		ñäktaśśäl
	ñäktā		ñäktasā
			ñäktaśśi

代词

人称代词所知不多。第一人称代词：naṣ,变化形式有：nṣaṣ,nṣac, nṣa。第二人称代词为 tu。

“我的”“你的”“他的”为：ñni, tñi, ṣñi。

指示代词：阳性sas，阴性sām（？），中性sam。

疑问代词：kus, 中性kuc。

关系代词：在疑问代词后加 ne构成：kus ne, kuc ne, kucyo ne等。

数词

关于数词我们知道的较好。这方面明显地证明吐火罗语属于印欧语系：

	基数词	序数词
1	ṣa	sas
2	we	wädh
3	tri	tridh
4	śtwar	śdhardh(śtärdh śdhärdh)
5	pañ	pandh
6	ṣak	ṣkaṣdh
7	ṣpadh	ṣapdhandh
8	okadh	?
9	ñu	?
10	śak	śkandh
11	śakṣapi	śäksapindh
12	śakwepi	śäkwepindh
20	wiki	?
21	wikiṣapi	wikiṣapindh
30	taryāk	taryākindh
40	śtwarāk	
50	pñāk	
60	ṣaksak	

70 ṣapluk

80 oktuk

90 nmuk

100 kandh

200 wekandh

230 wekandh taryāk śkaṃ[1]

921 ñukandh wiki śkaṃ ṣapi

1000 wälts

2000 wewälts

10000 tmāṃ

20000 wetmāṃ

乙吐语中现已确定的数词有：

基数词	序数词
1 ṣe	semṣe
2 wi	wate
3 trai或 tarya	trit
4 śtwer	?
5 pis	piṅkte
6 ṣkas	ṣkaste
7 ṣukdh	?
8 okdh	oktunte
10 śak	
15 śak pis	
80 okdh śak	
100 kante	
500 piś kante	

〔1〕śla ṃ 甲吐中一般为“及”之意。

动词

关于吐火罗语动词的研究，我们掌握的材料尚不够。有三种态：主动、被动及中态。关于时间和方式，我们尚不能确定；人称字尾也无把握。

动词后加有人称字尾。

未出现前加成分。

常使用分词，可区分为三种：

（1）以-u结尾，常重叠首辅音；外表上看是过去时、主动态，但也有被动的意义，如kakmu“来的”<kam“来”；

（2）以-māṃ结尾，现在时,如kalymāṃ“站立的”；

（3）以-l结尾，如yāmal“做了的”。

相当于梵文绝对形式意义的形式为由分词形式的从格构成：kakmuraṣ , wewñuraṣ, kaklyuṣuraṣ。

从上述对于语法的简单叙述，我们可看出吐火罗语是一种印度日尔曼语，即印度欧罗巴语。更加使人惊奇的是，这种语言与印欧语中的欧罗巴语组有更多一致的地方。

8 Rhetorische Fragen und Negation in altindogermanischen Sprachen

Olav Hackstein
Ludwig-Maximilians-Universität München

8.1 Nicht-rhetorische und rhetorische Fragen [1]

Rhetorische Fragen werden, wie ihr Name bereits verrät, traditionell und nach landläufiger Auffassung eher als Phänomen der Rhetorik denn als linguistisches Phänomen verstanden. Ursächlich für diese Auffassung ist, dass in vielen Sprachen die morphosyntaktische Konstruktion des Interrogativsatzes für nicht-rhetorische und rhetorische Fragen dieselbe ist. Vgl.

(1a) Neuhochdeutsch, nicht-rhetorisch

Wie sollte man am *besten die Krise bekämpfen*?

(1b) Neuhochdeutsch, rhetorisch

Wie sollten zweihundert Menschen in einen VW Golf passen?

(2a) Neuhochdeutsch, verneint, nicht-rhetorisch

Wieso sollte man sich bei Gewitter nicht unter einen Baum stellen?

(2b) Neuhochdeutsch, verneint, rhetorisch

Wieso sollte man nicht die Abkürzung nehmen, wenn es sie gibt?

---

[1] Die folgenden Ausführungen sind meinem Kollegen, Herrn Professor Xu Wen-kan (Sichuan University, Chengdu), als Festgabe zu seinem 70. Geburtstag gewidmet, einem bedeutenden chinesischen Lexikographen, Philologen und Sprachwissenschaftler, dessen Forschungsinteressen auch oft der linguistischen Diachronie und ausgestorbenen zentralasiatischen Sprachen galten.

Trotzdem heben einige Sprachen rhetorische Fragen durch spezielle Konstruktionsmerkmale von nicht-rhetorischen Fragen ab, kennen also für rhetorische Fragen ein spezielles syntaktisches Format. Wie eine Untersuchung von Fragesätzen in älteren indogermanischen Srpachen ergibt, ist ein formales Merkmal, welches rhetorische Fragen kennzeichnet, oft die Anhebung der Negation. Diese ist nachweisbar für negierte rhetorische Fragen, die die Proposition der Frage bekräftigen bzw. die Antworterwartung des Sprechers suggerieren, dass die Negation der Proposition nicht zutrifft. Zunächst sei im Folgenden die Anhebung der Negation in rhetorischen Fragen bzw. zwischen Nicht-Anhebung der Negation in nicht-rhetorischen Fragen für einige altindogermanische Sprachen illustriert (§2 Tocharisch, §3 Hethitisch, §4 Altindisch, §5 Latein). In §6 komme ich zur Erklärung der Verbindung von rhetorischer Fragefunktion und dem formal-syntaktischen Merkmal der Negationsanhebung.

8.2 Tocharisch

Ein Beispiel ist das Tocharische, eine SOV Sprache. Zunächst kann in tocharischen Fragesätzen die SOV Basiswortstellung mit präverbaler Negation entweder erhalten bleiben oder aber es findet eine Anhebung von Negation (und Verb) statt. Die Wahl der einen oder der anderen Alternative hängt vom pragmatischen Status der Frage, echte, offene Frage oder rhetorische, geschlossene Frage, ab.

8.2.1 **Tocharisch:negierte, nicht-rhetorische Fragen ohne Anhebung der Negation**

Im Tocharischen erfolgt in negierten Fragen, die nicht-rhetorisch sind, keine Anhebung der Negation. Bezeugt ist die Konfiguration: Interrogativum-S[-O]-Neg-V [nicht-rhetorisch]. Beispiel (3) enstammt einem westtocharischen metrischen Kommentartext zur buddhistischen Einteilung der Taten (Karmavibhaṅga), in didaktischer Frage-Antwort Form. Die Frage ist also nicht-rhetorisch.

(3) Westtocharisch, verneint, nicht-rhetorisch

$k_u$se no su yāmor ***mā*** *yāmu* ***mā*** *kakraupau*

was nun diese Tat **nicht** getan **nicht** angehäuft

Welche Tat aber [ist] nicht getan [und auch] nicht gehäuft? (B521 a4)

Ein Beispiel aus dem Osttocharischen ist (4). Im dritten Akt des Maitreyasamiti-Nāṭaka, möchte Buddhas Stiefmutter, Mahāprājapatī Gautamī dem Buddha ein goldfarbenes handgewobenes Baumwollgewand als Geschenk überreichen. Der Buddha bittet, das Gewand der Gemeinde, dem Saṅgha, zu übergeben. Mahāprajāpatīs Frage in (4) ist somit ebenfalls nicht-rhetorisch und zeigt wie (3) keine Anhebung der Negation:

(4) *mänt nu täṣ ptāñkät käṣṣi* ***mā*** *eṃtsitär=ñi*

wie nun das Buddha.Gott Meister **nicht** empfangen.OPT.3SG.MP= von.mir

Wieso nun möchte der ehrwürdige Buddha nicht dieses (Gewand) von mir empfangen? (AYQ25 [III.6] b 8)

8.2.2 **Tocharisch: Negierte, rhetorische Fragen mit angehobener Negation (high negation)**

Gehören die negierte Fragen zur Kategorie der rhetorischen Fragen, so ist die Bewegung der Negation an den Satzanfang zu beobachten. Die Negation wird dabei über Objekt und Subjekt unmittelbar vor das Interrogativum bewegt (2.2.1), zusätzlich kann das Verb über Objekte oder Adjunkte in Stellung unmittelbar nach der Negation gehoben werden (2.2.2).

8.2.2.1 Negierte, rhetorische Fragen des Typs Interrogativum–Neg–S–X–V (X = Objekt, Adjunkt)

Belegt sind für negierte rhetorische Fragen die Konfigurationen Interrogativum-Neg-S-O-V (5-7) und Interrogativum-Neg-S-Adjunkt-V (8):

Osttocharisch

(5) *kyal* ***mā*** *näṣ penu cami ṣñi amok lkātsi āyim*

Wieso **nicht** ich auch dieser.GEN eigene Kunst.ACC zu.sehen. INF geben.OPT.1SG

Weshalb sollte nicht auch ich diesen meine Kunst sehen lassen? (A8a2)

(6) *kyal* ***mā*** *näṣ tā(maṃ) tuṅkyo plāc wāwim*

Wieso **nicht** ich sie.LOC Liebe.INSTR Rede führen.OPT.1SG

Weshalb sollte ich nicht aus Liebe zu ihr Rede führen(?) (A7a3)

(7) *yomuräṣ krant käṣṣiṃ ñi ṣñy āñcäṃ kulypam,*

erreicht habend guter.acc Lehrer.acc mir eigenes Selbst verlangend,

Wenn ich es erreicht habe und nach dem guten Lehrer im eigenen Herzen verlange,

$k_u$yal ***mā*** *cam sem yāmimār*

wieso nicht dieser.ACC Schutz.ACC machen.OPT.1SG.MP

warum sollte ich ihn denn nicht zu meinem Schutz machen? (AYQ 4 [II.2] a 7)

(8) *k^uyal* ***mā*** *näṣ śol raryuräṣ ksaluneyaṃ kälkim*

wieso **nicht** ich Leben.acc verlassen.habend Nirvāṇa.LOC gehen. OPT.1SG

[Er] dachte: wieso sollte ich denn nicht ins Nirvāṇa eingehen, nachdem [ich] das Leben aufgegeben habe? (AYQ 36 [N.3] b 1)

8.2.2.2 Negierte, rhetorische Fragen des Typs Interrogativum– Neg[–S]–V–X

Beispiel (9) aus dem Osttocahrischen illustriert für eine negierte rhetorische Frage den Typ Interrogativum- Neg[-S]-V-Adjunkt.

(9) *sukyo* *yomnāṣ* *ksalune*,

Freude.INSTR erreichen.SBJV.3SG Nirvāṇa

Erreicht er froh das Nirvāṇa,

mänt ***mā*** *kăckäl* *eṣäntāp*

wie **nicht** zu.freuen.GER1 gebend.GEN

warum sollte es nicht Anlass zur Freude sein für einen, der spendet? (AYQ29 [I.2] a 5)

Beispiel (10) illustriert für eine negierte rhetorische Frage den Typ Interrogativum- Neg[-S]-V-O. Der Beleg entstammt dem westtocharischen Udānālaṅkāra.

(10) *ka* ***mā*** *weścer* *krent* *reki*

Wieso **nicht** sagen.PRS.2PL gutes.ACC Wort.ACC

Warum sagt ihr denn nicht das gute Wort? (B20b6)

Derselbe Zusammenhang zwischen rhetorischer Frage und Anhebung der Negation kann auch für weitere Sprachen wie das Altindische, Lateinische und Hethitische nachgewiesen werden.

8.3 Hethitisch

Für das Hethitische wurde die Tendenz beobachtet, die Negation *natta* in rhetorischen Fragen in satzinitiale Position zu bewegen, siehe Hoffner 1986:89f., Hoffner und Melchert 2007:342f., vgl. den Kontrast zwischen der nicht-rhetorischen Frage in (11) mit nicht-bewegter präverbaler Negation und rhetorischer Frage mit satzinitialer Negation in (12):

(11) Hethitisch, nicht-rhetorisch ohne Anhebung der Negation

nu=war=an *kuit* *ḫanda* ***natta*** *wemiyanzi*

nun=QUOT=ihn warum also **nicht** finden.PRS.3PL

Warum finden sie ihn nicht? (VBoT 58 i 23; Hoffner 1986:91)

(12) Hethitisch, rhetorisch mit Anhebung der Negation

natta=*šamaš* $^{\text{LÚ.MEŠ}}$DUGUD *tuppi* *ḫazzian* *ḫarzi*

nicht=euch Tafel Würdenträger.DAT.PL Tafel.ACC beschriftet. ACC hat

Hat (mein Vater) denn nicht eine Tafel für euch beschriften lassen? (KBo 22.1 obv. 23; Hoffner 1986:90)

8.4 Altindisch

Auch im Altindischen ist der Zusammenhang zwischen rhetorischer Frage und Anhebung der Negation beobachtbar. Besonders instruktiv sind Fälle konstrastierender nicht-rhetorischer Fragen ohne Anhebung der Negation gegenüber rhetorischen Fragen mit Anhebung der Negation, vgl. kontextuell unmittelbar benachbart (13) und (14):

(13) Nicht-rhetorisch ohne Anhebung der Negation

kathā́ grā́maṃ ***ná*** *pr̥cchasi?*

wie Dorf.ACC **nicht** fragst

Warum fragst du nicht nach dem Dorf?

(14) Rhetorisch mit Anhebung der Negation

ná *tvā* *bhī́r* *iva* *vindatī3ṁ?*

nicht dich Furcht.NOM wie findet

Befällt dich denn nicht etwas wie Furcht? (RV 10.146.1cd)

8.5 Latein

Im Lateinischen neigen verneinte Polarfragen, wenn sie rhetorisch sind und die Bekräftigung der Proposition ausdrücken bzw. diese vom

Angesprochenen verlangen, dazu, die Satznegation *nōn* an den Satzanfang zu bewegen. Die betreffende Interrogativkonstruktion ist altlateinisch bestens belegt (15), lebt aber auch im klassischen Latein fort (16). Vgl. Kühner/Stegmann 1976:503 mit exemplarischer Belegsammlung.

(15) ***nōn*** *manum abstinēs, mastīgia*?

nicht Hand.ACC weghältst Peitsche.VOC

Nimmst Du denn nicht die Hand weg, du Knalltüte?

= Hände weg, Knalltüte! (Ter. *Ad.* 781)

(16) ***nōn*** *in casīs ... habitāre est satius inter sacra penātēs=que nōstrōs*

nicht in Hütten .... wohnen.INF ist genügender zwischen Heiligtümer Hausgötter=und unsere *quam exsulātum ...īre*?

als ins.Exil gehen.INF

Wäre es denn nicht besser in Hütten zwischen Heiligtümern und unseren Hausgöttern zu leben als in die Verbannung zu gehen? (Liv. 5,53,8)

Des Weiteren ist im Lateinischen auch die Bewegung der Negation unmittelbar vor das Interrogativum eine Eigenschaft rhetorischer Fragen. (Lewis/Short 1879:1516 s.v. *quis* II B3: *quidni* „in rhet. questions", Menge 1914:330 § 493). Im Falle von altlat. *quī=n* ‚warum denn nicht' (aus **quī=ne* ‚wieso=nicht') führte die Anhebung der Negation zu deren Univerbierung mit dem Interrogativum. Das resultierende *quī=n* ist - ebenso wie gleichbedeutendes *quid=nī* - rhetorischen Fragen vorbehalten, vgl. (17). (Belegsammlungen bei Lindsay 1907:108-111, Fleck 2008:82-89).

(17) [A:] *me rogas, homo, qui sim*?

[A:] Mich fragst du, was für ein Mensch ich sei?

[B:] ***quī=n*** *ego hoc rogem, quod nesciam*?

wie=nicht ich dieses fragen.PRS.SBJV.1SG was.REL nicht. wissen. PRS.SBJV.1SG

[B:] Warum sollt ich es denn nicht fragen, wo ich's doch nicht weiß? (Pl. *Mil.* 426)

8.6 Zusammenfassung

Der in §2 für das Tocharische und in §§3-5 für weitere Sprachen belegte Zusammenhang zwischen verneinten rhetorischen Fragen und der Anhebung der Negation entspricht einer sprachübergreifenden Tendenz. Wie ist dieser Zusammenhang zu erklären? Bekanntlich drücken negierte rhetorische Fragen eine starke Affirmation der in ihnen enthaltenen Proposition aus. So bezeichnet im Neuhochdeutschen die negierte, rhetorische Frage *Wieso denn nicht X?* eine Bekräftigung der Proposition X und bedeutet *Natürlich X.* Und nicht selten entwickeln sich daher aus negierten rhetorischen Stimulusfragen affirmative Partikeln. Ein Beispiel ist altlat. *quīn*, welches einerseits als Komplementierer negativer rhetorischer Fragen verwendet wird, andererseits als Affirmativpartikel, natürlich, auf alle Fälle' fungiert. Wesensmerkmal negierter rhetorischer Fragen ist also die Umkehrung der Negation. Hier schließt sich der Erklärungszusammenhang zwischen pragmatisch-rhetorischem Fragecharakter und der Anhebung der Negation. Die Anhebung der Negation rückt selbige in den Interrogativfokus, und der Interrogativfokus wiederum hebt die Negation und die Negierung der Proposition auf, siehe hierzu Hackstein 2013. Somit erweist sich die Anhebung und Bewegung der Negation in den Interrogativfokus als formaler Ausdrucks-und Funktionsträger der rhetorischen Frage. syntaktischer Bewegung, denn die Anhebung der Negation erfüllt eben diesen Zweck, die Umkehrung der Negation. Die Anhebung der Negation rückt selbige in den Interrogativfokus, und der

Interrogativfokus wiederum hebt die Negation und die Negation der Proposition auf, siehe hierzu Hackstein 2013 im Druck. Somit erweist sich die Anhebung und Bewegung der Negation in den Interrogativfokus als Funktionsträger der rhetorischen Frage.

Zitierte Literatur

Fleck F. 2008. Interrogation, coordination et subordination. Paris: Presses de I'Université Paris-Sorbonne.

Hackstein O. 2004. Rhetorical questions and the grammaticaliz- ation of interrogative pronouns as conjunctions in Indo-European // Hyllested A, Jørgensen A R, Larsson J H, et al. Per Aspera Ad Asteriscos, Studia Indogermanica in honorem Jens Elmegård Rasmussen sexagenarii Idibus Martiis anno MMIV. Innsbruck:167-186.

Hackstein O. 2013. Polar questions and non-headed conditionals in a cross-linguistic and historical perspective // Benjamin S, Shu-Fen Chen. Grammatica et verba. Glamor and verve. Studies in South Asian, Historical, and Indo-European Linguistics in Honor of Hans Henrich Hock on the Occasion of His Seventy-Fifth Birthday. Ann Arbor, Michigan: Beech Stave Press.

Hoffner H A. 1986. Studies in Hittite Grammar // Hoffner H A, Beckman G M. Kaniššuwar. A Tribute to Hans G. Güterbock on his seventy-fifth birthday. Chicago, Illinois: 83-94.

Hoffner H, Melchert C. 2008. A Grammar of the Hittite Language: Part I: Reference Grammar. Winona Lake, Indiana.

Kühner R, Stegmann C. 1976. Ausführliche Grammatik der lateinischen Sprache. Zweiter Teil: Satzlehre. Zweiter Band. 5. Aufl. herausgegeben von Andreas Thierfelder. Nachdruck 1997. Darmstadt.

Lewis C T, Charles S. 1879. A Latin Dictionary. Oxford.

Lindsay W M. 1907. Syntax of Plautus. Oxford.

Menge H. 1914. Repetitorium der lateinischen Syntax und Stilistik. Wolfenbüttel. Bearbeitet von Andreas Thierfelder. 17. Aufl., unveränd. reprograf. Nachdr. der 11. Aufl. Darmstadt 1979.

9　大夏西迁及大夏、月氏、焉夷、龟兹的对音勘原问题

郑张尚芳　中国社会科学院

在新疆发现的白种人古墓、古尸，还有唐代遗留的用婆罗迷字母拼写的印欧语C支文字的文献，充分说明古印欧人曾长期生活在中国西疆，并且他们在体貌和语言上，与西邻说印欧语S支的印度–伊朗人又有着明显区别。海内外研究者称之为吐火罗（大夏）人，还认为其与汉文历史上所记月氏有关。徐文堪先生《吐火罗人起源研究》一书已经对海内外关于吐火罗人种、语言的研究做了全面综合的探讨。本文着重对吐火罗人研究所涉及的历史族名地名有关史实，及其原语对音问题，进行分析。

9.1　大夏、月氏、乌孙共居河西

月氏也写作月支。西汉张骞通西域时，大月氏处于安息之东、大宛之南的Bactria地区。但据国史记载，这是月氏西迁的结果，战国至汉初，月氏本住我国河西走廊地区。

《史记·大宛列传》："始月氏居敦煌、祁连间"。唐张守节《史记正义》"破月氏王"下引《括地记》："凉、甘、肃、瓜、沙等州，本月氏国之地。"此即汉武初开置的河西五郡：张掖、酒泉、敦煌、武威、金城之地。

在西面与他们毗邻而居的是乌孙：

《汉书·西域传》"始张骞言，乌孙本与大月氏共在敦煌间。"

《史记·匈奴列传》匈奴单于遗汉文帝书："故罚右贤王，使之西求月氏击之……尽斩杀降下之，定楼兰、乌孙、呼揭及其旁二十六国皆以为匈奴，诸引弓之民并为一家。"张守节《正义》："二国皆在瓜州西北。乌孙战国时居瓜州。"汉初即已跟楼兰（鄯善）一样分布于天山地区。

《通典》卷174北庭府庭州："在流沙之西北，前汉乌孙之旧址，后汉车师后王之地，历代为胡虏所居。"（"流沙"，敦煌郡沙州下云"亦古流沙地[其沙风吹流行，在郡西八十里]。"）

《太平寰宇记》卷156庭州也说："前汉为乌孙旧址。"

庭州治金满，领蒲类、轮台两县，在今乌鲁木齐。藤田豐八《月氏故地与其西移年代》以为乌鲁木齐urumtschi原名rumti即"轮台"对音。那么，urumtschi应是rumti突厥化之后改的。按阿尔泰语突厥语语音习惯 r 不可在词首，凡引用外语 r居首字就要在其前再添加该音节元音（犹如土耳其人称希腊为Urum，来自阿拉伯语Rum），因此原来的地名rumti不会是突厥语，可能沿用了乌孙时的旧名，这也可佐证乌孙不是说阿尔泰语言的（在伊塞湖和伊犁河流域的乌孙墓葬遗骨也表明其属于高加索人种，不同于阿尔泰人）。

《墨子·兼爱中》："古者禹治天下，西为西河渔窦（漯渎——吴毓江校改），以泄渠孙皇之水；北为防原泒，注后之邸，嘑池之窦（渎），洒为底柱，凿为龙门，以利燕、代、胡、貉，与西河之民。东方（为）漏之（大）陆，防孟诸之泽，洒为九浍，以楗东土之水，以利冀州之民。南为江、汉、淮、汝，东流之，注五湖之处，以利荆楚、干越，与南夷之民。"

其中首句之"渠孙皇"，自来未有善解。取此西方句与下文东方句对比看，"以泄渠孙皇之水"相当于"以楗东土之水"，则"渠孙皇"当表示西土，应指西河之民中的代表国族。郑张（1998）曾指出"渠"即《尚书·禹贡》"黑水西河惟雍州。……浮于积石，至于龙门西河，会于渭汭。织皮：昆仑、析支、渠、搜，西戎即叙"（"渠搜"或连读指一国，如《逸周书王会解》之"渠叟"，或如《孔传》

分读指二国："有此四国在荒服之外，流沙之内"）中的"渠国"，也可指秦灭义渠后建陇西、北地、上郡三郡及西河郡徒泾二十五城的义渠国（国都在今陇东宁县），可见它地域之广，不愧西河左右第一大国。该文并指出"皇"如吴毓江所说是"湟"水省文，"孙"则可借为鲜，"鲜水"为青海古称（《汉书·王莽传》。又《赵充国传》："入鲜水北句廉上，去酒泉八百里。"），则孙（鲜）、皇（湟）皆渠国大河大湖之名。现在既知道乌孙是战国时河西一大国族，那么"孙"也有可能指"乌孙"而言了（湟水边民和县东汉墓葬也发现白种遗骨）。

又"鲜水"一名也不限青海。《史记·夏本纪》"弱水至于合黎"正义引《括地记》："合黎水一名羌谷水，一名鲜水……今名副投河，亦名张掖河，南自吐谷浑界流入甘州张掖县"，这也是条大河，有人即以此对当"黑水西河"中的黑水（《山海经·北山经》"北鲜之山，是多马，鲜水出焉"毕沅注也引此条合黎水为解）。此"鲜水"之取名，或许也与乌孙相关。反正比吴毓江《墨子校注》所注"白渠水、桥孙水"这些小水名要有力些。

在月氏东面则又记有大夏。

《史记·秦始皇本纪》："禹凿龙门，通大夏。"

《史记·封禅书》"桓公曰：寡人北伐山戎，过孤竹；西伐大夏，涉流沙。"（《管子·封禅篇》同，齐国在东方）

《管子·小匡篇》载齐桓公"西征，攘白狄之地，遂至于西河，方舟投柎，乘桴济河，至于石沈，县车束马，逾太行与卑耳之溪，拘泰夏，西服流沙西虞，而秦戎始从。"泰夏即大夏，明云地在河西，须渡西河方至，并近流沙、西虞（可能指月氏）。

秦始皇《琅邪台铭》："西涉流沙，南尽北户，东有东海，北过大夏，人迹所至，无不臣者。"

《山海经·海内东经》："国在流沙外者，大夏、竖沙、居繇、月支之国。"（《魏略》作"流沙西有大夏国、坚沙国、属繇国、月氏国四国"）都是先大夏，后月氏。

贾谊《新书》九："（尧）身涉流沙地，封独山面见王母，训及大夏、渠叟。"

《汉书·地理志》："陇西郡，县十一，有大夏。""张掖郡，居延（居延泽在东北，古文以为'流沙'，都尉治）。""安定郡，月氏道。"此外还有好多有关夏后氏的"夏虚"。由于其民族论叙都表示与羌戎关系较密，还难以判断与吐火罗有无联系，故皆未予引列。

《水经注》："大夏川迳大夏古城南，东北注于洮水。"（故城在临夏县东南）

大夏河既以大夏古城得名，当为大夏古都，由此东至龙门，北至流沙原皆大夏族分布之地域（青海省靠临夏自治州的民和县今也发现东汉墓葬白种人遗骨），所以秦皇才会以大夏代表北疆。而《逸周书·王会解》北方台"其西"列，"般吾、屠州、禺氏、大夏、犬戎、数楚、匈奴"，伊尹朝献商书"正北：空同、大夏、莎车、旦略、豹胡、代翟、匈奴、楼烦、月氏、孅犁、其龙、东胡"，也都以大夏与月氏（禺氏）、匈奴并列。

大夏与月氏虽分列为二，但人种、语言可能大致相同，并有可能为大种小种之别，所以在历史记录中常纠结难分，下文再说。

9.2　月氏、乌孙所构成的大夏西迁链

中国北方游牧民在南下遇到强大的长城防线，东边又受到新兴游牧族压力后，一般会向西发展。从汉至唐，大型的游牧民族西迁有三次：汉代的月氏西迁、匈奴西迁，唐代的突厥西迁。只是他们在迁徙途中还会裹挟或融合进其他族群，所以到达终点时不一定保留原来的种族和语言了。月氏迁到中亚巴克特里亚（Bactria）改变了语言。匈奴不清楚是否影响过匈牙利的乌拉尔系统的马扎尔语（虽然该语也含有阿尔泰成分，如海tenger近于突厥语dengiz，手臂gar近于蒙古ghar、突厥qol，但不很多）。只有突厥较保守，在土耳其和克里米亚仍留下真正完整的突厥语（如海deniz，手臂kol）。

首拨西迁是公元前2世纪，月氏为匈奴所破，西徙至妫水逐塞种另建国，后又征服妫水以南的“大夏”（Bactria），其后所建贵霜王国，有希腊字母碑铭遗留，表明贵霜立碑采用巴克特里亚流行的东伊朗语，不复用原来的月氏大夏语。

《汉书·西域传》：“大月氏本行国也，随畜移徙，与匈奴同俗，控弦十余万，故强，轻匈奴。本居敦煌、祁连间，至冒顿单于攻破月氏，而老上单于杀月氏，以其头为饮器。月氏乃远去，过大宛西击大夏而臣之，都妫水北为王庭。其余小众不能去者保南山羌，号小月氏。”

《汉书·张骞传》：“乌孙王号昆莫，昆莫父难兜靡本与大月氏俱在祁连、敦煌间，小国也。大月氏攻杀难兜靡夺其地，人民亡走匈奴。子昆莫新生，傅父布就翎侯抱亡……匈奴，单于爱养之。及壮，以其父民众与昆莫，使将兵，数有功。时月氏已为匈奴所破，西击塞王，塞王南走远徙，月氏居其地。昆莫既健，自请单于报父怨，遂西攻破大月氏，大月氏复西走，徙大夏地。昆莫略其众，因留居[塞地]。”

这形成先后两条西徙链：

（1）匈奴 > 大月氏（敦煌）> 塞 ——（塞人>印度方向）；

（2）乌孙 > 大月氏（塞地）> 大夏。

《西域传·乌孙国》：“随畜逐水草，与匈奴同俗。……本塞地也，大月氏西破走塞王，塞王南越县度，大月氏居其地。后乌孙昆莫击破大月氏，大月氏徙西臣大夏，而乌孙昆莫居之。故乌孙民有塞种、大月氏种云。”

末句充分说明，西迁各支，并非纯属本支，还带领有被征服的他族。所以西方古史对巴克特里亚在前126年被游牧民攻灭的记载，据斯特拉波（Strabo）《地理志》（*Geographia*），是四支游牧民：Asii、Gasiani、Tochari、Sacarauli等四部，“来自_Iaxartes（药杀水即锡尔河）彼岸，与Sacae和Sogdiana相毗连，被Sacae占领的地方”（XI，8）。这里头实际既有主领族、也含有被带领族，并且还包括了处于迁徙链上先后环的族群。西方另一古史，特罗古斯（Trogus）

的《史书》（*Prologues*）写了这四支的关系："斯基泰部族Sacaraucae和Asiani占有了巴克特里亚和粟特"；"Asiani称王于Tochari人（Reges Thocarorum Asiani），Sacaraucae被灭亡了"，可能就指的上述乌孙胜月氏、破塞王之事实。虽还因为他们来自塞地Sacae，而被西方史家一概视为"斯基泰部族"即塞人，其实塞人这一支是被他们中乌孙、月氏人吞灭的，后者不是塞种，而是吐火罗种。

Asii也作Asü、Asiani，琼斯密、藤田、岑仲勉皆以其对"乌孙"。Sacarauli藤田以对塞种（岑对莎车）。Tochari或作Tokhara，大家都对"吐火罗"即"大夏"（《新唐书·西域传》"挹怛"条已明说"大夏即吐火罗也"）。特罗古斯所称Asiani人在Tokhara称王，如指第2条乌孙迁徙链而言，则大夏实际就指月氏了。看来其实"大夏"应是大月氏占领巴克特里亚后才得名的，乌孙、大月氏是接连移徙而来的"行国"，而大夏地区（Bactria）却是被他们征服的希腊化"城邑"。如果不能肯定在月氏之先，已经发生"大夏灭Bactria"之事（王静如主张此事发生在15年前，余太山说在10年前发生。不过十来年就能将久远之国名在周边邻国口中变换，不太可信），则应该是，月氏人称被其征服的Bactria广大区域为Tokharestan "大夏人之地"，而只将Bactra城所处地区作为月氏王庭直辖畿域，又改名该城为"监市"，即以大夏语"城"（kamti）称之。

这就是说，"大夏"应当是种族大名，泛称所有说大夏语的诸部族（后世再译为"吐火罗"），而月氏是其中具体部族之名。这犹如突厥是大名，回鹘是一突厥部族，麻赫穆德·喀什噶里是回鹘的一支喀喇汗王朝的学者，他编的却是《突厥语大词典》（突厥是Türk后起的译名，汉以前原来译作"狄"。有时其中某一部族即以"狄历""突厥"自名，可改变不了它也作为大名的作用）。现在的突厥斯坦正是中古的吐火罗斯坦。

与Tochari（吐火罗即大夏）一起的四族，可使人联想到更早的巴比伦的汉谟拉比铭刻所记四种边民：Elan埃兰，Guti古提，Subartu苏巴尔图，Tukri-š 吐火罗。他们同样与Tukri连在一起，而这与回鹘语文献以Tuxri称吐火罗几乎相同。公元前2100古提人曾主宰巴比伦百年之久。英国学术院院士亨宁《历史上最初的印欧人》举此，认为Tukri和guti是两个相邻的关系紧密的兄弟部族，他们一起来波斯西部，又在公元前三千纪之末一起被驱离，迁向中国西北。因此认为Guti古提即汉史所记月氏是他们中最强的一支。其说颇得学界重视。

如果大夏（吐火罗）为种的大名，乌孙、月氏、焉耆、龟兹应皆可归为此种，许多谜团也可冰释。回纥文《弥勒会见记》题识“圣月从印度语编译为吐火罗Toxri语，智护复从Toxri语译为突厥语”，这里的吐火罗Toxri语指的是焉耆语，突厥语指的是回纥语，正都是用了大名。又如亨宁也指出，在回纥文、吐火罗A（焉耆文）双语文书中，回纥多称后者为Toxri。回纥并以“四Toxri”指称四个王国：Kuci龟兹，Argi焉耆，吐鲁番（按：车师故地，晋改高昌郡），别失八里地区（按：乌孙故地）。这也都符合我们的判断。所以称龟兹语为吐火罗B也是不错的。英国伊兰学者白雷Bailey且指出，在双语文书中“龟兹女人”Kucanne Iscake就对应梵文Thokharika。但有回纥文题款说：“从乌古苦先语译到吐火罗语，再重新由吐火罗译到突厥。”苦先Küsän是突厥人对龟兹的称呼（来自龟兹语文书中的Kus'iññe），而吐火罗Toxrï 则专指焉耆文了。这表明，虽然都是吐火罗方言，但比起吐火罗B（龟兹文）来，吐火罗A（焉耆文）是被看作更正宗的吐火罗语的。

龟兹望西的跋禄迦国（今阿克苏），玄奘《大唐西域记》卷1说文字同屈支（龟兹），“语言少异”，此国也说一种Toxri方言，有人说那是吐火罗C。

玄奘《大唐西域记》除卷1所记“睹货逻国故地”（注“旧曰吐火罗国，讹也”）为小国林立的原大夏Bactria地区外，又有卷12大流沙以东的睹货逻国故国，地在瞿萨旦那国（于阗，今和田）东境尼壤（今尼雅）城东四百里，在且末西六百里，斯坦因定其地为安得悦古城（岑仲勉赞同，并说即汉代小宛国），回鹘文玄奘传也译作Toxri，则南疆原也分布有吐火罗人建立的国家。但于阗说塞语，尼雅至楼兰所留古鄯善王国文书古卷通用佉卢文（犍陀罗语），睹货逻国故国之人原来是否都说Toxri语还难以论断（有人认为鄯善文书可发现吐火罗语底层，甚至说那是另一种吐火罗C方言的表现，也有人不同意）。

一些记载中或把强大的月氏当大夏种代表，用来指焉耆和龟兹。乾德四年行勤、继叶西天求法行程（见《吴船录》）中处于高昌、龟兹之间的焉耆国，敦煌写本《西天路竟》就写作月氏国。《一切经音义》82“屈支国”条：“古名月支，或名月氏，或曰屈茨，或曰乌孙，或曰乌垒……即今龟兹国也”。据此也就可以理解了。

大夏于远古东迁中国、汉代又西迁中亚的史实，对考证印欧语史也是有帮助的。印欧语起源于小亚的假说比较有力。新近《科学》周刊公布新西兰奥克兰大学阿特金森仿病毒暴发重建族谱的方法，选取百种印欧语建立最能解释其数据的族谱，结果也有力地支持了安纳托利亚发源说。那么历史上印欧语从小亚向东扩展到中国西北，和突厥语从中国西北扩展到小亚，正好是有趣的对换。

9.3　月氏、大夏、焉夷、龟兹的对音勘原

旧时汉语上古音研究尚不深入，论汉以前的上古译音，常靠高本汉拟音，带有浓厚的中古语音痕迹，比如三等字总有介音，妨碍与原语勘同，惹人疑惑。在这方面，我们现在无疑有了比前辈更好的条件。

对前面提到的各族名称，我们试行用汉字新拟音与可能的原语对勘。

“月氏”，古音*ngod-tje。《史记正义》月氏注“氏音支”（且“乌氏、难氏”等也音支）。合于《广韵》章移切“氏，月氏，国名”。他没有给“月”字注音，当读“如”字，后世《金壶字考》之类改读肉支，是乱比附“肉”字的别体，不足为训。“月”上古音ngod，“支”上古读kje，汉代已变tje，用*ngod-tje对guti，是合适的。俞敏《后汉三国梵汉对音谱》“氏、支”即有“支”对ci、tye。

“月”字以疑母字对g，在《后汉三国梵汉对音谱》也有“颜”对gān例，王静如1942引“阿月”对agaz胡桃，“处月”对čigil，唐代景教碑以“业利”对译Gabriel，一回纥文题志以Getsi对译“义净”，也都是以汉语疑母字ng-对译外语g-的。至于Gu-何以用塞尾的“月”字对译，这是当时译界认为更严谨的“连声之法”。俞敏《后汉三国梵汉对音谱》也早已给此类现象做了解释：“译文为求确，常把一个音分属两个音节，比方nama的m，在‘南无’两个字里都得到反映。日本明觉《悉昙要诀》一说：‘连声之法，以下字头音为上字终响也。’”所以那是把后字-ti的声母连在前字gu末尾，读作gut来译了。俞敏在该文又说过：“月支国在希腊文里叫Scythia，可见‘月’在西汉就念*gud了。师古在《汉书·西域传》里不作音，近代忽然兴起一个念‘肉’的音，是造魔。”虽然先生把月氏对Scythia斯基泰不太合适，其他都说得非常对。月氏更早还有对译为“禺氏”“禺知”的记录，《穆天子传》的“禺知”ngo-te音跟guti更近。东汉以后，由月氏来华传译佛籍的僧人常用“支”为姓（如支忏、支谦），这也说明后字读“支”是不错的。

“乌孙”，古音*aa-suun，对Asü、Asiani，也是合适的，当时这些民族语言末音节受到格变影响，元音变化比较多。

“大夏”古音*daai-graa，可对Takhara、Tokhara、Tokhrï。以前学者常为“大夏”对译tai-gha怎么少译了末尾ra而困惑，要用简略了r来解释。现知上古汉语二等字有垫介音-r-，对非汉语时易读为双音节，gara就对khara了，比较藏文tho-gar、tho-dkar。因大夏不论在西河或中亚，皆地域甚广，所以将其首字以近音兼义，译为“大”字。

“焉耆”古音*an-gri，此对argi，乃是邻国粟特、佉卢文书所称之名（如尼雅佉卢文书以argiya称焉耆人）。在其本语文献中还发现一个自称Ars'i，此正好对法显所称焉耆之名“焉夷”（见法显《佛国记》，今本或作乌夷，伯希和引《慧琳音义》所注正其讹误），“焉夷”古音为*an-hli。古三等无腭介音，故读an，以an对译ar亦合当时习惯，如“安息”对Arsak，“罽宾”对Kespir。以喻四对其清音书母如以“翼”译s'ik也见于《后汉三国梵汉对音谱》。王静如（1947）还找到法显用“夷”对译梵名s'i 的其他例子：拘夷那竭Kus'inagra，阿夷Asita。突厥《阙特勤碑》和《苾伽可汗碑》有“南征Toquz Arsin，几达吐蕃”，ärsin大概是Arsi的多数形式“九焉夷”（九城焉耆）。至于《大唐西域记》记作“阿耆尼”，则对梵文Agni火，是个梵化的名号。

“龟兹”，*khwu-dzï，《广韵》之韵疾之切“兹，龟兹，国名，龟音丘。”对梵文Kuci，《大唐西域记》作屈支，佛经有作丘慈、归兹的，今名库车Kucha，还差得不太大。波斯文《世界境域志》作Kusan，回纥文作Küsän，藏文《于阗国史》作Guzan，唐日释带去的归兹大德礼言撰《梵语杂名》作Kucina，则与其本语Kus'iññe相关联。《突厥语大词典》记了Küsän，也与此接近，有人以为Kus'in表其多数形式或形容词形式。

在民族史地研究中，原语的勘同是件艰难之事，早期某些著作颇有不顾音理乱比附的情况，如岑仲勉1981“车师前国”条考土鲁番，批评“《考古录》九云：‘突厥谓发为葛索，土番即葛索之转，亦曰遏索。’余按葛、土、遏三文，发音迴异，乃谓互转，直同呓语，故知史地家之万不可不略习语言也。”现在这样过于极端的情况很少了，但对音太过宽松的还较多，如林梅村1998也论及吐火罗语很有意思，但中所举“郄、鸡读音相近”，云郄山疑即鸡山，这却只是今音相近，古代声母相差甚巨，韵尾也平入不合。

又余太山先生2000《古族新考》以为《西域传》的“大宛、渠勒、桃槐、渠犁、单桓、兑虚、丹渠，敦薨，图伦”等名均可视为Tochari的异译，2011《贵霜的渊源》又说“姑师、车师、贵山、休循、车延、危须、高昌”等均得视为Gasiani的同名异译，也都未免过于宽泛。拿“大宛”来说，西汉时它既与“大夏”作为近邻大国并立，视之为同一原语，岂非徒增混乱。鄙见认为大宛在《大宛列传》屡屡单称为“宛”（如“宛有善马”“伐宛”，则“大”形同于大月氏的“大”，可省），“宛”地以浩罕为主城（旧译霍罕，魏唐旧说至清《西域图志》，皆以霍罕为大宛。也作敖罕，王先谦《汉书补注》：“大宛今敖罕也”），“宛”字实可视为“霍罕”khokand<qhoqand的对音。q音汉人常听为零母，故“宛”*on [oan]乃是对译o-and的合音。我们可比较“于阗”khotan<qhotan或译为“斡端、兀丹”，也是把qho听成零声母了。“敖罕”自然也是同例。

参考文献

伯希和，烈维. 1957. 吐火罗语考. 冯承钧，译. 北京：中华书局.

岑仲勉，1981. 汉书西域传地里校释. 北京：中华书局.

冯承钧，1980. 西域地名（增订本）. 北京：中华书局.

黄盛璋，1985. 试论所谓“吐火罗语”及其有关的历史地理和民族问题//西域史论丛：第2辑. 乌鲁木齐：新疆人民出版社.

季羡林等. 1985. 大唐西域记校注. 北京：中华书局.

林梅村. 1998. 帝辛甲骨所见殷宫秘史//王元化. 学术集林：卷14. 上海：上海远东出版社.

藤田豐八等. 1935. 西北古地研究. 杨鍊，译. 上海：商务印书馆.

王静如. 1942，1998. 论吐火罗及吐火罗语//王静如民族研究文集. 北京：民族出版社.

王静如. 1947，1998. 重论ars'i、argi与焉夷、焉耆//王静如民族研究文集. 北京：民族出版社.

吴毓江. 1992. 墨子校注. 重庆：西南师范大学出版社.

徐文堪. 2005. 吐火罗人起源研究. 北京：昆仑出版社.

余太山. 1990. 大夏和大月氏综考. 中亚学刊，3.

余太山. 2000. 古族新考. 北京：中华书局.

余太山. 2004. 《后汉书·西域传》要注. 欧亚学刊，4.

余太山. 2011. 贵霜的渊源//中国社会科学院历史研究所学刊：第7集. 北京：商务印书馆.

俞敏. 1984. 后汉三国梵汉对音谱//中国语文学论文选. 东京：光生馆.

郑张尚芳. 1998. “蛮、夷、戎、狄”语源考//扬州大学中国文化研究所集刊：第一辑. 扬州：江苏古籍出版社.

郑张尚芳. 2003. 上古音系. 上海：上海教育出版社.

周连宽. 1984. 大唐西域记史地研究丛稿. 北京：中华书局.

朱学渊. 1999. Magyar人的远东祖源. 欧亚学刊，1.

10 “吐火罗”非“焉耆”

——吐鲁番出土文书札记

荣新江 北京大学

我们一般所说的吐火罗，是指吐火罗斯坦（Tukhāristān）。《新唐书》卷221下《西域传》称：“吐火罗，或曰土豁罗，曰睹货逻，元魏谓吐呼罗者。居葱岭西，乌浒河之南，古大夏地。”吐火罗即希腊典籍中的Tokharoi，本是民族名，中世纪开始转为吐火罗人所居之地的地名，大体上位于乌浒水（今阿姆河）上游即缚刍河流域，以今昆都士（唐代活国）为中心的阿富汗北部地区。

然而，“吐火罗”是一个十分复杂的问题，因为19世纪末20世纪初西方探险队在新疆库车、焉耆、吐鲁番等地发现一种用中亚婆逻谜字母书写的“不知名的语言”被命名为“吐火罗语”，随后塔里木盆地北沿的古代居民被看作是吐火罗人，甚至有学者认为先秦、秦汉时期活跃在中国西北地区的强大民族月氏人就是吐火罗人，而他们是在很早以前从西亚迁徙而来的印欧人[1]。对此说法也有很多不同的意见，不论如何，“吐火罗”问题的研究极大地推动了古代新疆人种、考古、历史、语言、宗教等许多方面的研究。

我们在此不讨论所谓“吐火罗语”的命名问题[2]。一般来说，学界虽然觉得“吐火罗语”一名有这样那样的问题，但仍然坚持使用这个名称。另外有一些学者则把吐火罗语B称作“龟兹语”，这一称呼

〔1〕有关古代塔里木盆地的吐火罗人问题，参看徐文堪《吐火罗人起源研究》的相关论述，昆仑出版社，2005年。

〔2〕关于吐火罗语命名问题的争论，可参看张广达、耿世民《唆里迷考》，原载《历史研究》1980年第2期，此据张广达《文书、典籍与西域史地》，广西师范大学出版社，2008年，25-36页。

也得到这种语言所写文献本身的印证。虽然有些学者把吐火罗语A径称为“焉耆语”，也力图证明古代焉耆是吐火罗之地[1]，但这一点并没有直接的证据能够落实。

本文只是提示一件前人在讨论“吐火罗”问题时没有见过或没有措意的吐鲁番出土文书，来说明在唐朝时期，唐朝西州官府的正式公文里，不把“吐火罗”一名等同于焉耆。吐鲁番阿斯塔纳29号墓出土的《唐垂拱元年（685年）康义罗施等请过所案卷》，是西州官府在审查西来的胡人商队时所写的公文，全文如下[2]：

（一）

1　　　　[垂]拱元年四月　日
2　　　　　译翟那你潘
3　　　　连　亨　白
4　　　　　　　　十九日

- -

5　______义罗施年卅
6　______钵年六十
7　______[拂]延年卅
8　______色多年卅五
9　________被问所请过所，有何来文，
10　仰答者！谨审：但罗施等并从西
11　来，欲向东兴易，为在西无人遮得，更
12　不请公文，请乞责保，被问依实谨
13　□　亨
14　　　　　______月　日

---

〔1〕黄盛璋《试论所谓“吐火罗语”及其有关的历史地理和民族问题》，原载《西域史研究》第2辑，1988年；此据作者《中外交通与交流史研究》，安徽教育出版社，2002年，195-241页。

〔2〕《吐鲁番出土文书》第3册，文物出版社，1996年，346-350页。按文书残片（一）背面骑缝有“亨”字押署。参看程喜霖《唐代过所研究》，北京中华书局，2000年，246-258页。

（二）

1　　　　　　　　　　四月　日游击将军[　　　]

2　　　　　　　　　　连　亨　白

3　　　　　　　　　　　　　　十九日

---

4 [　　　]兴生胡纥槎年五十五

5 [　　　]笃潘年卅五

6 [　　　]达年卅六

7 [　　　]延年六十

8 [　　　]被问所请过所，有何公文?

9 [　　　]审，但笃潘等并从西

10 [　　　]汉官府，所以更不请

11 [　　　]等，并请责保，被

（三）

1 你那潘等辩：被问得上件人等辞，请将

2 家口入京，其人等不是压良、該诱、寒盗

3 等色以不？仰答者！谨审：但那你等保

4 知不是压良等色，若后不依今

5 款，求受依法罪，被问依实谨□。

6 亨　　　垂拱元年四月　日

7 　　　　　连　　亨　白

8 　　　　　　　　　十九日

（四）

1 保人庭、伊百姓康阿了[　　　]

2 保人伊州百姓史保年卌[　　　]

3 保人庭州百姓韩小儿年卌[　　　]

4 保人乌耆人曹不那遮年[　　　]

5 保人高昌县史康师年卅五[　　　]

6 　康尾义罗施年卅　作人曹伏磨[　　　]

7　　婢可婢支　驴三头　马一匹 [　　　]
8　吐火罗拂延年卅　奴突蜜 [　　　]
9　　奴割逻吉　驴三头 [　　　]
10　吐火罗磨色多 [　　　]
11　　奴莫贺咄 [　　　]
12　　婢颉　婢 [　　　]
13　　驼二头　驴五头　[下残]
14　何胡数剌　作人曹延那　[下残]
15　　驴三头
16　康纥槎　男射鼻　男浮你了
17　　作人曹野那　作人安莫延　康 [　　　]
18　　婢桃叶　驴一十二头
19　阿了辨：被问得上件人等牒称，请 [　　　]
20　家口入京，其人等不是压良 [　　　]
21　冒名假代等色以不者？谨审：但了 [　　　]
22　不是压良、假代等色，若后不□
23　求受依法罪，被问依实谨□。
24　　　　　　　垂拱元年四月　日
25　　　　　　　　连　亨　□

这里提到由粟特、吐火罗人组成的两个商队，他们从西而来，到了西州才进入唐朝官府的管辖范围，因为没有来文，所以分别向西州官府申请过所，以便“向东兴易”，西州官府通过对你那潘、康阿了等两组保人的审问，确定这些商人及其商队中的作人、奴婢不是压良、詃诱、寒盗、假代等色，同意他们带家口入京，于是将其重组为另外两个商队，其中一个商队首领是粟特康国人康尾义罗施，其他商人有吐火罗拂延、吐火罗磨色多、康纥槎、何胡数剌。这中间的两位以“吐火罗”为姓的商人拂延、磨色多，应当是来自葱岭西的吐火罗国，他们和来自粟特本土的康国、何国的粟特商人组成商队，一起东来贩易。这两位吐火罗人的奴隶突蜜囗、割逻吉、莫贺咄，从名字上来看，很像是突厥人。

从传统的汉文史籍中我们知道，来华的吐火罗国人一般都以"罗"为姓，如敦煌从化乡的罗姓居民[1]，德宗贞元四年（788年）参与长安译经事业的神策军将领罗好心[2]。像西州文书这样以"吐火罗"为姓的例子是很少见到的，或许表明这些人因为刚刚从西边进入唐朝直辖领域，又没有入籍，因此没有采用比较地道的汉姓"罗"，而是以国名为自己的姓了。也有可能是垂拱元年时，入华的吐火罗人很少，还没有形成以"罗"为姓的固定用法。

这件文书是我们了解初入华的吐火罗国人的极好材料，特别是他们加入粟特商队，东来贩易的情形，是其他史料所不及的。但这里我们特别提醒大家注意的是，在第四残片上，前面列有五位保人的名字，他们分别来自北庭、伊州、乌耆、高昌。其中的"乌耆"，无疑就是焉耆，文书的整理者也是这样括注的。这样，我们就在同一件唐朝官文书上面，发现了"焉耆"与"吐火罗"并称的例子。

这里的"吐火罗"当然是指葱岭以西的吐火罗。但是，在吐火罗研究中，一种观点认为，回鹘文《弥勒会见记》跋文中"Toγri语"，就是汉文的"吐火罗语"。但从本文书来看，如果当时人把"焉耆"叫作"吐火罗"的话，那文书中的"乌耆"就不应当出现了。因此可以说，唐朝前期的"焉耆"与"吐火罗"两个名称是不能并列出现的。如果吐火罗语A就是焉耆地区通行的语言的话，那我相信它应当被称作"焉耆语"，而不是"吐火罗语"。回鹘人为什么把焉耆语称作"Toγri（吐火罗）语"，我们还要另寻他解。

〔1〕池田温《8世纪中叶における敦煌のソグド人聚落》，原载《ユ－ラシア文化研究》第1号，1965年；此据辛德勇译文《八世纪中叶敦煌的粟特人聚落》，载刘俊文主编《日本学者研究中国史论著选译》第9卷，北京：中华书局，1993年，15、18–20页。

〔2〕中田美绘《八世纪后半における中央ユ－ラシアの动向と长安佛教界》，《（关西大学）东西学术研究所纪要》第44号，2011年，173–175页。

11　突厥语 Sart 一词流变考[1]

茨默（撰）　Peter Zieme
Freie Universität zu Berlin

王丁（译）　中山大学

对于古丝绸之路上的艰难行旅来说，商主的引导作用是不可或缺的，人生之旅又何尝不是如此？也正是由于这个缘故，在佛教文献中“萨薄”（sārthavāha）、“商主”成了佛陀的别名。在释迦牟尼之前的七世佛系列中，拘那含牟尼（Kanakamuni）有个儿子名叫Sārthavāha，意思正是“商主”。在10世纪由吐火罗语译成古突厥语的《弥勒会见记》译本中，这个名字写作 sartavaki（s'rt'β'ky）[2]，更常见的书写形式是 sartavahi（s'rt'β'xy）[3]。这两种写法[4] 均来自梵语 sārthavāha 或者 sārthavāhaka[5]。这个词在甲种吐火罗语中拼作 sārthavāk 及 sārthavāhe[6]，在乙种吐火罗语中则是 sārthavāhi，Adams 转写成 sārthavāhe[7]。

〔1〕原文 “Notizen zur Geschichte des Namens *sart*” 刊 Ewa Siemieniec 与 Gołaś/Marzanna Pomorska 主编《突厥与非突厥民族的语言和文化接触史研究》(《克拉科夫突厥学论丛》第10卷）(*Turks and Non-Turks. Studies on the history of linguistic and cultural contacts.* Studia Turcologica Cracoviensia. 10），克拉科夫，2005，531–539页。

〔2〕哈密本XIII，2叶背面第7行。

〔3〕DTS 490a; Kaya 1994, 150页（Suv 211/16），另参 Raschmann 2002，22页209号文书，该书图版第7幅背面第4图。

〔4〕其佛教梵语的例证，见 BHSD 593页b栏。

〔5〕有关喉音的问题，参见 Röhrborn 1988，239页。

〔6〕Poucha, 364页。

〔7〕Adams, 683页。

梵语的 sārthavāha 由 sārtha 派生而来，这个词根的本义是“有一物事或一桩营生”（having an object or business），同时也有“兴易贸迁”“求法行旅”“队商”等多重意思[1]。这两个词后来借入中亚、东亚的一些语言中。除了上面指出的借语情形之外，这样的词在中古波斯语与帕提亚语[2]、粟特语[3]、塞语[4]均有对应形式，巴克特利亚语的假设形式也已有人提议[5]。

在汉文佛典中，sārthavāha 有多种译法，如“商主”“尊首”“尊师”“众之尊师”“贾客”“商人”“商人尊”及“大商主”等等[6]。此外汉文文献里还有“萨宝”这样一个衔称，据考证，其直接的语源是粟特语 s'rtp'w，远源则可以回溯到上述梵语的词形。[7] 但是吉田豐也指出，这一比定在音韵上还有一些令人困惑之处。N. Sims-Williams 与吉田豐一道为这个粟特词构拟了一个混合语的原形：梵语 sārtha + 粟特语后缀 -pāva。[8] 在此我不拟深究萨宝问题本身，本文所欲提示的不过是若干古突厥语语例，希望藉此说明，在粟特语中业已证明的 s'rtp'w 一语，在回鹘人当中也曾有使用。

《妙法莲华经》的突厥语本是从汉译本转译的，在卷25中出现了 sartbau 一词，附带的语译是“商人之首领”（satıgčılar ulugı）[9]。

同样的词形也见于回鹘语残片U 976[10]。该文书正面有如下文字：

02 u[...] : kim ol satıgčı-lar arasınta

03 [...] sartbau [sʾrtpʾw] ärdi : ol sartbau yüz

[1] Monier-Williams 词典 1209页c。

[2] 参见 Durkin-Meisterernst, 306页左栏、309页左栏。

[3] 吉田豐1988，168–171页。

[4] Mayrhofer Ⅲ，462页检出塞语的 sātävāya“商人”，Schaeder 1941，32页检出的塞语形式 sāṭīka（由 Bailey 建议）。

[5] Sims-Williams 1996，51页注3：*σαρτοπαο。

[6] 荻原雲來，1465页b栏。

[7] 吉田豐1988，169–170页。

[8] Sims-Williams 1996，51页。

[9] Tekin, ZZ 45、48页；羽田亨1915年刊布该文书时写作 sartvahe，参小田壽典1996，231页。

[10] 该写本有可能属于《十业道譬喻鬘》（*Daśakarmapathāvadānamālā*）。

04 [...] kamag-ka satıgl(ı)g ärdi

"[……]因众商人中有一人系萨宝（s'rtp'w）。该人乃[……]百[……]在众人（?）之中他最为重要（？）。"

在突厥语文献中，这个词还有一个略加修饰的形式sartpav（或写作sartbav），见于Ch/U 7059（T II S 53）的背面：

02 satıg-čı-lar ulug[ı ...]

03 kim inčip anı üz[ä ...]

04 -ka entürti : öz [...]

05 üzä yitrülüp adın ažu[n ...]

06 ol öŋdünki sart-pav[1] [...]

07 sart-pav-ka engülük [...]

"众商人的首领[……]此时因此就[……]他令[……]于[……]歇脚。唯[……]经过[……]失去（？），进入（？）另一世界[……]，从前的萨宝[……]，往萨宝处停歇。"

蒙古语中是否有 sartbau/sartpav 一词，不得而知。G. Kara 指出，蒙文中至少出现过 sartavaki 以及 sartavaxi 这样的词[2]。

我们且回到 sart 一词。将之看作梵语 sārtha 的派生词应无疑义，即"商旅、求法行僧"甚至"团体的一成员、富人"[3]。中古波斯语对 s'rt "商队"与 s'rtw' "商队首领"尚作分别，约10世纪的突厥语已经将 s'rt 专门用于"商贾"之义，如下述语例所示，在用法上基本上无种族的含义：

（1）喀什噶里《辞典》在 sart "商贾"条下收录了两条语例，还附上由该词派生的动词 sartla- "将某人视为商人"[4]。

（2）《福乐智慧》（*Kutadgu Bilig*）既有sart也有satıgčı[5]，用作

---

〔1〕写本中有婆罗谜字的标注：sārtha pava (?)，完全是照录突厥语的形式。

〔2〕Kara 2001，107页 sartavaki 条："……蒙语喀尔喀方言中 sartavaxi '首领'（参见 Rinčen 所撰《列宁颂》。这位语言学家在诗文中戏用这个词，盖为保留一古语）。"

〔3〕Monier-Williams 词典 1209页c。

〔4〕DTS 490a。

〔5〕KB 2745。

“商队首领”义的sartlar bašı也出现于同一文献。[1]

（3）《大唐大慈恩寺三藏法师传》回鹘语译本卷4第227行有如下语句：[taluy] ögüzkä kirtäči_sartlar，对应于汉文本“即入海商人及远方客旅往来停止之路”[2]中的“入海商人”一短语。

（4）美因茨699号（T II）是出自《经集》（*Suttanipāta*）的《彼岸道品》（*Pārāyāṇa*）[略出本]的写本残片[3]，其中有如下一段文字：

正面

00 [altı]

01 ygrmi b[raman urıları] dkšinapt-tın

02 purvatiš ul[uškatägi ye]mädi-lär ičmädi

03 -lär pasanak t[ag-k]a täg[di-l]är : ka[ltı]

04 isig tumlıg-ka ämgänmiš sart

05 -lar sogık suvlug yul-ka tägsär

06 ančulayu ymä ol braman

07 -lar ädgü yiltiz[lig]

08 tagda tükäl

09 bilgä t(ä)ŋri bu[rhan]

10 -ka tägdi-lär :

语译大意是：“十［六］个婆罗门自南天竺（Dakṣīṇapatha）一路行至东天竺（Pūrvadeśa），中途未尝饮食。一干人行至薄萨那迦山，如同为寒暑困顿的商旅见到清凉的溪流，众婆罗门终抵善根之山，来至佛陀面前。”[4]

---

〔1〕Schaeder 1941，32页提到 sartbašï，但这样一个词并不存在。

〔2〕大正藏2053，241页上栏第14行。

〔3〕参见Zieme 1997。

〔4〕《经集》（*Suttanipāta*）1017. Pāvañca bhoganagaraṃ vesāliṃ māgadhaṃ puraṃ, Pāsāṇakaṃ cetiyañca ramaṇiyaṃ manoramaṃ. 1018. Tasito vudakaṃ sītaṃ mahālābhaṃva vāṇijo, Chāyaṃ ghammābhitattova turitā pabbatamāruhuṃ. K. R. Norman，页114语译如下：“1013. 行往菩迦（Bhogas）的波婆城（Pāvā），行往摩揭陀的吠舍离城，行往薄萨那迦的塔庙，令人欢喜适意。1014. 似饥渴之人盼望清泉，似商贾趋利向前，似饱受骄阳荼毒之苦的人趋求荫凉树下，众生很快登上山巅。1015. 彼时世尊端坐于众比丘前，为众比丘说法，如林中狮子吼。”

最后可以再举摩尼教的一个例子。在一篇有关摩尼教的报道（《吐鲁番出土突厥语文献》第二辑A）中，有如下语句：

ka[nyuda]

(16) nigošaklarıg sartlarıg bulsar alkunı ölürgäy bir

(17) tirig ıdmagaylar

“无论在何处发现有听者和商贾，均当斩杀，勿使一人逸脱。”

此处的并列词“听者”“商贾”两者之间究竟是何种关系，实难确说，有可能听者本身就是商贾，因为该文前段已经涉及选民。L. Clark 即把这里的商贾直接视为粟特人[1]。

在突厥语文献中，可以观察到 sart 从“商贾阶层”到“一个民族群体”的语义过渡。然而，sart 从何时起获得了种族性的因素呢？

A. v. Gabain 有一种有关中亚城邦的著述，至今未刊，当中她写道：“粟特人的聚落在丝路南北道均有分布，向中国腹地伸展，达到甘肃之境，其确定的时段在公元2世纪至10世纪间，实际的起讫区间或许较此更长。粟特胡人偏爱驻足的地方是甘肃境内的敦煌（Droana）、酒泉和姑臧等地。在这一地区发现的写于312至313年间的粟特语古信是贸易经纪人写给其委托人粟特国（Sogdiana）的富商大贾的。在回鹘文字中，有 sart 一词的使用。现在我们还不清楚，这个词到底是指伊朗人特别是粟特人，还是泛指‘外邦的富商大贾’。”类似的意见，她在已刊的《吐鲁番写本中的史料》一文中也有所表述[2]。

现有的资料与知识尚不足以支持我们对此问题做出定论。下面我介绍一件柏林吐鲁番特藏中的写本残片，在我看来，其中所见的sart一词系特指某种语言。该词出现于一部佛经的题记中，这部佛经尚未

[1] Clark 2000, p. 102：“为理解这一文献对这些事件的有关记载，有必要征引几个关键的段落，如开篇处选民警告说，倘若牟羽可汗不声明他的信仰，将会对胡人（Sogdian）僧侣与商旅贻害无穷。”

[2] Gabain 1970，p. 118。

得到比定，但同组残片数量不小[1]。在此我们仅摘引题记中的有关部分：

[s]art tilintin t[ürkč]ä [ävir]ä ko[nturmıš][2]

该行起首的一字可惜残缺一个字母，s 系拟补（图11-1）。译义如下："从 [s]art 语翻为突[厥语]，成讫。"[3]

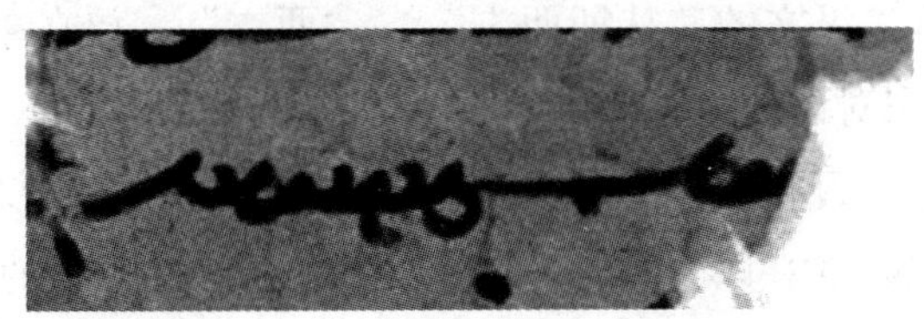

图11-1

这种语言显然不会是突厥语。如果确如 A. v. Gabain 所说，在11至13世纪尚存以 sart 见称的粟特人族群，那么，题记中所称这种语言很可能指的是粟特语。但是，这样一来，如何解释 sart 与 sogdak[4] 两个词的同时并存，便又成问题。

目前至少可以说，在元代以前的文献中，sart 已被用来指称一种不属于突厥语的语言。上面引述的回鹘语写本的题记没有纪年，有可能也属于元代以前的时期。若然，这一用例就可以视为承前启后的一个链环。

蒙元时代的文献中有 sart 的用例[5]，其含义不复为"商贾"，而已具有种族文化的意义。《柏朗嘉宾蒙古行纪》记述1245—1247年间的史事，条举被蒙古人征服的一系列部族，位居最末的是 sart（拼写

---

〔1〕标题中出现的 matirčit nom 或可理解为 Mātṛceṭa（摩咥哩制咤）经。现存的叶码有第359，另一叶残缺不全，据残文推测，总叶数应在441与449之间，据此可知该著作篇幅颇长。可惜这样的一部著作未见传世，但据 Tāranātha 传，Mātṛceṭa 的确撰写过一部本生著作，但未完成。参见 Hartmann, p. 34。即便可以假想回鹘人曾经以这样一部著作作为翻译的底本，但中间流传的若干环节仍有待明确。

〔2〕U 5422（T I D TM 254）背面行4。

〔3〕与翻译相关的 kontur- 一词，见于U 1917（T III M 120）写本的题记，参Müller 1918，p. 580。

〔4〕已见于回鹘语本的《玄奘传》，详参 Tugusheva 1991，p. 77（V 64/5）。

〔5〕Rybatzki 2004，p. 123.

成拉丁化的 sarti）。在J. Gießauf 看来，《蒙古秘史》§§ 152，254-257, 260-264 诸节中的“撒尔塔兀勒”（Sarta’ul）就是指介于布哈拉与撒马尔干之间的花剌子模境内信仰伊斯兰教、操波斯语的部族[1]。同样的词例也见于汉蒙双语《西宁王忻都公神道碑》[2]，其中记载巴尔术阿特勤（Barčuk Art Tegin）在成吉思汗麾下效力，曾出师征讨西域穆斯林种落，汉文的“从征西方”，“西方”一语在蒙文部分正是用 sartaγčin 来对译的。[3]

在《伊斯兰百科全书》中，有关 sart 所记无多，仅提及15世纪以降主要由 Navā’ī 以之称呼居住在中亚的操波斯语的伊朗人。在《两种语言轩轾谈》（*Muḥākamat al-luγatayn*）中，Navā’ī 将 fārsī 与 sārt 两词替换使用，语义上无别[4]。

此后 sart 一词在中亚继续演变[5]，作为种族称谓的语义一面渐占上风。另外值得注意的是，在更晚近的时代，这个词有时也见用于指称过定居生活的突厥人。

17世纪以降，随着越来越多的中亚定居民（相对于游牧民）被称为 sart，这个术语再次发生转变[6]。在同一篇文章里，Fragner 还提示，俄国的政治家与东方学家 Nikolaĭ Petrovich Ostroumow 的观点很重要。Ostroumow 把 sart 语看作居住在河中地区的东部突厥人的交际语，“由此，Ostroumow 等于虚构了一个所谓的突厥语 sart 支方言出来。后来俄国人搞人口普查，竟然以此作为判定标准。”[7]

如果这个词被收入现代中亚突厥语辞书里，其释义往往是“定居的突厥族群体”，如在现代维语词书中便是如此。[8]不过，“商人”

---

〔1〕Gießauf 1995, 196页注565。

〔2〕此承 V. Rybatzki 检示。

〔3〕Cleaves 1949, 26页及101页。

〔4〕Devereux, p. 5 及注10。

〔5〕Krader 1966, pp. 55-56 对此有很好的概述。

〔6〕Fragner 1989, p. 21：“不再主要作为种族称谓，而是在社会文化的意义上使用。”

〔7〕Fragner 1989, p. 22.

〔8〕在现代维语中，sart 一词有两个基本义：（1）过渡到定居生活方式的突厥族群；（2）商人、买卖人（**UTIL**第3卷380页“Händler, Kaufmann”）。

的义项似未因此而被完全抛弃。阿布都热西提·亚库甫在致笔者的信中写道："就我所知，在现代维语里 sart 是个古旧的词……一般认为，这个词是哈萨克人用来称呼维吾尔人的，但维吾尔人自己根本就不这么用。"[1]

在欧洲诸语言中，sart 没有保留下"商贾"的朔义，在记述中亚民族、历史的旅行记、研究著作和档案记录中，它始终是作为一个种族概念出现的。由于地缘往来密切的缘故，这个词在俄语中使用似最为常见。[2]

在苏维埃时期，sart 这个词曾被曲解为来源于 sarı it，沦为"黄狗"的意思。对这个流俗语源，巴托尔德早已置疑。

应该指出，喀什噶里《辞典》把波斯人称为 tat，而 sart 却仅仅是"商贾"的意思。在近代尤其是19世纪的奇法（Khiva）汗国，sart 与 tat 都被用来指称"商人、普通耕农、古代花喇子模人的后裔"。[3] 这两个名词到底是何时何处融合为一，非本文所可具论。[4] H. H. Schaeder 对 tat 一词的本义与流变已经做过说明。[5]

尽管 sart一词的语源至此已经略无疑义，我们仍然有必要指出存在的其他观点，比如，D. E. Eremeev 便认为，sart 的词尾收声-t 是蒙古语的复数后缀，同样的形式在其他民族名称中经常出现。[6]

语言实际中有从"商贾群体"到"种族群体"的语义转变，也有反向的转变，即族群名称转变为"商贾"义，如粟特语的swγδyk"粟特人"一词，到了和田塞语中，就变成了sūlīya，义为"商人"。[7]

---

〔1〕Qazaq tiliniŋ sözdigi (《哈萨克语词典》, Almatı 1999) p. 557a也是这样解释的。

〔2〕Fasmer 字典第3册，p. 564.

〔3〕Bregel 1978, p. 121.

〔4〕Im Luġat-i Čaġatay vä Türkī-i ʿOs̲mānī wird sart und tat gleichgesetzt, vgl. Faksimile 178b (TDA 13 [2003]).

〔5〕Schaeder 1941.

〔6〕Eremeev 1970, p. 138.

〔7〕Emmerick & Skjærvø 1987, pp. 148-149。

居住在新疆的阿布达里人（Abdal）有一个用于商贸的名词：sova，义为“钱”，其词源不明。[1]也许我们可以设想，这是由汉语“萨宝”音变而成，因为商人跟钱财毕竟有某种不解之缘。

参考文献

Adams D Q. 1999. A Dictionary of Tocharian B（《乙种吐火罗语词典》）. Amsterdam - Atlanta.

Bregel Y. 1978. The Sarts in the Khanate of Khiva（《奇法汗国的sart人》）. Journal of Asian History（《亚洲历史杂志》）, 12: 120-151.

Clark L. 2000. The Conversion of Bügü Khan to Manichaeism（《牟羽可汗皈依摩尼教考》）. Studia Manichaica. Ⅳ. Internationaler Kongreß zum Manichäismus, Berlin, 14.-18. Juli 1997（《第四届国际摩尼教学术研讨会论文集，柏林1997年7月14—18日）. Berlin: 83-123.

Cleaves F W. 1949. The Sino-Mongolian Inscription of 1362 in Memory of Prince Hindu（《元至正二十二年汉蒙合璧西宁王忻都公神道碑考》）. Harvard Journal of Asiatic Studies（《哈佛亚洲学报》）, 12 : 1-133.

Devereux R. 1966. Muḥākamat al-lughatain by Mīr ‘Alī Shīr（《阿里设纂〈突厥、波斯语言轩轾论〉》）.Leiden.

Durkin-Meisterernst D. 2004. Dictionary of Manichaean Middle Persian and Parthian（《摩尼教中古波斯语与帕提亚语词典》）. Turnhout.

Emmerick R E, Skjærvø P O. 1987. Studies in the Vocabulary of KhotaneseⅡ（《于阗语综考》第2辑）. Wien.

Eremeev D E. 1970. K semantike tjurkskoj Ėtnonimy（《突厥民族称谓的语义研究》）.Ėtnonimy（《民族称谓》）. Moskva: 133-142.

[1] Ladstätter & Tietze 1994, p. 82.

Fasmer M. 1964-1971. Ėtimologičeskij slovar' russkogo jazyka（《俄语语源辞典》）. Moskva.

Forte A. 1999-2000. Iranians in China—Buddhism, Zoroastrism, and Bureaus of Commerce –（《入华伊朗人：佛教、祆教、萨宝府》）. Cahiers d'Extrême-Asie（《远东杂志》）(11): 277-290.

Fragner B. 1989. Probleme der Nationswerdung der Usbeken und Tadshiken（《乌兹别克和塔吉克国家形成中的几个问题》）. Die Muslime in der Sowjetunion und in Jugoslawien（《苏联、南斯拉夫的穆斯林》）. Köln: 19-34.

Gabain A v. 1970. Historisches aus den Turfan-Handschriften（《吐鲁番出土写本文献中的史料》）. Acta Orientalia (Havn).（《哥本哈根东方学报》）, 32: 115-124.

Gavrilov M. 1912. Risalja sartovskich remeslennikov（《论sart工匠》）. Issledovanie predanij musul'manskich cechov（《穆斯林手工业传统研究》）. Tashkent.

Gießauf J. 1995. Die Mongolengeschichte des Johannes von Piano Carpine（《柏朗嘉宾的蒙古史》）.Wien.

Hartmann J-U. 1987. Das Varṇārhavarṇastotra des Mātṛceṭa（《摩咥里制吒的〈广赞功德赞〉》）(Sanskrittexte aus den Turfanfunden Ⅻ). Göttingen.

Kara G. 2001. Late Mediaeval Turkic Elements in Mongolian（《蒙古语中的晚期中古突厥语因素》）. De Dunhuang à Istanbul. Hommage à James Russell Hamilton（《从敦煌到伊斯坦布尔—哈密屯寿庆纪念文集》）. Turnhout: 73-119.

Kaya C. 1994. Uygurca Altun Yaruk（《回鹘语本金光明经》）. Ankara.

Krader L. 1966. Peoples of Central Asia（《中亚的种族》）. Bloomington: Indiana University Publications.

Ladstätter O, Tietze A. 1994. Die Abdal (Äynu) in Xinjiang（《新疆的阿布达里人》）. Wien.

Li Rongxi. 1995. A Biography of the Tripiṭaka Master of the Great Ci'en Monastery of the Great Tang Dynasty（《大慈恩寺三藏法师传英译》）. Berkeley.

Mayrhofer M. 1956-1980. Kurzgefaßtes etymologisches Wörterbuch des Altindischen（《古代印度语简明辞典》）. Heidelberg.

Müller F W K. 1918. Toχrï und Kuišan (Küšän)（Toχrï与Kuišan［Küšän］）. SPAW（《普鲁士王家科学院纪要》）: 566-586.

Norman K R. 1995. The Group of Discourse (Suttanipāta): Vol. II Revised Translation with Introduction and Notes （《经集》卷2：新译注》）. Oxford.

Oda J. A Fragment of the Uighur Avalokiteśvara-Sūtra with Notes（《跋一件回鹘语〈观世音经〉残片》）, in: Turfan, Khotan und Dunhuang— Vorträge der Tagung "Annemarie v. Gabain und die Turfanforschung"（《高昌、于阗与敦煌——冯加班与吐鲁番学讨论会论文集》）, veranstaltet von der Berlin-Brandenburgischen Akademie der Wissenschaften in Berlin (9.-12.12.1994), hrsg. von R.E. Emmerick, W. Sundermann, I. Warnke, P. Zieme, Berlin 1996, 229-243.

Poucha P. 1955. Thesaurus linguae tocharicae dialecti A（《吐火罗甲种方言词典》）, Praha.

Raschmann S.-Chr. 2002. Berliner Fragmente des Goldglanz-Sūtras（《柏林藏回鹘语〈金光明经〉卷4卷5残片目录》）. Stuttgart.

Röhrborn K. 1988. Zur Darstellung der Gutturale in den indischen Fremdwörtern des Uigurischen（《论回鹘语对印度外来语中腭音的表示法》）. Central Asiatic Journal （《中亚研究》）, 32: 232-243.

Rybatzki V. 2004. The personal names and titles of the "Forest-folk"（《"林中民族"的人名与官名》）. Journal de la Société Finno-Ougrienne（《芬乌学会杂志》）, 90 : 109-186.

Schaeder H H. 1941. Türkische Namen der Iranier（《伊朗人使用的突厥名字》）. Festschrift Friedrich Giese aus Anlaß des siebenzigsten Geburtstags überreicht von Freunden und Schülern（《弗雷德里希 · 季泽古稀寿庆纪念文集》）. hrsg. von G. Jäschke, Leipzig: 1-34.

Sims-Williams N. 1996. The Sogdian Merchants in China and India（《中国与印度的粟特商胡》） // a cura di A. Cadonna e L. Lanciotti. Cina e Iran da Alessandro Magno alla dinastia Tang（《亚历山大大帝到唐王朝之间的中国与伊朗》）. Firenze: 45-67.

Stachowski St. 1996. Historisches Wörterbuch der Bildungen auf-*cı//-ıcı* im Osmanisch-Türkischen（《奥斯曼土耳其语中以-*cı//-ıcı*结尾的词语历史词典》）. Kraków.

Subtelnyy, M E. 1995. The Encyclopaedia of Islam（《新修伊斯兰百科事典》）: vol 9. Leiden: 66-68.

Tekin Ş. 1960. Kuanṣi im pusar（《观世音菩萨》）. Erzurum.

Tugusheva L Ju. 1991. Ujgurskaja versija biografii Sjuan'-Czana（《回鹘语本〈玄奘传〉》）. Moskva.

1990-1998. UTIL = Uiγur tiliniŋ izahliq luγiti（《维吾尔语详解辞典》）.Urumqi.

Vaissière E. de la. 2002. Histoire des marchands sogdiens（《粟特商胡史》）. Paris.

荻原雲來. 1986.《（漢訳対照）梵和大辞典》: 新装版. 东京：讲谈社.

吉田豊. 1988.ソグド語雑録（Ⅱ）. オリエント（《東方》）（2）：165-176.

Zieme P. 1997. Das Pārāyaṇasūtra in der alttürkischen Überlieferung（《古突厥语本〈经集·彼岸道品〉》） // Kieffer-Pülz hrsg von P, Hartmann J.-U. Bauddhavidyāsudhākaraṃ. Studies in Honour of Heinz Bechert on the Occasion of His 65th Birthday（《佛学甘露集——海因茨·贝歇特教授荣休纪念文集》）. Swisttal-Odendorf: 743-759.

12　东京大学附属图书馆藏回鹘文《翡翠公主赞》译释

阿不都热西提·亚库甫
中央民族大学

12.1　解题

日本东京大学附属图书馆藏回鹘文《翡翠公主赞》是一部用晚期回鹘语创作的诗歌作品，用草书体回鹘文写成，共49行，大小为41.5 cm（长）×9.5 cm（宽）。[1]该文献2002年首次在东京大学举办的“东京大学所藏有关佛教的贵重书籍展”展出，并在展示资料目录中刊布其图片和日本已故中亚佛教专家百济康义教授的标音转写和日文译文。[2]同年，在德国梅因兹大学举行的第五次德国突厥学家会议上，德国知名回鹘文专家彼得·茨默教授据东京大学展示资料目录和百济康义教授的初步研究成果介绍这一文献并提交其略做修改的标音转写。[3]可惜，至今未见这一学术报告发表。最近，在一份关于蒙古时期回鹘宗教情况的概述性论文中，发现茨默教授翻译发表了该诗的最后一段。[4]

根据最初研究该文献的百济康义教授的分析，该诗诗行并不另起行，有一字有涂改痕迹，很可能是草稿，即并非定稿。百济康义教授

〔1〕东京大学附属图书馆2002，20–21页。

〔2〕见百济2002，22–24页。

〔3〕Zieme 2002。

〔4〕见Zieme 2011，181页。

将该文献的年代定为13—14世纪。[1]从字体、拼写特点及语言特点来看，它明显属于晚期回鹘语文献。根据该文献不用Qočo而用Qara Qočo一名来指称吐鲁番，笔者认为该诗的创作时间应在1283年高昌回鹘亦都护被迫东迁甘肃永昌前后。因为，至元十七年（1280年）之前的汉文文献不用与Qara Qočo相关的“合剌所部和州”“合剌禾州”等，[2]此前的回鹘文文献也不见Qara Qočo这一地名，其使用应与汉文史书和相关记载开始使用合剌和州、哈剌和卓等译名的时间几乎同时。

该诗赞颂的对象翡翠公主究竟是何人，据笔者目前所掌握的资料无法考证其人。从诗歌的第一段称她“曾留在[无热恼池]等河流”“九头龙所生”来看，她似是一个神话人物，诗歌的第10、第11行也提到她被印度人称作“因宝得爱”。但是，从第2、第3段末尾反复出现的“我的天啊”来看，她又像是回鹘（此时一般称作畏兀儿）统治家族的一员。无论如何，她是在回鹘佛教社团具有很高地位、得到公众普遍赞许的人物，提到她“九头龙所生”，也许是为了把她神化。重要的是，她被该诗的作者当作挽救回鹘佛教社团、佛说和护持天佛所拟与教诲之挽救者，至少是一个佛教社团的保护者，是一个神话人物。此类韵文在回鹘语文献中并不多见，它不仅作为语言学资料和优美的诗歌作品为研究回鹘语言文学难得可贵，而且也为考查回鹘晚期佛教渐趋衰退的过程及其衰退原因提供了重要的资料。

12.2 《翡翠公主赞》的内容和韵文结构

12.2.1 诗歌的主要内容

回鹘文《翡翠公主赞》由九段四行诗构成，除1～3行上半部和最后两行的行首略有破损之处外，该文献保存较好、内容完整。其前六段主要赞颂回鹘人称作Qaš Qatun“翡翠公主”或“岸边公主”的人

〔1〕东京大学附属图书馆2002，21页。

〔2〕参见柳洪亮2006：721–722页。

物。其中，第一段以第一人称单数的口气谈到Qaš Qatun的生事和族源，赞誉她是满足一切愿望的公主。需要提到的是，首次刊布该残片的百济康义教授把Qaš Qatun译作“翡翠夫人”。笔者认为，虽然Qaš Qatun完全可以译作“翡翠公主”或“翡翠夫人”，但从文中的有些描述来看，这一译法并非没有问题。在确定Qaš Qatun的语义方面，该残片第十四行的短语qašlıγ qıdıγlıγ似乎具有重要的参考意义。诗的这一部分在说明她为何被叫作Qaš Qatun时，这样写道：

q̈art qadıra qy-a basÿuq-$_{13}$larıṇ q̈ašıṇčıγ körklä
qalıq buz $_{14}$-luγ taγ sängir-läriṇtä q̈ašlıγ q̈ıdı-$_{15}$γlıγ
qar-a qoču öẓäkin-tä orn(a)γ $_{16}$ tutmaq̈ıngız üz-ä
qaš q̈atuṇ tep $_{17}$ hayahur-lar siz-ṇi aṭayur-lar t(ä)ngrim::

译文：

以重叠的山峦优美迷人
登天冰雪皑皑的山脊有岸有边
因你居住在哈喇火洲之中心，
回鹘人称作你岸边公主，我的天啊！

此处的qašlıγ qıdıγlıγ似乎不像百济康义教授所翻译的那样表示“有翡翠的、有边的”，而意为“有岸边的”，因为此短语的qaš和qıdıγ意义相近，分别表示“岸”和“边”。它们一般一起使用，构成所谓双词。其中，第一个词qaš也可看作是具有“翡翠”之义之qaš的同音词，它除了表示“岸”外，还具有“眉毛”“山眉”等比喻意义。[1]因此，由这一qaš派生出来的qašlıγ很难译作“有玉的”或“有翡翠的”，在韵文作者看来与qašlıγ qıdıγlıγ“有岸边的”密切相连的Qaš Qatun也很难译作“翡翠公主”或“白玉公主”，译作“岸边公主”似乎更为妥当。也许她像雪山神女一样，是自然的人格化，即哈拉和卓所在山脉的人格化。如果是这样，译作“岸边公主”确实更符

〔1〕参见EDPT，669ab。

合诗作的原意。但公主的名字一般人都希望起得优美，故暂采用“翡翠公主”的译法。

该诗的第2段进一步谈到翡翠公主不仅具有绝不欠缺、坚定、洁净的信念，而且还拥有各类珠宝装饰的美姿。第3段形容她无处不在的美姿，并说明回鹘人之所以称其为“翡翠公主”或“岸边公主”，是因为她居住在哈喇和卓的中心。第四段和第五段在形容她为以雪饰做成的杰作、闪闪发光的花冠、到处散发之金光装饰，同时还赞颂她恩赐美丽的雨水，到处为人类之子牟利。第六段的赞颂可说是达到了顶点，形容翡翠公主借天发光，是日天之种，她的住处是以美姿发光的池水，呼喊高飞的云群是她的乘车，而起泡急流的洪水是她的赐物，赞诗也就到此结束。从第七段起，作者使用第一人称复数哭诉回鹘佛教社会的惨状，并祈求翡翠公主护持天佛拟与的教诲，这样写道：

ažayım(ı)z čar(i)ṭim(i)z ṇäčä arṭasar ymä
aṭı kötrülmišning ṇomı taq̈ı äsän ärür
aryasaṇg tüẓüṇ bursang quvraγnıng ḍarmar(a)tnalıγ ašın tägiṇür sizlär
arıγ ıduq nom bošγud üni äšidür siz-lär ::

虽然我们眺望一切环视
天佛之外我们未留居处
无须呼唤我们的过错
护持天佛拟与的教诲吧，我的天啊！

诗的最后两段以更生动的语言说明护持佛之教诲、保护佛说的紧迫性，充分反映诗人关于回鹘佛教遭到破坏、面临危机的深深忧虑。虽然诗人并未提到佛的教训遭到修改、僧众走向没落的原因是什么，但从诗歌可以看出，诗人对于翡翠公主保护佛说、挽救回鹘佛教寄予极大希望。

诗歌的有些词句重复出现，如第19和第20行的q̈alangurup örlär bulıt basγ̈uq kölüklügüm “高高飞翔的云群是你的乘车”以köküräp örlä(r) bulıt basγ̈uq kölüklügüm“呼喊高飞的云群是你的乘车”的形式

出现在第30行和第31行；第20、第21行的yaγmur suvı ögdirligim “你像雨夹雪，是我的回报”也出现在第26行。第21、第22行的 q̈amaγ yalanguq oγlan-[22]larınga asıγlıγım“你是所有人类之子的益友”和第26、第27行的yapa yalnguq oγlan-larıṇga asıγlıγım“你是一切人类之子的益友”的内容也基本相同，其间的差异也只有一词，明显是因押韵的要求所做的小小调整。这似乎是为了通过反复强调特别突出翡翠公主的某些特殊之处。

12.1.2 韵文结构

诗句的音节数并不相等，虽大多音节在13至16音节之间，但有些诗句只有11行，有的音节却超过20行。诗歌的韵律结构大致如下：

第1段	a	3 + 2 + 5 + 4 + 2 = 16
	a	[5 + 2] + 3 + 2 + 3 +2 = 17
	a	2 [?] + 3 + 1 + 3 + 2 + 2 = 13（？）
	a	2 + 4 + 4 + 3 + 3 = 16
第2段	ä	2 + 2 + 2 + 3 + 2 + 1 + 5 = 17
	ä	4 + 1 + 2 + 2 + 2 + 3 + 4 + 2 = 20
	ä	3 + 4 + 2 + 3 + 3 + 5 + 1 = 21
	ä	3 + 3 + 1 + 3 + 2 + 4 + 2 = 18
第3段	qa	1 + 4 + 4 + 4 + 2 = 15
	qa	2 + 2 + 1 + 5 + 2 + 3 = 15
	qa	4 + 2 + 4 + 2 + 4 + 2 = 18
	qa	1 + 2 + 1 + 4 + 2 + 4 + 2 = 16
第4段	qa	2 + 2 + 1 + 4 + 5 = 14
	qa	4 + 2 + 2 + 2 + 4 = 14
	qa	3 + 1 + 2 + 2 + 4 = 12
	qa	2 + 3 + 5 + 4 = 14
第5段	ya	2 + 4 + 2 + 2 + 4 = 14
	ya	3 + 3 + 2 + 2 + 2 + 4 = 16

	ya	3 + 3 + 2 + 2 + 4 + 14
	ya	2 + 2 + 5 + 4 = 13
第6段	kü/kö	2 + 3 + 1 + 2 + 4 = 11
		2 + 3 + 1 + 2 + 4 = 12
		3 + 2 + 2 + 2 + 4 = 13
		4 + 2 + 2 + 3 + 4 = 15
第7段	tä	5 + 2 + 3 + 3 + 1 + 1 = 15
	tä	2 + 3 + 1 + 3 + 3 = 12
	tä	2 + 2 + 6 + 4 = 14
	tä	2 + 3 + 3 + 3 + 4 + 2 = 17
第8段	a	3 + 4 + 2 + 3 + 1 = 13
	a	2 + 4 + 2 + 2 + 2 + 2 = 14
	a	3 + 2 + 2 + 3 + 5 + 2 + 5 = 22
	a	2 + 2 + 1 + 2 + 2 + 5 = 14
第9段	a	2 + 3 + 2 + 4 + 5 = 16
	a	2 + 1 + 2 + 2 + 3 + 2 + 4 = 16
	a	3 + 2 + 2 + 1 + 2 + 1 + 2 + 2 = 15
	a	3 + 2 + 2 + 4 + 2 + 2 = 15

12.3 《翡翠公主赞》的标音转写、汉译和语注

12.3.1 标音转写

I $_{01}$alqınčsız [ükü]š ärdini-lär-ning aγılıq̈ı $_{02}$ bolmıš
[anavatapte[1] yulta] ulatı ögüz suvınta q̈almıš
$_{03}$aγlaq [ ]nk vasuki luu haṇınta $_{04}$tuγmıš ärip
al[qu k]üsüš-lärig qandu-$_{05}$rtačı q̈unčuyum ärür-siz

〔1〕百济2002: [anavapat].

Ⅱ $_{06}$ädgün barmıš burhan ärdini bašıṇ üč $_{07}$ärdini-lärtä.
ägsümäksiz bäk q̈atıγ $_{08}$süz-ük kertgünč köngül-lüg ärdüküngüz
$_{09}$ üz-ä
äsringü ärdini-lär üz-ä etilmiš $_{10}$ätöz-lüg bolmakıngız-tın ymä
ärdinin $_{11}$ säviglig tep änätkäklär[1] siz-ṇi atayu[r]-$_{12}$lar t(ä)ngrim ::

Ⅲ q̈art qadıra qy-a basγ̈uq-$_{13}$larıṇ q̈ašıṇčıγ körklä
qalıq buz $_{14}$-luγ taγ sängir-läriṇtä q̈ašlıγ q̈ıdı-$_{15}$γlıγ
qar-a qoču öẓäkin-tä orn(a)γ $_{16}$ tutmaq̈ıngız üz-ä
qaš q̈atuṇ tep ^{17} hayahur-lar siz-ṇi aṭayur-lar t(ä)ngrim ::

Ⅳ $_{18}$qar-a taγ-ta q̈ar eṭig-lärin yaraṭıγ-$_{19}$lıγım
q̈alangurup örlär bulıt basγ̈uq̈ $_{20}$kölüklügüm
q̈arınču täg yaγmur $_{21}$ suvı ögdir-ligim
q̈amaγ yalanguq oγlan-$_{22}$larınga asıγ-lıγım ::

Ⅴ $_{23}$yašnap yaltırıyu yašıṇ burq̈ı pasak-$_{24}$lıγ-{γ}ım
yadılur sačılu turur altun $_{25}$ y(a)ruk eṭiglig-im
yaraγu säviglig $_{26}$ yaγmur suvı ögdirligim
yapa $_{27}$ yalnguq oγlan-larıṇga asıγ-lıγım ::

Ⅵ $_{28}$ künin yaltrıyu küṇ t(ä)ngri uruqluqum
$_{29}$ körkin yašuyur köl suvı orun-$_{30}$luq̈um.
köküräp örlä(r) bulıt bas-$_{31}$γ̈uq̈ kölük-lügüm
köpik-läṇip $_{32}$ aqar[2] tašq̈ın suv-larıγ ögdir-$_{33}$ligim ::

---

〔1〕该词写作'ntk'k'k l'r。

〔2〕百济2002: aγır; Zieme 2002: agır.

Ⅶ tägirmiläyü körüp barča-qa $_{34}$tälmir-sär biz ymä
t(ä)ngri burq̈an-$_{35}$ta taša ornumuz q̈almadı
tätrü biz-$_{36}$ing qılıšım(ı)z-ṇı sanγ̈ar-madıṇ
t(ä)ngri $_{37}$ burhan-ṇıng tutuẓmıš y(a)rlıγ̈ın $_{38}$ köẓädingä t(ä)ngrim ::

Ⅷ $_{39}$ažayım(ı)z čar(i)ṭim(i)z ṇäčä arṭasar ymä
aṭı $_{40}$ kötrülmiš-ning ṇomı taq̈ı äsän ärür
$_{41}$ ary-a-saṇg tüẓüṇ bursang quvraγ-nıng $_{42}$ḍarmar(a)tna-lıγ ašın
täginür siz-lär
^{43} arıγ ıduq nom bošγud üni äšidür $_{44}$siz-lär ::

Ⅸ aṭı kötrülmiš burhan šaẓini- $_{45}$ṇing etiṇ-tükin-tä
ary-a sang tüz-$_{46}$ün bursong q̈uvraγ-nıng bodı badtu-$_{47}$qınta
adata kädgü polaṇ q̇ay yurṇı $_{48}$ ymä küsüš bolγay
anča-ta temin . alq̇u $_{49}$ tınl(ı)γ-lar-qa busuš bolγ̈ay ::

12.3.2 汉译

曾是无尽诸多珠宝的储藏，
曾留在［无热恼池］等河流，
独一无二的龙王九头龙所生，
你是我满足一切愿望的公主。

在以善逝佛宝为首的三宝之中，
因你有绝不欠缺、坚定、洁净的信念，
由于你还拥有那各类珠宝装饰的美姿，
印度人称呼你“因宝得爱”，我的天啊！

以重叠的山峦优美迷人，
登天冰雪皑皑的山脊有岸有边，

因你居住在哈喇火洲之中心，
回鹘人称作你岸边公主，我的天啊！

你是我在黑山用雪饰做成的杰作，
飞翔高飞的云群是你的乘车，
雨夹雪是你给我的赐物，
你是所有人类之子的益友。

你是我闪闪发光、闪电的花冠，
你是我四处散光的金光装饰，
无比美丽的雨水是你的赐物，
你是一切人类之子的益友。

你借天发光，是日天之种，
美姿发光的池水是你的住处，
呼喊高飞的云群是你的乘车，
起泡急流的洪水是你的赐物。

虽然我们眺望一切环视，
天佛之外我们未留居处。
无须呼唤我们的过错，
护持天佛拟与的教诲吧，我的天啊！

无论我们的意行如何变坏，
世尊之法还是健在。
你们仍得ārya-saṅgha圣僧的法宝之食，
你们仍听洁净圣法的教声。

当世尊佛的教训遭到修改的时候，

当ārya-saṅgha圣僧的氏族没落的时候，
灾中穿的破烂鞋和补丁也会成为愿望，
一切众生会立即变得忧伤。

12.3.3 语注

第2行 [anavatapte yul] ulatı ögüz suvınta 可译作“在[阿那婆达多池]等河流”，也可译作“在[无热脑池]等河流”。其中，anavatapte源于梵语的anavatapta，意为“无热”，是处于世界中心的一个池子的名称，同时也是一个龙王名。详见中村1981，第1104c。汉文一般译作阿那婆达多，也作“无热脑池”或“无热池”。回鹘语的anavatapte应是通过吐火罗语的媒介借入的。东京大学附属图书馆2002读作[anavapat t]aluy ögüz suvınta，不妥。至于anavatapte在回鹘文文献中的用法详见UWb 第131页。

q̈almıš: 百济康义教授读作qılmıš“曾做”，不妥。该词写作q̈'lmys，应读作q̈almıš“曾留在”。该动词前是个地点状语短语，若读作qılmıš就无法解释它与其之前状语短语的句法、语义关系。

第3行vasuki 源于梵语的vāsuki，为八大龙王之一，其汉文名为九头龙，为八大龙王中的第四。至于八大龙王的汉文和梵文名称，详见中村1981，第1104c。

第11～12行 ärdinin säviglig 可译作“以宝得爱”或“因宝收到庞爱”，为印度人对翡翠公主的称呼，疑是梵文类似于*tṛṣṇā-satya、*āsvāda-satya或*ratna-tṛṣṇā、*ratna-āsvāda等词语的回鹘语意译。但在印度神话中却无法确定与其相关人物的身份，此处暂译作“因宝得爱”。

第13行qašınčıγ körklä：可直译为“惊人地美丽”或“美得惊人”，其结构和意义与现代维吾尔语的yaman čirayliq大体相同。一般来讲，qašınčıγ与qorqınčıγ一起使用表示“特别可怕的”；参见

OTWF，365页。在《慈悲到场忏法》qorqınčıγ qašınčıγ用来翻译汉文“大可怖畏”，见BTTXXV，0797。

第14行qašlıγ qıdıγlıγ：可直译为“有岸有边的”，百济康义教授把前一成分qašlıγ译作“带翡翠的”或“有翡翠的”，但是此处qašlıγ和qıdıγlıγ的意义应当很相近，属所谓的“双词”（英文：Hendiaduoin），此处译作“有岸边的”或“有岸有边的”比较合适。人名qaš qatun当中的qaš“翡翠”与该词的词根qaš“岸边”为同音词。

第15行 qara qočo：不见于其他回鹘语文献，是地名，为元代吐鲁番的回鹘语名称。《元史》等一般作火州、霍州、和州等，应为吐鲁番的故名qočo之音译。而《经史大典图》所见合剌火者和《高昌偰氏家传》的哈喇和卓等（详见徐松著、朱玉麒整理《西域水道记》，北京：中华书局，2005年，119–121页）应是吐鲁番在元代的回鹘语名称Qara Qočo的音译。欧阳玄解释“哈喇，黑也，其地有黑山”；见欧阳玄《高昌偰氏家传》（《圭斋集》第11卷）。刘义堂先生称“哈拉和卓是维吾尔语，神都高昌之意”；参见刘义堂著《维吾尔研究》之四，《回鹘西迁居地考》，台北：正中书局，1975年，第169页。但回鹘语和蒙古语的qara均意为“黑”，也有“粗”“大”“平淡”等比喻意义，如qara quš“巨鸟”（指金翅鸟或大鹏金翅鸟）、qara bodun“平民”等，但该词是否具有“神都”之意，无从考证。柳洪亮先生认为，在《元史·世祖本纪》记载的“合剌所部和州”与火州城易主为合剌所部据有的客观事实有关；参见柳洪亮2006，721–723页。

Qara qočo一名的第二成分qočo为吐鲁番之古名，应与其相应的汉文地名高昌同源。据《魏书·高昌传》称：“高昌者，车师前王之故地”，“地势高敞，人庶昌盛，因云高昌。亦云：其地有汉时高昌垒，故以为国号”。据冯加班的意见，回鹘语的qočo既不是突厥语又不是汉语，因为高昌二字的意义与低于海拔154米、平均高低也低于塔里木盆地其他区域的吐鲁番盆地的地理特征不相符。参见Gabain

1973，219页。王素先生根据《十三州志》记“高昌壁，故属敦煌”，出土文献记西汉敦煌县已有高昌里，认为高昌之名因敦煌县高昌里派出的屯戍士卒而得。参见王素1992和王素2002，214页。当今，源于Qara qočo的Qara ɣoǰa（汉文一般译作哈拉和卓）一名作为位于吐鲁番市东南的高昌古城和恰特喀勒乡内的一个村名（汉文作喀拉霍加）仍在使用。

第17行hayahur-lar：应指“回鹘人”或“畏兀儿”。但在鲁尼体突厥文和回鹘语文献当中，回纥、回鹘或畏兀儿的称呼一般为uyɣur。此处的hayahur十分特别，似乎与uyɣur的汉文译名“回鹘”的中古汉语发音或与uyɣur一词在临近民族语言当中的发音有关，但其语源尚待进一步考证。关于uyɣur一词来源的解释见Doerfer 1965，第2卷词条626。

第20行q̈arınču：应是动词qar-“混合、掺入”缀接-(X)nčU构成，意为“混合物”或“融合”，这里指“雨夹雪”。

第34行t(ä)ngri burq̈an 译作“天佛”，但此处的burhan一词的写法与该诗其余部分有所不同，故转写为burq̈an。从上下文看，此处的burq̈an很可能不指“佛”，而指“寺庙”。

第39行ažayım(ı)z čar(i)ṭim(i)z：可译作“我们的意和行”。ažay来自梵语āśaya，其中介形式为土火罗语的āśa，具有“心性”“意向”等意义。汉文佛经有时音译为阿奢也，也有意译的“心”“精神”“意向”等。详见UWb，328a；中村1981，4c。在回鹘语文献当中，ažay常与čarit （源于梵语 carita）一起使用。

第46行polaṇ ḥay：似是源于汉语“破烂鞋”。其中，ḥay为鞋的中古汉语发音xɦja:j的回鹘语音译，也见于早期汉语借词saphay“靸鞋”，其中古汉语音为sap xɦja:j；见Geng Shimin 等. 1989, 第4、15行。Saphay也见于回鹘文《弥勒会见记》（哈密本）第2章第10叶第26行。

缩略语

BTT XXV= Wilkens 2007

EDPT = Clauson 1972

OTWF = Erdal 1991.

UWb = Röhrborn 1977–1998.

参考文献

Clauson G. 1972. An etymological dictionary of Pre-Thirteenth-Century Turkish. Oxford: Clarendon Press.

伯希和. 1995. 高昌和州火洲哈喇和卓考//冯承钧，译. 西域南海史地考证译丛：第2卷，第7编. 北京：商务印书馆.

东京大学附属图书馆. 2002. 东京大学所藏仏教关系贵重书展—展示资料目録. 东京：东京大学附属图书馆.

Doerfer G. 1965. Türkische und mongolische Elemente im Neupersischen: Band Ⅱ. Wiesbaden: Franz Steiner Verlag GMBH.

Erdal M. 1991. Old Turkic Word Formation. A functional approach to the lexicon: Vols I-II. Wiesbaden: Otto Harrassowitz. (Turcologica 7.)

Gabain A v. 1973. Das Leben im uigurischen Königreich von Qočo. Wiesbaden: In Komission bei Otto Harrasssowitz.

Geng Shimin, Klimkeit H-J, Laut J P. 1989. Die Geschichte der drei Prinzen. Weitere neue manichäisch-t ü rkische Fragmente aus Turfan. *ZDMG*, 139: 328–345.

柳洪亮. 2006. 高昌回鹘东迁史实考辨//殷晴. 吐鲁番学新论. 乌鲁木齐：新疆人民出版社：714–727.

Pelliot P. 1912. Kao-tch'ang, Qočo, Houo-tcheou et Qâra-Khodja, par M. Paul Pelliot, avec une note additionelle de M // Gaudhiot R. Journal Asiatique mai-juin: 579-603.

Röhrborn K. 1977–1998. Uigurisches Wörterbuch. Sprachmaterial der vorislamischen türkischen Texte aus Zentralasien. Lieferung 1-6. Wiesbaden: Franz Steiner Verlag.

Wilkens J. 2007. Das Buch von der Sündentilgung. Edition des alttürkisch-buddhistischen Kšanti Kılguluk Nom Bitig. Teil 1–2. (BTXXV, 1–2). Turnhout: Brepols.

王素. 1992. 高昌得名新探. 西北史地（3）：33–39，47.

王素. 2002. 敦煌吐鲁番文献. 北京：文物出版社.

Zieme P. 2002. Islamisches und Antiislamisches in den altuigurischen Texten. Vortrag der 5. Deutschen Turkologenkonferenz, Universität Mainz, 4.-7. Oktober 2002 (Handout).

Zieme P. 2011. Notes on the religions in the Mongol Empire. Akasoy A, Burnett C, Yoeli-Tlalim R. Islam and Tibet— Interactions along the Musk Routes. Burlington: Ashgate: 177–187.

中村元. 1981. 佛教语大辞典. 东京：东京书籍株式会社.

13 迺贤杂考

刘迎胜 南京大学

13.1 籍贯及生平

迺贤，字易之，自冠姓马，又称马易之。族出哈剌鲁，即唐之歌逻禄/葛逻禄。哈剌鲁在元代又称葛罗鲁、合鲁、阿儿鲁等。元末西夏文人余阙称迺贤为合鲁易之，[1]而贡师泰则称之为葛逻禄易之。[2]

葛逻禄为操突厥语部落，其原名为Qarluq。该部虽然在唐代已多见于汉文史料，但汉文史料却未言其族源。操突厥语民族除唐代立于蒙古的古突厥碑铭之外，尚有一种史料记载突厥民族的口传历史，即《乌古思可汗传》。该史料有几个不同的版本，其中一个为13世纪波斯史家拉施都丁的《史集》所收录，其中在叙述突厥民族传说中的祖先乌古思可汗率部从中亚回归其故乡时称：

> 他们在途中到了一座大山下，当时下了一场大雪；有几个家族由于下了这场雪，落后了；因为不许有人落后，乌古思对此很不高兴，他说道："怎么能因为下雪就落后！"他便给这几个家

---

[1] "《题合鲁易之四明山水图》

窗中望苍翠，春木起晨霏。孤嶂才盈尺，长松未合围。

萧萧此仙客，日日候岩扉。念尔空延伫，王孙且未归。"——余阙：《青阳先生文集》卷1，四部丛刊续编景明本。

"《题合鲁易之鄞江送别图》

欲去更还顾，依依恋所知。今朝去京日，似子渡江时。" ——余阙：《青阳先生文集》卷1。

[2] "《题黄太史上京诗稿后》

黄太史文名天下，而上京道中诸诗尤为杰作。葛逻禄易之得其稿以传，且谒诸君为之题，其知太史亦深矣。"——贡师泰撰：《玩斋集》卷8，明嘉靖刻本。黄太史即黄溍，其上京诗见《金华黄先生文集》卷4，续稿1。

族起名为哈剌鲁（Qārlūq），意即“有雪者、雪人”，哈剌鲁诸部都出自这些人。[1]

突厥语中qar意为“雪”，Qarluq此言“有雪的”或“有雪者”。《乌古思可汗传》这里是在讲解葛逻禄部名的来源，这恐怕是一种通俗辞源说的解释。在11世纪成书的*Divān Lughāt al-Turk*（《突厥语词汇》，我国习惯上译为《突厥语大辞典》）中，亦有一则类似的故事，唯主人公并非乌古思可汗，而是亚历山大，他的部众是22人（即其作者所提到的22个“突厥部落”），其中虽没有葛逻禄部，[2]但该《词汇》中专有Qarluq条，称：“他们是游牧突厥人的一支，不是乌古斯人，也算是突厥蛮人。”[3]此外，该《词汇》第2卷中还有qarluqlandï“葛逻禄化了、变成葛逻禄人的样子了”词条，该条还举出例句：är qarkuqlandï“人葛逻禄化了”；qarluqlanur-qarluqlanmaq，“变成葛逻禄人的样子了”，“具有葛逻禄人的性格了”；[4]及第3卷中的词条qarkuqladï“认为是葛逻禄人了”，ol anï qarluqladï“他认为他是葛逻禄人”，qarluqlar-qarluqlamaq，“葛逻禄人（复数）–认为是葛逻禄人”。[5]

在成吉思汗兴起时代，哈剌鲁人没有统一的部落联系，而是分散于中亚各地，大致分为三个部落集团，一个居于今费尔干纳（Fergana）；一个居于当时西辽故都虎思斡耳朵（Quz Ordu），即唐代之裴罗将军城（Balasaqun，当代有人译为八剌沙衮），另一个居于海押立（Qayalïq，突厥语，此言“有峭崖之地”）。迺贤的祖先属哪一支哈剌鲁人，元代文献中没有记载。在上述三支哈剌鲁人中，原居

---

〔1〕拉施都丁《史集》（*Rašīd al-Dīn Jāmi' al-Tawārīkh*），余大钧、周建奇汉译本，第1卷第1册《部族志》（据1965年莫斯科波斯文合校本赫达古洛夫俄译本*Рашид-ад-Дин, Сборник Летописей*, т. 1, кн. 1，莫斯科·列宁格勒，1952年）商务印书馆，1983年，页137–138。

〔2〕麻赫默德·喀什噶里《突厥语大辞典》第3卷，仲校彝译，北京，2002年，页405–408。

〔3〕麻赫默德·喀什噶里《突厥语大辞典》第1卷，何锐、丁一、仲校彝与刘静嘉译，北京，2002年，页500。

〔4〕麻赫默德·喀什噶里《突厥语大辞典》第2卷，仲校彝与刘静嘉译，北京，2002年，页283。

〔5〕麻赫默德·喀什噶里《突厥语大辞典》第3卷，页340。

于海押立的哈剌鲁人首领阿儿思兰汗率先投降成吉思汗，后来与蒙元皇室的关系很密切，廼贤的祖先应当不是这一支哈剌鲁人。

在元代的侍卫亲军诸卫中，钦察军在元中后期的政治舞台上起着非常重要的作用。钦察贵族所控制的大都督府之下，除钦察三卫之外，还编有东路蒙古军万户府、元帅府与哈剌鲁万户府。土土哈家族家传资料记载了哈剌鲁万户府的设立过程：至元二十五年（1288年）在土剌河之战击败东道诸王叛王哈丹之后，元廷设东路万户府以镇其地。而在打败叛王乃颜、也不干等人之后，也即至元二十六年（1289年），又设哈剌鲁万户府。[1]这个时间较《百官志》所述哈剌鲁万户府设于至元二十四年（1287年）晚了两年。据《百官志》记载，哈剌鲁万户府下辖千户所3个。

据笔者所见，现存史料中所提到的将领中，与哈剌鲁万户府关系最为密切的是脱因纳父子。《元史》卷135有《脱因纳传》，提到：

> “脱因纳，答答叉氏。世祖时从征乃颜，以功受上赏。大德七年（1303年），授钦察卫亲军千户所达鲁花赤、武德将军，赐金符。八年（1304年），改太仆少卿。十年（1306年），迁阿儿鲁军万户府达鲁花赤，易金虎符，进阶怀远大将军。寻改中奉大夫、太仆少卿，仍兼前职。……皇庆元年（1312年），授阿儿鲁万户府襄阳汉军达鲁花赤，仍领太仆卿。……
>
> 有子曰定童、只（沈）〔儿〕哈朗。[2]定童袭父职，阿儿鲁万户府襄阳万户府汉军达鲁花赤，佩金虎符，明威将军。……”[3]

脱因纳父子的任职经历非常值得注意。脱因纳本人大德七年（1303年）为钦察亲军千户达鲁花赤。三年后，即大德十年（1307年）从钦察卫调入阿儿鲁万户府。这个阿儿鲁万户府应当就是前引《百官志》提到的哈剌鲁万户府。在13世纪以前的蒙古语中，“在语

〔1〕据苏天爵记载，连在安西王位下的钦察人，也被编入土土哈军。见《枢密句容武毅王》，《元朝名臣事略》，中华书局标点本，页48。

〔2〕中华书局标点本此处校勘记为“只（沈）〔儿〕哈朗，‘只沈哈朗’，于蒙古、突厥语无释，‘沈’为‘儿’字之误，今改。下同。‘只儿哈朗’蒙古语，言‘幸福’。”见页3290。

〔3〕《元史》卷135《脱因纳传》，中华书局标点本，页3287。

音方面最突出的特点，在词首原音上出现摩擦音h。如aran读作haran。elige读作helige。on读作hon等。”[1]南宋彭大雅1232至1233年的北使记录《黑鞑事略》，在列举蒙古“残虐诸国”“已争而未竟者”时，提到蒙古“西南曰斛速益律子”，其下有小字注“水鞑靼也”。“斛速益律子”之末字“子”为“干”之讹，故当订正为“斛速益律干”。“斛速”为蒙古语husu之音译，意为“水”。入元后，词首的摩擦音逐渐脱落，故而《元朝秘史》与元代其他史料中，蒙古语“水”的音译多作兀速（usu）。前引《突厥语词汇》的作者可失哈里（Mahmūd Kašghar ī）也在自己的著作中反复提到，一些突厥部落的方言中，有词首增减h-的现象。故而阿儿鲁（arluq）就是哈剌鲁。

《元史》卷86《百官志》记载，哈剌鲁万户府于至元二十四年（1287年）初置时，其职掌为“掌守禁门等处应直宿卫”，后来“移屯襄阳”。[2]脱因纳任职襄阳正与哈剌鲁万户府从蒙古草原移驻中原的记载相符。在脱因纳死于至治末英宗被弑之乱后，其二子之一定童袭职阿儿鲁（即哈剌鲁）万户府汉军达鲁花赤，这也证明了《百官志》所记哈剌鲁万户府后来驻在襄阳的记载不误。

另一则有关河南的哈剌鲁人的资料为《元史》卷122《铁迈赤传》。据该传记载，铁迈赤为合鲁氏，即哈剌鲁人。铁迈赤或可还原为Tamačï，即探马赤的另一音译。他原先为成吉思汗的忽兰皇后斡耳朵挏马官，即负责捣制酸马乳，与土土哈之父班都察一样，是成吉思汗家族的牧奴。世祖朝，铁迈赤之孙塔海（虎都铁木禄兄子）从土土哈充哈剌赤。至元二十四年，扈驾征乃颜。铁迈赤之子虎都铁木禄（Qudu Temür）曾从皇子镇南王征交趾。此时其家在南阳。对比《元史》卷86《百官志》，可知至元二十四年哈剌鲁万户府设置后，寻移屯襄阳，后征交趾。大德二年置南阳。[3]铁迈赤家族正是从辽海前线

〔1〕额尔登泰、乌云达赉、阿萨拉图著《〈蒙古秘史〉词汇选释》，内蒙古人民出版社，1980年。

〔2〕《元史》卷86《百官志》，中华书局标点本，页2176。

〔3〕《元史》卷86《百官志》，中华书局标点本，页2175–2176。

回到内地，先参与镇南王所领远征交趾之战。而此时铁迈赤之子虎都铁木禄（汉名汉卿）的家庭恰恰定居南阳。该传还两次提到脱因纳乃其上司。[1]而脱因纳则执掌哈剌鲁万户府。

铁迈赤之孙塔海曾为世祖宝儿赤，武宗时迁和宁总管，后改汴梁。[2]《嘉庆重修一统志》中提到塔海在汴梁时的一件事：

塔海武宗时为汴梁路总管。先是朝廷令民自实田土，有司绳以峻法，民多虚报以塞命。其后差税无所征，民多逃窜。塔海言于朝，省民间虚粮二十二万，民赖以安。[3]

天历元年（1328年）冬十月，倒速沙在上都奉泰定帝子阿剌吉八为帝，而燕帖木儿则在大都迎立武宗子图帖睦尔，元廷爆发“两都之战”。居于南阳的哈剌鲁人塔海受命充枢密佥院，守潼关及河中府，并在南阳督诸卫军与上都军作战。[4]廼贤家族自称南阳人，可见他们出自驻守于此地的哈剌鲁万户府。

南开大学刘嘉伟先生对廼贤的生平做过较详细的研究，他从分析廼贤的诗《春晖堂为武陟赵太守赋》中“蓼莪久废泪沾襟”一句中的“蓼莪”入手，根据“蓼莪”是《诗经·小雅》篇名，后世常以其代指对亡亲的悼念，推断廼贤应当早孤。[5]明徐象梅撰《两浙名贤录》中有“马从事易之”条，记廼贤家族因其兄塔海仕宦而移居宁波，并记其身世曰：

马易之名廼贤，本葛逻禄氏，汉姓为马，世居西北之金山，后为南阳人。其兄塔海仲良宦游江浙，易之遂家于鄞。博学能文，尤长于

[1]《元史》卷122《铁迈赤传》，中华书局标点本，页3003–3005。

[2]《元史》卷122《塔海传》，中华书局标点本，页3005。

[3]〔清〕穆彰阿、〔清〕潘锡恩等纂修《大清一统志》卷123，四部丛刊续编景旧抄本，册2291。

[4]《塔海传》只言他在南阳与上都军作战事。《文宗纪》提到，战事在河南极为激烈。上都方面诸王“铁木哥兵入襄阳，本路官皆遁。襄阳县尹谷庭珪、主薄张德独不去，西军执使降，不屈，死之。时佥枢密院事塔海拥兵南阳不救。”——卷32，中华书局标点本，页720。以上参见拙文：《钦察亲军左右翼考》，刊于《元史论丛》，第11辑，天津古籍出版社，2009年，页10–25。

[5]《元代葛逻禄诗人廼贤生平考述》，《西北民族研究》，2010年第2期，页139。

歌诗。志尚高洁，不屑为科举利禄之文。平生所为歌诗，不规规[1]雕刻而温柔敦厚，有风人之致。尝游京师，出入贤豪间，每一篇出，士人辄传诵之。至正间，用荐为编修官，需次于家。时桑哥失里同知枢密院事，领军东蓟州，辟为从事官。后命移军直沽，易之病风喑而卒。所著有《金台集》《海云清啸集》行世。[2]

由此可理解，廼贤可能在父亡之后，由兄长塔海抚养，所以随兄至浙东。塔海为延祐五年进士，其迁居浙东当在此后不久。

至于廼贤的后裔，刘嘉伟先生注意到，廼贤之师郑觉民之子郑真提到，洪武六年二月“十日入吏部见马易之子（中缺）及林原公恭。”[3]但未提及廼贤之子的名字。十一年半之后，也即洪武十七年闰十月十九日，他在宁波又曾路遇廼贤之子，《荥阳外史集》对此记道：“望春桥见马鼎携其乃父易之《饶歌集》[4]而行。”[5]这位马鼎与郑真在吏部所见的廼贤之子是否是同一人，尚不能断定。[6]此外，明人姜南所撰《先见》也提及廼贤的一子名子静，其文曰：

元至正十一年春，南阳廼易之四明、儿子静俱客京师。子静馆于王参政俨家。[7]一日亟告归，参政强留不可，复托易之留之。子静曰：“今发四十万人开黄河，乱将兴矣！不归何俟？”后果掘河无功，征役难作，中原道梗，四方绎骚。时子静已旋得保父母妻子，守其先人丘陇，卫及乡社，不罹于咎，岂非识见之预定哉。[8]

---

[1] 疑第二个“规”字为衍文，或为刻工之误。

[2]〔明〕徐象梅撰《两浙名贤录》卷54，明天启元年徐氏光碧堂刻本，南京图书馆。《海云清啸集》，未见。其身世变化见明黄润玉纂修《宁波府简要志》(成化)，卷4，民国四明丛书本；清抄本，北京图书馆。

[3]《荥阳外史集》卷97。

[4] 其子所携带廼贤之《饶歌集》未见其他文献提及，待考。

[5]《上任录》，《荥阳外史集》卷1。

[6]《元代葛逻禄诗人廼贤生平考述》，《西北民族研究》，2010年第2期，页139。

[7] 胡助有《王公俨少监云松巢》诗若干首，还有《送王公俨代祠南镇》诗，分别见《纯白斋类稿》卷4、卷12；许有壬亦有《题王公俨云松巢公俨今为山东廉使因寄之》，《至正集》卷11，清抄本，北京图书馆古籍珍本丛刊，第95册，书目文献出版社影印本，无出版时间。

[8]〔明〕姜南撰《蓉塘诗话》卷15，明嘉靖二十二年张国镇刻本，天一阁藏。此人是否即参政王俨，待考。

子静与入明以后郑觉在吏部所见迺贤之子及他洪武十七年在宁波所遇见的马鼎之间的关系，待考。

13.2 作品与评价

13.2.1 《河朔访古记》

元末明初著名文人王祎[1]曾作《河朔访古记序》，说虽然迺贤祖先自南阳迁居浙东，至元末已三世，但他却不愿意久居于此，矢志远游，所取路线是“乃绝淮入颍，经陈蔡，以抵南阳。由南阳浮临汝而西，至于雒阳。由雒阳过龙门，还许昌而至于大梁。历郑、卫、赵、魏、中山之郊，而北达于幽燕”。在赴大都的行程中，迺贤并不是匆匆赶路，而是沿途探访古迹。故而“大河南北，古今帝王之都邑，足迹几遍。凡河山、城郭、宫室、塔庙、陵墓、残碣、断碑、故基遗迹所至，必低徊访问。或按诸图牒，或讯诸父老，考其盛衰兴废之故，而见之于纪载。至于抚时触物，悲喜感慨之意，则一皆形之于咏歌”。《河朔访古记》就是此次北行沿途所记及咏唱作品的汇集。[2]

元末文人刘仁本为迺贤的《远游卷》写过一篇题记，其中说“南阳马君易之，以至正六年游京师，朋侪不忍其离别，作为歌诗赠言以张之”，可见迺贤辞家赴京事在至正六年（1346年）。为他作送行诗的人中有一位曰袁士远，其诗题目为《送马易之》，诗中说迺贤出自“南阳将相家”，“朝仪闻素习，学力复何加”，即熟悉元朝礼仪，更加有学识。诗中又说迺贤“外戚高攀桂，难兄早探花”。“外戚”当指明宗西行时在中亚所娶的哈剌鲁妃子，而“难兄”则指其兄塔海仲良。迺贤因朝中权贵荐举而入京师，因而送行诸友认为他将来会“食馔公厨脔，游乘内厩騧。皇恩宣紫诏，德泽沛黄麻”，[3]都以为他从此会飞黄腾达。

---

〔1〕王祎后来在洪武年初与宋濂一起，承担了《元史》的编修任务。

〔2〕王祎撰《王忠文公集》卷5，明嘉靖元年张齐刻本（四库底本），北京图书馆。

〔3〕〔元〕袁士元撰《书林外集》卷2，明正统刻本，袁克文跋，北京图书馆。

前述王祎题记中所言廼贤北上的路线是，“自浙江而溯淮经雒，访古河朔，感慨中原之墟，盘桓两京之地”，与王祎所记完全相同。刘仁本还说，廼贤在北上时，“极游览以快于心目。有所得，辄形赋咏”，也同于王祎的《序》中所言，可见《远游卷》与《河朔访古记》当是同一篇作品。很可能其最初的书名为《远游卷》，定稿后改为《河朔访古记》。

廼贤自大都归来后，与诸友相见，其友人张仲深曾撰诗《用蒋伯威韵贺马易之自京回》，其第二首最后两句为“近闻河朔新成记，快睹应知客满斋”[1]。在“近闻河朔新成记”之下，有小字注文：“易之有《河朔访古记》，黄政卿、危太朴、许可用三先生有序。”[2]足见他回到江南时，《河朔访古记》已经成书，友人争相阅读。

13.2.2 《金台集》与其他作品

廼贤的另一部诗集《金台集》的成书过程，危素的序言中有记载，称“易之《金台前稿》余既序之矣。及再至京师，又得《后稿》一卷”[3]，可见乃系《金台前稿》与《金台后稿》两稿合并而成。对于《金台集》在中国诗歌史上的地位，危素提出：“昔在成周之世，采诗以观民风。其大小之国，千有八百。西方之国，得七篇；秦得十篇而止。夫以雍州之域，寔在方畿，自秦而西，未见有诗。岂其风气未开，习俗不能以相通也欤！”换而言之，他认为在采集风雅、编写《诗经》的时代，采之于西部的不过七篇，采之于秦的不过十篇，没有一篇出于秦以西地域。究其原因，盖因其时西北地区风气未开，中原与西域“习俗不能以相通”。而廼贤族出之葛逻禄部，“在北庭西北，金山之西，去中国远甚”。入元以后，“其人之散居四方者，往往业诗书而工文章”。廼贤之兄虽然登进士第，但他却无意仕进。因而，危素不但评价“其所为诗，清丽而粹密，学士大夫多传诵之”，

[1]〔元〕张仲深撰《子渊诗集》卷4，七言律诗，四库本。

[2]〔元〕张仲深撰《子渊诗集》卷4。

[3]危素《危学士全集》卷4，清乾隆二十三年刻本。

而且将少数民族研习汉文化，视为证明当时“足以见文化之洽，无远勿至。虽成周之盛，未之有也”[1]的盛世的证据。

张之道的《序》，他认为廼贤“五言短篇，流丽而妥适。七言长句，充畅而条达。近体五七言，精缜而华润，皆欲追大历、贞元诸子之为者。而《颍川老翁》《新乡媪》《芒山》《巢湖新堤谣》诸篇，又以白传之丰赡，而寓之张籍之质古，不浅而易，不深而僻，盖学诸唐人而有自得其得焉者矣”。他认为廼贤诗歌的风格源于他的行旅，“及观君之游两都，历邓郊而归吴越，其之官绝巨海而北上，其出使凌长河而南迈，其游览壮而练习多，予知其诗雄伟而浑涵，沈郁而顿挫，言若尽而意有余，盖将进于杜氏也乎”[2]，称赞廼贤游历广而眼界阔。廼贤后期的诗作，追随杜甫、白居易的诗风。以其《卖盐妇》为例：

卖盐妇，百结青裙走风雨。雨花洒盐盐作卤，背负空筐泪如缕。

三日破铛无粟煮，老姑饥寒更愁苦。道傍行人因问之，拭泪吞声为君语。

妾身家本住山东，夫家名在兵籍中。荷戈崎岖戍明越，妾亦万里来相从。

年来海上风尘起，楼船百战秋涛里。良人贾勇身先死，白骨谁知沈海水。

前年大儿征饶州，饶州未复军尚留。去年小儿攻高邮，可怜血作淮河流。

中原封装音信绝，官仓不开口粮缺。空营木落烟火稀，夜雨残灯泣呜咽。

东邻西舍夫不归，今年嫁作商人妻。绣罗裁衣春日低，落花飞絮愁深闺。

[1] 危素《危学士全集》卷4。

[2] [明] 张以宁撰，石光霁编，张淮续编《翠屏诗文集》卷3，据明成化刻本抄，北京大学图书馆。

妾心如水甘贫贱，辛苦卖盐终不怨。得钱籴米供老姑，泉下无惭见夫面。

君不见，绣衣使者浙河东，采诗正欲观民风。莫弃吾侬卖盐妇，归朝先奏明光宫。[1]

此诗关注国运与民生，有很强的现实性与时代性，但因未收入《金台集》，因而张之道《序》没有论及不足为怪。

危素与张之道两位迺贤的同时代人对作者的观察有明显的区别。危素的着眼点是迺贤与他所生活的时代，而张之道则更关注迺贤作品本身的风格。

至正十一年，迺贤在大都时曾赋五言诗十六首，他亲自书写赠送友人朱梦炎，因而作为书法作品流传至今，题为《南城咏古诗帖》，均收入了《金台集》。[2]元以后文献中提及的迺贤的文集有《海云清啸集》与《饶歌集》等，均已亡佚。南开大学刘嘉伟先生对迺贤的著述及版本流传有全面论述，[3]兹不重复。

迺贤家族所出身的哈剌鲁万户府，是一支汉军与哈剌鲁人、钦察人、康里人混编的军队。迺贤之兄塔海仁宗时能登科举，与其家族在南阳时已经汉化很深是分不开的。

〔1〕〔明〕孙原理辑《元音》卷12，四库本。

〔2〕参见刘嘉伟《迺贤文献情况辑考》，刊于《图书馆工作与研究》，2004年4月。

〔3〕《迺贤文献情况辑考》，刊于《图书馆工作与研究》，2004年4月。

14 古代印度的纪元概览[1]

Harry Falk（撰）
Freie Universität zu Berlin
刘震（译） 复旦大学

古代印度产生了一系列的纪元，如此，年岁可用一个公开定义的起始点来计算。其中有些纪元具有古老的名称，有些没有，其所依的证据不是独立存在的。最古老的印度纪元出现在犍陀罗（Gandhara），被称为“早期塞种（Śaka）”“古塞种”，或者类似的什么。它的起始点曾无可置疑地被认为在公元前2世纪的某时。假若真的有弥兰陀（Menander）王的纪元，那么它也应该差不多同时。随后是生活于公元前1世纪的Maues王，他距Azes王的年代不远，后者的纪元在碑铭中多次出现。所有计算的依着点是“超年”（Vikrama *saṃvat*），该纪元始于公元前58/前57年，沿用至今。另外一个纪元是Broach的Kṣatrapas的，始于约公元20年。在公元78年，“标准”塞种纪元开始，并且沿用至今。然后是贵霜（Kuṣāṇa）纪元，其元年在迦腻色迦一世（Kaniṣka Ⅰ）治下。与犍陀罗无关的是笈多（Gupta）纪元，在旃陀罗笈多二世（Candragupta Ⅱ）治下引入，或者为公元380年之后，以公元319/320年的开端为基础。至少在塞种329年，约公元407年，他仍旧在乌苌那（Ujjain）地区发行Kṣatrapa风格的银币，在正面国王的颈项后面展现了年代。除了在乌苌那仍然实行塞种纪元，在摩菟罗（Mathura）也延续了贵霜纪年（Falk 2004）。笈多纪元开端（319/320年）与另外一个贵霜元年（327年）间隔很短，使得出土

[1] 原文“Ancient Indian Eras=An Overview”,刊 Bulletin of the Asia Institute, New Series/Vol. 21, 2007, 131-145页。此文为节译。

的笈多朝最初百年内的文物很难进行更细致的断代，因为需要在真正的笈多还是后续的贵霜之间选择。

目前最简单的推算是将Azes纪元与Vikrama年（saṃvat）等同，以及将塞种纪元与某个迦腻色迦王的纪元年等同。这一个以前广为流传的模式将七个纪元合并为五个，并且为四个纪元提供了两个绝对年代。这是最舒适的解决办法；该方法虽然总有赞同者，但它几乎每一点都招致批评。2001年以来，笔者单独或与他人合作发表了一系列的文章来质疑这一简单的解决方法。根据这一研究，既非Vikrama *saṃvat*，亦非塞种纪年的可靠断代，能够认定为其他纪元的任何断代。尽管如此，两个看似可以延续下去的纪元已经接受了一个共同的“祖先”。接下去笔者将系统地展示自己的所有观点。先跟从Gérard Fussman的一个发明（见图14–1），这些年来，笔者对他无法信从。

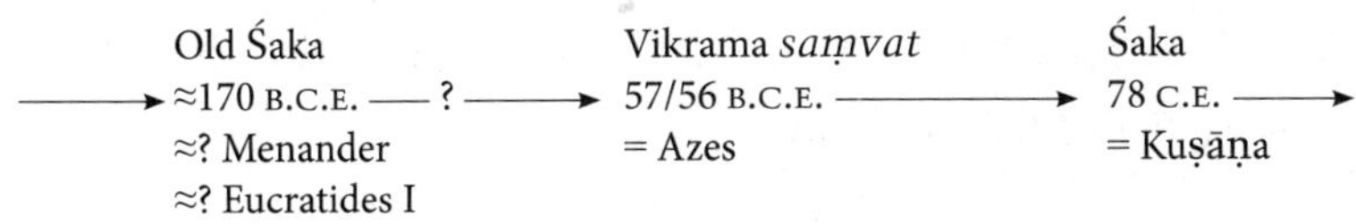

图14–1

14.1 超年

该纪元是现今印度和尼泊尔的法定纪元之一。它始于公元前58/前57年秋或者前57/前56年春。它的第一个事件在拉贾斯坦的Baḍvā，在*kṛta*名下断代为公元239年（Chhabra & Gai 1981: 191）。根据古代的代称，*kṛta*是为了纪念Mālava联盟的成立。它被认定为Azes纪元之后，学者们感到不解，一个很晚才出现在碑铭中，并且持续那么长久的纪元，如何能够归在一个远在犍陀罗、几乎无名的国王的名下。在西北印度，迄今仍然没有找到任何早期的且被认为与犍陀罗无关的证据。

14.2　塞种纪元

该纪元也仍在使用；然而，由于它始于具体年份，它的开端相对清楚；它始于公元78年，并且在乌苌那Kardamaka Kṣatrapa王朝的宫廷内被引入。它可能与继承Kardamaka开国君主Caṣṭana的王位有关。Caṣṭana在击败Kṣaharāta Kṣatrapa的国王Nahapāna之后建立了一个王国，或许曾与Sātavāhana结盟。虽然公元78年被公认为两历合并之时，但该纪元开端和实施之间的因果关系还未得到证明。当检视该年准确发端时，笔者得以展示（Falk 2001: 131–133），该年传统的发端被定义为白羊座顶端的星星在春季首次与太阳一起升起之时。引人注目的是，在公元78年4月1日，非但日月，木星也与白羊座第一颗星星一同升起，而水星也在近旁（图14–2）。如此，至少四个周期（年、太阳、月亮、木星）始于同一天。对于那些偏好将此纪元运用到计算中的天文学家来说，是一个完美的工具——至少从阿比鲁尼（al-Bīrūnī）时代开始（Sachau 1914, II : 6, 8）。

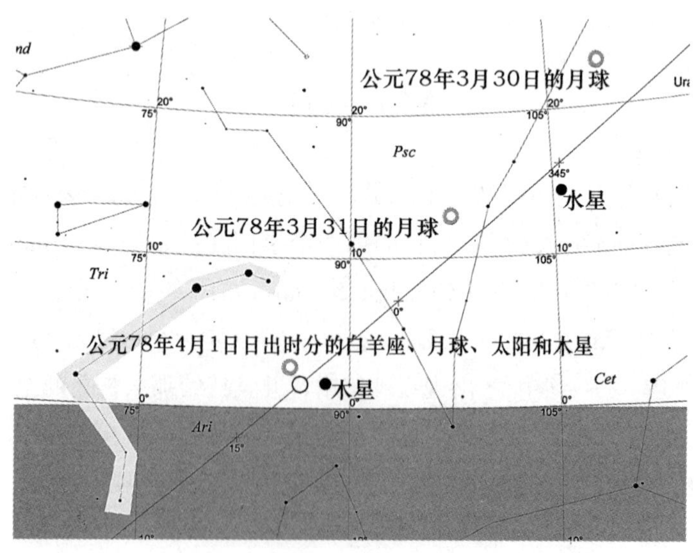

图14–2　定义为塞种纪元开端日的星相，公元78年

14.3　迦腻色迦纪元

最有争议的纪元是伟大的贵霜王迦腻色迦一世。在他祖先的统治期间，“古塞种”和Azes纪元用于犍陀罗，提及当时统治者的年代时，会用这两种纪元。随着迦腻色迦的登基，一个新的纪元被引入，那两个旧历多少被淘汰了，至少在我们不将贵霜纪元等同于塞种纪元的时候。一说，中国的将军班超在公元92年得知第二位贵霜王即位，也就是迦腻色迦是其家族的第四人，对于接受此说的人来说，贵霜历并非明白无疑。Joe Cribb（1999）提出一系列理由，导出了一个新纪元开端的粗略年代，大概在公元120年。2000年，Bivar再次综合前者观点，依据详尽的理由，他主张新纪元开端为公元128年。他长时间地持有该观点，并以此解读在犍陀罗寺院突然流行的鬼子母（Hārītī）造像（Bivar 1970）。Bivar之前，Smith (1901: 175，“公元124/125年”) 和 Konow (1929: xciii, “公元128—129年”)也曾持有非常相似的观点。

1961—1962年间，Pingree刊布了对一部占星术文献的首次研究，其中，末尾第79章包含星座运行周期的技术分析。这部以《雅婆那（印度人对希腊人的称谓——译者注）本生》（*Yavanajātaka*）的作品成书于公元3世纪。书末作者给出了一个通常的传承谱系，首先将此书归于生主（Prajāpati），他传给双马童（Aśvin），后者传于太阳。太阳将某个阴性的东西——可能是知识（*vidyā*）[1]——传给“希腊人之王”（*yavaneśvara*），之前（*prāk*）用“他自己的语言”（*svabhāṣā*）保存它。目前所存的最后一颂，说到国王（*rāja*）的名号为Sphujiddhvaja，他将该文本赋成4000颂“因陀罗杵”（*indravajrā*，格律名，每颂四句、每句11音节的三赞律（Triṣṭubh）的一种——译者

〔1〕《雅婆那本生》79，60有阴性业格宾语，缺文所漏的是主要的名词，b)行开始于*viṣṇu graha///*，Pingree改为数字71，变作一个年代。然而，这是毫无必要的。这残缺的一行可能说的是“太阳和星座”。

注），几乎是现在内容的两倍。习惯上，最后一颂可期待一个精确的年代。不过，这部具有诸多问题的文献也可以做截然不同的解读。[1]

第79章在很多方面与众不同。它展现了一个独特的世界观。它宣称，每165年的首日，日月与白羊座(*meṣa*)的Mesarthim（Gamma arietis，白羊座的三星系统——译者注）首颗星共升。每个这样的165年周期精确地包含了60272个太阳日和61230个太阴日。

为了证明它的精确性，该文献允许人们检视下一个周期的开端。在塞种纪元中的这些计算必须要知道，第一个周期比塞种元年早56年，即公元22年。[2]要知道周期内当下的年代，必须在当下的塞种纪年上加56。公元187（22+165）年起，到公元352（187+165）年的年份，是第二个周期，要知道在第二个周期内的位置，则必须减去165。

该书又说，在贵霜（*koṣāṇa*）年份里，需要更进一步的计算。根据犍陀罗语的变异，把贵霜（*kuṣāṇa*）拼写作*koṣāṇa*并不奇怪。由于所有的贵霜国王皆使用该历，并由迦腻色迦发起，因此它可以等同于我们所谓的“迦腻色迦纪元”。依照《雅婆那本生》79，15颂，149年可以分作一个塞种元年和一个贵霜元年。这就导致了贵霜元年位于公元227年。

根据上述定义，下一个165年周期始于公元187年3月28日，星期天，前一个周期始于公元前144年3月16日。在这些日子里，月亮并没有精确地出现在太阳旁边，由此，真正日月同升的公元22年3月22日应该是用来定义该周期的那一天，而之前的日子并无此天像（图14–3）。

---

〔1〕《雅婆那本生》79说到，Sphujiddhvaja以4000颂完整地造此书：*rājā* (...) *idaṃ kṛtsnaṃ cakāra*。c)行也在该句结构之内：*nārāyaṇāṅkendumayādidṛṣṭaṃ*，Pingree将写本改作*nārāyaṇāṅkendu-mitābda-dṛṣṭaṃ*，“在191年为他所见”。“年”一词是他自己的修订，如果我们读作*nārāyanārkīndumeṣādidṛṣṭaṃ*，他的创造将成为“为太阳、土星、月亮、白羊座等所见”，也就是所有的天体。Pingree将两位作者Yavaneśvara 和Sphujiddhvaja与两个年代相联系，但历史上没有一人会真实存在！笔者认为这只是一位作者，就像Bhāskara引到Sphujidhvajayavaneśvara（Pingree 1978,I: vi）。

〔2〕《雅婆那本生》79,14，唯一一个名为“N”的写本读为：*gate śaḍagre 'rdhaśate samānāṃ, kālakriyātattvam idaṃ śakānāṃ*，“（165年周期[*yuga*]的）56年过去之后，正是塞种纪元”。Pingree没有将56加在塞种纪元之上，他错误解读且错误处理了写本的文句，把*ṣaḍagre* 改作*ṣaḍeke*。Mukherjee (1982; 2004: 396) 盲目地接受了他的误算和误读。

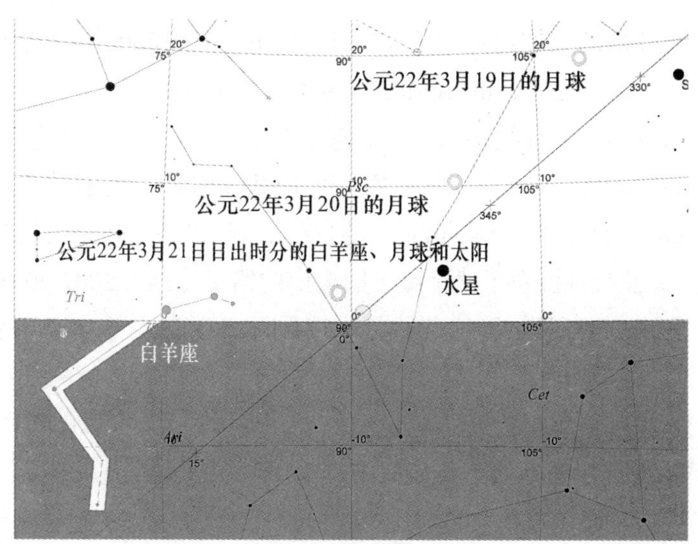

图14-3 Sphujiddhvaja 所定义的纪元开端日的星相，公元22年

Pingree理解这个公式的方法并不能让他用来计算塞种纪元，[1]但至少他看见了"根据此颂，贵霜纪元与塞种纪元不一样"（1961-1962: 18 注6）。起初对Pingree的陈述信以为真，笔者的研究曾经被拖累。只有当笔者明白了，是他抹去了对原文最关键的篡改，一种更好的理解才成为可能。从Pingree（1978: 496）仔细的注释中，我们可以很容易地重构出那份孤本的原貌。首先通过Pingree自己对原书的解读来重构，然后与由德国-尼泊尔写本保护项目（German-Nepalese Manuscript Preservation Project）所获该孤本的照片做比较。

由于历史原因，通过在公元78年加149年所得的贵霜元年在公元227年，并不能与迦腻色迦一世元年等同，依据de Lohuizen-de-Leeuw早在1949年所发现、在1986年又重新概括的说法，这可以被诠释为：贵霜年的计数从来不会超过100，或者，一个世纪之后又归零从1开始。这使笔者得出结论：另一个更早的贵霜元年是公元127年。由于它与早期学者们的计算相同或者非常接近，笔者的模式应该意味着对

〔1〕Pingree如此改动了写本的读法，使得一个公式最终推导为：如果你在贵霜纪元上加一个数字x，那么你也得在塞种纪元上加同样的数字x。如此一个无意义的公式在任何纪年里，一成不变地计算太阳年。

贵霜纪元开端的长期讨论的终结。至少，Bivar（2000: 74）给出了积极的回应，之后还有Cribb和Mac Dowall（2006: 48）。

尽管如此，围绕着早于或晚于127年的争论主要集中在de Lohuizen-de-Leeuw的“百年轮回”理论并无实证，更有一个摩菟罗（Mathura）的龙王（Nāgarāja）的反例，显示出一个贵霜的断代为170年。笔者亲自检视了这个藏于旧金山的铭文（Falk 2002/2003：41-45），发现旧时所读的“100+70”（Mukherjee 1987）完全不妥当。该年代明显在100之内。[1]

在年代可被解释为笈多纪元和一个“连续纪元”双轨使用之后，该“百年轮回”理论就不再停留于理论层面了。这个连续纪元可能就是古代贵霜纪元（Falk 2004），在公元4世纪，以及5世纪早期摩菟罗仍在沿用，在达到一个世纪之后，总是回到一，而新引进的笈多年则继续增岁，并无此特征。

舍弃“百年轮回”系统必然会推导出Vasiṣka（他以贵霜历来计的在位年代可见：22［Vaskuṣāṇa］, 24［Isapur柱］, 30［Kamra］）得放置在迦腻色迦一世和Huviṣka之间，他的治年还与迦腻色迦与Huviṣka的有些重合。迦腻色迦三世变成了二世，并且在Huviṣka治内。Mukherjee（1985: 12）不假思索地接受了这一谬论，认为是“共治”，尽管钱币学上的证据必须要求我们将Vasiṣka置于迦腻色迦二世之后，后者在Vāsudeva之后，在位时间直到第一个贵霜世纪的末尾。

有一些论文涉及这些发现。在奥地利，Göbl对一个装饰物的误读让其将迦腻色迦纪元的开端置于公元3世纪早期，人们试图去维护这位受尊敬的大师的观点。Schindel（2009）没有去理解“百年轮回”模式，将Shapur一世钱币上的王冠解释成胡毗色伽（Huviṣka）的了，由此使得两个国王成为同时代的，完全无视王冠的不同形状，以及文献中的证据。Loeschner（2010）轻易地驳斥了这一为保全大师脸面而做的杂乱的尝试。

---

〔1〕该读法似乎应是aśiti 80，不过这些字母部分地被凝结物所遮盖；Mukherjee的100+70绝无可能。

笔者常常被指责擅改《雅婆那本生》的文本。Neelis（2007: 88）说，笔者一方写本"文本残破"，并做"有争议的修订"，笔者却见，毋宁说是Pingree一方写本完好，但修改随意。我的读法和Pingree所见并无二致。同样地，Fussman（2008: 183 注 19）以"修改了文本的大部分"批评笔者，另外有"几个假设"，然而笔者只看到唯有一个对百年轮回的假设，依笔者所见，并无其他假设。

Mukherjee（2004a; 2004b: 395–405）是唯一一位真正对笔者的写本解读有反应的人。他正确地指出，笔者所读的*anyad*（接着Utpala的引文），只有*anya*可见，*varṣa*中看不到上加的*r*。不过接下来他把一切都弄错了。如前所见，年代公式直白而简单地说明，涉及贵霜纪元的数字（*koṣāṇagatābdasaṃkhyā*）与另外一个数字结合，等同于"塞种人的时间"（*kālaḥ śakānāṃ*）。由于贵霜纪元稍晚开始，同一个年代，有些东西得加进去，才能得到塞种的年份。根据Mukherjee"推算贵霜逝去的年代"，"过去了149年"产生塞种元年。他认为贵霜纪元早于塞种纪元，这样贵霜元年得在公元前71年，也就是公元78年减149年。笔者完全同意他的"该年份（公元71年）与迦腻色迦元年没有任何关系"。Sphujiddhvaja的偈颂确实"没有提到迦腻色迦元年"，只要如此简单的梵语被如此粗心地误解的话。

14.4 "古塞种"、yona / 雅婆那，希腊或印度–希腊纪元

2005年邵瑞琪（Salomon）刊布了一个发现于犍陀罗舍利盒中的文本。不太寻常的是，其中展现了三个年份：当时在位的Vijayamitra王27年、"他们所谓的'Azes纪元'"73年和雅婆那（*yona*）201年。该文本立刻说明了，在雅婆那和Azes之间有128年的差距。如同当时其他人一样所臆断的，Azes是Vikrama年（*saṃvat*），邵瑞琪推出"古塞种"或者雅婆那纪元开始于公元前186/前185年。从贵霜王朝早期检视"雅婆那"年代，将他们与估算的贵霜开国三王生年相比较，可以看

到，只有迦腻色迦纪元不能换算成塞种纪元，后者开端于公元前186/前185年才有意义可言。不过，如前所述，只要Sphujiddhvaja所言不虚，那么这就绝无可能。

邵瑞琪断代于公元前186/前185年没有任何历史背景上的暗示。他提议，彼时适逢孔雀王朝的覆灭和北印度为印度-希腊的Demetrius所占领。不过，这样对该王的断代会有些过早。

Cribb（2005: 214）是唯一一位提供另一种模式的人。他为该“希腊”纪元找寻一个可信的开端，并指出，在铭文中迄今能找到与此纪元有关最大的数字是299，这个数字似乎是迦腻色迦前的一年。由此，他推断出，希腊纪元结束于300年，而迦腻色迦元年是希腊历300年。这样，希腊纪元的开端是公元前174年，他将此与Eucratides一世确为希腊-大夏著名的国王中的一位——的入侵相联系。一个表格（Cribb 2005: 221-3）表明，从公元127年的迦腻色迦时代倒推300年是言之有理的，虽然学者们需要改变一下固有见解。除了Errington与Curtis（2007: 55），Cribb的论断并未广为接受。当时，笔者反对该模式的理由是，雅婆那299年肯定在迦腻色迦元年之前，但是没有什么证据可以证明，旧历满300年会改新历，而两个纪元至少差10年以上则是可能的，也就是希腊纪元始于公元前186年。Cribb所坚信的公元前186年对Eucratides太早一说，也不是一个令人信服的观点，只要该纪元确实从该王而非他人开始这一点尚未得到证实。

虽然并非由历史上的孤证得出，Falk与Bennett（2009）证明Cribb正确，该文将闰年中完全可确定的年份与一个犍陀罗的文本做比较。那个文本提到，在Azes纪元中的一年有一个马其顿闰月。该文本提到了三个年份：Azes与希腊纪元的差距、改为Azes年份影响了希腊纪元的开端、导致后者开始于公元前175/前174年，这些Cribb都做了正确的推测。然而，希腊历的基本事件不一定非与Eucratides相关不可。

Rapin（2010）认为，公元前175/前174年无疑是Antimachos一世与Apollodotus一世结盟、摈弃大夏的Agathokles之时，这样兴都库什的南北两个区域合二为一。从此，Antimachos自称为Theos，至少还会在位几年。不久之后，Eucratides上台，想继续保有广阔的疆域，但很快不得不将南方的土地割让给弥兰陀（Menander）。

笔者认为这一解释很有道理，不过，笔者希望历史学家借助于更多今后能发现的文献去证实它。

如果Cribb的理由和我们的计算推导出相同的年份，那么Cribb模式的基本原理就可以被接受，那就是，迦腻色迦有意无意地将公元127年定为元年，因为它能象征性地将他的家族与那些首次统一大夏与部分古代印度的印度-希腊王联系起来。在下一节讨论Azes纪元时，也会遇上非常相似的处理。

14.5　Azes 纪元

自从1999年，所谓的因陀罗甲（Indravarman）骨灰坛被刊布，*ayasa*一词被发现写在表述日期的句子中，读作*maharajasa ayasa*，明显等同于在钱币中非常著名的Azes王，在佉卢文（Kharoṣṭhī）中读作*ayasa*，而在希腊语中作AZOY。在不同级别的考证中，一系列学者（Bivar, Fussman, Salomon, Mukherjee）指出，考古和历史上的对应都将Azes纪元的开端置于公元前1世纪中期，那时Vikrama *saṃvat*正好开始，由此我们不应对两者的一致表示惊讶。虽然Marshall早在1914年就想到“很有可能Azes纪元会被发现始于公元前58年左右”（1914: 977），其他人则偏好奥卡姆的剃刀（Occam's razor，即简约法则译者注），认为“虽然没有绝对的证据，但是在已经证实的纪元里计算这个年代是更好的办法，除非发明一个新的纪元”（Fussman 1980: 31）。

从此，人们根据Vikrama *saṃvat*来约定俗成和舒适地计算每个Azes年份。然而，有些学者仍旧提醒我们，这个一致只是貌似，尚未得到证实，而各方面的证实也是急需的。

当犍陀罗的舍利盒上佉卢文被重读，新的解读呈现了一个Azes年，该年带有一个名为Gorpiaios的闰月，在Azes和Vikrama *saṃvat*之间区别从有可能上升到了有希望。这个闰年被首位编者所发现

（Fussman 1985: 41），但他错认年份为“172”。该数字被最终解读的两个星期之后，Chris Bennett联系到笔者，想打听犍陀罗铭文中的闰年，笔者告知他自己新的解读。他坚称，这是Vikrama *saṃvat*纪元的172年，也就是公元115年，不可能是带有两个Gorpiaios月的闰年。归根结底，我们知道闰年产生于希腊化的体系。因为希腊化闰年体系有可靠的凭据，而那个在犍陀罗实行的极有可能就是那个在安息（Arsacid）伊朗发展起来的。Bennett推断，Azes纪元的开端在公元前57/前56年的前后十年间。所有的证据都不是独立存在的，不过那个在公元前47/前46年相对晚近的开端可使所有的计算落在我们知晓和期待的轨道上，而那个在公元前67/前66年相对早的开端会与很多我们确信知道的年代相冲突。当知道我们所发现会很重要之后，我们很快完成了论文（Falk与Bennett 2009）。

一旦Azes元年与Vikrama *saṃvat*分离，并且置于公元前47/前46年，我们发现，这是伊朗安息王朝元年的延续，如果我们考虑到Azes和他的斯基泰军队向着犍陀罗进发，那么这也就不奇怪了。Azes元年非别，乃是安息纪元的201年，这样我们不能确定，Azes是否在“Azes元年”开始其统治。他的统治可能在公元前46/前47年之前就开始了。他使用这个年份，但是严格地称之为“Azes纪元”就不完全正确了。一个“Azes使用过的纪元”可能更客观，也关照了历史背景。事实上，在三个年份的舍利盒铭文的表述中，我们就发现这种同Azes松散的联系：“该纪元他们称之为‘Azes的纪元’”（*yaṃ vucati ayasa*）。作者明显地想到，这不是Azes的纪元，而是Azes使用的纪元，正如我们将要看到的，其他的可能也在使用。

Azes延续安息纪元可以与迦腻色迦沿袭印度-希腊纪元相比。这两个事例中，一个新王朝用它的计时将自己同另一个更早的政治力量相联系，或许使得他们同过去合法统治者相匹敌，从他们的光环中获利。

14.6 Maues 纪元

只有一块银版上的铭文提到“Maues纪元”78年（Konow 1929: 23–29）。该文本出土自塔克希拉（Taxila），提到了一系列斯基泰王族成员。王族部分成员还在一块所谓的摩菟罗狮子柱头的铭文中被提到。柱头上文本的最新编辑（Falk 2011）中，我已经展示了，Kharahostes的年份和一些其他的重要的Kṣatrapa就可以并入在塔克希拉银版铭文中所提到的人物，如果写在“Maues大帝”78年之后的纪元能够与所谓的Azes纪元等同的话，银版由此可断代为公元前31年。

如前所述，Azes在一个较古的纪元之上建立了“他的”纪元。大部分最早的、其中的日期可以落到该纪元的文献，却根本没有提到该王的名字。安息纪元似乎在公元前48 / 前47年复活了，并且为不少人使用。在Azes附近的人使用他的名字，另外的人则不。在Maues周围的人们，他们是Azes的同时代人，则自由地使用随意一个纪元，如果复活安息纪元的理念没有在其家族里出现的话。我们没有办法替他们决定，虽然有大量明显的证据出自Azes领域，并且与Azes有关系的家族更有可能源自Azes，而非Maues（图14-4）。

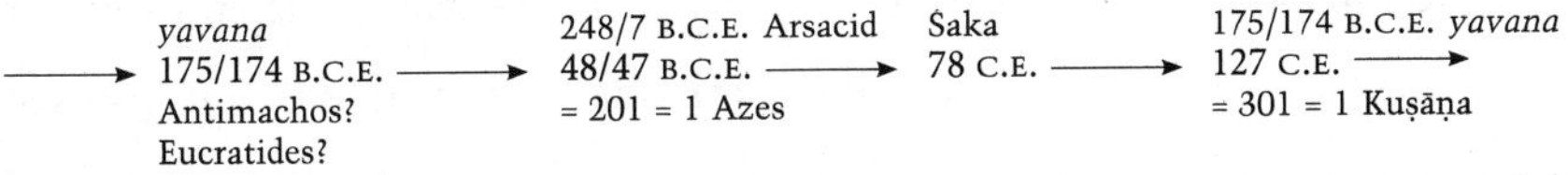

→ *yavana* 175/174 B.C.E. Antimachos? Eucratides? → 248/7 B.C.E. Arsacid 48/47 B.C.E. = 201 = 1 Azes → Śaka 78 C.E. → 175/174 B.C.E. *yavana* 127 C.E. = 301 = 1 Kuṣāṇa →

图14–4

参考文献

Baums S. 2006. Bemerkungen zum Ordinalsystem der Gāndhārī // Hüsken U, Kieffer-Pülz P, Peters A. Jaina-Itihāsa-Ratna - Festschrift für Gustav Roth zum 90. Geburtstag (Indica et Tibetica, 47). Marburg: 33-44.

Bivar A D H. 1970. Hārītī and the chronology of the Kuṣāṇas. Bulletin of the School of Oriental and African Studies, 33: 10-21.

Bivar A D H. 2000. A current position on some Central and South Asian Chronologies. Bulletin of the Asia Institute, 14: 69-75.

Bivar A D H. 1981. Inscriptions of the Early Gupta Kings. New Delhi: Archeological Survey of India.

Cribb J. 1998. Western Satraps and Satavahanas: Old and new ideas of chronology // Jha A K, Garg S. Ex Moneta-Essays on Numismatics, History and Archaeology in honour of Dr. David W. MacDowall: vol 1. New Delhi: Harman Publishing House: 167-182.

Cribb J. 1999. The early Kushan kings: new evidence for chronology. Evidence from the Rabatak Inscription of Kanishka I. Alram M, Deborah E. Klimburg-Salter (Hgg.), Coins, Art, and Chronology. Essays on the pre-Islamic History of the Indo-Iranian Borderlands (Österreichische Akademie der Wissenschaften, Philosophisch-Historische Klasse, Denkschriften, 280 =Beiträge zur Kultur-und Geistesgeschichte Asiens, 31= Veröffentlichungen der Numismatischen Kommission, 33). Wien : Österreichische Akademie der Wissenschaften: 177-205.

Cribb J. 2005. The Greek kingdom of Bactria, its coinage and its collapse // Bopearachchi O, Boussac M-F. Afghanistan - Ancien carrefour entre l'est et l'ouest. Actes du colloque international au Musée archéologique Henri-Prades-Lattes du 5 au 7 mai 2003. Turnhout: Brepols: 207-225.

Elizabeth E, Curtis V S. 2007. From Persepolis to the Punjab-Exploring ancient Iran, Afghanistan and Pakistan. London: The British Museum Press.

Falk H. 2001. The yuga of Sphujiddhvaja and the era of the Kuṣâṇas. Silk Road Art and Archaeology(7): 121-136.

Falk H. 2002. Some inscribed images from Mathurā revisited. Indo-Asiatische Zeitschrift(6/7): 31-47.

Falk H. 2004. The Kaniṣka era in Gupta records. Silk Road Art and Archaeology (10): 167-176.

Falk H. 2005. The introduction of stūpa-worship in Bajaur. Bopearachchi O, Boussac M-F. Afghanistan - ancien carrefour entre l'est et l'ouest. Turnhout: Brepols: 347-358.

Falk H. 2006. Three inscribed Buddhist monastic utensils from Gandhāra. Zeitschrift der Deutschen Morgenländischen Gesellschaft (156): 392-412.

Falk H. 2006. The tidal waves of Indian history – Between the empires and beyond // Olivelle P. Between the Empires – Society in India 300 BCE to 400 CE. NewYork: Oxford University Press: 145-166.

Falk H. 2009. The pious donation of wells in Gandhara // Mevissen G J R, Banerji A. Prajñādhara - Essays on Asian Art, History, Epigraphy and Culture - in Honour of Gouriswar Bhattacharya. New Delhi: Kaveri Books: 23-36.

Falk H. 2010. Signature phrases, Azes dates, nakṣatras and some new reliquary inscriptions from Gandhara. Annual Report of The International Research Institute for Advanced Buddhology (13): 13-33.

Falk H. 2011. Ten thoughts on the Mathura Lion capital reliquary // Bhandare S, Garg S. Felicitas-Essays in Numismatics, Epigraphy and History in Honour of Joe Cribb. Mumbai: Reesha Books International: 121-141.

Falk H, Chris B. 2009. Macedonian Intercalary Months and the Era of Azes. Acta Orientalia(70): 197-216.

Gérard F. 1980. Nouvelles inscriptions Śaka: Ère d'Eucratide, ère d'Azes, ère Vikrama, ère de Kaniṣka. Bulletin de l' École Française d'Extrême-Orient (74): 1-44.

Gérard F. 1980. Nouvelles inscriptions Śaka (Ⅱ). Bulletin de l'École Française d'Extrême-Orient (73): 31-46.

Gérard F. 1985. Nouvelles inscriptions Śaka (III). Bulletin de l'École Française d'Extrême-Orient (74): 35-41.

Gérard F. 2008. Review of: Sonya Rhie Quintanilla, History of early stone sculpture at Mathura, ca. 150 BCE-100 CE. Journal Asiatique (296): 180-187.

Gokhale S. 1957. Cultural significance of the personal and place names from Vākāṭaka inscriptions. Bulletin of the Deccan College Research Institute (18): 173-185.

Härtel H. 1986. An early coping stone inscription from Mathura // Bhattacharya G. Deyadharma-Studies in memory of Dr. D.C. Sircar. Delhi: Sri Satguru Publications: 101-110.

Konow S. 1929. Kharoshṭhī Inscriptions - With the exception of those of Aśoka (CⅡⅡ,1). Calcutta.

Loeschner H. 2010. Simurgh, Kushan and Sasanian crowns of AE coins of the Kushano-Sasanian, Ardashir. Journal of the Oriental Numismatic Society (203): 12-13, X-0502.

Mac Dowall D W. 2006. The use of bimetallism in the Roman and Kushan coinage // Romanis FD, Sorda S. Dal denarius al dinar - L'oriente e la moneta Romana. Rome: Istituto Italiano di Numismatica: 43-53.

Majumdar N G.1937-1938. The Bajaur casket of the reign of Menander. Epigraphia Indica (24): 1-8.

Marshall J. 1914. The Date of Kanishka. Journal of the Royal Asiatic Society (1914): 973-986.

Mukherjee B N. Oriental Society (102): 361-364.

Mukherjee B N. 1985. The Vikrama and Śaka eras-Observations on their beginnings and their early use in Eastern India. Indian Museum Bulletin (20): 7-27.

Mukherjee B N. 1987. A Mathura image inscription. Indian Museum Bulletin (22): 28-29.

Mukherjee B N. 2004. The question of bearing of the Yavanajātaka on the era of Kanishka. Indian Museum Bulletin (39): 1-7, X-0397.

Mukherjee B N. 2004. Kushāṇa Studies: New Perspectives. Kolata: Firma KLM.

Neelis J. 2007. Passages to India: Śaka and Kuṣāṇa migrations in historical contexts // Srinivasan D M. On the Cusp of an Era - Art in the Pre-Kuṣāṇa World. Leiden: Brill: 55-94.

Neelis J. 2010. Early Buddhist Transmission and Trade Networks – Mobility and Exchange within and beyond the Northwestern Borderlands of South Asia. Leiden: Brill.

Pingree D. 1961-1962. The Yavanajataka of Sphujidhvaja. Journal of Oriental Research, Madras (31): 16-31.

Pingree D. 1978. The Yavanajātaka of Sphujidhvaja. Cambridge: Harvard University Press.

Rapin C. 2010. L'ère Yavana d'après les parchemins Gréco-Bactriens d'Asangorna et d'Amphipolis // Abdyggaeva K. Tradicii Wostoka i Sapada w antixioi Kultype sredni asii. Tashkent: Noshirlik yog'dusi: 234-252.

Sachau E C. 1914. Alberuni's India, An account of the religion, philosophy, literature, geography, chronology, astronomy, customs, laws and astrology of India about AD 1030. London: Kegan Paul, Trench, Trübner & co.

Salomon R. 2005. The Indo-Greek era of 186/5 BC in a Buddhist reliquary inscription // Bopearachchi O, Boussac M-F. Afghanistan - ancien carrefour entre l'est et l'ouest. Turnhout: Brepols: 359-401.

Schindel N. 2009. Ardashir II Kushanshah and Huvishka the Kushan: Numismatic evidence for the date of the Kushan king, Kanishka I. Journal of the Oriental Numismatic Society (198): 12-14.

Senart É. 1905-1906. The inscriptions in the caves at Nasik. Epigraphia Indica (8): 59-96.

Smith V A. 1901. Chronology of the Kuṣān Dynasty of Northern India. Journal of the Royal Asiatic Society (1901): 175.

Tibet H. 2011. Out of Uddiyana- "Precious early Buddha images" from Gandhara/Uddiyana from the Buckingham Collections. New York: Tibet House.

Leeuw J E L-D. 1949. The "Scythian" Period. An approach to the history, art, epigraphy and palaeography of North India from the 1st century BC to the 3rd century AD. Leiden: E J Brill.

Leeuw J E L-D. 1986. The second century of the Kaniṣka era. South Asian Studies (2): 1-9.

15 The Parable of a Man and His Two Ladies: A Fragment from an Unknown Story Collection[1]

Jens-Uwe Hartmann
Ludwig-Maximilians-Universität München

Stories and story telling are popular in every culture, and classical India is no exception here. A special point with regard to India is the enormous amount of stories that have come down to us because they are part of a literature that survived and because they were represented in art. A hundred and fifty years ago, Western scholars became aware of this incredible richness and realized the degree to which these stories had travelled and spread all over Asia and Europe, and this discovery even led to the so-called Indian Theory, the idea that classical India was the home of all stories found in literature and oral tradition.[2] Soon this idea, attractive as it may have been for the Indologist, had to be abandoned again when comparative research on fairy tales made it clear that the situation

[1] Various colleagues and students have contributed useful remarks and corrections, and I am very grateful to all of them: Chen Ruixuan (Munich), Paul Harrison (Stanford), Gao Mingdao (Taibei), Adelheid Mette, Johannes Schneider (both Munich) and the participants of a reading class in Berkeley in 2010, Stefan Baums, Julie Bongers, Rae Dachille, Ryan Damron, Charles DiSimone, David Mellins, Shiying Pang and Sungha Yun.

[2] The Indian Theory goes back to Theodor Benfey (1809-1881) who developed it from his epoch-making studies on the transmission of the stories of the Pañcatantra; cf. now Maximilian Mehner, *Märchenhaftes Indien. Theodor Benfey, die Indische Theorie und ihre Rezeption in der Märchenforschung*, München: P. Kirchheim, 2012 (Indologica Marpurgensia, 3).

was not quite as simple as that. However, the tremendous richness of the Indian tradition is recognized, and so is the fact that many stories and motifs were apparently created in India and travelled in all directions, sometimes, but by no means always, in the wake of Buddhism.

From the very beginning, the Buddhists made use of the popularity of stories, and especially of parables, in India, and they continuously availed themselves of the rich treasure of already existing non-religious tales and adapted them to their specific needs. One of the most striking examples, in my eyes, is the famous parable of "The Man in the Well". In India, there is a version preserved in the Mahābhārata, there are several versions in Jaina works, and there is the Buddhist version which probably became the most influential one and travelled all over Asia and Europe. It is found at the same time, for instance, in medieval Christian art and in paintings of the Kamakura period in Japan.[1]

Buddhists used such stories in order to express and to illustrate their ideas, but certainly also to entertain their audience, as do Buddhist preachers in all traditions up to very present day. With the exception of the Abhidharma, stories are found everywhere in the Buddhist canon, in the Vinaya, in the Sūtras, and above all in specific story collections like the Jātakas; they were included in the old commentaries, and they were used by Buddhist poets as the perfect raw material for creating highly refined works of kāvya, of classical poetry.

In the following, I will present an example from a story collection preserved in two manuscript fragments found in Afghanistan. For various reasons, this is a rather remarkable collection. First, it is unknown. Second, only one of the four stories which are at least partly preserved can be

[1] For an excellent treatment of the topic cf. Monika Zin, "The Parable of 'The Man in the Well'. Its Travels and its Pictorial Representations from Amaravati to Today", *Art Myths and Visual Culture of South Asia*, ed. Piotr Balcerowicz etc., Delhi: Manohar, 2011 (Warsaw Indological Studies Series, 4), 33-93.

identified, but not with the help of contemporaneous Indian material. Third, the manuscript is very unusual. Remains of two folios are available, one of which is kept in the Schøyen Collection in Norway (MS 2381/57), the other one in the Hayashidera Collection in Japan (HC 024). The material is birch bark, and both leaves show the same phenomenon: the script on the recto and verso sides is not identical. One side is written in Gilgit/Bamiyan type I and contains an unknown collection of stories. The text on the other side, however, is written in Proto-Śāradā or Gilgit/Bamiyan type II; it also contains a story collection, but this time the collection can be identified. It is the famous Jātakamālā of Āryaśūra, and the text on the fragment from the Schøyen Collection belongs to the Śarabhajātaka, the 25th chapter of this Jātakamālā where it corresponds to pp. 163.24-164.24 in Hendrik Kern's edition of the text.[1] The folio from the Hayashidera Collection continues without a gap: it corresponds to pp. 165.1-166.4 in Kern's edition. What has happened here? One side is written in a refined variety of an ornamental script and contains a well-known work of the highest poetical quality. The other side is written in a somewhat sloppy hand, and it contains a story collection with no embellishments and partly in a "bad" Sanskrit. The clue to the most probable solution is held by the material: it is birch bark, and a folio of this material usually consists of two or more layers of bark. These layers may come apart or be intentionally separated, and thus one folio can be split into two folios, each of them with a new blank side, and then the blank side can again be written on. This is probably

[1] This part of the manuscript is published, see J.-U. Hartmann, "Āryaśūra's Jātakamālā," *Buddhist Manuscripts*, ed. Jens Braarvig et al., Vol. II, Oslo: Hermes Publishing, 2002 (Manuscripts in the Schøyen Collection, 3), 318f.

what has happened here.[1] At present, the most likely explanation is that originally this was one folio of a manuscript of the Jātakamālā which was split and used secondarily for noting down short stories from another collection. Although the script of this secondary text would appear, at first sight, slightly older, it is quite possible that the two scripts existed side by side for some time and that the older one continued to be used for less representative purposes since it allows a more cursive and therefore faster way of writing.[2] Regrettably, the left margins of both folios are lost, and therefore no folio numbers are preserved; if the above explanation is

---

〔1〕Nicholas Sims-Williams kindly drew my attention to a very similar case, a Bactrian Buddhist text on a birch bark manuscript of the *Prātimokṣasūtra* of the Mahāsāṃghika-(Lokottara)vādins, where fol. 75 "separated into two layers, producing two new blank pages which were subsequently used for writing the Bactrian text", cf. Nicholas Sims-Williams, "Two Late Bactrian Documents", *Coins, Art and Chronology* II, ed. by Michael Alram and others, Wien: Österreichische Akademie der Wissenschaften, 2010, 203 with figures 1 and 2 on p. 210; for a color reproduction of the corresponding halves with the *Prātimokṣasūtra* cf. Seishi Karashima, "Fragments of a Manuscript of the *Prātimokṣasūtra* of the Mahāsāṃghika-(Lokottara)vādins (1)", *Annual Report of the International Research Institute for Advanced Buddhology at Soka University* 11 (2008), 71-90 and plate 4. Another manuscript in the Schøyen Collection appears to present one more case: It contains the *Bhaiṣajyagurusūtra* and the *Viśeṣavatīdhāraṇī*. The folio on which the first ends and the second begins seems to be split and the resulting blank sides used for writing another text *secunda manu* and in a very cursive script, undeciphered so far. It is planned to publish the manuscript in the next volume of the series *Buddhist Manuscripts in the Schøyen Collection*. Hopefully it will be possible to read and understand the secondary text, because this may throw light on the question whether those splits are accidental or intentional and on a possible relation between primary and secondary text.

〔2〕On the simultaneous use of both scripts in manuscripts of the *Saṃghāṭasūtra* cf. Oskar von Hinüber, "The Gilgit Manuscripts: An Ancient Buddhist Library in Modern Research", *From birch Bark to Digital Data:Recent Advances in Buddhist Manuscript Research*. Papers Presented at the Conference Indic Buddhist Manuscripts: The State of the Field, Stanford June 15-19 2009, ed. by Paul Harrison and Jens-Uwe Hartmann, Wien: Österreichische Akademie der Wissenschaften, 2014 (Beiträge zur Kultur-und Geistesgeschichte Asiens, 80; Denkschriften der philosophisch-historischen Klasse, 460), 88: "It is evident and well known, of course, that the manuscripts written in proto-Śāradā are younger. This can also be deduced from corrections: in manuscripts BCG the text in "Gandhāran Brāhmī" is occasionally corrected in proto-Śāradā. There is no example of a correction in the opposite direction. These corrections show that manuscripts in the older variant of the script continued to be read, because these mistakes were obviously detected only by later readers, not by the scribe himself, and, consequently, they also show that the readers were still familiar with both scripts". Cf. also Gudrun Melzer, "A Paleographic Study of a Buddhist manuscript from the Gilgit region: A glimpse into the workshop of the scribes", note 10 (forthcoming).

correct, there should have been only one folio number on the then recto side of the Jātakamālā text.

Remains of altogether four stories are preserved in the unknown collection. Only one of them is Buddhist in the narrower sense of the word; its protagonists are Vāsuki, a lord of the Nāgas (*Nāgādhipati*), well known in Hindu mythology, but less so in Buddhist sources, and Jīvaka, the famous physician of the time of the Buddha. Somehow Vāsuki challenges Jīvaka, and the Buddha himself is also involved in the story. The other stories are non-Buddhist; one is a parable narrating how a cat is deceived by a clever mouse, and of another one only the conclusion is preserved, which suggests a story about a king and his ministers.[1] The story presented here is so far the only one which could be identified and linked to other versions.

It starts with the title *pupr̥yeti*, surely a misspelling for *supriyeti*, and already the first sentence suggests that the story is not set in a typical Buddhist context with Buddhist actors: "It is heard: A certain man looked for a wife, and when one was found, he said" (line 8). The contents of his speech are not preserved, because there is a gap in the fragment, and in the next line a verse comes that is introduced with *idaṃ dr̥ṣṭāntaḥ*, "this is the example". Again there is a gap, but the following two sentences are of highest importance for understanding the story. Evidently the man finds himself between two women, an old one and a young one. The narrative goes on to say: "There the young one out of love plucked out the white hairs of that man. The old one out of jealousy [plucked out] the black ones. Until in the course of time this man ..." (line 10), and again there is a gap, but the story must go on with the statement that the man becomes bald, because the two women both carry on plucking out his hair.

〔1〕They will be edited and studied in detail in the next volume of the *Buddhist Manuscripts* (cf. above, P190: note〔1〕).

I must confess that I did not fully understand the story when I first studied the manuscript. In fall 2010, however, there was an occasion to read it together with graduate students at UC Berkeley. One of the students, Charles DiSimone, remembered having read something like that before, and Stefan Baums, who also participated in that class, immediately searched the internet and came up with a version by Aesop, the famous Greek author of fables and stories.[1] The history of theses stories in the various collections is not easy to unravel,[2] but the oldest manuscript sources for Aesop go back to the 3rd century BCE, while the Indian manuscript dates to roughly the 6th century CE. This invites the question which version is to be considered the older one, and an answer to this question would also clarify which direction the story traveled in. The present manuscript preserves the only old Indian version known so far, but the story is also contained in a Chinese Buddhist collection which doubtlessly derived from an Indian original. Therefore the Indian version is, if not the origin of the story, then at least a kind of missing link between Greece and East Asia.

At present a modern version of the story is known from Korea,[3] and

〔1〕http://www.pitt.edu/~dash/bald.html; last access on May 26, 2012. The motif is named "Young wife pulls out his gray hairs; old wife his black" and classified as no. J2112.1 in Stith Thompson, *Motif-Index of Folk-Literature*, vol. 4, Copenhagen: Rosenkilde & Bagger, 1957, 179, with further references. In Ben E. Perry's edition of Aesop it is no. 31, cf. *Aesopica*, Urbana: Univ. of Illinois Press, 1952. Regrettably, the story is not depicted on the murals of the Sogdian city of Penjikent, although several fables from Aesop are represented there, cf. Boris I. Marshak, *Legends, Tales and Fables in the Art of Sogdiana*, New York: Bibliotheca Persica Press, 2002.

〔2〕Cf. the first sentence in Niklas Holzberg, *The Ancient Fable. An Introduction*, Bloomington: Indiana University Press, 2002, 1: "Travelers in the antique land of the genre *fable* will find themselves confronted not perhaps by a wreck of Ozymandian proportions, but still with a sizable selection of rubble".

〔3〕Cf. Zong In-Sob, *Folk Tales from Korea,* London: Routledge & Kegan Paul Ltd., 1952, no. 88, p. 191 (reference from the same homepage as above, note〔1〕).

its transmission in Japan was studied by Hisashi Matsumura.[1] He traces it back to the *Jinglü yixiang*（《经律异相》）(T 2121 = vol. 53, 231b27-c8) and the *Niepan xuanyi fayuan jiyao*（《涅盘玄义发源机要》）(T 1766 = vol. 38, 38b15-25) where a lost *Piyu jing*（《譬喻经》）(**Upamā-sūtra*) is given as a source,[2] and he takes it to be a genuine Aesop story. As far as South Asia is regarded there is a modern and slightly different version from India,[3] and there is a Balochi version in a collection where it is told among others as an example of an exceedingly foolish man.[4]

In Aesop as in the Balochi and the modern Indian version the two women are the two wives who, in the latter two versions, are quarrelling with each other, while in the Korean rendition the young girl is a mistress kept secretly by the man. When the wife notices his white hairs diminishing, she smells a rat and in her jealousy pulls out the black hair to make him unattractive for his mistress. This apparently agrees better with the textual remains of the present manuscript, cf. the remarks below. The story preserved in two identical versions in the Chinese Tripiṭaka (T 1766 and T 2121) differs considerably in several details: A man had two wives in two places. When he approached the younger one she found him old and unattractive, and therefore she pulled out his white hairs. When he went to

---

〔1〕"Gūwa 'Batsuhatsudanji' no keihu – bukkyō bunken to sezoku bunken no kōshō" [Transmission of a Story of a Man having his Hair Pulled Out], *Indogaku Bukkyōgaku Kenkyū* 57.3 (2009), 6-13 = 1137-1130. Information on this paper was kindly provided by Kazuho Yamazaki in an email dated July 04, 2011.

〔2〕This work is listed in Sengyou's *Chu sanzang ji ji*（《出三藏记集》）(T 2145 = vol. 55, 10a4 ff.), and it is also referred to in the slightly earlier *Zhongjing bielu*（《众经别录》）, an anonymous catalogue preserved in a manuscript fragment from Dunhuang (P 3747). Apparently, the *Piyu jing* was not a translation, but a compilation from various sources, made by Kang Fasui（康法邃）during the Eastern Jin dynasty.

〔3〕Pleasant DeSpain, *Tales of Nonsense and Tomfoolery*, Little Rock: August House Publishers, 2001, 49-53.

〔4〕M. Longworth Dames, Balochi Tales, *Folklore*, Vol. 4, No. 2 (June, 1893), 195-206 (reference from Stith Thompson and Jonas Balys, *The Oral Tales of India*, Bloomington: Indiana University Press, 1958, 279, motif J2112.1).

the older lady, she found him too young, and therefore she pulled out his black hairs. After some more visits in both places he became bald. Then both women found him unsightly and deserted him, and he became so depressed that finally he died. The story is used to illustrate the law of karma: in an earlier life the man had been a dog who was regularly fed in two monasteries located on opposite banks of a river. It always followed the bell of each monastery, and one day, when both bells rang at the same time, the dog, in the middle of the river, could not make up his mind which monastery would have the more delicious food and where it should turn to, and therefore it finally drowned in the water.[1]

The story is contained in lines 8 to 12 of the manuscript (MS 2381/57), and due to the state of preservation of this side the script is rather difficult to decipher in some places.

Transliteration[2]

8 /// + + + + .. sayate ’lpasatvam iti[3] : || ◎ || pupṛyeti : śrūyate kaścit puruṣaḥ patniṃ mṛgayate yāvad āsāditā sa prāha : + + ///

9 /// [v]. stara tato nety āheti • idaṃ dṛṣṭāṃtaḥ puṇyaṃ hi na pṛyaṃ yasya so pi puṇyasya na pṛyaḥ virodhā ..[4] t sumahān bhraṃśo dve yathāśīlino janau • ta .. .. ///

---

〔1〕There is another story of a man torn between two women contained in *the Baiyu jing*（《百喻经》）, T 209, composed by Saṃghasena, 554b5-b12: A man with two wives slept at night exactly in the middle between the two, with his face upwards, because each wife became jealous when he moved in the direction of the other. When there was heavy rain, dirty water dripped into his eyes but he did not dare to move away. Thus, he lost his eyesight. This is given as an example of the stupid men in the world who have lost the eye of wisdom and remain in saṃsāra. For a French summary cf. Édouard Chavannes, *Cinq cents contes et apologues extraits du Tripiṭaka chinois*, tome II, Paris: Ernest Leroux, 1911, 212.

〔2〕A first transliteration was prepared by Klaus Wille, Göttingen.

〔3〕This is probably the end of a Vasantatilakā verse which begins in line 7 and concludes the preceding story.

〔4〕This akṣara appears to be deleted by a small stroke above. If so, the meter is restored.

10 /// tatra yā sā taruṇī sā snehāt tasya puruṣasyo śvetāni vālāny uddharati • vṛddhā īrṣyā kṛṣṇānīti • yāvat kālāṃtareṇa sa puruṣa vya[1] ///

11 /// .. .. [kh]ai tathārdhaṃ vidveṣo harati kuśalārthāpṛyapṛyamukhaiḥ hitārthaḥ śuklārthaḥ kṣapayati tato duḥkhaka[li]laṃ ///

12 /// + + + .. .i .. ..ṃ [p]. ny. .ā .. ///

Reconstruction

(1) *supriyeti*[2]

According to the parallels in the manuscript each story begins with a title, set apart from the preceding story by a circle within double daṇḍas and concluded with *iti*. In this case it appears to be *supriyā*, "the beloved woman". Paul Harrison (Stanford), however, raises the question whether this could be understood as *supriye ti* "the two beloveds". Both seem possible, especially since the language of the manuscript does not always comply with the rules of classical Sanskrit.

(2) *śrūyate*[3]

"It is heard."

(3) *kaścit puruṣaḥ patnīṃ*[4] *mṛgayate yāvad āsāditā sa prāha*

"A certain man looked for a wife, and when one was found, he said." The contents of his speech are, regrettably, not preserved.

(4) /// (r9) /// [v]. *stara tato nety āheti*

The akṣaras suggest something like *v(i)stara<ḥ |> tato nety āheti*, and in the Korean version the man denies the existence of his mistress in front

---

[1] Possibly something like *vyapakṛṣṭakeṣa* has to be restored.

[2] Ms. *pupṛyeti*.

[3] Interestingly the form *śrūyate* is preferred here, and not *anuśrūyate*; for the latter cf. Oskar von Hinüber, *Indo-Iranian Journal* 53 (2010), 48f. (review of McComas Taylor, *The Fall of the Indigo Jackal*, Albany: State University of New York Press, 2007).

[4] Ms. *patniṃ*.

of his wife, but the surviving akṣaras do not permit a safe connection with the Korean and the sense remains obscure.

(5) *idaṃ dṛṣṭāṃtaḥ*

"This is the example" , refering either to the preceding text or to the following Śloka.

(6) *puṇyaṃ hi na priyaṃ*[1] *yasya so 'pi puṇyasya na priyaḥ*[2]
virodhāt sumahān bhraṃśo dve yathāśīlino janau

"To whom virtue is not dear, he also will not be dear to virtue; from oppugnancy (comes) a very great decline, as (in the case of) the two unmoral people." The meaning of this verse and its relation to the story are not fully clear; the double *priya* is likely to connect with the title of the story. The last pāda poses a number of problems which partly derive from the fact that this passage and especially its vowel signs are difficult to read in the manuscript: it could probably also be read as *dvau yathāśīlinau janau*. Then it should be taken as referring to the man and the mistress—who, however, is not expressly named as such in the preserved parts of the story. Reading *yathāśīlino* would refer to the man in the genitive and leave us with a strange *dvau janau* or *dve jane* for the two women. Since this verse is not contained in any of the parallel versions, at present it is difficult to decide what exactly its author had in mind.

(7) *ta* /// (*r*10) /// *tatra yā sā taruṇī sā snehāt tasya puruṣasya*[3] *śvetāni vālāny uddharati* • *vṛddhā īrṣyāyāḥ*[4] *kṛṣṇānīti*

"There the young one out of love plucked out the white hairs of that man. The old one out of jealousy [plucked out] the black ones."

(8) *yāvat kālāṃtareṇa sa puruṣa vya*[5] ///

---

[1] Ms. *pryaṃ*.

[2] Ms. *pryaḥ*.

[3] Ms. *puruṣasyo*.

[4] Ms. *īrṣyā*; read *vṛddherṣyāyāḥ*.

[5] Possibly something like *vyapakṛṣṭakeśa*.

"Until in the course of time this man (became hairless)."

(9) (*r*11) /// [*kh*]*ai tathārdhaṃ vidveṣo harati kuśalārthāpriyapriya-mukhaiḥ*[1] *hitārthaḥ śuklārthaḥ kṣapayati tato duḥkhaka*[*li*]*laṃ* ///

This line is not really intelligible. When compared with the structure of the other two non-Buddhist stories in the collection, it becomes clear that in lines 11 ff. the Buddhist explanation of the story should follow. A first step towards a possible solution could be taking one of the two *priya* in *priyapriyamukhaiḥ* as a dittography, because this leads to two lines in perfect Śikhariṇī meter:

tathārdhaṃ vidveṣo harati kuśalārthāpriyamukhaiḥ

hitārthaḥ śuklārthaḥ kṣapayati tato duḥkhakalilaṃ

If indeed a verse, this could be the second line, and the word *ardhaṃ* could refer to the two halves of hair, "Thus, hatred seizes one half (of the hair)", but *kuśalārthāpriyamukhaiḥ* remains difficult. Adelheid Mette proposes to read *vidveṣe* and to separate *kuśalārthā* as referring to one of the two ladies, "the one who aims at (her own) welfare seizes one half in hatred". The following compound *priyamukhaiḥ*, however, remains a problem ("with smiling faces"?). When taken as a compound *kuśalārthāpriyamukhaiḥ* might mean something like "In that way hatred/rivalry destroys one half with faces which are inimical to welfare and benefit", but this does not sound really convincing. At present, I am unable to suggest a plausible solution. The next line is no less problematical; does it mean "Therefore one who aims at (his) good, who aims at merit brings to an end the mass of suffering"? If it is a verse — and this appears very likely — the sense remains largely obscure, and one is left with the distinct feeling that further corrections are required before the text will be fully understood.

[1] Ms. *kuśalārthāpṛyapṛyamukhaiḥ*.

16 Central Asian Origin of the "Land of Bliss"

Charles Willemen
International Buddhist College,Thailand

16.1 Introductory

There are two factors which greatly facilitate our comprehension of historical developments concerning the spread of Buddhism from India to China across Central Asia.

-First there is *Jibin* (罽宾), as India's northwestern area is known in China.*Jibin* is the area from where foreigners, *bin*, with their much appreciated blankets, *ji*, came to China, eventually to Chang'an (长安) and to Luoyang(洛阳). *Jibin* is mentioned in the history of the Western Han(西汉), two centuries B.C. Meant is Uḍḍiyāna (Swat) and Gandhāra. This area had relatively easy access to the "Southern Silk Road", to Hotan(和田)(Khotan)(1). The *Mahāvaṇija Jātaka* XIV 493 says: *Kāsikāni ca vatthāni Uddiyāne ca kambale*. Just as Kāśī was famous for its silk, so Uḍḍiyāna was famous for its blankets, *kambala, ji*(2). The Gandhāran cultural area also includes Bactria, *Daxia*(大夏), to the West. Ca.170 A.D., during the reign of Kaniṣka, a Sarvāstivāda synod was held in Kaśmīra. A revised Gandhāran *Aṣṭagrantha,* translated by Saṅghadeva, Sengqie Tipo(僧伽提婆), as *Ba*(八)*jiandu*(犍度)*lun* (论) T. XXVI 1543, was now called *Jñānaprasthāna,* translated by Xuanzang(玄奘)(and Kumārajīva, Jiumo Luoshi[鸠摩罗什]) as *Fazhi*(发智)*lun*(论), T. XXVI 1544. The revised text was written in Sanskrit. A collection, *kāya,* of six more revised and eventually expanded texts was established. This new *abhidharma* was said to be proclaimed by the Buddha, establishing a new "orthodoxy". The *Aṣṭagrantha* had many commentaries, *Vibhāṣās.* So the new *Jñānaprasthāna* needed a new commentary. This was called *Mahāvibhāṣā*, translated by Xuanzang as *Da piposha*(大毗婆沙) T. XXVII 1545.The new "orthodoxy" became known as Vaibhāṣika. At the same time a new Sanskrit *vinaya* was established, called *Daśabhāṇavāra, Shi song lü*(十诵律) T. XXIII 1435, *Vinaya in Ten Recitations.* It had removed many illustrative stories, *dṛṣṭāntas*, from the traditional, long Sarvāstivāda *vinaya*, as practiced in the Gandhāran area(3). From ca.200 A.D. Kaśmīra was also part of *Jibin*, but the Indians who kept arriving in Chang'an and Luoyang came from the traditional Gandhāran part of *Jibin,* often from its westernmost area, from Bactria. Kāśmīra Vaibhāṣika "orthodoxy" was introduced in China in the seventh century by Xuanzang, just before it lost out in northwestern India(4). So, before Kaśmīra was included in *Jibin*, its western part was Bactria and its eastern part was Gandhāra proper. The Chinese term *Xiyu*(西域), Western Regions, i.e. Central Asia, also includes Bactria. Bactria is the only region which is both *Xiyu* and *Jibin.*

The second factor which defines the history of Buddhism in general, is the first schism in the time of Mahāpadma Nanda, ca. 340 B.C., in Pāṭaliputra. The Mahāsāṅghika *Śāriputraparipṛcchāsūtra, She Lifu wen jing*(舍利弗问经) T. XXIV 1465,of the Eastern Jin(东晋)(317–420 A.D.), which exists only in Chinese translation, makes it clear that the oldest *vinaya* is the one of the Mahāsāṅghikas, and that the Sthaviras just wanted to add minor rules to the *vinaya*. The majority did not agree(5). This split between Sthaviravāda and Mahāsāṅghika became the driving force of developments, not only in India's northwestern area.Sthaviras, whether Vātsīputrīyas, Sarvāstivādins, or Vibhajyavādins(6) (Mahīśāsakas, Dharmaguptakas, Kāśyapīyas, or Theravādins) had *śāstras*, instructing how to develop knowledge, *jñāna*, and how to obtain arhatship. Mahāsāṅghikas had *upadeśas*, teaching guidelines in a *Peṭaka*. They developed wisdom, *prajñā*, insight into emptiness, in their practice(7). Both groups used successful ideas of their opponents in their own *yogācāra*, practice of *yoga*. E.g. Sarvāstivādins used contemplation of emptiness too, and also *Buddhānusmṛti*, mindfulness to Buddha. Quite some meditation manuals exist in Chinese translation ever since the time of An Shigao(安世高), Ashkani, in China, ca.148–170 A.D.(8). The earliest Chinese translation of the *Aṣṭasāhasrikāprajñāpāramitā* is called *Daoxing*(道行)(*Yogācāra*) *bore*(般若)(*prajñā*) *jing*(经), T.Ⅷ224. It is the work of Loujia Chen(娄迦谶), commonly called Lokakṣema(9), in 179 A.D.in Luoyang.The text most probably came from Gandhāra, and is of Mahāsāṅghika affiliation. So, abhidharmic literature was used for practical purposes. This can hardly be said of the *abhidharma* which is said to be proclaimed by the Buddha himself, *Buddhabhāṣita*. Vaibhāṣikas and Theravādins were establishing their "orthodoxy". Their *abhidharma* did not serve a meditational purpose.

The Sthavira-Mahāsāṅghika rivalry is more influential than the Hīnayāna-Mahāyāna divide.

16.2 Paradise

Lokottaravāda Mahāsāṅghikas saw Buddha lands, *Buddhakṣetras*, in all directions, but Akṣobhya's paradise, called *Abhirati*, stood out. It most likely is of Mahāsāṅghika affiliation, well known in their literature about the perfection of wisdom, *prajñāpāramitā*. This paradise is situated in the East. This seems to be the eastern part of traditional *Jibin*, namely

Gandhāra(10). Knowing that the earliest systematic Sarvāstivāda *abhidharma*, Dharmaśreṣṭhin's (法胜) *Abhidharmahṛdaya*, probably first century B.C.(11), translated in 391 A.D. by Saṅghadeva, *Apitan xin lun*(阿毗昙心论) T. XXVIII 1550, of Bactrian origin, describes a long path to attain the highest stage of arhatship, called *akopya*, it is tempting to say that the rivals used that term for Akṣobhya, ruler of their paradise. Sarvāstivādins, who were quite strong in Bactria, believed in an intermediate existence or *antarābhava*. They seem to have immediately picked up the idea of a paradise, calling it *Sukhāvatī.* It exists after death and before reaching Buddhahood. Amitābha, Measureless Light, rules there. The *dramatis personae* of Amitābha's texts are Śākyamuni, Ānanda, Maitreya, ... They point to a Sthavira affiliation. This paradise is associated with the bodhisattva Avalokiteśvara, a princely figure. Dharmarakṣa, born in a Yuezhi(月支)family in Dunhuang(敦煌), but active in Chang'an, ca.265–310 A.D., translates Avalokiteśvara's name as *Guang* (光) *(Ābhā)Shiyin*(世音)(*lokitasvara?*)(12). It is not impossible that this translation shows a link with the term Amitābha in the Bactrian area, an area of Gāndhārī and Kharoṣṭhī at the time. Already in Kuṣāṇa times, the first centuries A.D., both paradises occur side by side in the same text. E.g. *Karuṇāpuṇḍarīka* T.III157 *Beihua jing*(悲华经), of Tanwu Chen(昙无谶), Dharmarddhin(385–433 A.D.), who was active in Liangzhou (凉州) between 414 and 421 A.D.I. Yamada proposes the period between 200 and 400 A.D. as the time of the compilation of this text(13). The original text of the anonymous T.III 158 *Dasheng bei fentuoli jing*(大乘悲分陀利经)(350–431), may be somewhat older than the original text of T.157. The combination of both paradises, *Abhirati* and *Sukhāvatī, Jile Jingtu*(极乐净土), is obvious in many temples in e.g. Fujian today. The triad in the main hall is Śākyamuni, flanked by Amitābha to his right and by Bhaiṣajyaguru to his left. The triad is flanked by Kṣitigarbha to its right and

Avalokiteśvara to the left(Fig.1). A second hall in the same temple may have Vairocana(*dharmakāya*)in the middle, and Samantabhadra to his right, Mañjuśrī to his left(Fig.2). The two flanking figures both have Śākyamuni in their crown. It is striking that all names, except Śākyamuni, most probably have a Gandhāran, sometimes even Bactrian origin. The group with Amitābha suggests a Central Asian, *Xiyu*, origin. In terms of school affiliation this group points to Sautrāntika, to traditional Sarvāstivādins. The group with Vairocana rather is of Mahāsāṅghika affiliation.

16.3 The Three "Land of Bliss" Texts (14)

The smaller *Sukhāvatīvyūha,*Kumārajīva's *Amituo jing*(阿弥陀经), T. Ⅻ 366, of 402 A.D. in Chang'an, reached the Chinese capital via the continental "Silk Road". Xuanzang brought a new version in 650 A.D. in Chang'an, T.Ⅻ367 *Chengzan Jingtu Fo sheshou jing*(称赞净土佛摄受经). The early northern term *Amituo*, Amitābha,as used by Lokakṣema's school during the Han, and as used by Kumārajīva and Xuanzang, became most widely used in China. The Bactrian *Sukhāvatī* found its way across Central Asia to the Chinese capital.The Chinese term *Jingtu*, Pure Land, rather means *Śubhāvatī* in ancient translations. Prākrit and Kharoṣṭhī may explain this Chinese rendering. Later translations kept this traditional term.

The larger *Sukhāvatīvyūha*, T.Ⅻ360 *Wuliangshou jing*(无量寿经), is traditionally said to be the work of a Sogdian Saṅghavarman. Fei Zhangfang's(费长房) *Lidai sanbao ji*(历代三宝记) T. XLIX 2034:56 b 23-24, of 597 A.D., gives this information. Fei's explanations of the original Indian names of translators in China is very useful. He certainly had at least one Indian informant. Is this a partial explanation for his catalogue, which is far less reliable than Sengyou's(僧佑) (435–518A.D.)T.LV 2145 *Chu sanzang ji ji*(出三藏记集), of 515-518 A.D..

Sengyou (2145:12 a 24-26) clearly says that the *Wuliangshou jing* is the work of Baoyun(宝云) in 421 A.D. in Jiankang(建康). In southern China after the Wu(吴) (222-280 A.D.) Amitābha was known as Wuliangshou (Amitāyus), never rendered phonetically(15). Local traditional Chinese culture, especially Daoism,may explain the term(16). Fei's attribution to the Sogdian can be understood when one knows that many Sogdians came to southern China from places such as Funan(扶南)(mainly Cambodia), where names ending in *varman* where very common.His attribution offers an "Indian"origin.

The *Visualization Sūtra.*This is the *Guan Wuliangshou Fo jing*(观无量寿佛经), T.Ⅻ365, *The Scriptural Text about Buddha Amitābha's Visualization(Bhāvanā).* This text is usually said to be apocryphal. It is said to either have a Central Asian origin, maybe from Turpan, or to be a purely Chinese composition. Tradition ascribes the Chinese version to Kālayaśas in Jiankang during the Liu Song(刘宋), during the years 424–442 A.D. After that Kālayaśas travelled to Sichuan(四川). He also brought out T. XX 1161 *Guan Yaowang Yaoshang er pusa jing*(观药王药上二菩萨经), about visualization of the two bodhisattvas Bhaiṣajyarāja and Bhaiṣajyasamudgata. This text may be conjectured to be based on a Bactrian oral version. Bhaiṣajyaguru's (17)attribute of *vaiḍūrya*, beryl, a stone of intense blue colour, is found in the Badakhshan Mountains,the area of northeastern Afghanistan and southeastern Tajikistan. This area certainly is part of *Xiyu*, and may be considered to participate in Bactrian culture. Kālayaśas must have come from the Bactrian area. In Jiankang he did not have a written text of his meditational ways. It is quite believable that he brought a Bactrian meditation about Amitābha to Jiankang. The *Wuliangshou jing* had just been brought out there by Baoyun, collaborator of the *dhyāna* master Buddhabhadra(359–429 A.D.). Buddhabhadra came from Nagarahāra, from the Bactrian area. He was a non-Vaibhāṣika

Sarvāstivādin, a Sautrāntika. Kālayaśas seems to have explained the sixteen visualizations of the *Visualization Sūtra*. K. Fujita says that Yamada Meiji's explanation in 1976 of Amitābha's visualization text supports the theory of a Chinese compilation(18). He says the text consists of part one: Ajātaśatru's story; Part two: Thirteen visualizations; Part three: Visualizations fourteen, fifteen, and sixteen, and an explanation of the nine grades of rebirth, *jiu pin*(九品). In parts one and three the term Amitābha is used, but in part two Amitāyus is used. I presume that for part one an already existing northern (Dārṣṭāntika?) version was used. An *Ajātaśatrusūtra* is ascribed to Zhi Qian, *Wei Shengyuan jing*(未生冤经) T. XIV 507. It is reasonable to assume that this story was not unknown, even in Luoyang and Chang'an.Part three may have a Bactrian origin. E.g. Saṅghadeva's *Abhidharmahṛdaya* mentions nine afflictions in the path of development, *bhāvanā*, from weak-weak to strong-strong. Saṅghadeva preached in Jiankang after 397 A.D., but his *abhidharma* translations had begun earlier in Luoyang. The most important commentary on the *Hṛdaya*, the *Miśrakābhidharmahṛdaya, Za apitan xin lun*(杂阿毗昙心论) T. XXVIII 1552, the work of the Gandhāran Dharmatrāta, early fourth century, was translated in Jiankang by Saṅghavarman, Baoyun, a.o., in 435 A.D.(19). Also Faxian(法显), who worked in Jiankang in 416 A.D., is said to have translated this text, having obtained it in 406 A.D. in Pāṭaliputra. In the fifth century there was a flourishing doctrinal *abhidharma* school in southern China. So, the nine grades of *abhidharma* were well known both in Gandhāra, Bactria, and in Jiankang.There is absolutely no need to look for any link with Chinese administration. Sautrāntika *abhidharma* may explain the nine grades of the last three visualizations of the version of Kālayaśas. Part two was a new Chinese version, made in Jiankang, making use of the recent *Wuliangshou jing* of Baoyun(and Buddhabhadra). So, the Chinese text was established combining existing material of northern origin, and using the recent *Wuliangshou jing.* Yamada Meiji has shown us how the Chinese text was established in Jiankang, but the oral teaching of Kālayaśas is still basic.

By way of conclusion one may say that Bactria, an area with an influential traditional Sarvāstivāda, Sautrāntika presence, is the westernmost part of both *Jibin* and of *Xiyu,* the Western Regions, Central Asia. The Sarvāstivāda belief in an intermediate existence made it possible to see a Land of Bliss, *Sukhāvatī*, after death and before reaching Buddhahood. This land was situated in the West(Bactria), an immediate reaction to the Mahāsāṅghika eastern paradise of Akṣobhya in Gandhāra. The *Visualization Sūtra* and its nine grades of rebirth seems to have originated in the Bactrian cultural area, in Sarvāstivāda circles there. It was written down in southern China, early fifth century,most likely inspired by the teaching of Kālayaśas. At that time Bactrian *abhidharma* with its nine grades of afflictions in the path of development, *bhāvanā,* was well known in Jiankang.

16. 4 Notes

(1)Willemen 2008:39.

(2)Willemen 2012 b:483.

(3)The historical reality concerning Sarvāstivādins has been explained more than once since 1998. See esp.Willemen 2008:38-46.

(4)Willemen 2008:47.

(5)Willemen 2012 a:1.

(6)Willemen 2012 b:487-490.

The legal basis for a schism in India can only be found in the *vinaya.* But could doctrinal disputes also lead to disagreement about the *vinaya*? This question is very relevant for the first schism between Sthaviravāda and Mahāsāṅghika.

(7)Willemen 2008:41-42,66-67,71;Idem 2012 a:2.

(8)Willemen 2012 a:4-8.

(9)Willemen 2008:42.

Lokesh Chandra restores the original Indian name to Laukākṣina. Willemen 2004:10, note 27.

(10)Willemen 2013.

(11)Frauwallner 1971:72,102.

Also Willemen 2006:3-4.

(12)Karashima 2009:203-204.

(13)Yamada 1968: 174. For Tanwu Chen, Dharmarddhin: Willemen 2012 a: 4, note 18.

(14)Translated in Inagaki 2003. See also Gómez (1996)2002.

(15)Willemen 2011: 149.

(16)Willemen 2011: 148-152.

(17)K.Zysk in Willemen 2012 a:46, note 182, says that the Tathāgata Bhaiṣajyaguru is a development from the bodhisattva Bhaiṣajyarāja.

(18)Fujita Kōtatsu (1990)1992: 171, note 108.

(19)For the Miśraka°: Willemen 2008: 48-49.

Bibliography

Conze E. 1970. Aṣṭasāhasrikā Prajñāpāramitā. Calcutta: The Asiatic Society.

Dantinne J. 1983. La Splendeur de l'Inébranlable (Akṣo- bhyavyūha). Louvain-La-Neuve:Université Catholique de Louvain. Institut Orientaliste.

Frauwallner E. 1971. Abhidharma-Studien. Wiener Zeitschrift für die Kunde Südasiens (15): 69-121.

Fujita K. 1992. The Textual Origins of the Kuan Wu-liang-shou ching: A Canonical Scripture of Pure Land Buddhism // Buswell R E. Chinese Buddhist Apocrypha. Delhi: Sri Satguru Publications: 149-173.

Gómez L O. 2002. The land of Bliss. The Paradise of the Buddha of Measureless Light. Delhi: Motilal Banarsidass.

Harrison P, Hartmann J-U, Matsuda K. 2002. Larger Sukhāvatīvyūha // Braarvig J. Manuscripts in the Schøyen Collection Ⅲ, Buddhist Manuscripts Ⅱ. Oslo:Hermes Publishing: 179-214.

Inagaki H. 2003. The Three Pure Land Sutras. Berkeley: Numata Center for Buddhist Translation and Research.

Karashima S. 2009. Fahua jing de wenxianxue yanjiu (法华经的文献学研究): Guanyin de yuyi jieshi (观音的语义解释).Journal of Chinese Literature and History (95): 199-229.

Karashima S. 2011. A Critical Edition of Lokakṣema's Translation of the Aṣṭasāhasrikā Prajñāpāramitā. Tokyo: Soka University. The International Research Institute for Advanced Buddhology.

Willemen C. 2003. From Where Did Zen Come? Dhyāna in the early Buddhist Tradition. Calgary: University of Calgary.

Willemen C. 2006. The Essence of Scholasticism. Abhidharmahṛdaya. Delhi: Motilal Banarsidass.

Willemen C. 2008. Kumārajīva's Explanatory Discourse about Abhidharmic Literature. Journal of the International College for Postgraduate Buddhist Studies (国际佛教学大学院大学研究纪要)(12): 37-83(156-110).

Willemen C. 2011. From Funan to Jiangnan. The Indian International Journal of Buddhist Studies (12): 141-155.

Willemen C. 2012. Outlining the Way to Reflect (思惟略要法). Mumbai: Somaiya Publications.

Willemen C. 2012. Mahīśāsaka. Some New Ideas // Lalji Sh, Willemen C. Dharmapravicaya: Aspects of Buddhist Studies. Essays in Honor of N.H. Samtani. Delhi: Buddhist World Press: 481-497.

Willemen C. 2012 . Early Yogācāra and Visualization (Bhāvanā) // Haynes S F, Sørensen M J. Wading into the stream of Wisdom. Essays in Honor of Leslie Kawamura. Berkeley: Institute of Buddhist Studies and BDK America:209-225.

Yamada I. 1968. Karuṇāpuṇḍarīka. London: School of Oriental and African Studies.

17 阿弥陀净土的原貌*

辛嶋静志（撰） 創価大学
裘云青（译）

17.1 摘要

（1）支谦在翻译*vyūha*（“［国土的］布局”）时，把它与**śuha*（< *śubha*“清净的”）联系在一起，译成“净”。但此事与“净土”

*2009 年 3 月笔者曾在法兰西学院（Collège de France）和莱顿大学做过以英文“The Original Landscape of Amitābha's 'Pure Land'”为题的演讲。本篇论文在这篇英文论文基础上做了大幅度修改和补充。值此论文出版之际，得编者刘震教授指教，在此深表谢意。

莱顿大学演讲后，有人指出笔者没有提及 Jan Nattier 的论文以及论点、论文部分内容与 Jan Nattier 的论点重复等。的确，没有注意到 Jan Nattier 的论文是笔者的疏忽，但如果说有重复之处的话，那么也仅仅是在 17.2.6 末尾关于“无量清净(佛)”说明的一处。如 17.2.2 中所写，笔者早在十余年前就曾持有“*vyūha*＝严＝净”的看法。在几年前与 Jan Nattier 讨论时（参照 Nattier 2007: 359n.*），笔者曾就她过去发表 *vyūha/viśuddha* 混同说一文中所论表示了不同看法，指出她的论证在语言上是不可能成立的，并且拿出资料等提示她有 *vyūha*/**vi-śuha*（< **vi-śubha*）混同的可能性。关于这一混同说，笔者在本篇论文中所论证的内容与 Nattier 博士的见解相去甚远，相信读者在读过笔者此论文后，再与 Nattier 博士论文相比较，二者差异自会心领神会。退万步言，Nattier 博士之论文仅涉及“*vyūha*＝净”，远没有达到真正关键之处的“净土”。

此篇论文大体内容的着手契机于 2004 年 4 月净土真宗大谷派九州教学研究所研修会上的演讲。同年笔者又在佛教大学集中讲义时对众多学界同仁及后辈学生论述过这一问题。这个研究题目笔者长期以来酝酿已久，自然也为此花费了许多时间精力。但之后，梵文写本断简和汉译佛典辞典两个研究课题任务过于繁重，没有再多的时间来完成论文的执笔。光阴似箭，一晃五年过去。因需要准备 2009 年于法国的演讲，才重新提笔把酝酿多年的成果付之于文字。瞬间的欢喜之后竟然是不断的意料之外的烦恼。各种各样的世事迫使我一度放弃了发表此论文的想法。即将放弃之时，长年挚友给予了我极大的鼓励和支持，使我重新鼓起勇气把此篇几乎要束之高阁的论文发表出来。值此，笔者感谢鸟越正道、野村和彰、益田惠真、吹田隆道、Peter Lait、玉井达士、佐佐木大悟、肖越等同仁。没有他们的支持，就永远不会有此篇论文的问世。同年在佛教大学夏季集中讲座时，出席的同仁以及学生们催促笔者尽早发表此篇论文。当时正值笔者精神之低谷，彷徨且脆弱，那时得到的支持与鼓励令笔者感动万分，终生不能忘怀。

这一汉语词汇并没有直接关系。鸠摩罗什似乎是在《般若经》“净佛国土”思想影响下，才开始将佛国土翻译为“净土”的。《无量寿经》古译出现于公元2—3世纪，但其中看不到任何“净佛国土”思想的痕迹。公元5世纪《无量寿经》之后，《般若经》“净佛国土”思想的影响才显现出来。

（2）*Amitābha*（无量光）经过音变化产生了*Amitāyu*（*Amitāyus*; 无量寿）；“阿弥陀”的原语为*Amitāha/*Amidāha*（*Amitābha*的中期印度语词形）。

（3）*Sukhāvatīvyūha*是后世加上的副标题，原本的标题为*Amitābhavyūha*或*Amitābhasya vyūha*，说明所有汉译的题名都来自于此。

17.2　本篇

以下，在本论文中使用《○○经》（如《阿弥陀经》《无量寿经》）表示特定的汉译经典，使用《○○经》★（如《阿弥陀经》★《无量寿经》★）表示包括梵本、诸汉译、藏译经典在内的总称。

17.2.1　净土：“洁净的土”还是“被洁净的土”？

汉语“净土”既可以表示“洁净的土”（形容词+名词），也可以解释为“洁净土地”（动词+名词）。汉译《般若经》★等中“净佛国土”（“洁净佛国土”；梵语 *buddhakṣetram pariśodhayati*）频繁出现，“净土”也是其略称。因此，把“净土”解释为“被洁净的土”这种可能也是存在的。

藤田宏達认为，印度原语中本来没有“净土”这个名词，它是在中国《般若经》★中不断教说的净佛国土思想影响下造出来的。[1]藤田还阐述到，极乐观念本身就是在净佛国土思想背景下产生的。[2]平川彰虽然也认为印度原语中不存在“净土”这个名词，但他认为，

〔1〕参照藤田 2007: 384f.

〔2〕藤田 2007: 388.

“（极乐）净土”本来与《般若经》*等中“净佛国土”无关，是中国净土教创始人昙鸾（476—542年）把这两个概念联系在一起的。[1]那么“净土”所指究竟是“洁净之土”还是“被洁净之土”呢？

17.2.2　支谦误译例

许多学者以及笔者的其他论文中已指出[2]，支谦（翻译多在222—252年间）常把梵语（以下简称为Skt）、佛教混淆梵语（Buddhist Hybrid Sanskrit，以下简称为BHS）及中期印度语（Middle Indic，以下简称为MI）混为一谈，造成误译。例如，与《八千颂般若》*对应的《大明度经》（T. 8, No. 225）中，支谦把Skt. *ābhā*（“光”）译为“水”。此类误译有：“水行天”（485a12; Skt. *Ābhā*）、“无量水天”（485a12; BHS. *Apramāṇābhā*）、“水音天”（485a12; BHS. *Ābhāsvara*）等等，说明支谦把Skt. *ābhā*（“光”）与犍陀罗语（以下略为Gā）**ava*（< Skt. *āpas* 阴性，复数；参照Pā. *āpa*, *āpo* “水”）混淆为一体了。

除上述例之外，在支谦译《维摩诘经》（T. 14, No. 474）中[3]，支谦把Skt. *deva*（“天”）误认为是MI. *dīva*, Gā. *diva*（< Skt. *dīpa* “灯”），因此把*Devarāja*译为“灯王（519b12）”。他还把Skt. *jālin*（“拥有网”）也同样翻译为“水”。此类例子有：“帝（←宝）水”（519b11; *Indrajālin*）、“水光”（同*Jālinīprabha*）、“梵水”（519b16; *Brahmajālin*）。这些例子都说明支谦把Skt. *jāla*（“网”）的派生词*jālin*解释成了Skt. *jala*（“水”）。支谦把菩萨名*Anikṣiptadhura*翻译成“不置远”（519b15），说明支谦混淆了Skt.

〔1〕平川 1976: 2f. = 1990: 80f.

〔2〕辛岛 1997a: 169, Karashima 2006: 362f. 也参照 Nattier 2007: 369, 2009: 108f.

〔3〕2002 年 9 月在佛教大学召开的日本印度学教学会上，铃木晃信博士发表了《维摩经文本考证——通过梵、藏、汉对照》。以下菩萨名梵汉对照便是在铃木先生此篇资料的基础上，笔者于 2002 年研究后的结果。此外，关于竺法护译《正法华经》中出现的同一菩萨名的问题，笔者已于 Karashima 1992 年做过考证——但当时笔者认为它是竺法护的翻译，而不是竺法护借自支谦。也参照 Nattier 2007:369。

dhura（“重负”）和Skt. *dūra*（“远”）[1]；把人名*Subāhu*译为“善多”（531a8）[2]，说明支谦混淆了Skt. *bāhu*（“腕”）与Skt. *bahu*（“多”）的意思；把*Nārāyaṇa*译为“人乘”（531a25）[3]，说明支谦把这个大名鼎鼎的名字解释为Skt. *nara*（“人”）+ Skt. *yāna*（“车”）；把Skt. *saṃskṛta*（“有为”）译为“数”（531b26, 533c22, 534a15等）[4]，说明支谦混淆了Skt. *saṃskṛta*的中期印度语词形*saṃkhata*与MI. *saṃkhāta*（< Skt. *saṃkhyāta* “被计算”）。

支谦常把BHS. *pratyekabuddha*（独觉）译为“缘一觉”（528c18, 21, 24等等）[5]，但在原典中是犍陀罗语词形*pracea-buddha*（与BHS. *pratyeka-buddha* “独觉”/ *pratyaya-buddha* “缘觉”相对应）[6]。有可能是支谦认为*pracea*有“唯一”（*pratyeka*）和“缘”（*pratyaya*）[7]两种意义，也有可能是当时这种解释在犍陀罗地域已经形成。

支谦祖父来自印度，支谦本人则出生在中国北部，从未离开过中国国土。[8]因此，他的汉语虽然完美，但印度语言的知识却十分贫乏，常把梵语和中期印度语混为一谈。一般说来，至3世纪末为止的印度佛典中，中期印度语和梵语常混合在一起，因此，导致了准确理解这些佛典极其困难。正是因为支谦没有完全理解原典，因此才造成了他翻译的经典常脱离印度佛典原意。但支谦的汉语优雅流畅，深得当时人们的喜爱，所以支谦汉译广泛流传。也正是因此，支谦的误译对中国佛教产生了巨大的影响。

---

〔1〕参照 Karashima 1992: 27.

〔2〕Vkn VIII § 5 *Subāhu*; ZQ. 善多; Kj. 妙臂; Xz. 妙臂.

〔3〕Vkn VIII § 12 *Nārāyaṇa*; ZQ. 人乘; Kj. 那罗延; Xz. 那罗延.

〔4〕Vkn VIII § 22, X § 16, 18 etc. *saṃskṛta*; ZQ. 数; Kj. 无为; Xz. 无为. 也参照 Nattier 2007: 381, n. 87.

〔5〕Vkn VI §11, §12 etc. *pratyekabuddha*; ZQ. 缘一觉; Kj. 辟支佛; Xz. 独觉.

〔6〕参照 Gā. *praceka-buddha, pracega-buddha* (< Skt. *pratyeka-buddha*). 犍陀罗语 *Anavatapta-gāthā* 中也可见词形 *pracea-buddha*。Salomon 先生认为，与其说这个词和 *pratyeka-buddha* 相对应，毋宁说它与 *pratyaya-buddha* 相对应。

〔7〕参照 Gā. *pracea* < Skt. *pratyaya*.

〔8〕参照 Nattier 2008: 116。

17.2.3　**支谦译中的“净”** = *vyūha*

支谦常把*vyūha*（“布局”）译为“净”或“清”。[1]下列例子[2]选自支谦译《维摩诘经》（T. 14, No. 474; 略为ZQ），每例都附上了在梵本（略为*Vimalakīrtinirdeśasūtra*; Vkn），鸠摩罗什译《维摩诘所说经》（T. 14, No. 475; 略为Kj）、玄奘译《说无垢称经》（T. 14, No. 476; 略为Xz）中相对应词：

光净菩萨（519b6; Vkn I § 4. *Prabhāvyūha*; Kj. 光严; Xz. 光严）

大净菩萨（519b7; Vkn I § 4. *Mahāvyūha*; Kj. 大严; Xz. 大严）

莲华净菩萨（519b16; Vkn I § 4. *Padmavyūha*; Kj. 华严; Xz. 莲华严）

净复净（522c27; Vkn III § 29. *Śubhavyūha*; Kj. 严净; Xz. 严净）

宝净（529a7; Vkn VI § 13, 44a3. *Ratnavyūha*; Kj. 宝严; Xz. 宝严）

大（←太）清（535c12; Vkn XII § 7. *Mahāvyūha*; Kj. 大庄严; Xz. 大严）

除去最后一例是佛国土名以外，其他都是人名。特别值得注意的是*vyūha*（=“净”）附在人名末尾这一点。

大乘佛典中*vyūha*（“布局”）用于称颂佛国土之美的记述[3]。支谦常把出现在这样前后关系中的*vyūha* 也译为“净”。例如：

（1）ZQ. 519b1. 无量佛国皆严净（Vkn I § 3, 2a6; *anantabuddhakṣetraguṇavyūha-samalaṃkṛta~*; Kj. 537a-2. 无量佛土皆严净; Xz. 558a5. 无量佛土皆严净）

〔1〕Inagaki 已指出(1998: 213，217)。

〔2〕其他例也参照 Inagaki 1998: 213，217。

〔3〕关于 *vyūha*，参照原 1973，村上 2004, Murakami 2006, 2008, Lienhard 2007: 144, 180。

这里，支谦把*guṇa-vyūha*（“美质”与“庄严”）译为“严净”[1]。在其他地方则把*guṇa*译为“严”[2]。因此我们可以非常明了地看出，支谦逐字翻译了*guṇa-vyūha*。

（2）ZQ. 520c11f. 佛告舍利弗：“汝且观此佛国严净？”对曰：“唯然。本所不见，本所不闻，今佛国土好净悉现。”“然舍利弗！……若人意清净者，便自见诸佛佛国清净。”当佛现此佛土严净之时，八万四千人发无上正真道意（Vkn I § 18- § 19. *tatra bhagavān āyuṣmantaṃ Śāriputram āmantrayate sma: “paśyasi tvaṃ Śāriputra imān buddhakṣetraguṇavyūhān?” āha: “paśyāmi bhagavan! adṛṣṭāśrutapūrvā ime vyūhāḥ saṃdṛśyante.” āha: “īdṛśaṃ mama Śāriputra! sadā buddhakṣetram ... yathā cittapariśuddhyā satvā buddhānāṃ buddhakṣetraguṇavyūhān paśyanti” asmin khalu punar buddhakṣetraguṇavyūhālaṃkāre saṃdarśyamāne ...*; Kj. 538c23f. 佛告舍利弗：“汝且观是佛土严净？”舍利弗言：“唯然世尊！本所不见，本所不闻。今佛国土严净悉现。”佛语舍利弗：“我佛国土常净若此。……若人心净，便见此土功德庄严。”当佛现此国土严净之时，宝积所将五百长者子皆得无生法忍。）

（3）ZQ. 520c9f. 譬如众宝罗列净好如来境界无量严净于是悉现（Vkn I § 17. *tadyathāpi nāma Ratnavyūhasya tathāgatasyÂnantaguṇaratnavyūho lokadhātus*）。

（4）ZQ. 529a10f. 此室清净常见诸天名好宫室及一切佛严净之土（Vkn VI § 13, 44a5. *iha gṛhe sarvadevabhavanavyūhāḥ sarvabuddhakṣetraguṇavyūhāś ca saṃdṛśyante*; Kj. 548b18f. 此室一切诸天严饰宫殿诸佛净土皆于中现）。

（5）ZQ. 535a23f. “汝等观是妙乐世界阿閦如来，其土严好，菩萨行净，弟子清白？”皆曰：“唯然已见。”“愿受如是净好佛土，

[1]“严净”意为“净，完全清净的”，成为佛教文献中频繁使用的表达。多与 Skt. √*śubh*, √*śudh* 以及其派生词相对应。参照 Karashima 1998: 522–523，同 2001: 317。

[2] 例如：“其师子座为一切严” (527a24; Vkn V § 6, 35a2. *sarvaguṇopetāni siṃhāsanāni*).

诸菩萨皆欲追学阿閦如来菩萨所行。”……（535b1f.）佛问舍利弗：“汝已见妙乐世界阿閦如来？”“如是，世尊！见彼土人一切净好。”（Vkn XI § 7, 69b4f. *“paśyata mārṣā! Abhiratiṃ lokadhātum Akṣobhyaṃ ca tathāgatam etāṃś ca kṣetravyūhāñ śrāvakavyūhān bodhisatvavyūhāṃś ca?”* *ta āhuḥ* *“paśyāmo bhagavann!”* *iti āha: “īdṛśaṃ mārsā! buddhakṣetraṃ parigrahītukāmena bodhisatvenÂkṣobhyasya tathāgatasya bodhisatvacaryāyām anuśikṣitavyam”* .... § 8 *tatra bhagavān āyuṣmantaṃ Śāriputram āmantrayate sma: “dṛṣṭā te Śāriputra! Abhiratir lokadhātuḥ sa cÂkṣobhyas tathāgataḥ?” āha: “dṛṣṭā me bhagavan! sarvasatvānāṃ tādṛśā buddhakṣetraguṇavyūhā bhavantu.”*; Kj. 555c8f. “汝等且观妙喜世界无动如来其国严饰，菩萨行净，弟子清白？”皆曰：“唯然已见。”佛言：“若菩萨欲得如是清净佛土，当学无动如来所行之道。”……555c16f. 佛告舍利弗：“汝见此妙喜世界及无动佛不？”“唯然已见。世尊！愿使一切众生得清净土如无动佛。”；Xz. 585b5f. “汝等神仙！普皆观见妙喜世界无动如来庄严佛土及诸菩萨声闻等耶?”一切咸言：“世尊已见。”…… 585b21f. 舍利子言：“世尊！已见。愿诸有情皆住如是庄严佛土。”）

那么为什么支谦把*vyūha*（“布局”）翻译成了“净”？关于这一问题，Jan Nattier博士第一个以论文形式指出，支谦译中*vyūha* = 净。她认为，支谦混淆了*vyūha*和犍陀罗语的*viśuddha*（2000：73-74，注6）。

笔者十几年来一直认为[1]，支谦把*vyūha*（“布局”）翻译成“净”的理由在于，正如“严净”所显示，汉语“净”一定有类似“严”的“整洁”的意思。（也就是“*vyūha* = 严 = 净”）笔者记忆如果准确的话，数年前，在和Nattier直接讨论时，笔者指出，*vyūha*不可能与*viśuddha*以及任何俗语混淆，之后又如此说：“从语言的角度讲，如果说支谦混淆了*vyūha*和*vi-śubha*的中期印度语词形**vi-śuha*，那么则很容易解释。但是说到底，这仅仅是语言学上的一个可能性而

〔1〕竺法护《正法华经词典》（1998）出版后，Jonathan Silk 教授曾指教笔者说，竺法护也把 *vyūha* 翻译为“净”。

已。我自己选择'*vyūha* = 严 = 净'的论点。"那以后，Nattier在之前*vyūha/viśuddha*的结论[1]之外，又补充了二者与**vi-śubha*混同的论点（2007: 376f.）。

笔者没有注意到Nattier发表的这篇扩展了原论文以后的新论文。为了准备笔者自己的论文，也就是本论文的底稿时，重又把支谦译《维摩诘经》与梵本以及诸汉译做了对比，发现了令笔者改变自己原来"*vyūha* = 严 = 净"论点的新内容：支谦把*āyūha*（"努力，effort, striving"[2]）译为"净"，把*niryūha*（"放弃，abandonment, withdrawal"[3]）译为"不净""秽"。这一发现令笔者大吃一惊。例如：

ZQ. 524a15f. 无我（←色）哉佛，净秽已离。顺哉佛，本性已清。明哉佛，自然已净（Vkn III § 52, 21b4. *nirātmikā bodhir āyūhaniryūhavigatā, anākulā bodhiḥ prakṛtipariśuddhā, prakāśā bodhiḥ svabhāvapariśuddhā*; Kj. 542c4f. 如化是菩提无取舍故。无乱是菩提常自静故。善寂是菩提性清净故。）

ZQ. 527a6f. 法无不净在不净者，于法有取有放。斯求法者，无取放之求也（Vkn V § 3, 34a6. *dharmo nâyūho niryūhaḥ. ye kecid dharmaṃ gṛhṇanti vā muñcanti vā, na te dharmārthikā, udgrahaniḥsar-gārthikās te*; Kj. 546a18f. 法无取舍。若取舍法，是则取舍非求法也）

准备本文的同时，笔者还做着伦敦大英图书馆收藏和田出土*Lalitavistara*梵语断简的出版工作，其中*viyūbha*[4]（< *viyūha* < *vyūha*）形式的发现坚定了笔者改变原来观点的决心。佛教梵语写本以

---

[1] Nattier说过，*vyūha*在梵语中变为*vyūḍha*，*vyūḷha*，在巴利语中变为*viyūḷha* (2007: 373，376)——虽然在论文中没有提到，但口头上她说过这是证明*vyūha*的*ha*和*viśuddha*的*ddha*替换根据之一。但是，*vyūḍha* (> *vyūḷha*, *viyūḷha*)是√*vah* 的过去分词，不可能与vyūha替换。

[2] BHSD, s.v. *āyūha*.

[3] BHSD, s.v. *niryūha*.

[4] Or.15010/48, r8, r10. *Ratnaviyūbhaṃ* (< ° *vyūha*~). 参看Karashima/Wille 2009, vol. II.1, p. 408. 此外，《金刚般若经》断简中也出现了*viyūbha*，即，IOL San420, v5, v6. *Kṣetravyūbhā*.

及断简中，Skt. *vyūha*以*viyūha*[1]的形式出现并不罕见。这一*Lalitavistara*写本断简中中期印度语词形*viyūha*经过更进一步梵语化（hypersanskritism）变为*viyūbha*。

无论是犍陀罗语还是佛教梵语，其中都有很多*-y-*与*-ś-*交替的例子。犍陀罗语的这两个字母字体也十分相似。此外，在印度西北部以及中亚的语言中，颚音*-ś-* / *-y-*（以及 *-j-*）很有可能非常近似[2]。

从这一系列问题考虑，我们不难推测，支谦把*viyūha*（< *vyūho*）、*āyūha*以及*niryūha*中相同部分*-yūha*误认为是**śuha*（< *śubha*[3]"美丽，纯粹，清净"）[4]，把*viyūha*和*āyūha*翻译为"净"；另一方面

---

〔1〕SP(KN).101.2. *–vyūha~* / SP(O), SP(Wi).48. *viyūha~*; SP(KN).460.7. *–vyūho* / SP(Wi).121. *viyūho*; Sukh(SC), p. 208, l. 10, p. 213, l. 11. *viyūhā*.

〔2〕关于*–y–* / *–ś–*的替换问题，参照 Karashima 1992: 269 §2.2.7, 289, note on 71a10; v. Hinüber 2001: § 213。犍陀罗语中 *ya* 和 *śa* 酷似，甚至有时难以区别（参照 Salomon 2000: 68; Lenz 2003: 121f.; Glass 2000: §§ 2.26, 2.30; 同 2007: 100）——字体相似也许意味着原本发音也相似（Richard Salomon 教授口头谈论）。笔者的推论是，*–j–* (> 中期印度语[也包括犍陀罗语]. *–y–*) / *–y–* / *–ś–*发音相近，所以经常混用。和田语文献中可见来自犍陀罗语的借用词形便是笔者的这一推论的佐证（参照 v. Hinüber 2001: § 213）。例如，*virśa* (< Skt. *vīrya*), *ttārśaśūni* (< Skt. *tiryagyoni*), *neśāya* (< Skt. *niryātayati*)。与此三个子音相对应的初期汉译佛典音写词常常为同一个词。这一事实也表明这几个音是同一音或相近。例如，罗耶（*–rāja*; T. 15, No. 626, 393a2, 支娄迦谶译）、摩耶（*Māyā*; T.3, No. 184, 462b20, 康孟详译）、维耶离（*Vaiśālī*; T. 4, No. 196, 161b23, 康孟详译）。支娄迦谶译《道行般若经》（T. 8, No. 224; 179 年译）中有例显示这样的混同。例如下面译文中，译者把梵本的 *rāśi~* "堆积"）与 Skt. *rājan*（"王"）混淆，把 *śuddha~*（"清净的"）与 Skt. *yuddha*（"战争"）或 Skt. *yudh*（"战士、士兵"）混淆：T. 8, No. 224, 446a2f. 般若波罗蜜者，甚深，珍宝中王。天中天！般若波罗蜜者，大将中王。天中天！般若波罗蜜，与空共斗，无能胜者 / AS.109.27 = R.220.16f. = AAA.479.5f. *ratnarāśir bhagavan prajñāpāramitā śuddharāśir bhagavan prajñāpāramitā ākāśaśuddhatām upādāya*（"世尊！般若波罗蜜是宝物的堆积。世尊！基于[如]虚空[般]的清净，般若波罗蜜是清净的堆积。"）

〔3〕参照 MI. *suha* < Skt. *śubha*. 支娄迦谶译《道行般若经》（T. 8, No. 224）中有"首呵"（435a12; *Śubhā*> **Śuha*）、"波栗多修呵"（435a13; *Parīttaśubha* > *° *śuha*）、"首呵迦"（439c25; *Śubhakṛtsna* > **Śuhaka–*）、"阿波摩首呵"（439c24; *Apramāṇaśubha* > **Apamā(ṇa)śuha*）等音写词，由这些音写词可知，原典中为**śuha* (< Skt. *śubha*)。参照 Karashima 2006: 357, Nattier 2006: 192.

〔4〕笔者认为，不是支谦看着写本翻译的，而有可能是某一印度僧人朗读写本，支谦听后翻译的。因此有以下 3 种可能性：（1）写本中确有词形**viśuha* (<*viyūha* < *vyūha*), **āśūha* (< *āyūha*), **nirśūha* (< *niryūha*)；（2）朗诵者有口音；（3）写本无误，朗诵者也无口音，支谦从一开始就误解了这些词的原意。因为支谦以及受他翻译影响甚深的竺法护在好几部经典中都把 *vyūha* 翻译为"净"，因此笔者认为（3）的可能性最大。

把*niryūha*（“无*yūha*”）解释为“无**śuha*”，翻译成“不净”“秽”。

支谦就是这样把*vyūha*和**śuha*（< *śubha*）联系在一起，翻译成“净”的。即使是活跃于支谦之后的伟大翻译家竺法护（Dharmarakṣa；233—311年）也沿袭了支谦这一特殊的解释。在竺法护译《正法华经》（T. 9, No. 263; 286年）中有以下表达：

净复净（131a6; SP[KN] 457.7. *Śubha-vyūha*; 罗什译[1] 59c3. 妙庄严）。

净王（127b8; SP[KN] 425.5. *Vyūha-rāja*; 罗什译 55b8. 庄严王）。

严净王三昧（127b1; SP[KN] 424.6. *Vyūha-rāja-samādhi*; 罗什译 55b1. 庄严王三昧）。

众德本严净（132a4; SP[KN] 465.6. *Sarvaguṇālaṃkāravyūha*; 罗什译 60b28. 一切净功德庄严）。

此外，竺法护把经典*Mañjuśrībuddhakṣetraguṇavyūha*翻译为《文殊师利佛土严净经》（T. 11, No. 318），不空（Amogha 705—774年）则把同一经典翻译为《大圣文殊师利菩萨佛刹功德庄严经》（T. 11, No. 319）。竺法护译经典中有一部《大净法门经》（T.17, No.817; **Mahāvyūha-dharmaparyāya*?）[2]，与其对应的隋代那连提耶舍（490—589年）译为《大庄严法门经》（T. 17. No. 818）。

从以上举例我们可以明确看出，竺法护沿袭了支谦把*vyūha*译为“净”的特殊译法。

虽然支谦和竺法护都把*vyūha*翻译为“净”，但在他们的翻译中并没有出现“净土”一词。“净土”一词的出现是以后的事情，而且这个词最初制造出来时大约与*vyūha*没有直接关系。

---

〔1〕T. 9, No. 262，妙法莲华经（406 年译）。

〔2〕现存梵本经题为 *Mañjuśrīvikurvāṇasūtra*（或 *Mañjuśrīvikrīḍitasūtra*），与其完全不同。

17.2.4 净土的意义

（A）严净之土 ＞ 净土（“洁净的土”）？

正如竺法护参照支谦的译词并沿袭其用法一样，鸠摩罗什（344—413或350—409或350—411年）在翻译佛典时，如果有既存翻译，他便有时参照既存翻译，有时又做些脱胎换骨的修改。我们就从鸠摩罗什译《维摩诘所说经》（T. 14, No. 475; 406年）里来举例说明[1]，这个例子非常清楚地证明了上述笔者的观点。

ZQ. 520c11f. 佛告舍利弗："汝且观此佛国严净?" 对曰："唯然。本所不见，本所不闻，今佛国土好净悉现。"

Kj. 538c23f. 佛告舍利弗："汝且观是佛土严净?" 舍利弗言："唯然，世尊！本所不见，本所不闻。今佛国土严净悉现。"

这里与其说罗什（或者是他的翻译团组）翻译原典，毋宁说是他们明显地参照了支谦的翻译，仅对支谦译做了一点表达上的修改而已[2]。在下面所举译文中，罗什明显地沿袭和修改了支谦的翻译。

ZQ. 529a10f. 此室清净常见诸天名好宫室及一切佛严净之土。

Kj. 548b18f. 此室一切诸天严饰宫殿，诸佛净土皆于中现。

Cf. Vkn VI § 13, 44a5. *iha gṛhe sarvadevabhavanavyūhāḥ sarvabuddha-kṣetraguṇavyūhāś ca saṃdṛśyante.*（"所有神宫殿的庄严及佛国土的美质、庄严都出现在这个家中。"）

罗什译《维摩诘经》（406年）中此文的"净土"很有可能是缩略了支谦译"严净之土"的结果。如上所述，支谦基本上把*guṇa*译为"严"，把*vyūha*译为"净"，因此"严净之土"是*(buddha)kṣetra-guṇa-vyūha*（"［佛］国土的美质、庄严"）的逐字翻译。反言之，因为支谦把*vyūha*与**śuha*（＜ *śubha*）联系在一起的特殊理解，所以义为"［佛］国土的美质、庄严"的*(buddha)kṣetra-guṇa-vyūha*被支谦翻译成了"严净之土"，以后又被罗什进一步略为"净土"。在这里，"净土"意为"洁净的土"。

〔1〕上 17.2.3 举第二例。

〔2〕参照船山 2002: 10.

（B）基于"净佛国土"思想的"净土"（被净的土）

但罗什译中出现的名词"净土"大部分是与"净佛国土"思想相关的"被洁净之土"的意思。

所谓"净佛国土"思想，部派佛教文献中仅在大众部说出世部 *Mahāvastu* I 283.3偈颂*buddhakṣetraṃ viśodhenti bodhisatvā ca nāyakā*（"菩萨们和导师们净我佛国土"）中出现过1次[1]。除此例以外，其他都出现在大乘佛典中。其中在成立较早的《阿閦佛国经》中出现1次[2]，梵语*buddhakṣetram pariśodhayati*（"净佛国土"）分别在《八千颂般若》★（AS.179.26 = R.363.10 = AAA.741.13）中出现1次，在《大品般若》★中出现数十次，在《法华经》★（SP[KN].201.3）中出现1次，在《维摩经》★中出现1次[3]、[4]。其次，把这个表达名词化的*buddhakṣetrapariśuddhi*分别在《八千颂般若》★（AS.179.9 = R.362.9 =AAA.740.10）中出现1次，在《大品般若》★中出现十数次，在《法华经》★（SP[KN].201.10）中出现1次，在《维摩经》★中出现9次，在《华严经》★中出现20次，在《无量寿经》★（Sukh[A].23.23）中也出现了1次[5]。笔者认为，作为菩萨行，菩萨洁净现时置身国土的"净佛国土"思想最早出现在大众部说出世部的*Mahāvastu*或《阿閦佛国经》，在与大众部关系密切的《般若经》★等中这一思想得到很大发展，最后从这部《般若经》★进一步渗透到其他大乘佛典之中。

藤田（2007: 385f.）已经指出，罗什在《维摩诘所说经・佛国品》中把*tat sādhu bhagavan deśayatu tathāgato ' mīṣāṃ bodhisatvānāṃ*

---

〔1〕参照藤田 2007: 388.

〔2〕T. 11, No. 313, 755b25f. 持是积累德本愿作佛道及净其佛刹。如所愿欲严其佛刹，即亦具足其愿；T. 11, No. 310, 105a26. 清净佛刹；Tib(Pk), vol. 22, No. 760(6), DZI, 32a3–5 (= 佐藤 2003: 60, § 2.65). *byang chub sems dpa ' sems dpa ' chen po sangs rgyas kyi zhing gi yon tan bkod pa yongs su sgrub par 'dod pas ...... sangs rgyas kyi zhing gyi yon tan bkod pa phun sum tshogs pa dag yongs su gzung bar bya / de ltar sangs rgyas kyi zhing yongs su sbyang bar bya'o.*

〔3〕参照 Vkn I § 14. *tasmāt tarhi kulaputra buddhakṣetraṃ pariśodhayitukāmena bodhisatvena svacittapariśodhane yatnaḥ karaṇīyaḥ.*

〔4〕参照藤田 2007: 385.

〔5〕参照藤田 2007: 385.

buddhakṣetrapariśuddhim〔1〕（“世尊啊！但愿如来[给我们]讲这些菩萨洁净佛国土的行为”）翻译为“唯愿，世尊！说诸菩萨净土之行”（538a17）后，把多达17次的定型句○○*kṣetraṃ bodhisatvasya buddhakṣetraṃ tasya bodhiprāptasya ... satvās tatra buddhakṣetre sambhavanti*〔2〕（“○○土是菩萨之佛国土。彼得菩提时，做……的众生生在其佛国土”）译为“○○（入直心、深心、菩提心、布施、十善等德目）是菩萨净土，菩萨成佛时……来生其国”〔3〕（538b1-26），最后把众所周知的*buddhakṣetraṃ pariśodhayitukāmena bodhisatvena svacittapariśodhane yatnaḥ karaṇīyaḥ. tat kasya hetoḥ? yādṛśī bodhisatvasya cittapariśuddhis tādṛśī buddhakṣetrapariśuddhiḥ saṃbhavati*〔4〕（“想洁净佛国土之菩萨当努力洁净自己的心！因为菩萨的心有多净，佛国土就会生出多净”）翻译为“若菩萨欲得净土，当净其心；随其心净，则佛土净”（538c4f.）做结束。也就是说，夹在意为“洁净佛国土”的“净土”间部分出现了17次的*buddhakṣetra*（“佛国土”）也被同样翻译成了“净土”〔5〕。

藤田也已指出以下内容（2007: 384）：罗什于406年翻译了《维摩诘经》，同一年或前一年翻译的《妙法莲花经》中，罗什把*kṣetra*（“国土”）译为“净土”。例如：“富楼那比丘，功德悉成满，当得斯净土（SP[KN].206.3. *kṣetra-vara~*）贤圣众甚多”（T. 9, No. 262, 28b20f.）；“我净土（SP[KN].325.5. *kṣetra~*）不毁而众见烧尽，忧怖诸苦恼，如是悉充满”（43c12f.）。

由此我们可知，对于罗什而言，“佛国土”理所当然就是“净

〔1〕Vkn I § 11, 5a5.

〔2〕Vkn I § 13, 5b5–6b7. 例如：*dāna-kṣetraṃ bodhisatvasya buddhakṣetram, tasya bodhiprāptasya sarvaparityāginaḥ satvās tatra buddhakṣetre saṃbhavanti*（“布施土是菩萨之佛国土。彼得菩提时，喜舍一切所有的众生生在其佛国土”）。

〔3〕例如“布施是菩萨净土，菩萨成佛时，一切能舍众生来生其国。”

〔4〕Vkn I § 14, 7a3–4.

〔5〕支谦把对应部分的*buddhakṣetra*（“佛国土”）都译为“佛国”。

土”[1]。

把“净土”当作义为佛国土的名词使用，约始于鸠摩罗什。受“净佛国土”思想影响，罗什认为所有佛国土都是通过菩萨行得到清净的结果。总而言之，始于罗什的“净土”这一表达的产生，与其说它源于支谦创造的“严净之土”——支谦把*vyūha*与**śuha*（< *śubha*“美丽，纯粹，清净”）联系在一起，解释与理解都很特殊——毋宁说如藤田推论指出那样，基于“净佛国土”思想的可能性更大。严格从词源来说，“净土”本来该意为“被洁净了的土”，但罗什也把它用作“洁净之土”。

上述罗什造义为“被洁净了的国土”/“洁净之土”的“净土”，初始还是一般名称，但唐代以后意思发生变化，主要指阿弥陀佛极乐净土[2]。

17.2.5 《无量寿经》*与“净佛国土”思想

藤田已经指出（2007: 386f.），罗什译《摩诃般若波罗蜜经・净土品》中，须菩提问佛：“菩萨，摩诃萨清净佛国土是什么意思？”佛以答问的形式，讲净佛国土之行（T. 8, No. 223, 408b21f.[3]），即“菩萨发心除去自己身口意的粗恶业（*dauṣṭulya*）的同时，也洁净他人粗恶业；自身修行布施、持戒、忍辱、精进、禅定、智慧，也令他人修行；布施给三宝以三千大千世界宝物，祈愿因此功德未来佛国充满七宝、天乐、百味饮食和快乐。……为国土中无三恶道，无邪见，无三毒，甚至无二乘之名（*prajñapti*）而洁净国土。……”罗什译《大智度论・释净佛国品》中对这一部分解释为“如是等佛土庄严，名为‘佛净土’，如《阿弥陀》等诸经中说”（T. 25, No. 1509, 708c9f.），把“净佛国土”思想与阿弥陀佛国土联系在一起解释[4]。

---

〔1〕我们也不能否认有这样的可能性，即如上 17.2.4（A）所见，我们推定出，鸠摩罗什把支谦译“严净之土”省略为“净土”，这一“净土”也是(*buddha*-)*kṣetra* 的翻译。

〔2〕参照藤田 2007: 383.

〔3〕参照梵文本 Conze 1974: 102.19f.

〔4〕非常明确，龙树造《大智度论》中多多少少有鸠摩罗什附加之笔（武田 2005: 244f.）。这一部分很难判断究竟是龙树之笔还是罗什之笔。

藤田由此得出这样的结论："净佛国土思想必然地具有一种前提，即具体的、有形的净土的存在。极乐观念就是在此净佛国土思想背景下产生的大乘净土。"（2007: 388）

的确，*buddhakṣetrapariśuddhi*（"净佛国土"）出现在《无量寿经》★梵本（Sukh[A].23.23）中，在《无量寿经》等中相对应表达有"庄严妙土"（T. 12, No. 360, 269c8）、"具足庄严威德大清净佛土"（T. 11, No. 310.5, 95a27）、"庄严佛刹"（T. 12, No. 363, 321a29f.）等文。很明显，《无量寿经》★在变化过程中受到了"净佛国土"思想的影响。但在古译《大阿弥陀经》（T. 12, No. 362, 302b16）、《无量清净平等觉经》（以下略称《平等觉经》）（T. 12, No. 361, 281c23）中没有对应词语[1]。

在《无量寿经》★古译中，根本没有"净佛国土"概念——菩萨作为菩萨行洁净现在所在国土——的痕迹。[2]换言之，按照古译，藤田的在"净佛国土"思想基础上阿弥陀佛国才得以成立这个设想就无法成立。《无量寿经》★古译的重点不是此世法藏菩萨的菩萨行，而是本愿及来世阿弥陀佛国的描写以及众生如何在那里出生。因此，不是先有"净佛国土"思想，再有《无量寿经》★的成立，而是二者毫无关系，各自产生；很久以后，《无量寿经》★受到《般若经》★影响，引进了*buddhakṣetrapariśuddhi*（"净佛国土"）这个表达。另一方面，随着时代推移，很久以后，正如我们在上引《大智度论·释净佛国品》清楚看到的那样，把"净佛国土"思想与阿弥陀佛国联系在一起的解释也产生了。[3]

〔1〕参照香川 1984: 162–163.

〔2〕参照田村 1976: 21f.

〔3〕藤田教授对于"净佛国土"思想的理解存在一定问题。藤田教授这样写道："什么是'净佛国土'？那就是大乘佛教的菩萨们对各自在未来成佛时自己将要出现的国土的清净化。所谓清净化，就是说使形成国土的众生入清净道，即入解脱、涅槃道，使众生完成佛道。"（藤田、樱部 1994：176）。净佛国土究竟是菩萨的时候，还是成佛之后，令人完全不得要领。按照《般若经》★等经文，"净佛国土"是菩萨、摩诃萨于现世所做菩萨行。参照小泽 1998。

17.2.6 《无量寿经》中的“净土”

现存《无量寿经》★汉译中，《无量寿经》翻译年代较古老，次于《大阿弥陀经》和《平等觉经》。经录把《无量寿经》的译者归于魏代（220—265年）康僧铠，但一般认为是佛陀跋陀罗（359—429年）和宝云译于421年。[1]从词汇及语法来判断，笔者也认为《无量寿经》翻译于5世纪。这部经典翻译年代距离罗什译《维摩诘所说经》（406年）不远，后成为净土教基本典籍，对净土教教理以及实践一直有着巨大的影响。

梵本《无量寿经》★中*vyūha*（布局）出现了若干次；受到支谦把*vyūha*和*śuha（< *śubha*，美丽，纯粹，清净）联系在一起的极特殊解释的影响，《无量寿经》的译者也把它翻译为“净”或“清净”。例如：

T.12, No. 360, 269a8f. 设我得佛，国中菩萨随意欲见十方无量严净佛土（*buddhakṣetraguṇālaṃkāravyūha*[2]），应时如愿，于宝树中皆悉照见，犹如明镜睹其面像。若不尔者，不取正觉。

这里的“严净佛土”与前面所述支谦《维摩诘经》中的“严净之土”一样，意思都是“井然有序、洁净的佛国土”。

按照《无量寿经》★[3]，未来将成为阿弥陀佛的法藏菩萨在发愿——他未来国土应该如何——之前，为了能在心中描绘出理想国土的景象，法藏菩萨请求他的尊师世自在王佛为自己讲述诸佛国美质、庄严、布局之极致。佛答应了他的请求，为他讲述了这些景象。听了佛对诸佛国土的描述后，法藏菩萨在五劫间思维，收集最完美的美质、庄严、布局，设计了他自己的国土*Sukhāvatī*（“极乐”）。梵本这一部分中，*buddhakṣetraguṇavyūhasaṃpad* / *buddhakṣetraguṇālaṃkāravyūhasaṃpad*（“佛国土的美质、布局之极致”/“佛国土的美

---

〔1〕参照 Gómez 1996: 126–130, Harrison et al. 2002: 180, 藤田 2007: 80f.

〔2〕Sukh(A).19.10.

〔3〕T. 12, No. 360, 267b19f.; Sukh(A).8.20f.; 香川 1984: 95f. 但在古译《大阿弥陀经》中没有对应句。

质、庄严、布局之极致”）反复出现。《无量寿经》译者一方面把复合词*vyūha*翻译为“净”“清净”，另一方面把Skt. *saṃpad*（“完美，优美，壮丽”）误译为“行”“修行”[1]。此误译是一个决定性契机，造成净土教中“净土”的意义被逐渐误解。以下引用此部分：

T. 12, No. 360, 267b19f. 佛告阿难：“法藏比丘说此颂已，而白佛言：‘唯然，世尊！我发无上正觉之心。愿佛为我广宣经法。我当修行，摄取佛国清净庄严无量妙土（*buddhakṣetrasya guṇavyūhasaṃpad~*）。令我于世速成正觉，拔诸生死勤苦之本。”佛语阿难：“时世自在王佛告法藏比丘：‘如所修行，庄严佛土（*buddhakṣetraguṇavyūhasaṃpad~*），汝自当知。’比丘白佛：‘斯义弘深，非我境界。唯愿世尊广为敷演诸佛如来净土之行（*buddhakṣetraguṇavyūhālaṃkārasaṃpad~*）。我闻此已，当如说修行，成满所愿。’尔时世自在王佛知其高明志愿深广……即为广说二百一十亿诸佛刹土天人之善恶国土之粗妙，应其心愿悉现与之。时彼比丘闻佛所说严净国土（*buddhakṣetraguṇālaṃkāravyūhasaṃpad~*），皆悉睹见，超发无上殊胜之愿。其心寂静，志无所著，一切世间无能及者。具足五劫，思惟摄取庄严佛国清净之行（*buddhakṣetraguṇālaṃkāar-vyūhasaṃpad~*）。”阿难白佛：“彼佛国土寿量几何？”佛言：“其佛寿命四十二劫，时法藏比丘摄取二百一十亿诸佛妙土清净之行（*buddhakṣetra<guṇālaṃkāravyūha>saṃpatti~*），如是修已，诣彼佛所，稽首礼足，绕佛三匝，合掌而住，白言世尊：‘我已摄取庄严佛土清净之行（*buddhakṣetraguṇālaṃkāravyūhasaṃpad~*）。’……”

上面引用中，复合词*buddhakṣetraguṇavyūha(-alaṃkāra)saṃpad*（“佛国土的美质、庄严、布局之极致”）被译为“诸佛如来净土之行”“庄严佛国清净之行”“诸佛妙土清净之行”等。“诸佛如来净土之行”的“净土”大约本来是*(buddha-)kṣetraguṇavyūha(-alaṃkāra)*

[1] 翻译者也许把 Skt. *sampad* 理解为了“[行]的完成”；参照 PTSD, s.v., *sampadā* “in its pregnant meaning is applied to the accomplishments of the individual in the course of his religious development”。

（“［佛］国土的美质、布局［之极致］”的意译，但与“之行”[1]联系在一起时，只能读作“清净国土[之行]”[2]。《无量寿经》中的“净土”就是这样与“净土思想”联系在了一起，这一解释一直延用至今。

17.2.7　无量光 *Amitābha* / 无量寿 *Amitāyus*

正如在其他几处所论述那样[3]，笔者认为*Amitābha*（“无量光”）是本来的名字，之后从这个名字产生了别名*Amitāyus*（“无量寿”）。支娄迦谶（Lokakṣema；翻译多在170—190年）翻译的《大阿弥陀经》[4]（T. 12, No. 362）是《无量寿经》*最古汉译。在这部《大阿弥陀经》中虽然反复地把佛形容为持有无比光明者[5]，但并没有写阿弥陀佛寿命永远。不仅如此，经中还写有阿弥陀佛涅槃后，“廅楼亘”（*Avalokitasvara*[6]，观音）菩萨继承阿弥陀佛成佛（309a14f.）。换言之，在最古汉译中，佛没有被看作是“无量寿”。

此《无量寿经》*梵本中*Amitābha* 仅出现在散文部分[7]，而 *Amitāyu* 仅出现在偈颂部分[8]。斯奎因收集品（Schøyen Collection）

---

〔1〕如上所述，此“行”为 Skt. *saṃpad*（“完美，极美，壮丽”）的误译。

〔2〕罗什译《维摩诘经》中有类似表达：“唯愿，世尊！说诸菩萨净土之行”（538a17f. = Vkn I § 11, 5a5. *tat sādhu bhagavan deśayatu tathāgato 'mīṣāṃ bodhisatvānāṃ buddhakṣetrapariśuddhim*［“世尊，请求如来讲这些菩萨清净佛国土行”］)。很有可能是《无量寿经》译者把“净佛国土”思想与阿弥陀佛国联系起来，有意这样翻译的。

〔3〕辛岛 1997b: 138, 1999a: 141, n.34. 也参照 Nattier 2006: 190f.

〔4〕关于《大阿弥陀经》是支娄迦谶翻译之说，参照丘山 1980，香川 1993: 17–29，Harrison 1998：556–557，Harrison et al. 2002：179–181。因为在经录中没有记载支持这一说法，藤田就否定支娄迦谶译《大阿弥陀经》说，认为是支谦译（藤田 2007：39f.）

〔5〕例如：“其昙摩迦（Dharmākara）菩萨至其然后，自致得作佛，名阿弥陀佛。最尊智慧勇猛，光明无比。今现在所居国土甚快善。”（301a16f.）

〔6〕*Avalokiteśvara* 的古老词形。参照辛岛 1999b。

〔7〕Sukh(A) 45.15 偈颂中虽然出现了 *Amitābhasya*（=纸写本读法；不和韵律），但藤田（1992–1996, II 990）以更古老贝叶写本为准，把它改作 *Amitāsya*。其他偈颂里使用其同义词 *Amitaprabha* 代替 *Amitābha*：Sukh(A) 44.18(*Amitaprabhasya*), 47.4(同)。

〔8〕Sukh(A) 44.4, 8(*Amita-āyu*), 12, 16(*Amita-āyu*), 45.17, 46.18.

中的阿富汗出土梵语断简也是如此。[1]现存梵语写本散文部分中*Amitāyus*（*Amitāyu* 梵语化后的形式）确切出现有7处，但多数在藏译或汉译、或在二者中都无对应。一般认为它是后来加进的，或者本来是*Amitābha*，但以后*Amitāyus*流行起来，用*Amitāyus*取代了*Amitābha*[2]。

*Amitāyu*仅出现在偈颂部分，理由何在？笔者看法如下：

Amitābha（更确切地说中期印度语词形*Amitāha*[3]）在偈颂部分使用时，如果其主格单数形*Amitābho* / MI. *Amitāho* 的词尾（*-o*）因韵律关系不得不是短音时，佛的名字就变成了*Amitābhu* / MI. **Amitāhu*[4]。因犍陀罗语中*h*不发音ā̆，所以中期印度语词形**Amitāhu*在犍陀罗语发音即*Amitā̆’u*或**Amidā̆’u*。犍陀罗语*-ā’u*（或*-a’u*）可以理解为与梵语Skt. *āyus*对应（参照 MI. *āu* < Skt. *āyus*）。因此犍陀罗语**Amitā̆’u*（或**Amidā̆’u*）既可理解为“有无限光者”，也可理解为“有无限寿命者”。一般认为，初期大乘佛典最初通过包含犍陀罗语等中期印度语所传承，自大约3世纪前后起，逐渐开始了梵语化、文言化。偈颂

[1] Sukh(SC), p. 194, l. 7 (散文：*Amitābha~*), l. 9 (同), p. 195, l. 20 (同), l. 24 (同), p. 197, l. 10 (同); p. 209, l. 9 (偈颂：*Amitāyu*).

[2] 参照藤田 1970: 307f. 例如，Sukh(A) 29.21f. *aparimitam eva tasya bhagavata āyuṣpramāṇam aparyantam. tena sa tathāgato ’mitāyur ity ucyate*（“其世尊寿命无量、无限。所以如来被称作无量寿”)的后半部分仅有藏译对应（参照香川 1984: 186–187）。就在此文之后，梵本中出现了 *Amitāyus* 这个词形（Sukh[A] 29.25），对应的藏译中为*’Od dpag med* (*Amitābha*)，古译为“阿弥陀”“无量清净佛”。此外的地方都读为单字“佛”。参照香川 1984：188–189。

[3] 参照 Ap 210.2. *Amitābho* (v.l. *Amitāho*) *ti nāmena cakkavattī mahabbalo*.

[4] 佛教梵语偈颂中如韵律需要短音时，男性、主格、单数词尾（*-aḥ, -o*）变为*-u* 或*-a*. 参照 BHSG §§ 8.20, 8.22.

部分出现的词形[1] **Amitǎ'u*（**Amidǎ'u*）也有必要换成梵语词。这时传承者认为"有无限寿命者"作为佛的名字非常恰当，因此便把它梵语化为*Amitāyu*。*Amitāyu / Amitāyus*（"有无限寿命者"）这个派生新词（hyperform）就这样产生了[2]。

《法华经·普门品》*梵本第29、30、32偈[3]中的例子证明了笔者*Amitābha* > *Amitā(b)hu* > *Amitāyu*的设想。首先让我们来看Kern-Nanjio本的读法：

SP(KN) 454.5-455.5:

sthita dakṣiṇavāmatas tathā vījayanta Amitābhanāyakaṃ |

māyopama te samādhinā sarvakṣetre(←° *a*) *jina gatvā*(←*gandha*) *pūjiṣu* || 29 ||

diśa paścima yatra sukhākarā lokadhātu virajā Sukhāvatī |

yatra eṣa Amitābhanāyakaḥ saṃprati tiṣṭhati sattvasārathiḥ || 30 ||

…

sā caiva Amitābhanāyakaḥ padmagarbhe viraje manorame |

---

〔1〕Damsteegt 研究马图拉（Mathura）地域碑文中混淆梵语。按照 Damsteegt 的研究（1978），位于印度中部马图拉的佛教教徒已于公元 1 世纪后半叶至 2 世纪开始在碑文中使用梵语化的中期印度语，贵霜王朝（他认为是 A.D.200–350。关于迦腻色迦王即位年代有诸多说法，Damsteegt 认为是 A.D.200 [pp. 10–12]；今天 A.D.127 说最为有力）时已基本梵语化。这一倾向自马图拉地域扩展到印度各地，佛教经典也逐渐从中期印度语转向梵语化（pp. 264–266）。另一方面，贵霜王朝前的印度西北部的碑文中还看不到梵语化的迹象（pp. 207–208），自迦腻色迦王朝时开始出现梵语化碑文（p. 221；参照辛岛 1994: 76）。近年在巴基斯坦发现的犍陀罗语《八千颂般若》*断简经放射性碳素年代测定，可追溯到 1 世纪后半叶（参照 Falk/Karashima 2012）。同是《八千颂般若》*的巴米扬出土最古梵语写本断简（斯奎因收集品 Schøyen Collection），从书体判断为 3 世纪后半叶的产物（Sander 2000：288）。对应的支娄迦谶译《道行般若经》（T. 8, No. 224；译于 179 年）年代处于二者之间，内容接近新出犍陀罗语写本断简。从"怛萨阿竭"（**tasa-āgat*；参照 Gā. *tasagada* < *tathāgata*）、"优婆塞"（**uvasak*；参照 Gā. *uvaṣea* < BHS. *upāsaka*）、"优婆夷"（**uvasi*；参照 Gā. *uvasia* < BHS. *upāsikā*）等音写来看，其原语很有可能是犍陀罗语或是包含许多犍陀罗语词形的语言。同样经过放射性碳素年代测定，测定结果为公元 72—245 年的斯奎因收集品中的犍陀罗语佛典断简中，用下点来表示梵语长母音，同时使用 *śca, dhya, jña, ṣṭha* 等梵语叠加字符，说明了此断简的梵语化（Allon/Salomon 2006: 289）。由此笔者认为自犍陀罗语至梵语的转化始于 3 世纪前后。

〔2〕在后汉古译佛典中没有发现与 *Amitāyus*（无量寿）与相对应的音写和翻译（参照 Nattier 2006: 196）。这也证实了笔者 *Amitāyus* 不过是 *Amitābha* 的 hyperform 的看法。

〔3〕汉译中没有此偈颂，成立较晚。

siṃhāsani saṃniṣaṇṇako Śālarājo va yathā virājate || 32 ||

在这些偈颂中*Amitābha*佛出现了3次，但在实际的梵语写本、藏译中，*Amitābha* /*Amitā(b)hu* / *Amitāyu*的读法同时存在。即：

SP(KN) 454.5. *Amitābha-(nāyaka~)* (=[1] C5, C6, R etc.) (= Tib. Kanj.[2] *sNang ba mtha ' yas*) / L2, L3, K, Bj, N2, B etc. *Amitābhu-* / O, D2, L1, C4, N1 etc. *Amitāyu-* (= Tib. Kho. ga 45a7[3] : *TSe mtha ' yas*)

SP(KN) 455.2. *Amitābha-(nāyaka~)* (= K, C5, C6, R etc.) / L2, L3, Bj, N2, T8, B etc. *Amitābhu-* / O, D2, L1, C4, N1 etc. *Amitāyu-* (= Tib. Kho. ga 45b1. *TSHe mtha yas pa*, Tib. Kanj. *TSHe mtha ' yas pa*)

SP(KN) 455.5. *Amitābha-(nāyaka~)* (= P1, A2 etc.) / C4. *Amitābhu-* / L2, L3, Bj, C5, C6, B etc. *tatha loka-(nāyaka~)* / O, D2, K, N1. *Amitāyu-* (= Tib. Kho. ga 45b2. *TSe mtha ' yas pa*, Tib. Kanj. *TSHe mtha ' yas pa*)

另外，虽然《阿弥陀经》★（the Smaller Sukhāvatīvyūha）全篇由散文构成，但与《无量寿经》★梵本相反，除一处以外，整篇使用的都是派生新词Amitāyus。恰是这一处说明了这位菩萨为什么有两个名字：

tat kiṃ manyase Śāriputra! kena kāraṇena sa tathāgato <u>'mitāyur</u> nāmôcyate? tasya khalu punaḥ Śāriputra! tathāgatasya teṣāṃ ca manuṣyāṇām aparimitam āyuḥpramāṇam. tena kāraṇena sa tathāgato <u>'mitāyur</u> nāmôcyate. tasya ca Śāriputra! tathāgatasya daśa kalpā anuttarāṃ samyaksaṃbodhim abhisaṃbuddhasya. tat kiṃ manyase

〔1〕《法华经》★梵本的省略标记如下：B = Or. 2204，大英图书馆藏写本；Bj = MS. 北京，民族文化宫图书馆旧藏写本（书写于 1082 年）；C4, C5, C6 = 剑桥大学图书馆藏写本，Add. No. 1683, No. 1684, No. 2197; D2 = 印度国立文书馆（新德里）藏吉尔吉特写本；K = 东洋文库所藏河口慧海将来写本（书写于 1069/1070 年）；L1 = 拉萨布达拉宫藏写本；L2, L3 = 拉萨罗布林卡藏写本（分别书写于 1065 年和 1067 年）；N1, N2 =尼泊尔国立文书馆（加德满都）藏写本的 No. 4–21 和 No. 3–678；O =所谓的喀什写本，实际上出土于卡达里克（Khadalik）遗址，在喀什购买；R = 英国王立亚洲协会（伦敦）所藏写本，No. 6; T8 = 东京大学综合東京大图书馆藏写本，No. 414.

〔2〕Tib. Kanj. = 甘珠尔中的 *Dam pa ' i chos padma dkar po*; 参照 Karashima 2008a: 215f.

〔3〕Tib. Kho. = 国立民俗学博物馆（斯德哥尔摩）藏和田出土藏语译《法华经》★古写本；参照 Karashima 2008a: 215f.

Śāriputra! kena kāraṇena sa tathāgato '<u>mitābho</u> nāmôcyate? tasya khalu punaḥ Śāriputra! tathāgatasyâbhâpratihatā sarvabuddhakṣetreṣu. tena kāraṇena sa tathāgato '<u>mitābho</u> nāmôcyate.〔1〕（舍利佛！你如何想？为何那如来被称作*Amitāyus*？其实，舍利佛，那如来及那里的人们寿命无限。因此如来被称作*Amitāyus*。舍利佛！那如来得无上正觉后十劫过去了。舍利佛！你如何想？为何那如来被称作*Amitābha*？其实，舍利佛，那如来之光在一切佛国土从来没有被遮挡住过。因此如来被称作*Amitābha*。）

藤田认为，阿弥陀佛本来是以*Amitābha*和*Amitāyus*两个不同的名字分别为人们所信仰的。〔2〕信仰*Amitābha*的一组编纂了《无量寿经》★，而信仰*Amitāyus*的另一组编纂了《阿弥陀经》★。〔3〕他认为，两部经典虽视点相异，但编纂时代基本相同。不得不说，藤田的这一看法极为牵强附会。〔4〕

笔者认为：*Amitāyu*（= *Amitāyus*）原来是*Amitābha*在《无量寿经》★偈颂中的变形（hyperform），但随着时代变迁，*Amitāyu*（= *Amitāyus*）这一新词逐渐流行起来，作为佛的名字更为恰当，因此逐渐被人们接受，最终在散文中也使用了这个名字。就这样，一个佛有了两个不同的名字和概念，即“有无限光者”和“有无限寿命者”。但是信仰这个佛的人们并没有对此产生疑问或异议。人们知道，这两个不同佛名同指一佛。这是因为在印度正如人有别名、神也有别名一样，佛陀同时有两个不同的名字并不值得大惊小怪。

从《大阿弥陀经》中出现的音写词来判断，《无量寿经》★本来是通过中期印度语（很有可能是犍陀罗语）传承的。而《阿弥陀经》★的成立晚于《无量寿经》★，从开始使用的就是（佛教）梵语。

〔1〕藤田 2001: 82.7–16.

〔2〕藤田 2007: 287f.

〔3〕藤田 2007: 4, 140, 296.

〔4〕初期大乘佛典的语言是不断变迁的。如果不首先考虑到这一点，那么企图以自原典成立已经超过千年且相当程度上梵语化的梵本写本为线索来接近初期大乘佛典的原貌，就是不可能、也是十分危险的。

使用（佛教）梵语编写《阿弥陀经》★的作者一定是把这个佛当作*Amitāyus*（已经不是偈颂中的*Amitāyu*）来信仰的。基于以上背景，作者试图说明梵语词形上已无关联的*Amitāyus*和*Amitābha*所指是同一佛，所以才创作出上述的一段文章。

“无视佛陀思想展开，仅从语言做出的片面推论令人难以接受”[1]——藤田强烈地批判了笔者*Amitābha* > *Amitābhu* > MI. **Amitāhu* > **Amitā' u* > *Amitāyu* > *Amitāyus*的观点[2]。但藤田在自圆其说时，除了罗列牵强附会的资料[3]以外，再也没有确凿的佛典资料来证明“［无限］光”到“［无限］寿命”的佛陀观变化。

笔者认为，支娄迦谶译《大阿弥陀经》（T. 12, No. 362）中“阿弥陀”（QYS. ʔâ mjie^4[mjie:^{4}] dâ）[4]的原语是*Amitābha*的中期印度语词形*Amitāha*/**Amidāha*（其发音大约是★*Amidā' a*）[5]。

另一方面，支谦译《无量清净平等觉经》（简称《平等觉经》T. 12, No. 361）中，《大阿弥陀经》的“阿弥陀”全篇都变为“无量清净”。关于这一点，笔者基本同意Nattier见解[6]。但因为同时还存有一些微小不同，因此有必要在此把笔者的观点说明清楚。

笔者认为，《无量寿经》★古梵语写本题目不是*Sukhāvatī-vyūha*，而是*Amitābha-vyūha*。还有几部汉译以及藏译原题也是后者。关于这个问题，下面有详细的考证。两部古译《大阿弥陀经》《无量清净平等觉经》的原典题目也很有可能是后者的中期印度语词形**Amitāha*-/*Amidāha-vyūha* (< *Amitābha-vyūha*)。《大阿弥陀经》译者把佛名**Amidāha*音写为“阿弥陀”，把经典名译为《阿弥陀经》★（鸠摩罗

〔1〕藤田 2007: 247, n.5.

〔2〕也参照 Nattier 2006: 190.

〔3〕藤田 2007: 249f.

〔4〕如 Nattier 指出（2006:188f. 尤其见 194–195），如果像几位研究者推定的那样，原语是 Amita，那么支娄迦谶等古译者不应译为“阿弥陀”，而应译为“阿蜜”才符合情理。原因在于古译中音写时省略词末的母音（大约是受犍陀罗语等口语发音时词尾母音极其暧昧的影响）。参照同-*ita*结尾的梵语音写词“波罗蜜”（*pāramitā*）、“阿逸”（Skt. *Ajita*）。

〔5〕辛嶋 1997b: 138, 1999a: 141, n.34.

〔6〕Nattier 2007: 382f.

什译“小品”，《阿弥陀经》问世后，通称《大阿弥陀经》，以做区别）。但是，如17.2.3中所见，特别是大乘佛典中，很多人名末尾带*vyūha*。《无量清净平等觉经》的译者很有可能把经题**Amitāhavyūha*误解为是佛名。《无量清净平等觉经》的译者看到《大阿弥陀经》中音写词“阿弥陀”以及原典中的**Amidāha*，把它们理解为来自MI. *amida* < Skt. *amita*（“无限”），所以翻译成“无量”，以上面说明支谦特有的与**śuha* (< *śubha*“美丽，纯粹，清净”)联系起来的解释为基础，把经题后半部的-*vyūha*译为“清净”。《大阿弥陀经》的“阿弥陀（佛）”就是这样无一例外地被自动换成了“无量清净（佛）”。

17.2.8　阿弥陀佛国土的名字 *Sukhāvatī* / **Suhāmatī*

约2世纪后半叶支娄迦谶译《大阿弥陀经》中，除以上见“阿弥陀”以外，还有一些音写词显示其原典语言是中期印度语（尤其是犍陀罗语），这些音写词颇有意思。例如，“提和竭罗”（300b21; QYS. diei γwâ gjɐt[gjät^3] lâ; **Dīvagara* < *Dīpaṃkara*）、“廅[1]楼亘”（308b15, 21, 309a15; QYS. ʔâp ləu sjwän; **Avalo … svar* <*Avalokitasvara*）等等。阿弥陀佛国土（*Sukhāvatī*）音写为“须摩题”（303b18; QYS. sju muâ diei），我们可以从这一音写词推测它的原语是**Suhămatī̆*或**Su'ămatī̆*（或°*madī̆*）。《平等觉经》中对应部分为“须摩提”（282c29; QYS. sju muâ diei）。《平等觉经》偈颂中除了“须摩提”（288c9）以外还用“须阿提”[2]（288b25; QYS. sju

〔1〕大正藏为“蓋”，是误植。大正藏所依据的原本高丽藏为“盖”，其他版本均为“廅”。

〔2〕“须阿提”可能是“须阿题”（QYS. sju xâ diei; **Suhātī*, **Suhādī*）的误写。

ʔâ diei; *Su'ā(v)adī?）[1]。聂道真（4世纪初从事佛经汉译）在翻译《三曼陀跋陀罗菩萨经》时，有时把这一国名音写为“须呵摩提”（T. 14, No. 483, 666c-1, 668a17; QYS. sju xâ muâ diei），有时音写为“须诃摩持”（T. 24, No. 1502, 1116b3; QYS. sju xâ muâ ḍï）[2]。于阗语佛典中这一佛国名为*Suhāvatä*[3]。

由此我们可以推测，阿弥陀佛国名在初期阶段为**Suhāmatī*（或°*madī*）、*⋆Su'āmatī*（或°*madī*）、*⋆Suhāvatī*（或°*vadī*）或**Su'āvatī*（或°*vadī*），*Sukhāvatī*不过是后来被梵语化的形式罢了。《平等觉经》中被译为“安乐国”（288c6），但是这个国名究竟是否原本意味着“非常安乐之国”，还有待进一步探讨。[4]

17.2.9　关于《无量寿经》⋆诸汉译题目

《无量寿经》⋆梵本题目通常被认为是(the Larger) *Sukhāvatīvyūha*，但实际上梵语写本以及藏译写本中的题目是不相同的。留传至今的尼泊尔梵语写本中，最古老的是两部抄写于12世纪中叶的贝叶写本，这两部写本中写的是*Amitābhavyūha-parivarta Sukhāvatīvyūha*，其他36本纸写本——抄写于17世纪末至20世纪上半叶之间[5]——中为*Amitābhavyūha-parivarta Sukhāvatīvyūha*, *Amitābhasya*

---

[1]《大阿弥陀经》根本没有偈颂，而《平等觉经》等其他梵、藏、汉本中有偈颂。《平等觉经》的译者在对《大阿弥陀经》散文部分稍做改写的同时，翻译了缺欠的偈颂后补加了进去。《大阿弥陀经》没有偈颂的原因可能有三：（1）原典中有，但偈颂翻译十分困难，所以故意没有翻译；（2）散文经文与偈颂各自传承（《法华经·普门品》⋆散文经文与偈颂就是一例。参照辛嶋 1999b, Karashima 2008b）；（3）《大阿弥陀经》原典只有散文。时代稍后才新创作了偈颂。

如前面已指出那样，梵本偈颂韵律颇具古风，因此（1）和（2）的可能性都存在。但如上所述，如果认为这一部分偈颂使用的是从散文 *Amitābha* 发展而来的 *Amitāyu*，那么偈颂的成立就要明显地晚于散文。（3）所显示的正是这种可能性。近年发现了言及阿閦佛的经典（尚未比定）及《八千颂般若》⋆的犍陀罗语写本等，笔者推定《大阿弥陀经》原典也是通过犍陀罗语传承的。这些偈颂可能就是在从犍陀罗语到梵语的转换过程中创作出来的。《平等觉经》译者依据的也许就是新文本。

[2] 关于其他与 *Suhāmati* 对应音写，参照西村 1987:113f.

[3] The Book of Zambasta §14.47 (Emmerick 1968: 218).

[4] 梵语词**Sudhāvatī* / **Sudhāmatī* (< *sudhā*“神的饮料，甘露”+ 接尾词 *vat/mat*)也有可能与这些中期印度语词形对应。

[5] 参照藤田 1992–1996, I vii–xii, III v–vi, 藤田 2007: 19f.

vyūha-parivarta Sukhāvatīvyūha, *śrīAmitābhasya Sukhāvatīvyūha nāma mahāyānasūtra*, *śrīmadAmitābhasya tathāgatasya Sukhāvatīvyūhamahāyānasūtra*, *Amitābhasya parivarta Sukhāvatīvyūha-mahāyānasūtra*[1]。除了这些梵语写本中的读法以外，还有这部经典藏译写本中梵文题目的读法。这部古老写本保存在印度西北部塔波（Tabo）寺，卷首是并列的藏文题目和用藏文字母写的梵文题目，梵文题目为 *ārya-Amitābhabyūha*(即°*vyūha*) *nāma mahāyānasutra*[2]。

关于藏译题目，塔波寺所藏此经藏译写本中写为 *'phags pa 'Od dpag myed kyi bkod pa zhes bya ba theg pa chen po'i mdo'* (*ārya-Amitābhavyūha nāma mahāyānasutra*)[3]。这部经还出现在《大宝积经》*藏译第五品中。题目在不同写本中有几种读法：*'Od dpag med kyi bkod pa'i le'u* (**Amitābhavyūha-parivarta*), *de bzhin gshegs pa 'Od dpag med kyi bkod pa'i le'u* (**Amitābhasya tathāgatasya vyūha-parivarta*), *'phags pa de bzhin gshegs pa 'Od dpag* (*v.l. dpag tu*) *med pa'i bkod pa zhes bya ba'i le'u* (**ārya-Amitābhasya tathāgatasya vyūha nāma parivarta*), *de bzhin gshegs pa 'Od dpag tu med pa'i sangs rgyas kyi zhing gi yon tan bkod pa* (**Amitābhasya tathāgatasya buddhakṣetra- guṇavyūha*), *de bzhin gshegs pa 'Od dpag tu med pa'i sangs rgyas kyi zhing gi bkod pa'i le'u* (**Amitābhasya tathāgatasya buddhakṣetravyūha-parivarta*).[4]

值得注目的是，这部经典的题目在藏译中不是*Sukhāvatīvyūha*，而是*Amitābhavyūha*或**Amitābhasya tathāgatasya vyūha*。如上所述，梵语写本的贝叶写本与几部纸写本也题为 *Amitābhavyūha-parivarta Sukhāvatīvyūha*和*Amitābhasya vyūha-parivarta Sukhāvatīvyūha*。因此我们可以推断，此部经典的题目本来是*Amitābhavyūha*或*Amitābhasya*

〔1〕参照藤田 1992–1996, II 1472–1474, III 484.

〔2〕参照 Harrison 2009: 94, § 1.3.3.5. *Ā rya a mi tā bha byū tha* (似乎误植) *nā ma ma hā yā na su tra*.

〔3〕参照 Harrison 2009: 94, § 1.3.3.5.

〔4〕见 Sukh(Tib).218。

vyūha[1]，仅出现在梵语写本中的*Sukhāvatīvyūha*不过是很久以后才加上去的副标题。不仅如此，诸汉译原典题目有可能也是*Amitābhavyūha*。下面对以下汉译经题做进一步考证。

（1）《阿弥陀经》（T. 12, No. 362）：《无量寿经》★最古汉译，通称《大阿弥陀经》。其本来题目为《阿弥陀经》。后鸠摩罗什翻译“小品”《阿弥陀经》★（the Smaller *Sukhāvatīvyūha*），也题名为《阿弥陀经》（ T. 12, No. 366）。因此，唐代以后加“大”字，称《大阿弥陀经》以作区别[2]。如16.2.7中已论证那样，由《阿弥陀经》★这一题目来看，我们就已经可以推断其原语是**Amitāha-/Amidāha-vyūha* （< *Amitābhavyūha*）。仅高丽藏再雕版与金藏本首题为“阿弥陀三耶三佛萨楼佛檀过度人道经”，其他能够确认到的诸版本均为“阿弥陀经”，高丽藏再雕版与金藏本上卷末、下卷头以及经末也为“阿弥陀经”。《出三藏记集》中有“《阿弥陀经》二卷　内题云《阿弥陀三耶三佛萨楼檀过度人道经》”（T. 55, No. 2145, 6c25），显示这一长标题本来是副标题。此外在聂道真（4世纪初头从事佛经汉译）译《菩萨受斋经》——这部经似乎是用汉译《大阿弥陀经》等编凑的——中也有“归命西方阿弥陀三耶三佛檀，盧楼亘，摩诃那钵菩萨”（T. 24, No. 1502, 1116b28f.）的表达[3]。长期以来，这部经典内题究竟意味着什么一直是一个谜。笔者赞同以下陈金华先生的设想。陈金华先生认为高丽藏再雕版与金藏本的“萨楼佛檀”应按照《出三藏记集》为“萨楼檀”，“萨楼檀”是出现在本经中的音写词“盧楼亘”（*Avalokitasvara*）的误写[4]。古译中“盧”常在音写（QYS. ʔâp）时使用，但后来佛典中渐渐不用，而多误写为“蓋”或“盖”代而取之。因此很有可能是错写成了形状相似的“萨”字。在复写写本时，“亘”的意思渐渐不为人理解，被换成文字右下角包含

〔1〕参照**Akṣobhya-vyūha*, **ārya-Akṣobhyasya tathāgatasya vyūha*（由藏文*'phags pa de bzhin gshegs pa Mi 'khrugs pa'i bkod pa* 再构成的梵文词；佐藤 2008:6f.)。

〔2〕参照藤田 1970: 51.

〔3〕有关这一类句，几年前 Nattier 博士曾经对笔者有过指教，在此谨表谢意。

〔4〕引自 2003 年 5 月来往的邮件。

有字形类似“且”字（写本中有时也写作“旦”）的“檀”。也就是说，我们可以推证，这一内题本来是“*Amitā(b)ha *samyāsaṃbuddha*[1]和*Avalokitasvara*救济众生的经典”。但是我们很难想象这部汉译所依据的原典中有这个标题，很有可能是翻译者或是再后的人归纳这部经典内容时加上的副标题——这部经中也的确有“阿弥陀佛入灭后，盧楼亘（*Avalokitasvara*）成佛，会如阿弥陀所做一样，‘过度’救济神、人、生类”（309a14f.）的描写。

（2）《无量清净平等觉经》（T. 12, No. 361）：如上所述，大约是支谦（主要活跃于222—252年）对既存的《大阿弥陀经》进行了部分改写，翻译了《大阿弥陀经》欠缺的偈文后附加上的[2]。也如上所见，“无量清净”是基于支谦特殊解释的**Amitāha-/Amidāha-vyūha*翻译，“平等觉”是*samyaksaṃbuddha*的翻译，由此从此经题可以推定，其原语是**samyaksaṃbuddhasya Amitāhasya vyūha*。但是，“平等觉”这一词大概是沿袭了《大阿弥陀经》极长的副标题中的“三耶三佛”（**samyāsaṃbuddha* < *samyaksaṃbuddha*）。笔者认为原题中没有*samyaksaṃbuddha*，就是说这部经典的题名也是**Amitā(b)ha-vyūha*。

（3）《无量寿经》（T. 11, No. 360）：如上所述，此部经典大约是佛陀跋陀罗（359—429年）与宝云翻译于421年前后。从此经题可以推定，其原语是**Amitāyur-vyūha*。但是笔者认为这部汉译原典的经题也是*Amitābha-vyūha*。与“无量光”相比，两位译者非常明显地喜欢用“无量寿”[3]，梵本中*Amitābha*处常译为“无量寿”[4]。因此经题*Amitābha-vyūha*也没有翻译为《无量光经》，而是翻译成了《无量寿经》。

（4）《无量寿如来会》（T. 11, No. 310.5）：《大宝积经》第五会。菩提流志（Bodhiruci）于706—713年译出。从此经题可以推定原

---

〔1〕参照 Skt. *samyaksaṃbuddha*; Pā. *sammāsaṃbuddha*.

〔2〕参照页 235，注〔1〕。

〔3〕与“光”相比，“寿”更合乎中国人的嗜好。对于中国人来说，“寿命”比“光”更重要。

〔4〕参照藤田 1970: 301–302.

语是*Amitāyuṣaḥ tathāgatasya vyūha-parivarta。但与《无量寿经》一样，译者为了迎合大众的嗜好，没有把原典中的Amitābha部分翻译为"无量光"，而是翻译为"无量寿"。因此，其原题大约与上述从藏译推定的题目相同，为*Amitābhasya tathāgatasya vyūha-parivarta。

（5）《大乘无量寿庄严经》（T. 12, No. 363）：法贤（Dharmabhadra）译于991年。从经题来看，原题应为*Amitāyuṣaḥ vyūha-mahāyānasūtra。但与《无量寿经》《无量寿如来会》同样，原典极有可能是*Amitābhasya vyūha-mahāyānasūtra。

17.3 结束语

每一部大乘经典都有着复杂的背景与历史。初期大乘佛典很有可能是通过中期印度语（或中期印度语与梵语的混淆语言）传播的，后来被逐渐"翻译"为梵语。换言之，初期大乘佛教梵语经典是经过了数世纪不断的梵语化（有时是矫枉过正的，有时是错误的）、附加、插入的结果。因此，在我们想要理解初期大乘经典、尽可能接近其产生时的原貌时，如果仅仅依靠现存梵语写本——除断简外多为11世纪以后的产物[1]——则永远不可能达到我们的目的。考察除梵语写本以外所有文献资料是非常必要的。例如，除汉译、藏译以外，还有古代犍陀罗文化圈（今巴基斯坦西北部至阿富汗东部）、中亚出土梵语断简、犍陀罗语佛典、于阗语佛典等都是追溯佛典产生、发展、变迁的确凿资料。尤其是近年来可追溯到公元1世纪的犍陀罗语大乘佛典写本的不断发现，很有可能会大大改变我们在理解初期大乘佛典时的常识。此外，即使是汉译佛典，其中自2世纪至6世纪翻译的译经不仅是

[1] 除阿富汗以及中亚等出土 2 世纪以后的梵语断简和 6 世纪以后吉尔吉特出土写本以外，大多数梵语写本保存在尼泊尔、西藏，抄写于 11 世纪以后。

完本，而且翻译年代比较明确，因此是最为重要的资料[1]。除了文献资料以外，还有必要参考有关碑文、考古以及美术资料的研究成果。如果综合性地考察以上所有资料，那么就会达到一个展望初期大乘佛典的新境地。我们经常戴着被称为"常识"的眼镜来理解佛教历史与教理，但是初期大乘佛教的"原貌"存在于较鸠摩罗什译诸佛典、《大智度论》、《婆沙论》、《俱舍论》等所谓佛教学古典更为遥远的彼岸。只有摘下积满尘灰的"眼镜"，重新准确、综合地理解第一手资料，才能接近初期大乘佛典的原貌。

关于《无量寿经》★，在古译中看不到《般若经》★的影响，但在汉译《无量寿经》以后的诸译、梵藏本中影响则非常明显。古《无量寿经》★（即《大阿弥陀经》和《平等觉经》的原典）问世后，《无量寿经》★受"般若洪水"与"梵语化洪水"影响，逐渐发生了各种质变。直至今日的几乎所有研究都没有注意到这一质变，大多学者戴着教理、教学的"眼镜"，只读净土教各宗派所依据经典的汉译《无量寿经》以及梵本来研究《无量寿经》★的历史。例如，"极乐"*Sukhāvatī*在古译中为"须摩题""须摩提"，"无量光"*Amitābha*及"无量寿"*Amitāyus*在古译中为"阿弥陀"等等。在这些学者的头脑里，不言而喻，这些词本来意味着"极快乐（的世界）""拥有无限光者""拥有无限寿命者"。笔者建议，我们不妨变换一个角度，来考证古《无量寿经》★中的"原貌"是为什么以及如何变化为《无量寿经》、梵本等中面貌的。通过上述论证可知，我们虽然并不了解"须摩题""阿弥陀"的原意，但我们可以论证"须摩题"是如何变化为"极乐"*Sukhāvatī*；"阿弥陀"是怎样分化为"无量光"*Amitābha*及"无量寿"*Amitāyus*。古《无量寿经》★中阿弥陀佛国后来

[1] 同《无量寿经》★一样，如果一部经典经过数次汉译，那么就有可能追溯它发展以及变迁的轨迹。研究汉译，可以在某种程度上从经录和翻译风格确定翻译年代，这是汉译与梵文本相比的一大优点。今后随着佛教汉语的研究更进一步发展，一定能够更为准确地确定年代。笔者编纂以不同汉译佛典为资料的词典，目的之一就是为了明确特定的译者以及不同时代的语言。

被称为“净土”[1]，如上所述，这一“净土”表达是罗什在《般若经》★“净佛国土”思想基础上造出来的。可是，以藤田为代表的学者们通常认为阿弥陀佛国是在《般若经》★“净佛国土”思想基础上造出来的。这样的看法不是追溯从“古”（古《无量寿经》★）到“新”的发展轨迹，而不过是站在“新”的角度上戴着“新”的“眼镜”来看“古”罢了。

雕刻家罗丹曾经说：“所谓艺术，是自然在人类眼中的反映。重要的是我们要擦净心灵之镜。”这位伟大的雕塑家擦亮自己的心灵之镜，把反映在心灵的自然转化为伟大雕塑艺术。笔者也想在研究思想史时直接接触原典，虚心读懂原典，努力让原典来证实其内容及其历史。

缩略语及符号表

AAA = *Abhisamayālaṃkār'ālokā Prajñāpāramitāvyākhyā : The Work of Haribhadra, together with the Text Commented on*, ed. U. Wogihara, 东京 1932: 东洋文库; 再版: 东京 ^{2}1973: 山喜房佛书林.

ARIRIAB = *Annual Report of The International Research Institute for Advanced Buddhology at Soka University*

Ap = *The Apadāna of the Khuddaka Nikāya*, 2 vols., ed. Mary E. Lilley, London 1925, 1927: Pali Text Society.

AS = *Aṣṭasāhasrikā Prajñāpāramitā with Haribhadra's Commentary called Āloka*, ed. P. L. Vaidya, Darbhanga, The Mithila Inst. of Post-Graduate Studies and Research in Sanskrit Learning, 1960 (Buddhist Sanskrit Texts, no. 4).

BHS = Buddhist Hybrid Sanskrit 佛教混淆梵语

〔1〕如藤田已阐明那样（1970:74；2007:3, 383），比罗什稍后的文人谢灵运（385—433 年）把极乐称作“净土”，这一用法自昙鸾（476—542 年）以后越加明显，到唐代“净土教”“极乐净土”等表达也出现了。

BHS(D, G) = Franklin Edgerton, *Buddhist Hybrid Sanskrit Grammar and Dictionary*, 2 vols., New Haven 1953 : Yale University Press; repr. Delhi, ^{2}1970 : Motilal Banarsidass.

Gā = Gāndhārī 犍陀罗语

Kj = Kumārajīva 鸠摩罗什译《维摩诘所说经》

MI = Middle Indic 中期印度语

Pā = Pāli 巴利语

QYS = *Qieyun* System，《切韵》音系：所用的是Karlgren（1954）构拟、李方桂（F. K. Li）修正的《切韵》音系，按照Coblin（1994）标记

R = *Aṣṭasāhasrikā Prajñāpāramitā*, ed. Rajendralala Mitra, Calcutta 1887—1888: Royal Asiatic Society of Bengal (Bibliotheca Indica 110).

Skt = Sanskrit 梵语

SP (KN) = *Saddharmapuṇḍarīka*, ed. Hendrik Kern and Bunyiu Nanjio, St. Petersbourg 1908—1912: Académie Imperiale des Sciences (Bibliotheca Buddhica Ⅹ).

SP (O) = *Saddharmapuṇḍarīkasūtra*的所谓喀什写本，实际上出土于卡达里克（Khadalik）遗址，在喀什购买。

SP (Wi) = Klaus Wille, *Fragments of a Manuscript of the Saddharmapuṇḍarīkasūtra from Khādaliq*, 东京 2000: 创价学会 (Lotus Sutra Manuscript Series 3).

Sukh(A) = *Sukhāvatīvyūha*, édité par Atsuuji Ashikaga, 京都 1965: 法藏馆.

Sukh (Af) = 修正Sukh (A)后藤田宏达的读法（Fujita 1992—1996）

Sukh (SC) = 巴米扬出土《无量寿经》*写本断简中的读法：Harrison, Paul, Jens-Uwe Hartmann and Kazunobu Matsuda 2002.

Sukh (Tib) = 《蔵訳無量寿経異本校合表（稿本）》，《浄土教の総合的研究》研究班編，京都 1999: 佛教大学総合研究所.

T = 《大正新修大藏經》，高楠順次郎・渡邊海旭都監，東京 1924—1934: 大正一切經刊行會.

Tib (Pk) = 《影印北京版西藏大藏經》，京都・東京 195—1961: 西藏大藏經研究會.

Vkn = *Vimalakīrtinirdeśasūtra*, in: 《梵藏漢対照維摩經》 *Vimalakīrtinirdeśa : Transliterated Sanskrit Text Collated with Tibetan and Chinese Translations*, 大正大学綜合佛教研究所梵語佛典研究会編, 東京 2004: 大正大学出版会.

v.l. = varia lectio 异文

Xz = Xuanzang 玄奘译《说无垢称经》

ZQ = Zhi Qian 支谦译《维摩诘经》

* = 文献中没有该词形。如：**śuha*

~ = 梵语语干。如：*dharma~*

= 此记号前或后的部分与前面列举的词相同

← = α ← β: 汉字（或梵语）β应换作α

{} = 多余的字

< > = 遗漏的字

.... = 固有名词。例："阿难"

参考文献

Allon, Mark, Salomon R, et al. 2006. Radiocarbon Dating of Kharoṣṭhī Fragments from the Schøyen and Senior Manuscript Collections. Braarvig J, *et al*. Manuscripts in the Schøyen Collection, Buddhist Manuscripts: vol III. Oslo : Hermes Publishing: 279-291.

船山徹. 2002. 漢訳と中国撰述の間——漢文佛典に特有な形態をめぐって——. 佛教史學研究，45 (1): 1-28.

Coblin W S. 1994. A Compendium of Phonetics in Northwest Chinese. Journal of Chinese Linguistics Monograph Series: Number 7. Berkeley.

Conze E. 1974. The Gilgit Manuscript of the Aṣṭādaśasāhasrikā-prajñāpāramitā. Roma: Istituto italiano per il Medio ed Estremo Oriente.

村上真完. 2004. 極楽の荘厳(vyūha). 高橋弘次先生古稀記念会事務局. 高橋弘次先生古稀記念論集：浄土学佛教学論叢：第二巻. 東京：山喜房佛書林: 3-32.

Damsteegt T. 1978. Epigraphical Hybrid Sanskrit : Its Rise, Spread, Characteristics and Relationship to Buddhist Hybrid Sanskrit. Leiden: Brill.

Emmerick R E.1968. The Book of Zambasta : A Khotanese Poem on Buddhism. London: Oxford University Press.

Falk H, Karashima S. 2012. A first-century *Prajñāpāramitā* manuscript from Gandhāra *parivarta* 1 . Annual Report of The International Research Institute for Advanced Buddhology at Soka University: vol XV: 19-61.

Fujita K. 1992-1996. The Larger Sukhāvatīvyūha: Romanized Text of the Sanskrit Manuscripts from Nepal. 東京: 山喜房佛書林.

Glass A. 2000. A Preliminary Study of Kharoṣṭhī Manuscript Paleography, MA thesis. Department of Asian Languages and Literature, University of Washington.

Glass A. 2007. Four Gāndhārī Saṃyuktāgama Sūtras: Senior Kharoṣṭhī Fragment 5. Seattle: University of Washington Press.

Gómez L O. 1996. The Land of Bliss: The Paradise of the Buddha of Measureless Light: Sanskrit and Chinese Versions of the Sukhāvatīvyūha Sutras. University of Hawai'i Press, Higashi Honganji Shinshū Ōtani-ha.

Harrison P. 1998. Women in the Pure Land: Some Reflections on the Textual Sources. Journal of Indian Philosophy (26): 553-572.

Harrison P. 2009. Tabo Studies III: A Catalogue of the Manuscript Collection of Tabo Monastery. Roma: Istituto Italiano per l'Africa e l'Oriente.

Harrison P, Hartmann Jens-Uwe, Matsuda K. 2002. Larger Sukhāvatīvyūhasūtra. Braarvig J, et al. Manuscripts in the Schøyen Collection, Buddhist Manuscripts: vol 2. Oslo: Hermes Publishing: 179-214.

Hinüber, Oskar von. 2001. Das ältere Mittelindisch im Überblick. Wien: Verlag der Österreichischen Akademie der Wissenschaften.

Inagaki, H. 1998. Nāgārjuna's Discourse on the Ten Stages (Daśabhūmika-vibhāṣā) : A Study and Translation from Chinese of Verses and Chapter 9. Kyoto: Ryukoku University. Ryukoku Gakkai.

Karashima S. 1992. The Textual Study of the Chinese Versions of the Saddharmapuṇḍarīkasūtra—in the light of the Sanskrit and Tibetan Versions. 東京：山喜房佛書林 (Bibliotheca Indologica et Buddhologica 3).

Karashima S.1998. A Glossary of Dharmarakṣa's Translation of the Lotus Sutra（正法華經詞典）. 東京：創価大学国際仏教学高等研究所 (Bibliotheca Philologica et Philosophica Buddhica I).

Karashima S. 2001. A Glossary of Kumārajīva's Translation of the Lotus Sutra （妙法蓮華經詞典）. 東京：創価大学国際仏教学高等研究所 (Bibliotheca Philologica et Philosophica Buddhica IV).

Karashima S. 2006. Underlying Languages of Early Chinese Translations of Buddhist Scriptures // Anderl C, Eifring H. Studies in Chinese Language and Culture: Festschrift in Honour of Christoph Harbsmeier on the Occasion of his 60th Birthday. Oslo: Hermes Academic Publishing: 355-366.

Karashima S. 2008. An Old Tibetan Translation of the Lotus Sutra from Khotan: The Romanised Text Collated with the Kanjur Version : 4. ARIRIAB, 11: 177-301.

Karashima S. 2008. Brief Communication: The Omission of the Verses of the *Samantamukha-parivarta* in a Kanjur Edition. ARIRIAB, 11: 373-374.

Karashima S, Wille K. 2009. Buddhist Manuscripts from Central Asia: The British Library Sanskrit Fragments (BLSF): vol II, 2 parts. 東京：創価大学国際仏教学高等研究所.

Lenz T. 2003. A New Version of the Gāndhārī Dharmapada and a Collection of Previous-Birth Stories: British Library Kharoṣṭhī Fragments 16 + 25. Seattle: University of Washington Press (Gandhāran Buddhist Texts 3).

Lienhard S. 2007. Kleine Schriften. Wiesbaden: Harrassowitz (Glasenapp-Stiftung Band 44).

Murakami S. 2006. Vyūha A Characteristic of Creation of the Mahāyāna Scriptures // 望月海淑.法華経と大乗経典の研究. 東京：山喜房佛書林: 93(722)-152(663).

Murakami S. 2008. Early Buddhist Openness and Mahāyāna Buddhism. Nagoya Studies in Indian Culture and Buddhism: Saṃbhāṣā, 27: 109-48.

Nattier J. 2000. The Realm of Akṣobhya: A Missing Pierce in the History of Pure Land Buddhism. Journal of the International Association of Buddhist Studies, 23-1: 71-102.

Nattier J. 2006. The Names of Amitābha/Amitāyus in Early Chinese Buddhist Translations (1). ARIRIAB, 9: 183-199.

Nattier J. 2007. The Names of Amitābha/Amitāyus in Early Chinese Buddhist Translations (2). ARIRIAB, 10: 359-394.

Nattier J. 2008. A Guide to the Earliest Chinese. Buddhist Translations: Texts from the Eastern Han 東漢 and Three Kingdoms 三國 Periods. 東京：創価大学国際仏教学高等研究所 (Bibliotheca Philologica et Philosophica Buddhica X).

Nattier J. 2009. Heaven Names in the Translations of Zhi Qian. ARIRIAB, 12: 101-122.

平川彰. 1976. 浄土教の用語について. 日本佛教學會年報（42）. 1-13.

平川彰. 1990. 浄土思想と大乗戒 // 平川彰著作集：第7卷. 東京：春秋社.

丘山新. 1980. 《大阿弥陀経》訳者に関する一仮説. 印度学仏教学研究，28（2）：227-230.

Salomon R. 1998. Indian Epigraphy: A Guide to the Study of Inscriptions in Sanskrit, Prakrit, and the Other Indo-Aryan Languages. South Asia Research. New York: Oxford University Press.

Salomon R. 2000. A Gāndhārī Version of the Rhinoceros Sūtra: British Library Kharoṣṭhī Fragment 5B // Gandhāran Buddhist Texts 1. Seattle: University of Washington Press.

Salomon R. 2008. Two Gāndhārī Manuscripts of the Songs of Lake Anavatapta (Anavatapta-gāthā) : British Library Kharoṣṭhī Fragment 1 and Senior Scroll 14 // Gandhāran Buddhist Texts 5. Seattle: University of Washington Press.

Sander L. 2000. A Brief Paleographical Analysis of the Brāhmī Manuscripts in Volume I // Braarvig J, et al. Manuscripts in the Schøyen Collection I: Buddhist Manuscripts, vol I. Oslo: Hermes Publishing: 285-300.

藤田宏達. 1970. 原始浄土思想の研究. 東京：岩波書店.

藤田宏達. 2001. 阿弥陀経講究 安居本講. 京都：真宗大谷派宗務所出版部.

藤田宏達. 2007. 浄土三部経の研究. 東京：岩波書店.

藤田宏達，桜部建. 1994. 浄土仏教の思想1 無量寿経・阿弥陀経. 東京：講談社.

田村芳朗. 1976. 三種の浄土観. 日本仏教学会年報（42）：17-32.

武田浩学. 2005. 大智度論の研究. 東京：山喜房佛書林.

西村実則. 1987. ガンダーラ語仏教圏と漢訳仏典. 三康文化研究所年報（20）：49-125.

香川孝雄. 1984. 無量壽經の諸本對照研究. 京都：永田文昌堂.

香川孝雄. 1993. 浄土教の成立史的研究. 東京：山喜房佛書林.

小澤憲珠. 1998.《般若経》における浄仏国土思想 // 佐藤隆賢博士古稀記念論文集：佛教教理思想の研究. 東京：山喜房佛書林：757-772.

辛嶋静志. 1994.《長阿含経》の原語の研究. 東京：平河出版.

辛嶋静志. 1997. 初期大乗仏典の文献学的研究への新しい視点. 仏教研究（26）：157-176.

辛嶋静志. 1997.《大阿弥陀経》願文訳.教化研究（117）:135-145.

辛嶋静志. 1999-2007.《大阿弥陀経》訳注（一）-（八）. 佛教大学総合研究所紀要.

辛嶋静志. 1999.法華経の文献学的研究（二）観音Avalokitasvaraの語義解釈. ARIRIAB，2：39-66.

原實. 1973. *Gaṇḍa-vyūha*題名考 // 中村元博士還暦記念会.中村元博士還暦記念論集：インド思想と仏教.東京：春秋社：21-36.

柴田泰. 1992.訳語としての阿弥陀仏の《浄土》. 印度哲学仏教学（7）：185-204.

柴田泰. 1994. 中国仏教における《浄土》の用語再説. 印度哲学仏教学（9）：178-208.

佐藤直実. 2003. 蔵漢訳《阿閦仏国経》比較研究. 京都：京都大学.

佐藤直実. 2008. 蔵漢訳《阿閦仏国経》研究. 東京：山喜房佛書林.

18　《象腋经》经名考

刘震　复旦大学

陈怀宇　Arizona State University

《象腋经》是一部流传比较广泛的大乘佛经。它被译成三种中古佛教的主要语言——汉语、藏语和于阗语。

目前存世的有两部汉译文本：西晋竺法护（Dharmarakṣa，约230—308年[1]）所译的《无希望经》（T 813）和南朝宋昙摩蜜多（Dharmamitra，356—442年）所译的《象腋经》（T 814）。藏译的经名为*Glaṅ-po'i rtsal shes-bya-ba theg-pa chen-po'i mdo*（德格版207经，Mdo-sde (tsha) 95a7-109a5；北京版873经，Mdo-sna-tshogs (tsu) 99b-115b，下文作Q 873），对应梵语*Hastikakṣya-nāma-mahāyānasūtra*。然而藏译的题记中没有任何有关译者与翻译年代的信息。[2]

最近，还有发现自中亚、现藏于大英图书馆的梵语和于阗语各一个文本被确认。梵语的写本残片由刘震和陈怀宇做了比较深入的研究。[3]本经的于阗语译本残片，编号为Kh. Missing fragment 3或者Godfrery 3，或可断代为公元8—9世纪，由陈怀宇比定出来。[4]

---

〔1〕根据，许理和著，李四龙译，《佛教征服中国》，刘东主编，海外中国研究丛书，江苏人民出版社，2005年，第65页。

〔2〕不过，两部最早的佛经目录，《丹噶目录》（*lDan-kar ma*）和《旁塘目录》（*'Phaṅ-thaṅ ma*）就已经收录该经的经名，因此我们可以认为公元8世纪或9世纪之前就已经有该经的藏译本，参见Marcelle Lalou, "Contribution à la bibliographie du Kanjur et du Tanjur. Les textes Boudhiques au temps du roi Khri-sroṅ-lde-bcan", *Journal Asiatique*, Vol. 211, 1953: No. 156和'*Phaṅ-thaṅ ma*, p.13。

〔3〕Liu Zhen & Chen Huaiyu, "Some Reflections on an Early Mahāyāna Buddhist Text *Hastikakṣya-sūtra*", 待刊。

〔4〕Chen Huaiyu, "Newly Identified Khotanese Fragments in the British Library and Their Chinese Parallels", *Journal of the Royal Asiatic Society*, the 3rd series, Vol. 22, No. 2, 2012, pp.273-274.

我们知道，在“阿含”（Āgama）或者“部”（Nikāya）中，同一部经可能拥有不同的经名。[1]这部大乘经在流传和翻译的过程中，也同样具有不同的经名。每个接触这个文本的人——作者、编者、译者或抄写者，都有可能从经文里选择一个能代表该经核心思想的短语来作为经题。

我们先从最为人所知的“象腋”入手。该经名最早见于《聂道真录》。[2]在同名的昙摩蜜多译本中，有一段提到经名的来历：“佛告文殊师利：‘过去于此，阇崛山中，有十千佛，说《象腋经》’”。[3]不过，经文里还是没有说明整部经与“象腋”有什么关系。由于昙摩蜜多的译本在中古汉传佛教中非常知名，“象腋”之名常现于汉文佛经之中，比如，《佛说佛名经》[4]和《入愣伽经》[5]。此外，相应的梵语名称亦见于藏译本的开头：rgya gar skad du | hastikakṣyanāmamahāyānasūtra，[6]“印度语为‘名为*Hastikakṣya*（象腋）的大乘经’”。在梵语残本中，只留存有一个字符cchaṃ。[7]不过，如果我们考虑到佛教梵语的特殊形式，[8]这已经足以推断经名为：*Hastikaccha*。

第二个名称可见于藏译本，glaṅ bo rstal，意为“象勇力”，梵语为*hastikrama。该经题见于藏译本的开头，在梵语经题之后：bod skad du | glaṅ po'i rtsal ces bya ba theg pa chen po'i mdo |，“藏语为

〔1〕如，Norman, *The Group Discourses* Ⅱ. Oxford: Pali Text Society, 1995: xxvii; Anālayo, “Comparative Notes on the Madhyama-āgama”. *Fuyan Buddhsit Studies*. No. 2. Taiwan: Hsinchu, 2007, p.15。

〔2〕T 2034《历代三宝纪》, 63a4: 亦云《象步经》, 亦云《象腋经》, 见《聂道真录》。

〔3〕T 814, 782b20ff.

〔4〕T 441, 231c.

〔5〕T 671, 564b.

〔6〕Q 873, 99b8.

〔7〕写本恰在经名处残缺，verso 1: /// .. .. cchaṃ nāma [dh]armaparyāyaṃ，“名为 .. .. ccha的经文”。参见，Liu & Chen, “Some Reflections on an Early Mahāyāna Buddhist Text *Hastikakṣyasūtra*”。

〔8〕BHSD, s.v. kaccha. kaccha亦见于巴利语，参见，PTSD与CPD, s.v。该词还具有“腋”之外的意思，参见Alsdorf, Ludwig, “Bemerkungen zum Vessantara-Jātaka”, *Wiener Zeitschrift für die Kunde Süd-und Ostasiens*, 1, 1957, p.20。

‘名为《象勇力》的大乘经’”[1]。glaṅ bo rstal并非是梵语hastikakṣya的正确对应。该经名还见于藏译的经文中：bcom ldan ’das kyis ’jam dpal gźon nur gyur pa la ’di dkad ces bka’ rtsal to | ’jam dpal saṅs rgyas khri rnams kyis bya rgod kyi phuṅ po’i ri ’di la glaṅ po’i rtsal lta bu źas bya ba’i chos kyi rnam graṅs bśad do |,[2]“佛告文殊师利：‘过去于此，阇崛山中，有十千佛，说《象勇力喻经》’”。不过，值得一提的是，如果我们将rstal视为梵语kakṣya的自然对应，那么glaṅ po’i rtsal lta bu就可以对应梵语*Hastikakṣyopama，即“象腋喻”。此外，在Q 873和T 814中，象勇力被明显强调：

> kun dga’ po sems can gaṅ chos kyi rnam graṅs ’di la mos pa de dag glaṅ po’i rtsal daṅ glaṅ po chen po’i rtsal gyis gnon par gyur |[3]
>
> 佛告阿难，若有众生解此经者，如大象力，如大龙力。是诸众生解此经者，亦复如是。[4]

第三个经名为“喻象”，对应梵语为*Hastyupama。见于T 813：“佛告文殊，今灵鹫山有万菩萨，俱讲经典，经名《喻象》，于往古昔亦曾所论。”[5]该经名或许是*Hastikakṣyopama，“象腋喻”的缩写，或许是*Hastigatyupama，“象步喻”[6]的缩写。在阿含/经部中，也有一类似的经名：*Hatthipadopamasutta*（象迹喻经，梵语：*Hastipadopamasūtra*）。此经名之下有两部经：MN 27 *Cūḷahatthipadopamasutta*和MN 28 *Mahāhatthipadopamasutta*，对应的汉文本为T 26.146和T 26.30《象迹喻经》。尽管第一部经提到了大象足迹的比喻，但《象腋经》与第二部经的联系更为紧密，因为其中不仅提到了象迹喻，而且此经由舍利弗所说。此外，该经的主题思想是五

〔1〕Q 873, 99b8.

〔2〕Q 873, 102b2ff.

〔3〕Q 873, 115a7.

〔4〕T 814, 782b29ff.

〔5〕T 813, 776a12ff. 即与T 814, 782b20ff.和Q 873, 102b2ff.对应的段落。

〔6〕见下文。

蕴（经中译为“五盛阴”）的缘起、四大的无实，可与《象腋经》相呼应。值得注意的是，晚期的经典会以传说的形式导入一部早期的经典。传说多为佛陀（或者过去佛）过去之时说过那部出自阿含/经部的早期经典。用这种方式，晚期的经典的权威性和合法性得到确立，因为它与早期经典有关联，或者甚至是得到佛教各个部派承认的早期经典的重复。[1]

第四个名称为“象步”，对应的梵语为*hastigati。除了“象腋”，从《聂道真录》开始，[2]“象步”也见于多种佛经经录。聂道真是竺法护的助手。[3]如前所述，佛说，“如有众生信解此经者，如大象力”，此处“象步”强调了象行之力，在竺法护的译本中，有言：

> 佛告阿难，若有众生信乐斯法，举动进止如象游步。信此法者，彼等之类如大象游，亦如龙步。[4]

又及：

> 爱喜此法真谛义者，为师子步，举动进止尊无俦匹。[5]

对应了昙摩蜜多本的：

> 阿难，诸众生等解此经者，如师子游步进趣胜道。[6]

及藏译本：

> kun dga' po gaṅ chos kyi rnam graṅs 'di la mos pa de dag seṅ ge'i 'gros daṅ | khyu mchog gi 'gros su 'gro bar 'gyur ro |[7]

---

〔1〕以此方式，通过《古来世时经》（又名《说本经》，*Pūrvāparāntikasūtra*），《弥勒下生成佛经》（*Maitreyavyākaraṇa*）获得了合法性和权威性。前者收录在汉译的《中阿含》（T 26, 508c-511c和T 44, 829b-831a）中。参见， Sylvain Lévi, “Maitreya le consolateur”, in: *Études d'orientalisme publiées par le Musée Guimet a la mémoire de Raymonde Linossier*. Paris: Librairie Ernest Leroux, 1932, pp. 361-363和Liu Zhen, “*Das Maitreyavyākaraṇa.* Ein Vergleich der verschiedenen Fassungen mit einer Übersetzung des Sanskrit-Textes”. Ludwig-Maximilians Universität, München. 未刊硕士论文，2005, pp. 12-13。

〔2〕见P250注〔2〕。

〔3〕相关提示见汤用彤，《汉魏两晋南北朝佛教史》，北京：中华书局，1983年，114页。

〔4〕T 813, 776a24 ff.

〔5〕T 813, 776a26.

〔6〕T 814, 782c2ff.

〔7〕Q 873, 115a7ff.

在经文末尾，佛陀言道，过去有佛曾说此经，此佛有各种名称，但皆与狮子步有关：一名“乐师子步”（梵语：*siṃhagatyadhimukti）[1]；一名“*Shiziyoubu*（师子游步）”（梵语：*siṃhagati）[2]；一名“狮子力步”（藏语：seṅ ge'i stabs su 'gro ba，梵语：*siṃhabalādhigati）[3]。

上述各名皆与象有关，但还有一名称，与象无任何关联。该名仅仅出现于竺法护的译本，作为经题“无希望”（梵语：*akāṅkṣa）。由于本经属于般若经典，般若的要义是“性空假有”，对“性”和“有”的“无希望”确实呼应了这一核心思想。除了经题，竺法护所译的经文中有三处，用同一个语句提到了“无希望”，即：“于众佑无希望”[4]。这个语句又与本经的主题思想——“无生法忍”相关，佛陀先对文殊师利做了开示，[5]然后又对舍利弗做详解。[6]在昙摩蜜多的译本中“于众佑无希望”对应的是“施无果报”，或可还原成梵语为*dānāvipāka。在藏译中，则作rnam par smin la re ba med，或可还原成梵语为*vipākāpratikāṃkṣaṇa，该词中的apratikāṃkṣaṇa，应该是竺法护译成“无希望”的依据。

当然，我们还找不到充分的证据，来解释竺法护为何将经题译作“无希望”。假设竺法护所据的是佉卢文（Kharoṣṭhī）的犍陀罗语（Gāndhārī）底本，或者佉卢文或婆罗迷文（Brāhmī）的佛教梵语底

---

〔1〕T 813, 781a12.

〔2〕T 814, 786c18.

〔3〕Q 873, 114a6.

〔4〕T 813, 777b26-27, 778c2.

〔5〕T 813, 777b22 ff.: 佛言。如是。文殊师利。彼法自然。其欲得见如来至真。则为邪见。其邪见者求入正见。其正见者是为泥洹。非大德果无大功勋。其至泥洹非大德果。无功勋已则世众佑。其世众佑。则于众佑无所希望。其于众佑无希望已。即能具足虚静之慧。已具静慧则能速成无所从生法忍。

〔6〕T 813, 777c18-778c27; T 814, 784a4-c24; Q 873, 107a2-110a2.

本，[1]那么，由于误读或者笔误，会导致两种可能性。第一种是将hastikakṣa 误作*nāstikāṃkṣa（梵）及 *nastikakṣa（犍）“无希望”。如果底本是婆罗迷字，末笔误置，ha或许会与nā混淆，anusvāra的遗忘又使得ka等同于kāṃ。[2]如果底本是佉卢字，ha与na却是最不可能混淆的。另一种可能是，佉卢文的底本中，a 与 ha易混，[3]而-ti的两撇丢失，sti 混同于，[4]*asakakṣa（梵：*asakāṃkṣa）取代了hastikakṣa。3世纪时，犍陀罗语的佉卢文佛经逐

---

〔1〕法护的传记及经文的题跋记载法护时而得到梵本（婆罗迷字本），时而得到胡本（佉卢字本），参见Daniel Boucher, “On *Hu* and *Fan* Again: the Transmission of ‘Barbarian’ Manuscripts to China”, in: *Journal of the International Association of Buddhist Studies* 23.1, 2000: pp. 7–28，特别是p.11, p.18ff. 有关竺法护底本的语言，参见，Daniel Boucher, “Buddhist Translation Procedures in Third-Century China: A Study of Dharmarakṣa and His Translation Idiom.” Ph.D. dissertation, University of Pennsylvania, 1996, pp. 103–169; 斯氏，“Gāndhārī and the Early Chinese Buddhist Translations Reconsidered: The Case of the *Saddharma-Puṇḍarīka-Sūtra*”, in: *Journal of the American Oriental Society* Vol. 118, No. 4, 1998, pp. 471-506; 斯氏，“The Textual History of the *Rāṣṭrapālaparipṛcchā*: Notes on Its Third- Century Chinese Translation.” *Annual Report of the International Research Institute for Advanced Buddhology for the Academic Year 2000*, 4, 2001, pp. 93-115: pp. 93-110; 斯氏，*Bodhisattvas of the Forest and the Formation of the Mahāyāna: A Study and Translation of the Rāṣṭrapālaparipṛcchā-sūtra*. Honolulu: University of Hawaii Press, 2008, pp. 101-110。佛教梵语既可以婆罗迷字书写，也可以佉卢字书写，参见Daniel Boucher, “Buddhist Translation Procedures in Third-Century China”, pp. 103-169; 斯氏，“Gāndhārī and the Early Chinese Buddhist Translations Reconsidered”, pp. 471-506，及Richard Salomon, *Ancient Buddhist Scrolls from Gandhāra: The British Library Kharoṣṭhī Fragments*. Seattle: University of Washington Press, 1999, p. 61, n. 6; 斯氏，“Gāndhārī and the Other Indo-Aryan Languages in Light of Newly Discovered Kharoṣṭhī Manuscripts”, in: Nicholas Sims-Williams, ed., *Indo-Iranian Languages & Peoples (Sir Harold Bailey Centennial Volume)*. Oxford: Oxford University Press, 2002, pp. 119-134: p. 129。有关犍陀罗语只出现在佉卢体中的论断，参见Salomon, *Ancient Buddhist Scrolls from Gandhāra*, p. 110ff.

〔2〕此处采用的是竺法护时代中亚流行的笈多（Gupta）字体，参见Lore Sander, *Paläographisches zu den Sanskrithandschriften der Berliner Turfansammlung*. Wiesbaden: Franz Steiner, 1968, 图表10。

〔3〕参见Boucher, “The Textual History of the *Rāṣṭrapālaparipṛcchā*”, p. 103, n. 30.

〔4〕采用的是Andrew Glass, “A Preliminary Study of Kharoṣṭhī Manuscript Paleography”. M.A. thesis, University of Washington, 2000里面的字体。

步转抄成佛教梵语的婆罗迷字，[1]当然也有反向的转化，误读与笔误在所难免。[2]

因此，按照年代先后，在竺法护译本中，有“喻象”（*Hastyupma*）和“无希望”（*Nāstikāṅkṣa*或*Akāṅkṣa*），在《聂道真录》中有“象步”（*Hastigati*或*Hastigacchan*），另外还有“象腋”；一个多世纪以后，“象腋”（*Hastikakṣa*，或者其佛教梵语形式*Hastikaccha*，其梵语的发展形式*Hastikakṣya*）之名逐渐通行，分别见诸昙摩蜜多译本、梵语残片和藏文译本。在藏译本中，经名又被译作“象力”（*Glaṅ-po'i rtsal*）和“象腋喻”（*Glaṅ po'i rtsal lta bu*，梵语：*Hastikakṣyopama*）。

如果我们能同意一些学者的观点，即中亚和西北印度的佛经原是以犍陀罗语记载的，而犍陀罗语的佛经又原是其他的中古印度语记载的，[3]在3世纪，犍陀罗语与佛教梵语的经文并存，[4]直至5世纪完全

〔1〕参见Salomon, *Gāndhārī and the Other Indo-Aryan Languages in Light of Newly Discovered Kharoṣṭhī Manuscripts*, p. 128及Ingo Strauch, "The Bajaur Collection of Kharoṣṭhī Manuscripts - A Preliminary Survey", in: *Studien zur Indologie und Iranistik* 25, 2008, pp. 103-136: p. 111。

〔2〕参见Boucher, "Buddhist Translation Procedures in Third-Century China", pp. 159-169，特别是p. 162ff.; 斯氏，"Gāndhārī and the Early Chinese Buddhist Translations Reconsidered", pp. 498-503，特别是p. 500。在写本的誊抄中，不同的字体转换，容易产生误读乃至误抄。参见，Dieter Schlingloff, *Ein Buddhistisches Yogalehrbuch, Textband*. Berlin: Akademie-Verlag, 1964, p. 13。

〔3〕参见Boucher, "Buddhist Translation Procedures in Third-Century China", p. 166ff., n. 115; 斯氏，"Gāndhārī and the Early Chinese Buddhist Translations Reconsidered", p. 501, n. 128; 斯氏，Review of Salomon, *Ancient Buddhist Scrolls from Gandhāra*. *Sino-Platonic Papers 98*, 2000, pp. 58-71: pp. 59-61及Salomon, *Ancient Buddhist Scrolls from Gandhāra*, p. 11; 斯氏，"Gāndhārī and the Other Indo-Aryan Languages in Light of Newly Discovered Kharoṣṭhī Manuscripts", pp. 122-128。根据邵瑞琪（Salomon, "Gāndhārī and the Other Indo-Aryan Languages in Light of Newly Discovered Kharoṣṭhī Manuscripts", p. 122ff.）所言，犍陀罗语佛经所转的源经文，是以北部或中部印度的一种中古印度语记载的，它的语音和语态特征与巴利语差别不大。

〔4〕参见P.254注〔1〕。

梵语化，[1]那么我们可以认为，除“无希望”之外，其他的经名可能映射出某种中古印度语经由犍陀罗语及佛教梵语到标准梵语的一个演变过程。[2]倘若我们接受这一假设，编纂这部大乘经时，从阿含/经部的《象迹喻经》借得经名以增加权威性，那么《象腋经》经名发轫于“象步喻”。“象步喻”可还原作中古印度语*Hatthigaccupama（梵：*Hastigatyupama）[3]，它的简称为“喻象”（*Hastyupama）及“象步”（*Hastigati）。在中古印度语里亦可写作*Hatthigacchupama。[4]这个复合词可能被错误地拆解成*Hatthigaccha-upama并且转换成犍陀罗语*Hastikakṣa[-uvamu]，[5]即佛教梵语的

〔1〕参见Oskar von Hinüber, “Sanskrit und Gāndhārī in Zentralasien”, in: Klaus Röhrborn, Wolfgang Veenker (eds.), *Sprachen des Buddhis-mus in Zentralasien*, (Veröffentlichungen der Societas Uralo-Altaica, 16) Wiesbaden: Harrassowitz Verlag, 1983, pp. 27-34: p. 30及Jens-Uwe Hartmann, “Buddhist Sanskrit Texts from Northern Turkestan and their relation to the Chinese Tripiṭaka”, *Buddhism Across Boundaries: Chinese Buddhism and the Western Regions. Collection of Essays 1993*. Sanchung: Foguang Cultural Enterprise, 1999, pp. 107-136: p. 112; 斯氏，“Die Verbreitung des indischen Buddhismus nach Afghanistan und Zentralasien”, Heinz Bechert u.a. (eds.), *Der Buddhismus* Ⅰ. *Der indische Buddhismus und seine Verzweig* (Die Religionen der Menschheit, 24,1). Stuttgart: W. Kohlhammer, 2000, pp. 421-439: p. 428。

〔2〕这个“过程”可能需要经由很长的时间，也可能在一个很短的时段里就完成了。我们甚至可以说，所有的变异同时产生。参见Salomon, “‘Gāndhārī Hybrid Sanskrit’: New Sources for the Study of the Sanskritization of Buddhist Literature”, in: *Indo-Iranian Journal*, 44, pp. 242-252: p. 248及斯氏，“Gāndhārī and the Other Indo-Aryan Languages in Light of Newly Discovered Kharoṣṭhī Manuscripts”, p.132。

〔3〕关于梵语sta > 中古印度语ttha，参见，Richard Pischel, *Grammatik der Prakrit-Sprachen*. Hrsg. Georg Bühler et al., *Grundriss der indo-arischen Philologie und Altertumskunde*, Ⅰ. *Band, 8. Heft*. Strassburg: Verlag von Karl J. Trübner, 1900, § 307; Oskar von Hinüber, *Das ältere Mittelindisch im Überblick*. Wien: Verlag der Österreichischen Akademie der Wissenschaften, 2001, § 229。关于梵语ty > 中古印度语cc，参见Pischel, *Grammatik der Prakrit-Sprachen*, § 280; von Hinüber, *Das ältere Mittelindisch im Überblick*, § 247; Thomas Oberlies, *A Grammar of the Language of the Theravāda Tipiṭaka, With a Concordance to Pischel's Grammatik der Prakrit-Sprachen*; Albrecht Wezler & Michael Witzel (eds.), *Indian Philology and South Asian Studies*, Vol. 3. Berlin, New York: Walter de Gruyter, 2001, § 16.1。

〔4〕von Hinüber, *Das ältere Mittelindisch im Überblick*, § 192.

〔5〕在佉卢文中，cha（过去的转写是ccha）与kṣa近似，因此时常互换，参见John Brough, *The Gāndhārī Dharmapada*. London Oriental Series. Vol. 7. London: School of Oriental and African Studies, 1961, § 16; Glass, “A Preliminary Study of Kharoṣṭhī Manuscript Paleography”, p. 63, n. 13及p. 115ff., n. 42。

*Hastikaccha[-upama]，[1]而后梵语化为*Hastikakṣya[-upama]，即"象腋"以及梵语残片中可靠的读法Hastikaccha。最后是*Hastivikrama，其藏语直译为Glaṅ-po'i rtsal，可能是藏译者根据上下文的一个发明。

最后还留有一个问题：为什么两位同时代的佛经翻译家——竺法护和聂道真，会对同一部经读出互不相同的经名？第一种可能性是，在他们底本的题记中，有一个中古印度语经名，即前面所假设的*Hatthigacc(h)a(n)。*Hatthigacc(h)a(n)有两种梵语对应：*Hastigacchan/ *Hastigaty[upama]和*Hastikakṣa。聂道真将这两种梵语的读法都纳入了其经录中，而经文里可能存在笔误*Nāstikāṅkṣa或者*Akāṅkṣa，竺法护反而认为它更适合做经题，因此将题记中的取而代之。第二种可能是，二人从不同的来源——也就是从两个或两个以上的写本，获得了不同的经题信息。

综上所述，《象喻经》（Hastyupamasūtra）不仅是那部出自阿含/经部的经典《象迹喻经》（Hastipadopamasūtra）的简称，而且是上述各种经名的简称。当然，该经最为人知晓的名称还是《象腋经》（Hastikakṣya），经题的后半部分，kakṣya，意为"腋"或引申为"步"，它的演变和异读为我们串联起了上述的讨论。

缩略语

BHSD = Franklin Edgerton, *Buddhist Hybrid Sanskrit Grammar and Dictionary*, vol. 2: Dictionary. New Haven: Yale University Press, 1953.

---

〔1〕关于梵语k > 中古印度语g，参见Pischel, *Grammatik der Prakrit-Sprachen*, § 202; John Brough, *The Gāndhārī Dharmapada*, p.42 & § 31; von Hinüber, *Das ältere Mittelindisch im Überblick*, § 174-176。关于梵语kṣ > 中古印度语ccha，参见Pischel, *Grammatik der Prakrit-Sprachen*, § 317-322；von Hinüber, *Das ältere Mittelindisch im Überblick*: § 232-235; Oberlies, *A Grammar of the Language of the Theravāda Tipiṭaka*, § 18.2。

CPD = *A Critical Pāli Dictionary*, begun by Ⅴ. Trenckner, ed. D. Andersen et al., vol. Ⅰ, Copenhagen, 1924–1948, vol. Ⅱ (fasc. 1ff.), Copenhagen: Royal Danish Academy of Sciences and Letters, 1960.

MN = *Majjhimanikāya*, ed. V. Trenckner, R. Chalmers, *The Majjhima-Nikāya*. London: Pali Text Society, 1888–1899.

'Phaṅ-thaṅ ma = 西藏博物馆(ed.). 2003. *Bod ljoṅs rdzas bśams* mdzod khaṅ gi rtsa che'i dpe rñiṅ gces bsgrigs dpe tshogs las. 北京: 民族出版社, pp.1-67.

PTSD = *The Pali Text Society's Pali-English Dictionary*, ed. T. W. Rhys Davids, W. Stede. London: Pali Text Society, 1921–1925.

Q = (Qianlong) Peking bsTan 'gyur: *The Tibetan Tripiṭaka. Peking Edition*. ed. by Daisetz T. Suzuki 铃木大拙. Kyoto: Otani University, 1955 - 1961.

T. = *Taishō Shinshū Daizōkyō*（大正新修大藏经）, ed. by Takakusu Junjiro（高楠顺次郎）, Watanabe Kaigyoku（渡边海旭）. 东京: 大正一切经刊行会, 1924-1932.

T. 813 =《佛说无希望经》，竺法护译。

T. 814 =《象腋经》，昙摩蜜多译。

19 释“最妙上师（Bla ma dam pa）”和“金刚上师（rDo rje slob dpon）”

——以萨思迦派所传道果法与《大乘要道密集》为中心

沈卫荣　中国人民大学

19.1

元朝有一位西番高僧“金刚上师胆巴”（1230—1303年），专擅祈祀摩诃葛剌（Mahākāla, 大黑天神），有神通，善应对，生前受封国师，身后受谥“大觉普慈广照无上帝师”，声名之显赫仅次于元朝首任帝师八思巴上师（'Phags pa Blo gros rgyal mtshan, 1235—1280年）。按照《大元敕赐龙兴寺大觉普慈广照无上帝师之碑》的记载，“[胆巴]师所生之地曰突甘斯旦麻，童子出家，事圣师绰理哲哇为弟子，受名胆巴。梵言胆巴，华言微妙”。[1]此即是说，胆巴是朵甘思（mDo khams），亦即今日康区的邓柯地方人，少年出家，成为萨思迦派上师萨思迦班智达公哥监藏（Sa skya *paṇḍita* Kun dga' rgyal mtshan, 1182—1251年）的弟子。碑文中所谓“圣师绰理哲哇”当为

〔1〕对胆巴国师传记的翻译和研究参见Herbert Franke, “Tan-Pa, A Tibetan Lama at the Court of the Great Khans”, *Orientalia Venetiana, Volume in onore di Lionello Lanciotti*, ed. Mario Sabattini. Firenze: Leo S. Olschki Editore, 1984, pp. 157-180；Herbert Franke, “Tan-pa und sein chinesischer Temple”, *Chinesischer und Tibetischer Buddhismus im China der Yüanzeit: Drei Studies.* München: Kommission für Zentralasiatische Studien Bayerische Akademie der Wissenschaften, 1996, pp. 13-68.《大元敕赐龙兴寺大觉普慈广照无上帝师之碑》的德文翻译见Franke, 1996, pp. 42-46.

bla ma chos rje ba的汉译，译言“上师法主（尊）”，即指萨思迦班智达。[1]“受名胆巴”，当指其被萨思迦班智达收为弟子受戒时得法名“胆巴”。“梵言胆巴，华言微妙”云云，“梵言”当指“西番言”，与其所言音、义对应的藏文词无疑就是Dam pa。[2]而和“金刚上师胆巴”对应的藏文名称或应是rDo rje slob dpon bla ma dam pa。

事实上，“胆巴”不过是这位金刚上师的一个法号，确切地说是他的一个尊号。西番传统，童子出家前有乳名，出家时得法号，此后遂以法号行世。《元史・释老传》有云：“八思巴时，又有国师胆巴者，一名功嘉葛剌思。”[3]见于《佛祖历代通载》中的胆巴国师传也说：“师名功嘉葛剌思，此云普喜名闻，又名胆巴，此云微妙。”还说胆巴国师幼时“侍法王上师”，“年十二训以前名”。[4]可见，“胆巴”随萨思迦班智达受戒时所得法号首先应该是“功嘉葛剌思”，即藏文Kun dga’ grags。而胆巴或当是他后得的另一个尊号，然而比其原来的法号更加知名。同样，八思巴帝师的法名是罗古罗思监藏（Blo gros rgyal mtshan），而八思巴，即’phags pa，最先也不过是别人给他的一个非正式的尊号而已。《萨思迦世系史》中说，八思巴三岁时就能说《海生修法》等，众人惊异，称其为“八思巴（译言圣者）”，从此他即以“八思巴”称闻于世。[5]《帝师殿碑》中也说：

---

〔1〕Franke先误将见于《佛祖历代通载》所录胆巴传中的所谓法王上师指称为八思巴帝师，见Franke上揭1984年文，p. 159；后来又做了改正，Franke上揭1996年文，p. 43。于藏文文献中八思巴帝师通常被称为Chos rgyal ’phags pa，意为“法王八思巴”。

〔2〕胆巴国师的藏文名字的正确复原得到了藏文文献的证明，其全称Dam pa Kun dga’ grags也出现于藏文文献中，参见Dieter Schuh, *Erlass und Sendschreiben mongolischer Herrscher für tibetische Geistliche*, *Monumenta Tibetica Historica*, Abt. Ⅲ Band Ⅰ, St. Augustin, VGH Wissenschafts- Verlag 1977, p. 14; Elliot Sperling, “Some remarks on Sga A-gnyen Dam pa and the Origins of the Hor-pa Lineage of the Dkar-mdzes Region”, *Tibetan History and Language: Studies dedicated to Uray Géza on his Seventieth Birthday*, Herausgegeben von Ernst Steinkellner, Wien: Arbeitskreis für Tibetische und Buddhistische Studien Universität Wien, 1991, pp. 455-466.

〔3〕《元史》卷202，《释老传》。

〔4〕释念常，《佛祖历代通载》卷第22，胆巴金刚上师传，页725。

〔5〕de nas dgung lo gsum pa la/ sgrub thabs mtsho skyes la sogs pa thugs las gsungs pas kun kyis ya mtshan du ’dzin te’di ni nges ’phags pa’o zhes kun tu grags pas de phyin chad ’phags pa zhes mtshan yongs su grags so/ *Sa skya gdung rabs*（《萨迦世系史》），北京：民族出版社，1986年，页150.

"师生八岁，诵经数十万言，又能约通大义，国人以为圣，故称拔思发。"[1]无疑，八思巴本来并不是这位元朝帝师的名字，或者法号，而是别人对他的一个尊称。在藏文文献中，八思巴帝师通常被人称为Chos rgyal 'phags pa，译言"法王八思巴"，或者Bla ma 'phags pa，译言"上师八思巴"。

如此说来，元朝最有名的两位西番僧八思巴帝师和胆巴国师均非以本名或者法号称闻于世，而是以别人对他们的敬称，或曰尊号著称。八思巴和胆巴这两位上师的尊号于藏文中的原来面目当分别为Bla ma 'phags pa和Bla ma dam pa。Bla ma 'phags pa当可译作"圣师"，于藏传佛教的语境中，"圣者"（'phags pa）多以学问见长，能享有此尊号者多是学富五明的佛学大师，如印度大乘佛教史上最著名的大乘佛学家龙树菩萨就通常被称为"圣者"。而被作为智慧之化身的文殊菩萨也通常被称为'Phags pa 'Jam dpal，译言"圣者妙吉祥"。而dam pa在藏语文中意谓"殊胜""最胜""最妙"，故Bla ma dam pa或可译作"胜师"，或者"妙师"。"胜者"（dam pa）似又特指尤擅秘密法，多以神通行世者，例如，藏传佛教史上有一位来自印度的神话人物、息解派（Zhi byed pa）和断派（gCod pa）的祖师帕胆巴相儿加思（Pha dam pa sangs rgyas，译言"胜父正觉"，卒于1117年）就常被称为"天竺胜师"（Dam pa rgya gar）。[2]与"圣师"相比，"胜师"更是萨思迦派上师常用的一个尊号。拥有这一尊号的最著名的萨思迦派上师或可推《西藏王统记》（*rGyal rabs gsal ba'i me long*）的作者Bla ma dam pa bSod nams rgyal mtshan（胜师莎南监藏，1312—1375年）。从字面意义来看，'phags pa和dam pa类似，无非圣妙、殊胜。然"胜者"的称号显然更适合胆巴国师,他正好就是一位神通广大的人物，是在元朝蒙古宫廷内外传播摩诃葛剌崇拜的最主要的西番僧

〔1〕法洪，《帝师殿碑》。

〔2〕有关帕胆巴相儿加思的名称及其生平参见孙鹏浩，《有关帕当巴桑杰的西夏汉文密教文献四篇》，载《文本中的历史：藏传佛教在西域和中原的传播》，沈卫荣主编，北京：中国藏学出版社，2012年，页85–97。

人。不管是马可・波罗，还是拉施特丁，他们都对元朝西番僧，或称“八哈失”（*baqši*）者所显现的神通印象深刻，故不惜笔墨大肆渲染，而其原型或即是这位人称“金刚上师”的胆巴国师。[1]

胆巴国师常被称为“金刚上师”，其表征的意义似也与其“胆巴”的尊号吻合。《佛祖历代通载》所见“胆巴传”中说：“秘密之教彼土以大持金刚为始祖，累传至师益显，故有金刚上师之号焉。”[2] 同样《特赐大龙兴寺重修大觉六师殿记》中亦说“爰有金刚法宝上士摩诃胆巴师父”。[3]另外，据载至元末年有禅僧法喜“诣京师谒大金刚上师胆巴，一见授以秘乘”。[4]还有，元朝著名的河西译师沙罗巴“事上师着栗赤学佛氏法，善吐蕃文字，颇得秘密之要”。[5]而所谓“着栗赤”当是rDo rje的音译，故“上师着栗赤”或指rDo rje slob dpon，即“金刚上师”。 可见，“金刚上师”当是一个专门给秘密教，即藏传密教之上师的尊称。元代汉文文献中之所谓“上师”似非常常与藏文bla ma对应，与“金刚上师”相对应的藏文原文当为rDo rje slob dpon，其意义与bla ma dam pa相同，此容后述。

19.2

胆巴国师应该是萨思迦派剌麻中较早享有Bla ma dam pa之尊号者，故元人多直呼其为“胆巴”，而其法号“功嘉葛剌思”则鲜为人

[1] Marco Polo, *La Description du Monde*, trsl. Louis Hambis, Paris 1955, C. Klincksieck, pp. 96-98; J. Boyle, *The Successors of Genghis Khan*, NY: Columbia University Press, 1971, pp. 329-330; 参见沈卫荣，《神通、妖术与贼髡：论元代文人笔下的番僧形象》,《汉学研究》第21卷第2号，台北，2003年，页219-247；也参见Franke，“Tan-pa im Geschichtswerk des Rašīd ad-Dīn”，1996, pp. 53-63.

[2] 释念常，《佛祖历代通载》卷第22，页726。

[3]《常山贞石志》卷17。

[4] 程钜夫，《邠州大开元寺喜和尚塔铭》,《程雪楼文集》卷20。

[5] 释念常，《佛祖历代通载》卷第22，页725；有关元代内地西番僧事迹参见陈得芝，《元代内地藏僧事辑》，原载《中华国学》，第1期，香港，1989年；亦见于同氏，《蒙元史研究丛稿》，北京：人民出版社，2005年，页233-251。对沙罗巴译师的传记的翻译和研究参见Herbert Franke，“Sha-lo-pa (1259-1314), A Tangut Buddhist Monk in Yüan China”，*Religion und Philosophie in Ostasien, Festschrift für Hans Steininger zum 65. Geburtstag*, ed. G. Naundorf, K.-H. Pohl, H.-H. Schmidt. Würzburg: Königshausen & Neumann, 1985, pp. 201-222.

知，就像人人知道八思巴帝师，但很少有人提起他的法号“罗古罗思监藏”一样。于元朝历史上，八思巴和胆巴于政教二途之事业和功德各有千秋，各领风骚。然而，在萨思迦派这个具体的宗教语境下，Bla ma dam pa（胜师）这个称号之重要远胜于Bla ma ’phags pa，其表征的意义也远非我们所说的一般意义上的“胜师”所能概括和表达，而有着非常特殊和丰富的宗教含义。相反，Bla ma ’phags pa（圣师）或多专指八思巴帝师，或仅仅泛泛指称学问高深的剌麻，在萨思迦派的历史上“上师八思巴”或只有一个，而“上师胆巴”则随处可见。翻开《大乘要道密集》，其中所见种种修持仪轨起首之礼敬文多为“稽首上师足”“至诚顶礼上师足”“稽首皈命上师足”“敬（顶）礼最妙上师足”“敬礼殊胜上师众”“敬礼最胜上师尊”等等，不一而足。而在与这些汉译仪轨对应的藏文原本中，这句礼敬文的原文多作bla ma dam pa’i zhabs la phyag ’tshal lo，或者bla ma dam pa’i zhabs la gus pas phyag ’tshal lo， bla ma dam pa’i zhabs la spyi bos phyag ’tshal lo等等。这即是说，与“上师”，或者“最妙上师”“最胜上师”“殊胜上师”等等相对应的藏文语词不是bla ma，而是Bla ma dam pa。在这些元、明时代汉译的藏传密教文献中，bla ma更经常被翻译为“师”，如今天我们通常所说的“上师瑜伽”（bla ma’i rnal ’byor），于当时则被译作“师观”，或者“修师观门”，而bla ma dam pa才通常被译作“上师”，或者“最妙上师”“殊胜上师”等等。显然，bla ma即“师”，与bla ma dam pa即“上师”，在当时萨思迦派的语境中应当有明确的区别，尽管这种区别并不是非常的严格和前后一致。

明代汉文文献中，与藏文bla ma对应的词有“剌麻”“师”“上师”等等。此外，明初对西番之名僧还有称为“尚师”者，如云：“有僧哈立麻者，国人以其有道术，称之为尚师。成祖为燕王时知其名，永乐元年，命司礼少监侯显、僧智光赍书币往征。”[1]这位被称为“哈立麻”的僧人就是后来被永乐皇帝赐封为“如来大宝法王西天

〔1〕《明史》卷331，《西域传》3，乌斯藏大宝法王。

大善自在佛”的第五世葛哩麻巴尚师如来（Bla ma Karma pa bDe bzhin gshegs pa，1384—1415年）。同样，明代汉文文献中还有称：“大乘法王者，乌斯藏僧昆泽思巴也，其徒亦称为尚师。永乐时，成祖既封哈立麻，又闻昆泽思巴有道术，命中官赍玺书银币征之。”〔1〕看起来所谓“尚师”或非对一般僧人、剌麻的称呼，而是专门对“有道术”的西番僧人的一个称呼。《明万历续文献通考》中说：

按尚师即帝师，史讳之也。元时赠帝师有皇天之下，一人之上，其称尤异。然不云佛而云佛子，又其它衔名亦小简。〔2〕

这恐怕是不谙事实的臆测，明初自西番来朝觐的僧人有很多被称为“尚师”者，而元朝的在任帝师当仅有一人而已。

明永乐五年太宗皇帝诏书中有云“大明皇帝致意法尊大乘上师哈立麻巴”〔3〕，或云“大明皇帝致书法尊大乘上师哈立麻巴”等等。而所谓“法尊大乘上师”听起来像是藏文chos rje theg chen bla ma的汉译，而查哈立麻巴又确有与“法尊大乘上师”对应的尊号chos rje theg chen bla ma dam pa。看来明廷起草赐封西番僧人之诏书时所用称呼并非随意而为，而是有所依据的。据此即可知，明之所谓“尚师”当就是“上师”，“上”和“尚”通假，它们应当就是藏文bla ma 或者bla ma dam pa的翻译。事实上，明代封赐西番僧人或多有所据，也都有因循前朝旧例者。例如明成祖封哈立麻巴（或曰葛哩麻巴）尚师为“大宝法王”就并非凭空赐予了他一个至高无上的法王称号，而是因为第五世哈立麻巴尚师的前世，即第三世哈立麻巴尚师览荣朵儿只（Rang byung rdo rje，1284—1339年）本来就有Chos rje [rgyal] rin po

〔1〕《明史》卷331，《西域传三》，大乘法王。

〔2〕《明万历续文献通考》，卷247，《仙释考九》《释家总记四》。

〔3〕永乐五年诏。参见索文清，《明初哈立麻晋京朝觐与“荐福图”的诞生》，《西藏民族学院学报》（哲学社会科学版），第30卷第1期，2009年，页19-26。

che，即“大宝法尊（王）”的尊称。[1]三世葛哩麻巴上师（元译作加儿麻哇，或者加剌麻哇）曾两次进京朝觐，最后一次是在元顺帝至元三年（1337年），《元史》记载顺帝“征西僧加剌麻至京师，号灌顶国师，赐玉印”。[2]而当时他就已经有“圣师大宝”的尊称，时有人记载：

今上（元顺帝——引者）即位之初，圣师大宝葛鲁麻瓦自西域来京师，宣六字之神力。上自宫廷王臣，下及士庶，同蒙法施。灵感实多，不可备录。[3]

所谓“圣师大宝”当即与Chos rje rin po che或者Slob dpon rin po che对应。由此看来，成祖皇帝封五世哈立麻上师为“大宝法王”实在不过是做了个顺水人情，把这古已有之的尊称的汉文形式赐给了它的主人而已；这一封赏本身所具之政治意义，以及葛哩麻巴上师作为

---

〔1〕在国家图书馆藏有一篇题为《大悲胜海求修方便》的观音菩萨修法，其落款为“大宝葛哩麻巴上师览荣朵儿只集”。所谓“大宝葛哩麻巴上师览荣朵儿只”者，当即指第三世葛哩麻巴上师Rang byung rdo rje。而另一篇《圣大悲观音求修要门》的落款作：“大宝白头葛立麻上师传、大护国仁王寺勒布上师具恩师处取受语敕”。这位“大宝白头葛立麻上师”当也指第三世葛哩麻巴上师Rang byung rdo rje，或者也可能是指第四世葛立麻巴上师Rol pa’i rdo rje。这两位葛立麻巴上师都曾来大元帝都朝觐，而大护国仁王寺建成于至元七至十一年（1270—1274年），是元世祖忽必烈专为八思巴帝师修建的一座规模最大的皇家大寺院。元成宗时期，胆巴国师住帝都时也曾“奉诏住大护国仁王寺”。明代元之后，大护国仁王寺遂被废不闻，是故可证明这位大宝白头葛立麻上师及其所传的《圣大悲观应求修要门》都出自元朝。而葛立麻上师名前所冠的“大宝”尊号或即当是明成祖赐封其后世传人为“大宝法王”的直接源头。与“大宝葛哩麻巴”对应的藏文词汇即是Rin po che Karma pa，这是葛哩麻巴上师常用的一个尊称，其享用此尊号或当开始于第二师葛哩麻巴上师葛哩麻八哈失（Karma pakshi），他被人称作Bla ma rin po che，译言“大宝上师”，而其转世览荣朵儿只则常常被人称作Chos rje rin po che Karma pa，译言“大宝法主葛哩麻巴”，或者Slob dpon rin po che Karma pa，译言“大宝上师葛哩麻巴”。众所周知，葛哩麻巴是西藏历史上最早采用转世活佛[上师]制度的教派，而这个制度就开始于二世葛哩麻巴和三世葛哩麻巴上师，大概是因为他们曾被称为“大宝”，所以日后的转世上师也多以“大宝”称闻。

〔2〕《元史》卷39，《顺帝本纪》。

〔3〕〔元〕盛熙明，《补陀洛迦山传》。

"大宝法王"的政治地位和影响力等等显然均是被后人夸大了的。[1]

19.3

于藏传密教传统中，因为上师得最胜、不退转之灌顶，所以被认为集佛、法、僧三宝于一身，身、语、意、功德、妙用等均等同于三世诸佛，地位举足轻重。凡已经多劫苦行而依然未能证成佛果者，凡愿于此生证得密乘最高法身佛——第六大持金刚佛身者，皆当于一切时勤修师观。所以，藏传佛教各派均将修习师观当成行者迅速获得证悟的一种善巧方便。

于萨思迦派教法中，师观更占有非常特殊的地位。其所传教法之根本"道果法"（lam 'bras）,根据的是印度大成道者密哩斡巴（Virūpa）所传的《道果金刚句偈》（*Lam 'bras bu dang bcas pa'i rtsa ba rdo rje'i tshig rkang*）,后经萨思迦派诸祖师建立和传播。它按照补特伽罗上、中、下三种不同的根器，将其修法相应地分成深、中、浅三道，而其上根补特伽罗所修之甚深道便是师，由此发展出了一套完整的修法——深道师观（lam zab bla ma'i rnal 'byor）。《道果金刚句偈本颂疏——康巴嘎天向瑜伽自在吉祥大萨思迦巴所请》中说：

> 如是将教法之道摄为深、中、浅三道，深道即师等云云。深道师之道，中道记句道，浅道妙观察身之择灭五种缘起之道。彼之首者，上根补特伽罗一心恭承谛信上师，虽然上师未示一句

[1] 类似的例子还有明成祖对乌思藏四位"司徒"的封赏，参见沈卫荣，《明封司徒锁巴头目剌昝肖考——兼论元明时代乌思藏拉堆洛万户》,《故宫学术季刊》第17卷第1号，台北，1999年，页103-136。对此事的夸大诠释参见Elliot Sperling, "Si tu Chos kyi rgyal mtshan and the Ming Court", *Lungta 13, Si tu Paṇ chen and His Contribution and Legacy*, 2000, pp. 23-27。此外，将明永乐皇帝赐大宝法王号予哈立麻上师与忽必烈汗加大宝法王号予八思巴帝师相提并论也是没有道理的事情。八思巴帝师是以其帝师之尊出掌宣政院而确立其于朝廷中的崇高地位的，他所享有的其他名号如"西天佛子""大宝法王""班智达""八哈失"等等，不过是其冗长的名号中的一个组成部分，并没有实际的政治意义。而哈立麻上师除了拥有"大宝法王"等一串宗教性的荣誉称号外，并没有实际的政治性的头衔，"法王""国师"等等称号并不包括在明代的官僚体制之内，故将哈立麻上师获封"大宝法王"视为其在明宫廷中获得了与八思巴帝师在元朝宫廷相同的政治地位显然有失夸张。

法，资徒未坐一更禅，然亦能以智慧所生之理，自成缘起，成圆满道，证得佛果。[1]

同样，在宁玛派的传统中，上师，或曰金刚上师，也被视为其修道的根本，但他们对上师的定义显然远没有萨思迦派那样的复杂和精致。在传为19世纪大掘藏师O rgyan mChog gyur bde chen gling pa（1829—1870年）所发掘藏《道次第智慧藏》（*Lam rim yes shes snying po*）中，金刚上师（rdo rje slob dpon）被明确称为"道之根本"（lam gyi rtsa ba），其中声称：

虽然能[令行者]得证悟之道次第不可胜数，但依持净治相续、播种[菩提心]种子、拥护发心、去除盖障和如是增长等五种[道次第]则即可入于正道。于彼首先为净治心识相续故，道之根本金刚上师者，具记句和戒律之一切清净行，以闻广作庄严，以思开悟真性，以修得具证悟、功德、暖相，以悲行摄受弟子，[资徒]当以三种欢喜依止具上述一切性相之上师，[上师]不欢喜之事

[1] da ni de ltar bstan pa'i lam rnams kyang zab 'bring gsum du bsdu ba'i phyir/ lam zab bla ma zhes pa la sogs pa smos te/ lam zab mo bla ma'i lam/ 'bring dam tshig gi lam/ tha ma lus so sor brtags pa'i 'gog bar ten 'brel rnam pa lnga'i lam mo// de las dang po ni/ gang zag dbang po rab kyis bla ma la bsnyen bkur dang mos gus 'ba' zhig byas pas bla mas tshig gcig bstan med/ slob mas thun gcig bsgoms pa med kyang ye shes las skyes pa'i tshul gyis rten 'brel rang 'grig tu song nas lam rdzogs shing grub mtha' snyogs par 'gyur ro// *gzhung rdo rje'i tshig rkang gi 'grel pa rnal 'byor gyi dbang phyug dpal sa skya pa chen po la khams pa sga theng gis zhus pa*, TBRC W 24767, *Lam 'bras gzhung rdo rje'i tshig rkang gi rnam 'grel bcu gcig*, Volume 2, 页487–488。或云"夫上师者为上根人所修之道，为中机者三昧耶，戒为下根"。《道果延晖集》,《大乘要道密集》，多语种佛教古籍整理和研究丛书（一），中国人民大学国学院汉藏佛学研究中心主编，谈锡永序言，沈卫荣导读，北京：北京大学出版社，2012年，卷1，页18。或云"言一甚深上师道者，上师与佛不异，此处旦夜恭承谛信，恒常顶上，不相舍离，观心不随诸境，则依此发生觉受等持也。言中品记句者，以记句禁戒而为道也。言下品择灭者，即依身择灭者，依脉文字菩提心风等五种缘起，发生俱生之智，依智灭除妄念烦恼，故名择灭也。又言择者，于智上而取义也，灭者，灭除妄念烦恼也"。《解释道果逐难记》,《大乘要道密集》，卷3，页24。关于萨思迦派的"师观"修法参见沈卫荣，《元代汉译八思巴帝师造〈观师要门〉对勘、研究》，载沈卫荣、谢继胜主编《贤者新宴——王尧先生八秩华诞藏学论文集》，北京：中国藏学出版社，2010年，页354–369；安海燕，《萨思迦班智达造〈大金刚乘修师观门〉汉、藏本对勘》，载沈卫荣主编《文本中的历史：藏传佛教在西域和中原的传播》，北京：中国藏学出版社，2012年，页243–283。

即使刹那亦当舍弃。[1]

此即是说，在行者成佛的道路上，首先要走出的第一步就是要“净治心识相续”（blo rgyud sbyang ba），亦即要净化行者之内心世界，而要能做到这一点就必须有具资格之上师的指引，所以金刚上师是修道之根本。《道次第智慧藏》虽然是19世纪才面世的一部伏藏，但追根溯源，它传播的是莲花生大师于8世纪下半叶传入吐蕃的教法。显然，宁玛派以金刚上师为其修道之根本当也是由来已久的传统。

虽然，萨思迦派所传道果法的源头可以追溯至公元7世纪的印度大成道者密哩斡巴上师，但其于西藏传开则要归功于萨思迦派上师之努力。而其中的甚深道师观复因其为密中之密，初以口耳相传，不立文字，直至萨思迦班智达公哥监藏才有修师观的实修仪轨[要门]传世。随着萨思迦班智达和八思巴帝师叔侄出使蒙古，师观也就作为道果法的秘密修法之一于蒙元王朝统治下的藏传佛教信众中传播开来。不但萨思迦班智达所造的《大金刚乘修师观门》（*Lam zab mo bla ma'i rnal 'byor*，译言《甚深道师观》）至少有畏兀儿文和汉文两种不同的译本，分别见于吐鲁番出土畏兀儿佛教文献和《大乘要道密集》中，[2]而且八思巴帝师也还专门为其资徒、疑为元初名臣姚枢者造了

---

〔1〕“rtogs byed lam gyi rim pa bsam yas kyang/ rgyud sbyong sa bon gdab dang bskyed bsrid pa/ gegs sel dang ni de bzhin bogs 'don te/ rnam pa lnga yis yang dag lam la 'jug/ de la dang po blo rgyud sbyang ba'i phyir/ lam gyi rtsa ba rdo rje slob dpon ni/ dam tshig sdom pa'i kun spyod rnam par dag/ thos pas rab brgyan bsam pas de nyid phyed/ sgom pas nyams rtogs yon tan drod rtags ldan/ thugs rje'i 'jug pas slob ma rjes 'dzin pa'i/ mtshan nyid kun ldan mnyes pa gsum gyis bsten/ mi mnyes bya ba skad cig tsam yang spang/ dgongs spyod tshul bzhin bslab la mkhas pa yis/ ci gsung bka' bzhin bsgrub ba'i yal gam blang.” O rgyan mChog gyur bde chen gling pa, *Bla ma'i thugs sgrub rdo rje drag rtsal las zhal gdams lam rim ye shes snying po*, *mChog gyur bde chen gling pa yi zab gter yid bzhin nor bu'i chos mdzod chen mo* (*Treasury of Revelations and Teachings of gTer-chen mChog-gyur-bde-chen-gling-pa*), published by Lama pema tashi, TBRC W22642, Vol. khi, p. 10-11. 参见*The Light of Wisdom, Root Text by Padmasambhava, Commentary by Jamgon Kongtrul the Great*, Boston & London: Shambhala, 1995, pp. 85-90.

〔2〕《大乘要道密集》卷2，页15-24；参见安海燕上揭2012年文；对畏兀儿文本《大金刚乘修师观门》的整理和研究见Gorg Kara und Peter Zieme, *Die uigurischen Übersetzungen des Guruyogas “Tiefer Weg” von Sa-skya Paṇḍita und der Mañjuśrīnāmasaṃgīti*, Berlin: Akademie-Verlag, 1977.

一部《观师要门》，其汉文译本也见录于《大乘要道密集》之中。[1] 萨思迦班智达造《大金刚乘修师观门》无疑是一部代表萨思迦派之甚深道修法师观的经典著作，它不但是一部实修师观的要门，非常详细地描述了“息缘虑心”“秉受成就”和“心住玄微”等实修师观的三个次第和具体修法，而且还引经据典阐发“深道即师”的道理，可视为专门诠释道果甚深道师观的一部详细和精致的释论。

19.4

萨思迦派的道果修法何以以师观为其甚深道？成佛之道路不可胜数，然修习师观，或曰修上师瑜伽，为何又如此格外地重要呢？要回答上述这两个问题或要求我们首先弄清楚上师在萨思迦派所传道果法之背景下的定义及其特定的地位和意义。显然，萨思迦所传道果法语境中的“上师”或者“最胜上师”与前述宁玛派教法中所说的“金刚上师”相比有更加特殊和丰富的意义。萨思迦班智达于其所造师观要门《大金刚乘修师观门》之开头对上师做了如下定义：其称所谓“上师”乃“得不颠倒灌顶之最胜上师”（dbang bskur ba phyin ci ma log pa thob pa’i bla ma dam pa），或曰“依法得密教灌顶师”，或者“得最胜灌顶之金刚上师”（dbang bskur mchog thob rdo rje yi slob dpon）。这就明确表明了道果法“甚深道师”之“师”指的并不是普通的显教上师，而是得密教灌顶的密教上师（bla ma dam pa，或称真妙师、得主戒师），或者说是“金刚上师”(rdo rje slob dpon)。于此，“最胜上师”和“金刚上师”显然是同义词。于师观要门之正行“师缘相宜摄受门”，萨思迦班智达复引《密集本续》来解释何谓“金刚上师”，谓：

> 《密集》云：金刚上师体，悉是佛如来，上师妙色蕴，是毗卢遮那等。所谓[上师色蕴大日如来佛]，受蕴宝生佛，想蕴无量

[1]《大乘要道密集》卷2，页24–26；参见沈卫荣上揭2010年文。

光，行蕴是不空，识蕴不动佛，其五总合为第六持金刚。[1]

即是说，金刚上师之五蕴就是五部佛，其总合就是佛教金刚乘的法身佛——第六大持金刚，所谓“良由金刚上师一切根、境具是三座中围，故称上师诸佛总集之身。”[2]

萨思迦班智达还引：

> 《侍师五十颂》云：于得胜灌顶，金刚阿阇黎，十方诸如来，住于世间界，三时伸礼敬。又云：上师是佛、法，上师是僧伽，上师奚噜葛，一切皆因师。又云：上师是佛、法，亦是僧伽众，以师得悟故，是故是三宝。又云：若欲佛欢悦，殷勤令师喜。[3]

总而言之，“得不颠倒灌顶”的密教上师金刚阿阇黎乃三世诸佛的化身，既是显教的五方佛（报身佛），也是密教本尊奚噜葛，最终归于密教的第六大持金刚（法身佛）。他集佛、法、僧三宝于一身，密教行者只有得到他的恩情、摄受才能得到证悟。所以要殷勤事师，供养祝祷，令师欢喜，并修师观，以得证佛果。

由于萨思迦班智达的这部《大金刚乘修师观门》的主题是一部实修师观的要门（man ngag），它没有对“上师”，或者“金刚上师”做进一步的定义和解释，而这样的定义和解释则多见于萨思迦派始祖公哥宁卜（Kun dga’ snying po，1092—1158年）所传对《道果金刚句

〔1〕《大乘要道密集》卷2，页19。“gsang ba ’dus pa las/ rdo rje slob dpon lus ’di la/ rgyal ba’i sku ni rim bzhin gnas/ ’di yi gzugs kyi phung po ni/ bcom ldan sangs rgyas rnam snang mdzad/ ces bya ba la sogs pa gsung pa ltar/ bla ma’i gzugs kyi phung po rnam par snang mdzad/ tshor bar in chen ’byung ldan/ ’du shes ’od dpag med/ ’du byed don yod grub pa/ rnam par shes pa mi bskyod pa/ de thams cad bsdus pa drug pa rdo rje ’chang chen po.”

〔2〕《大乘要道密集》卷2，页20。de ltar na rdo rje slob dpon gyi yul yul can thams cad gdan gsum tshang ba’i dkyil ’khor yinpas/ bla ma la sangs rgyas thams cad ’dus pa’i sku zer ba’ir rgyu mtshan/

〔3〕《大乘要道密集》卷2，页20。“bla ma lnga bcu pa las/ dbang bskur mchog thob rdo rje yi/ slob dpon la ni de bzhin gshegs/ phyogs bcu’i ’jig rten khams bzhugs pas/ dus gsum du ni mngon phyag ’tshal/ zhes bya ba dang/ bla ma sangs rgyas bla ma chos/ de bzhin bla ma dge ’dun te/bla ma dpal ldan he ru ka/ kun gyi byed po bla ma yin/ zhes bya ba dang/ bla ma sangs rgyas chos ’gyur zhing/ dge ’dun yang ni de bzhin nyid/ de yi drin gyis rtogs gyur pas/ de bas dkon mchog gsum yin te/ zhes bya ba dang/ gal te lha ni mnyes ’dod na/ ’bad pas bla ma mnyes pas bya/ zhes bya ba dang/ ”此处之引文参照藏文重译，与见于《大乘要道密集》之原译略有不同。

偈》的诸部释论之中。以后萨思迦历辈祖师对《道果金刚句偈》之种种释论中对“最胜上师”（bla ma dam pa）这一名相也都有或详或略的解释。由于《道果金刚句偈》起首的礼敬文作：bla ma dam pa'i zhabs pad la btud te，译言：“稽首上师莲足”，这说明萨思迦派所传道果法依恃上师而立，上师乃整个道果法的基础。仅此一项，我们也就可以解释为何萨思迦派十分尊崇上师，并将上师作为上根行者之深道修法的原因了。与此相应，对《道果金刚句偈》何以将“最胜上师”作为其礼敬的对象，历代注疏家都做了相当具体的解释，《道果金刚句偈》的所有释论多半以解释“上师”或者“最胜上师”的意义开始。

当然，我们首先需要弄清楚的或许是《道果金刚句偈》所礼敬的“最胜上师”究属实指还是泛指？如果是实指，他指的又究竟是哪位上师？于笔者所见诸《道果金刚句偈》之释论中，“最胜上师”更多是作为泛指的一个名相来解释的，然亦有将它作为一个特指的名相来解释者，例如于《道果延晖集》中显然就把它和某位特殊的“上师”联系在一起了。其云：

> 疏良由等者，按文易晓，谓今所摽殊胜师者，乃黑足等所礼境也，不为大师之所礼境。大师礼者，即是化身大智空行四身性也。[1]

按照这种说法，这里的“殊胜师”指的应该就是道果法的祖师密哩斡巴。据传《道果金刚句偈》就是这位印度大成就者口传给他的弟子黑足师（Kāṇha, Nag po pa）的，所以黑足师于此所礼敬的对象，或者说他所礼敬的这位“殊胜师”，无疑应该就是其上师密哩斡巴。

《道果延晖集》中还说：

> 疏夫当下言殊胜者，良由上师善能将己身、语、意三，及遍彼者藏智风轮四种之法，转为四身，故云尔也。举要言，则善训

〔1〕《大乘要道密集》卷1，页2。

道等二十种法，及二十种三昧耶戒，总训道果四十种法，故曰殊胜。[1]

虽然，这里解释的是上师缘何殊胜，并没有挑明所谓“殊胜上师”就是密哩斡巴，但却非常明确地说明“殊胜上师”应该就是“总训道果四十种法”者，故也应当就是“道果法”的创始人或者其集大成者，即密哩斡巴。但是，如果《道果金刚句偈》的礼敬对象不是“黑足等所礼境”，而确实是“大师之所礼境”，那么这里指的“殊胜上师”一定就是密哩斡巴上师的上师，即所谓“化身大智空行四身性也”。由于《道果金刚句偈》是密哩斡巴上师得无我母点化而传的，所以他所礼敬的最妙上师乃无我母（Nairātmyā），或曰“化身十五大智无我空行母四身一性者也”。[2]

不管《道果金刚句偈》之礼敬文中的“上师”或者“最妙上师”指的是密哩斡巴上师，还是密哩斡巴上师的上师、集佛之四身于一体的无我空行母，我们可以大致肯定的是出现在《道果金刚句偈》之礼敬文中的“殊胜上师”应该不是泛指普通的“上师”或者“最胜上师”。于萨思迦派的传统中，“最胜上师”当确实有特指和泛指两种：特指的可以是大瑜伽自在密哩斡巴师，或者他的上师无我母；泛指的则可以是当下任何一位具能明主（灌顶）、道、见、修等四种功用的，或可以做自己上师金刚上师者。[3]而传承“道果法”的历辈宗承师则无疑都可以被称为“最胜上师”或者“最妙上师”。迄今所传较早的一部萨思迦所传道果法宗承上师的传记是萨思迦班智达的弟子dMar ston Chos kyi rgyal po（1198—1259年）所造的《甚深金刚》（*Zhib mo rdo rje*），而这部传记的正式名称作《最妙上师吐蕃传承

〔1〕《大乘要道密集》卷1，页1。

〔2〕关于“无我母”参见Miranda Shaw, *Buddhist Goddesses of India*, Princeton, NJ: Princeton University Press, 2006, pp. 387-402.

〔3〕sngon byung bdag med ma dang/ rjes 'jug rang rang gi bla ma（过去无我母，未来自己之上师）. *Lam 'bras bu dang bcas pa'i gdams ngag gi rnam par bshad pa man ngag gter mdzod*, p. 130.

史》（*Bla ma dam pa bod kyi lo rgyus*），这明确表明“最妙上师”可以是传承“道果法”之宗承上师的一个通称。[1]

值得注意的是，“稽首最妙上师足”显然成了大部分道果修习仪轨，甚至萨思迦派所传所有修持仪轨中最常出现的礼敬文。例如，《道果弟子释》（*Lam 'bras slob bshad*）之第11卷中的《根本金刚句疏——黄卷》（*rTsa ba rdo rje tshig rkang gtsos pod ser gzhung bshad*）中收录了大量道果法的短篇修习仪轨，其中绝大部分仪轨的起首礼敬文都是“稽首最妙上师足”，这或可成为我们判定一部仪轨是否为萨思迦派上师所传之道果法修习的一个标志性因素。[2]例如，见于《大乘要道密集》的一部署名“佑国宝塔弘觉国师沙门慧信录”的修习欲乐定仪轨——《依吉祥上乐轮方便智慧双运道玄义卷》，当为西夏时代所传，其中包罗的多部单篇仪轨，如梦幻定、十六种要仪、幻身定玄义等，都以“稽首上师足”为礼敬文，这或可证明这部密法仪轨遵从的是萨思迦派的传统，说的是属于道果法的修法。而这一点，我们也可从对它的内容的分析中得到证明，因为《依吉祥上乐轮方便智慧双运道玄义卷》中的修习欲乐定仪轨依据的显然是被认为是“道果九轮（lam skor dgu）”之一的《因得啰菩提手印道要》（*Slob dpon Indrabhūtis mdzad pa'i phyag rgya'i lam skor*）。[3]与《因得啰菩提手印道要》的汉译本同时在国家图书馆发现的还有《端必瓦成就同生要》和《大手印无字要》两种同属于《道果金刚句偈》之外的八种最重要的特殊道果法法本之一的汉译本，它们同时又都是修习大手印的

〔1〕参见Cyrus Stearns, *Luminous Lives: The Story of the Early Masters of the Lam 'bras Tradition in Tibet*, Studies in Indian and Tibetan Buddhism, Boston: Wisdom Publications, 2001, especially pp. 69-81.

〔2〕*Lam 'bras gzhung bshad pod ser bzhugs so*, *Lam 'bras slob bshad*, Sa-skya Lam 'Bras Literature Series, Vol. 11, published by Sakya Centre, Dehra Dun, U. P, 1983, pp. 9-345.

〔3〕沈卫荣，《西夏汉文藏传密教仪轨〈依吉祥上乐轮方便智慧双运道玄义卷〉读解——以依“四手印”修“欲乐定”为中心》，《国学的继承与创新——庆祝冯其庸先生从教六十周年文集》，上海：上海古籍出版社，2012年；Ronald M. Davidson, *Tibetan Renaissance: Tantric Buddhism in the Rebirth of Tibetan Culture*, New York: Columbia University Press，2005，p. 194-204. 参见*Taking the Result as the Path, Core Teachings of the Sakya Lamdré Tradition*, translated by Cyrus Stearns, Boston: Wisdom Publications, 2006, p. 134, 640, n. 130.

仪轨。其中《端必瓦成就同生要》的主要内容之一就是对所谓“交融四母”（sbyor ba'i yum bzhi），即修习欲乐定的四种手印母的描述，与《因得啰菩提手印道要》的内容呼应。[1]依手印修欲乐定，明乐空无二之理，得证佛果，这是萨思迦派所传道果法之果续大手印修法的基本内容，所以这些修习大手印的文本更应该是属于萨思迦道果法的传承。此容后再详述。所以，这部《依吉祥上乐轮方便智慧双运道玄义卷》完全可以被看作是一部道果法之果续大手印的修法要门，其中所说的修习幻身、梦、光明等要门虽然属于“捺啰六法”的范畴，但显然与噶举派所传的六法修习要门不同，它们更可能是萨思迦派的传轨。[2]另外，这个文本在描述修欲乐定之“不坏护持”一节时，还明言此“在道果第四内可知”等等，这可为确认此文本属于萨思迦派所

〔1〕参见柴冰，《〈端必瓦成就同生要〉藏汉文对勘及考述》，《文本中的历史》，页161–206；孟瑜，《国家图书馆藏〈大手印无字要〉源流考述》，《文本中的历史》，页207–242。

〔2〕类似的情形也可见于黑水城文献中几篇与捺啰六法相关的短篇修习仪轨中，它们均与噶举派所传六法修习仪轨不一致，似更可能与萨思迦派所传道果法果续大手印的修法有关。例如，其中的一篇《甘露中流中有身要门》不但其中所说中有法与噶举派所传六法的内容很不一致，而且其所列传承“谓佛、菩萨、成就上师也。佛者，文殊狮子音也。菩萨者，救度佛母也。成就上师者，具德密拽瓦等五十四师也。此要门即后说者是也”。可见这个要门修习中有身之要门也是道果法之祖师密哩斡巴等上师所传，并非噶举派所传要门。参见孙鹏浩上揭文，页90。还有，在吐鲁番发现元代畏兀儿文佛教文献中也有多篇与“捺啰六法”的修习有关，故它们被其德文译者称之为“一部畏兀儿文死亡书”。但细究起来，这些文本的来源既有噶举派的传承，同时也有萨思迦派的传轨，我们无法把它们笼统地归结为噶举派的传承。参见Peter Zieme und Georg Kara, *Ein Uigurisches Totenbuch, Nāropas Lehre in uigurischer Übersetzung von vier tibetischen Traktaten nach der Sammelhandschrift aus Dunhuang British Museum Or. 8212 (109)*, Akademiai Kiado, Budapest, 1978.

传道果法之仪轨提供强有力的佐证。[1]同样，《大乘要道密集》中还有几篇迄今难以比定其原文的短篇仪轨，如《阿弥陀佛临终要》《上师二十五位满咤辣》《菩提心戒仪》《苦乐为道要门》《修习自在拥护要门》等等，它们都以“稽首最妙上师足”为礼敬文，故或也可把他们确定为萨思迦派的传承。

19.5

对《大乘要道密集》的研究迄今最让人感觉迷茫的是其中所收录的二十一篇以“大手印”为标题的文本。从其题记来看，它们中的很大一部分是初传于西夏时代的作品，与它们相应的西夏文文本也见于俄藏黑水城西夏文文献中，所以可以基本肯定它们是在西夏时代传入的早期藏传佛教文献。[2]就像道果法被贴上了萨思迦派的标签一样，大手印法通常被认为是噶举派最核心的修法，所以见于《大乘要道密

〔1〕参见沈卫荣上揭2012年文。此述之所谓“道果第四”或当为《大乘要道密集》一书的编辑者所加，同样的例子还见于该书首篇《道果延晖集》中，后者在疏解“含藏因续”“三座广相”“清净妃行相”时，均分别注明“如第四卷初章具释详乎彼文”“亦应详乎第四卷中第二章也”“如第四卷”等等。而在《大乘要道密集》第2卷中有《密哩斡巴上师道果卷》，其起首第1、第2篇正好就是《含藏因续记文》和《座等略文》；而且在这一卷中也有一篇专述清净明妃名称、行相的短篇要门，然而没有篇名。显然，《道果延晖集》中所指的“第四卷”，即是指《密哩斡巴上师道果卷》。《大乘要道密集》本来分成10卷，《密哩斡巴上师道果卷》或即是其中的第4卷。而所谓《密哩斡巴上师道果卷》实际上就是见于前述《道果黄卷》中的那些短篇仪轨的汉译，其相应的藏文原本都可以在见于《道果弟子释》第11卷的《道果黄卷》中见到。那篇阙篇名的清净明妃行相要门实际上题为《智慧手印性相》（*Shes rab ye shes kyi phyag rgya'i mtshan nyid*），见*Lam 'bras pod ser,* pp. 128-148.《依吉祥上乐轮方便智慧双运道玄义卷》中提到“不坏护持”一节时提到“在道果第四内可知”，但我们在《大乘要道密集》的《密哩斡巴上师道果卷》中并没有见到与此相应的文本，但在《道果黄卷》中我们见到紧接《密哩斡巴上师道果卷》之最后一篇《截截除影法仪》(*Grib ma sātstshas sel ba*)即是《护持明点》(*Thig le bsrung*)一篇，见《道果黄卷》，页1–171。这或说明原来《密哩斡巴上师道果卷》《密哩斡巴上师道果卷》的内容当远不止现在见于《大乘要道密集》中的这些文本。而这一点早已经从我们不久前在国家图书馆中发现的《密哩斡巴上师道果卷第十》中得到了证明，因为它与见于《大乘要道密集》中的《密哩斡巴上师道果卷》之前半部分的内容完全一致。这也说明当时有汉译文的密哩斡巴上师道果文本远不止今见于《大乘要道密集》中的这两种。

〔2〕Kirill Solonin, “Mahāmudrā Texts in the Tangut Buddhism and the Doctrine of ‘No-thought’”，《西域历史语言研究集刊》，北京：科学出版社，2009年，第2辑，页277–305；孙伯君，《俄藏西夏文〈大手印定引导要门〉考释》，《西域历史语言研究集刊》，北京：科学出版社，2012年第5辑，页189–208。

集》中的这些题为大手印的文本习惯上被理所当然地认为是噶举派的传轨。事实上，对藏传佛教几大教派及其核心教法的判定和区分是相对较晚的事情，在藏传佛教后弘期的早期阶段，或者说在西夏和蒙元时期，这样的划分应当远非像后来那样的严格和确定。各个教派及其所传的教法之间并没有严格地划定此疆彼界，各个不同的法脉、传规（bka' babs）都同时在吐蕃的不同支系的上师中间传承。[1]许多后来被判定为噶举派或其他教派之上师的重要人物，如怕木古鲁派的朵儿只监卜（Phag mo gru pa rDo rje rgyal po, 1110—1170年）、沙鲁派的卜思端辇真竺（Bu ston Rin chen grub, 1290—1364年）和觉囊巴祖师朵波巴摄啰监灿班藏布（Dol po pa Shes rab rgyal mtshan dpal bzang po, 1292—1361年）等都与萨思迦派之教法的传承有相当密切的关联。怕木古鲁派的朵儿只监卜无疑是萨思迦祖师公哥宁卜（Sa chen Kun dga' snying pa）最直接、最有学问的弟子，也是道果法的最重要的传人。萨思迦道果法最初之文献集成《黄卷》（*Pod ser*）中很多以公哥宁

〔1〕Stearns, *Luminous Lifes*, p. 7-8. 事实上，尽管从13世纪开始，西藏史家就有划分教派的倾向，但直到15世纪晚期藏族史家对藏传佛教各教派的划分依然不是十分明确的。例如，《红史》（*Deb ther dmar po*, 写成于1346—1363年）中主要只区分了噶当派和噶举派两个教派，对萨思迦派也只是叙述其法座世系（gdung rabs）和长官传承（dpon rabs）系列，似并不把它当成一个独立的教派来对待。参见Tshal pa Kun dga' rdo rje, *Deb ther dmar po*, Beijing: Mi rigs dpe skrun khang, 1981. 成书于1434年的《汉藏史集》（*rGya bod yig tshang*）也同样只详细叙述了噶当派和噶举派两个大教派的传承历史，而没有详述其他教派的历史。参见dPal 'byor bzang po, *rGya bod yig tshang*, Chengdu: Si khron mi rigs dpe skrun khang, 1985. 而成书于1476/1477年的《青史》（*Deb ther sngon po*）则只先是区分旧译密咒（gsang sngags rnying ma）和新译密咒（gsang sngags gsar ma），然后全书没有按教派，而是按各个单个的教法的传承来叙述藏传佛教的发展史。参见'Gos lo tsā ba gZhon nu dpal, *Deb ther sngon po*, Chengdu: Si khron mi rigs dpe skrun khang, 1984；参见Leonard W. J. van der Kuijp, "On the Compostion and Printings of the Deb gter sngon po by 'Gos lo tsā ba gzhon nu dpal(1392–1481)," *Journal of the International Association of Tibetan Studies* 2(August 2006), pp. 1-46.

或许是16世纪的'Phreng ba gter ston Shes rab 'od zer (1517—1584）才首次将藏传佛教的传统分成所谓的"成就传承八大乘"(sgrub brgyud shing rta chen po brgyad)，并将这种教派划分的传统大致确定下来。这"八大传轨"分别是：（1）旧译宁玛（snga 'gyur rnying ma）；（2）噶当派（bKa' gdams pa）；（3）道果（lam 'bras bu dang bcas pa）；（4）马尔巴噶举（Mar pa bka' brgyud）；（5）香巴噶举（Shangs pa bka' brgyud）；（6）希解（Zhi byed），或曰断派（gCod yul）；（7）金刚瑜伽派（rDo rje'i rnal 'byor, 沙鲁和觉囊）；（8）三金刚念修（rDo rje gsum gyi bsnyen sgrub）。参见Matthew Kapstein, "gDams ngag: Tibetan Technologies of the Self", *Tibetan Literature: Studies in Genhre*, Roger Jackson eds., Shambhala Publications, pp. 275-289.

卜，或者其儿子公哥剌思巴监藏的名义发表的作品据说有很多实际上是这位怕木古鲁上师的作品。而道果法的传承除了在萨思迦派以外，在其他教派如噶举派、沙鲁派和觉囊派等，也一直有不间断的传承。例如，怕木古鲁上师的道果法传承就一直在噶举和觉囊两派中传承，觉囊派大师多罗那他（Tāranātha,1575—1634年）也曾得到他所传的道果法的完整传规。而《道果弟子释》（*Lam 'bras slob bshad*）的集大成者Tshar chen Blo gsal rgya mtsho（1502—1566年）实际上是卜思端大师的传人、沙鲁派的大师。[1]与此相类似，大手印修习实际上也并非噶举派所传的独家法门，如前所述依手印修习欲乐定也曾是萨思迦派所传道果法的一项重要内容。于《道果金刚句偈》中，大手印被确定为道果法之广道，也称"共轮涅道"之三续道中的果续道，无疑是道果修法的一个重要组成部分。[2]

按照萨思迦派的传统，"共轮涅道"之三续道者，乃指：

初总位因本续（或译含藏因续——引者），二身方便[续]，三大手印果本续。或依别本续等。夫此三本续位者，依因道果三种说，则是于同体因道果本来具故说，若本来具故说，则是位。依此为性，因道修，则亦是身方便。又说往昔本具五身能现，是能显名句文，故是能说此等显性身现时成果，故名果本续或大手印，或身、语、意金刚。[3]

或曰：

大手印乃果续，或曰身、语、意金刚续。而大手印果续者，即以四果灌顶而称"圣识一切"，成五身也。手印者，即乃因依手印而得之成就也，曰大者，乃于其之上更无他者之故也。复由

〔1〕Stearns, *Luminous Lifes*, pp. 27-32，39-45. 摄啰监灿班藏布之名作《总释教门祷祝》（*bsTan pa spyi 'grel zhes bya ba'i gsol 'debs*）的汉译文见于《大乘要道密集》中，作者不但自称为"法尊最妙上师之仆"（Chos rje bla ma dam pa rnams kyi bran du gyur pa），而且其作品的礼敬文亦作"皈命敬礼法尊最妙上师化身莲花足"，可见其深受萨思迦派教法之影响。《大乘要道密集》，卷4，页45–47；参见张凌晖，《文本中的历史：藏传佛教于西域和中原的传播》，页284–300。

〔2〕参见谈锡永，《〈大乘要道密集〉序言》，中国人民大学国学院汉藏佛学研究中心主编，多语种佛教古籍整理和研究丛书（一），《大乘要道密集》，北京：北京大学出版社，2012年。

〔3〕《解释道果逐难记》，《大乘要道密集》卷3，页28–29。

即彼依止明母之故，亦称明母之成就。果者，住于因，依道而明满，现证果也。相续者，由因及果相续不间断也。能成就彼之近因究竟道者，称为四种果灌顶也。一瓶灌脉涉，二密灌字涉，三智慧灌甘露涉，四第四灌风涉。果证成四身者，称为一切智。于彼瓶灌涉脉转成一切智身称为化身者（谓转身脉道身成一切身之化身），能证成显现为成一切身无尽身身所依缘起；密灌字涉，转字婆伽语成一切语之报身，能证成显现为一切语者为无尽语语所依缘起者；智慧灌甘露涉，转一切意为法身，能证成显现为一切意乃无尽意意所依缘起者；第四灌风涉，所转一切身、语、意为真如身，身时不弃二者，语和意时亦不弃二者，称真如身者，能证成显现为一切身、语、意身乃身、语、意无尽身，身、语、意所依身之缘起者，故现证称为真如身者。如是，转位所依四身和十分清净、任运成就转位能依真如身成为五身。以上轮涅诸

> 法自心之相续摄于一续而说，是故乃以三续道而明说之道也。[1]

可见，道果法果续大手印的修法以四种灌顶成就四身、五身为主要内容，故与甚深道上师修法有很密切的关联，因为上师是能授予资徒上述四种灌顶，令其成就四身的关键因素。同时，它也与借助“手印母”（明母），修习欲乐定有密切的关系。

见于《大乘要道密集》中长短不一的这二十一种与大手印相关的文本中，至今实际上只有《大手印金璎珞要门》一种曾被吕澄先生同定为*Phyag rgya chen po gser phreng ba*（德格 no. 2449）的略本，[2] 而其他文本的原本尚无法一一同定，故其来历难以确认。值得注意的是，在这二十一种文本中可见到一个令人瞩目的特征，即其中有相当一部分文本，如《大手印引定》《新译大手印顿入要门》《大手印伽陁支要门》《大手印静虑八法》《大手印九喻九法要门》《大手印除遣增益损减要门》《大手印八镜要门》《金璎珞要门》《师承等处奉

---

〔1〕da ni phyag rgya chen po ’bras bu’i rgyud dam sku gsung thugs rdo rje ’bras bu’i rgyud ni/ de la dang po phyag rgya chen po ’bras bu’i rgyud ni/ ’bras bu’i dbang bzhis thams cad mkhyen to zhes pa sku lnga’o// de la phyag rgya ni phyag rgya la brten pa’i dngos grub yin pas so// chen po ni de’i gong na gzhan med pas so// de nyid rig ma la brten pa yin pas rig ma’i dngos grub ces kyang bya/ ’bras bu ni rgyu la gnas pa lam gyis sangs nas/ ’bras bu mngon du gyur pa’o// rgyud ni rgyu nas ’bras bu’i bar du rgyun ma chad pa’o// de ’grub par byed pa’i nye ba’i rgyu mthar phyin gyi lam ni ’bras bu’i dbang bzhis zhes bya ste/ bum dbang rtsa’i ’gros/ gsang dbang yi ge’i ’gros// shes rab ye shes bdud rtsi’i ’gros/ dbang bzhi pa rlung gi ’gros bzhi thim pa las/ ’bras bu sku bzhi ’byung ba ni thams cad mkhyen to zhes pa ste/ de’ang bum dbang rtsa’i ’gros thim pa las sku thams cad pa sprul pa’i zhes pa sku thams cad pa sku mi zad pa sku rten ’brel ’ grig tshad du snang ba ’byung ngo/ gsang dbang yi ge’i ’gros thim pa las gsung thams cad pa longs spyod rdzogs pa’i sku zhes pa gsung thams cad du snang ba gsung mi zad pa gsung rten ’brel ’grig tshad du snang ba ’byung ngo// shes rab ye shes bdud rtsi’i ’gros thim pa las thugs thams cad pa chos kyi sku zhes pa thugs thams cad pa thugs mi zad pa thugs rten ’brel ’grig tshad du snang ba ’byung ngo// dbang bzhi pa rlung gi ’gros thim pa las sku gsung thugs thams cad pa ngo bo nyis kyi sku zhes bya ba sku’i dus na’ang gnyis po mi ’dor/ gsung dang thugs kyi dus na’ang gnyis po mi ’dor ba ngo bo nyid kyi sku zhes bya ba sku gsung thugs thams cad pa sku gsung thugs mi zad pa sku gsung thugs rten ’brel ’grig tshad du snang ba ngo bo nyid kyi sku zhes bya ba mngon du gyur te/ de ltar na rten gnas gyur gyi sku bzhi dang brten pa gnas gyur pa las ngo bo nyid sku shin tu rnam par dag pa lhun grub kyi sku dang lnga’o// de yan chad kyis ’khor ’das kyi chos thams cad rang gi sems kyi rgyun rgyud gcig gis bsdus par bstan pa’i phyir rgyud gsum du bstan pa’i lam mo/ *gZhung rdo rje’i tshig rkang gi ’grel pa rnal ’byor dbang phyug dpal a skya pa chen po la khams pa sga theng gis zhus pa*（简称*gZhung bshad sga theng ma*）, TBRC W 24767, *Lam ’bras gzhung rdo rje’i tshig rkang gi rnam ’grel bcu gcig*, Volume 2, p. 275-276.

〔2〕参见孙鹏浩上揭文，页93–96。

集轮仪》《大手印纂集心之义类要门》和《那弥真心四句要门》等等，其礼敬文都是“敬礼最妙上师等”，这或许可以让我们联想起它们当与萨思迦派所传道果法之“果续大手印”修法有密切的关联。

对此我们也可以从对这21篇大手印文本中篇幅最长的一篇《新译大手印不共义配教要门》的内容的分析中得出相同的联想。这篇要门说的是“今此果乘依大手印而修道也”，此或是修习“果续大手印”的另一种说法。它也被称“摄受相续觉受要门”，与道果法的上师观门用语极为相像。文中又说：

> 然佛世尊初以别意说福胜劣，令不修福者种善根故；又为劣机不解义者，说所获福利不可思议，令彼踊跃渐入佛道，如母为止婴儿啼故，而与黄叶。后以决定说胜要门，为令上根修习之人于甚深道究竟了达，令解脱故，说此大手印要门。[1]

可见，此处所说的“大手印要门”乃为上根化机所说的甚深道，而这分明就是在说道果法的“深道即师”。而其修法之正体又正好就是首先修师，“一即应捡辨所依之师”，而其禅定修习正体也是“亦得一切时中，顶想上师，融入身中，不应舍离”，而其修习之果则是“即生无尽禅定之用，由前无念，即得法身，乐感报身，明德化身。如是三身，或三身不异自性身等四身五身也”。[2]显而易见，这个名为大手印不共义的法门实与道果法之“深道即师”的修法非常接近，也与前述道果法之果续大手印证成四身五身的修法非常接近。

值得一提的是，《新译大手印不共义配教要门》将“应捡辨所依之师”

> 复分为二，初应可依附大宝上师，后不应依仗所舍之师。初应可依附大宝上师功用有八，一具持禁戒功用备足；而具大智慧能断增益；三师承不断具有摄受；四知定分量能入等持；五摄受资弟能辨根器；六善能对治禅定碍难；七不慕名利罢休世务；八赋性调善，无嗔恚等。

〔1〕《大乘要道密集》卷4，页55。

〔2〕《大乘要道密集》卷4，页56、58。

二不应依仗所舍之师者，谓师若不具记句禁戒，不晓加行，无等持功用，如是之师，不须依仗，如或依仗，不获咒力，不得定心。[1]

这与《道果金刚句偈》释论中所解释的最胜上师不尽相同，故更像是一部一般的师观要门中所说的上师形象。

另外一个显而易见，却一直被忽视的或可以用来证明这些大手印法本属于萨思迦派之道果法传轨的事实是：见于《大手印伽陁支要门》和《金璎珞要门》传承宗师名录中的那位著名的玄密帝师事实上同时也是《解释道果语录金刚句记》的"传"承者。[2] 如果说我们目前还难以断定《大手印伽陁支要门》和《金璎珞要门》这两部大手印法本究竟是噶举派，萨思迦派，或者希解派上师所传，那么我们应该比较容易断定这位"中国大乘玄密帝师传"的这部《解释道果语录金刚句记》一定是萨思迦派的传承。换言之，玄密帝师也一定是一位与萨思迦派所传道果法相关的上师。而他既然已经在西夏传承道果法，他当然也可以传承为道果法之果续的"大手印法"了。前述这部《新译大手印不共义配教要门》乃"果海密严寺玄照国师沙门惠贤传、果海密严寺沙门惠幢译"；同样集中另一部篇幅较长的大手印法文本《新译大手印要门》也是这两位沙门传译的。而在见于《大手印伽陁支要门》和《金璎珞要门》中的两个传承宗师名录中，玄照国师均为玄密帝师的再传弟子。如果说玄密帝师是萨思迦道果法的传人，那么玄照国师当然也应该是萨思迦道果法的传人，而他所传译的这些大手印法文本当然也应该是道果法果续的修法了。

〔1〕《大乘要道密集》卷 4，页51，53。

〔2〕《大乘要道密集》，卷 3，页1；卷 4，页9、19。关于大乘玄密帝师生平的研究参见陈庆英，《大乘玄密帝师考》，《陈庆英藏学论文集》，北京：中国藏学出版社，2006年，页163–222；以及高山杉，《玄密帝师与无生上师》，载《读书》，2012年第3期，页31–40。

19.6

如前所述，萨思迦派所传道果法最根本的文献《道果金刚句偈》以礼敬“最妙上师”开始，道果法又以上师为其甚深道修法，所以，上师于萨思迦派的教法体系中的地位较诸其他教派或更举足轻重，与此相应对上师的界定也更加重要。在现存大部分《道果金刚句偈》的释论中，我们都可以在其解释其礼敬文的部分见到诸论者对“最妙上师”的或长或短的解释，他们对上师的定义和分类都有比前述萨思迦班智达于《大金刚乘修师观门》所述更详细、更明确的内容。以下我们或可以见于《大乘要道密集》中的一部《道果金刚句偈》释论——《道果延晖集》（持咒沙门莎南屹啰集译）中的相关段落，结合其他见于《道果弟子释》中多部释论的相应内容，来阐释萨思迦传统对“最妙上师”的定义和理解。

按照萨思迦派的传统，所谓“最胜上师”与“金刚上师”，或曰“金刚阿阇黎（rDo rje slob dpon）是同义词，指的是能够以主戒（dbang bskur，灌顶）摄受（byin gyis brlabs pa，加持）资徒，令其速捷得证佛果的金刚上师。 因为上师以四种恩情摄受资徒，故也有四种上师。而这四种上师的名称则是按照瓶灌、秘密灌、智慧灌和第四灌等四种灌顶而立，他们分别是：一，断外增绮师金刚上师；二，明内自生智师金刚上师；三，明密同生智师金刚上师；四，明究竟如诸法最净师金刚上师。

于兹我们或可首先引元末明初最著名的萨思迦派学者最胜上师莎南监藏（Bla ma dam pa bSod nams rgyal mtshan）所造《道果教诫释论——要门藏》（*Lam ’bras bu dang bcas pa’i gdams ngag gi rnam par bshad pa man ngag gter mdzod*）中对上师的定义及其分类来说明萨思迦派传统中的上师的地位和意义。《要门藏》中说：

> 第一，真性者，曰上师者，总而言之乃指因功德法而成为重要者[Guru，即上师]，于此瑜伽自在者（指密哩斡巴上师——引者）曰：“[上师]乃圆满授我四种灌顶，且连接四身之缘起者

也。”第二，[若对上师作]分别则有五种，第一若就过去而言，则因化身智慧空行母十五天女无我母授瑜伽自在者四种灌顶，加持所依四中围，生六地之证悟，连接四身之缘起，圆满[主、道、见、修]四种功用，故为师金刚上师也。第二，若就未来言之，则于今一位因时之师，具能明主、道、见、修等四种功用者，即所谓师金刚上师也。第三，分别义者，或问何谓具四种功用之师，则有能断外增绮师、能明内自生智师、能明密同生智师和能明究竟如诸法最净师金刚师也。[1]

可见，萨思迦派传统中的“金刚上师”是能授四种灌顶、结四身之缘起，且能开示主（灌顶）、道、见、修四种功用的上师。它有特指和泛指两种，特指的是指过去的，即是瑜伽自在密哩斡巴师之上师，“化身智慧空行母十五天女无我母”；泛指的即是指当下或者未来任何一位具能明主、道、见、修等四种功用的金刚上师，或即是自己的上师。[2]

萨思迦派把上师细分成四种，这种分类的标准颇有讲究。对此《道果延晖集》中说：

---

〔1〕dang po la/ ngo bo ni/ bla ma zhes pa spyir yon tan gyi chos kyis lci bar gyur pa zhig la zer yang/ 'dir rnal 'byor dbang phyug gi bzhed pas/ bdag la dbang bzhi yongs su rdzogs par bskur nas/ sku bzhi'i rten 'brel sgrig par mdzad pa la bzhed do// gnyis pa dbye ba la lnga las/ dang po sngon byung la sbyar na/ sprul pa'i sku ye shes kyi mkha' 'gro ma bdag med ma lha mo bco lngas rnal 'byor gyi dbang phyug la dbang bzhi bskur bas/ rten dkyil 'khor bzhi byin gyis brlabs tes drug gi rtogs pa bskyed nas/ sku bzhi'i rten 'brel bsgrigs pas byed las bzhi tshang ba'i phyir bla ma rdo rje slob dpon no// gnyis pa rjes 'jug la sbyar na/ d altar rgyu dus kyi bla ma gcig nyid dbang dang lam dang lta ba ston pa la sogs pa'i byed las bzhi dang ldan pas bla ma rdo rje slob dpon zhes bya'o/ gsum pa so so'i don ni/ byed las bzhi dang ldan pa'i bla ma gang zhe na/ spyi sgro 'dogs yongs su gcod par byed pa'i bla ma/ nang rang byung gi ye shes ston par byed pa'i bla ma/ gsang ba lhan cig skyes pa'i bla ma/ mthar thug de kho na nyid du chos thams cad shin tu rnam par dag pa'i de kho na nyid ston par byed pa'i bla ma rdo rje slob dpon te// Bla ma dam pa bSod nams rgyal mtshan. *Lam 'bras bu dang bcas pa'i gdams ngag gi rnam par bshad pa man ngag gter mdzod, lam 'bras slob bshad: The Sa-skya-pa Teachings of the Path and the Fruit, according to the Tsha-pa transmission*, TBRC W23648, Vol. 16, pp. 126-127.

〔2〕sngon byung bdag med ma dang/ rjes 'jug rang rang gi bla ma. *Lam 'bras bu dang bcas pa'i gdams ngag gi rnam par bshad pa man ngag gter mdzod*, p. 130.

如兹四师，体虽是一，而约德（yon tan）、用（byed las）成立四者，或约四灌（dbang bskur）、四道（lam）而建号，或就四见（lta ba）、四宗（grub mtha'）而立名，或以四迁而标目，或称四果（'bras bu）而作题，然今初也以道立名，后三种者克乎建立。[1]

在《道果金刚句偈》的另一部释论《金刚句偈疏·瑜珈自在吉祥大萨思迦派康巴嘎腾所请（gZhung rdo rje tshig rkang gi'grel pa rnal 'byor dbang phyug dpal sa skya pa chen po la khams pa sga theng gis zhus pa）》中相应部分也说：

复次，于平日有所净基身、语、意三，及遍彼且堪受主戒者为四，作为能净彼等之对治有四种师金刚上师，由彼[四师]之恩情授四种主戒，示四种道，现四种见、修。故第一种上师以明道立名，其余三种上师明修习等，复以明三种见、修立名。[2]

而最胜上师莎南监藏对此的解释尤其详细、明了，兹转译如下：

于此说立四种师之缘由，或问以何缘由于彼等四种师立外、内、秘密和究竟呢？或曰：授瓶灌之师能断外境之增绮，故立是名。因修是师所传授之生起次第，若生起见，则能断现分、空分和双运之真性三者于外境持现、空和现空[三种]不同见之增绮，故立是名。授予秘密灌顶之师因于内之身能明自生智，故立是名。若修习彼师所传授之拙火定，专注于内所依四中围之故，不依外缘，于心生起自生智故。智慧灌顶之师，能明现起自第三灌

---

〔1〕《大乘要道密集》卷1，页2。

〔2〕dang po la yan lag gi dang po bla ma dam pa zhes pa la sogs pa bka' drin rjes su gnang ba bzhi dang ldan pas bla ma bzhi'o// bla ma bzhir rgyu mtshan gang las ming 'dogs zhe na/ dbang bzhi'i sgo nas so// de yang phyi sgro 'dogs yongs su gcod par byed pa'i bla ma rdo rje slob dpon/ nang rang byung gi ye shes ston par byed pa'i/ gsang ba lhan cig skyes pa'i ye shes ston par byed pa'i/ mthar thug de kho na nyid chos thams cad shin tu rnam par dag par'i de kho na nyid ston par byed pa'i bla ma rdo rje slob dpon te/ de yang tha mal pa'i dus su sbyang gzhi lus dang ngag dang yid gsum ka la khyab cing dbang byed pa'i rlung dang bzhi yod pas/ de sbyong bar byed pa'i gnyen por bla ma rdo rje slob dpon bzhi'i bka' drin gyis dbang bskur lam bzhi bstan nas/ lta nyams bzhi 'byung ba las/ dang po ni lam bstan pa'i sgo nas ming btags la/ lhag ma gsum lam nyams su blangs pa la sogs pa ston yang lta nyams gsum ston pa'i ngos nas kyang ming btags/ *Sa skya'i lam 'bras* (*glog klad par ma*), Kathmandu: Sachen international, 2008, Vol. 22, pp.134-135.

顶之道生起之同生[智]理，故立是名。彼等手印道于共通乘不闻，难以成为所信受者，故乃秘密和当隐藏者，若修习此道，能显现同生融乐之证悟。第四灌顶之师能明道之究竟乃诸法真性，故立是名。此最胜乐空第四见者，乃见之究竟、诸法之法性故，能作四所作故，如是立名。第一直接以道立名，其余三者以见立名云云，皆不实也。于瓶灌之三种见，亦可合断增绮之缘由故。如是于内外等瓶灌之所净基脉既麁，复易于证悟，于身外有，生起次第于身外修习，三种真性亦于境上生起，故云外也。秘密灌所净基脉字，彼隐藏于身内，且不明显，故曰内。第三灌顶之所净基Dvangs ma（甘露），隐藏于种子字内，秘而不彰，故曰秘密。第四灌之所净基四风，乃所净基之究竟，亦是一切能净灌顶、道、见、修、果之究竟，故以所净基对上师如是立名也。虽曰如是，然所净基三脉等于身内有，一些脉身外亦有，Dvangs ma则于一切内外之分皆有，故仅有前者则不确定也。因是之故，于资徒之四所依授以四灌顶，可以明确认定于资徒之相续亦可断增绮，于资徒之相续亦可现起三种见，故于四种师亦以彼和彼之名安立也。譬如，庄稼地收成好，即曰某某之收成好，即按地主的名字来称呼。第五，确定以四来计数的缘由者，受灌顶资徒之所依中围亦四、彼能净之灌顶亦四，与彼相连接之道亦四，自彼生出之见亦四，由彼现起之宗见亦四，彼究竟之果亦一定为四，故明灌顶、道、见、修等之师数亦一定以四计也。[1]

19.7

对于这四种金刚上师的具体定义和界定在《道果金刚句偈》之诸部释论中都有相当详细的讨论，于兹我们不妨选择几种，译、转于下，并略做讨论。

[1] bzhi pa der 'jog pa'i rgyu mtshan ni/ ci ste bla ma bzhi po de dag la phyi/ nang/ gsang ba/ mthar thug tu 'jog pa'i rgyu mtshan ci yin snyam na/ bum dbang bskur ba'i bla mas phyi'i yul la sgro 'dogs gcod pa'i phyir de skad ces bya ste/ bla mas bstan pa'i bskyed rim bsgoms pas lta ba skyes pa na nang phyogs/ stong phyogs/ zung 'jug gin go bo nyid gsum gyis phyi'I yul la snang ba/ stong pa/ snang stong tha dad du 'dzin pa'i sgro 'dogs gcod pas so// gsang dbang bskur ba'i bla mas nang gi lus la skyes pa'i rang byung ye shes ston pa'i phyir de skad ces bya ste/ bla mas bstan pa'i tsaṇḍalīvbsgoms te/ nang rten dkyil 'khor bzhi la gnad du bsnun pas phyi'i rkyen lam ltos par sems la rang byung gi ye shes skye ba'i phyir ro// shes rab ye shes kyi dbang bskur ba'i bla mas dbang gsum pa'i lam las skyes pa'i lhan skyes 'char tshul ston pa'i phyir de skad ces bya ste/ phyag rgya'i lam de dag theg pa thun mong la ma grags pas mos pa tsam yang bya bar dka' ba'i phyir gsang zhing sba bar bya ba yin la/ lam de bsgoms pas zhu bde lhan skyes kyi rtogs pa 'char ba'i phyir ro/ bzhi pa bskur ba'i bla mas lam gyi mthar thug chos thams cad kyi de kho na nyid ston pa'i phyir de skad ces bya ste/ bzhi pa'i lta ba bde stong mchog de lta ba'i mthar thug dang/ chos thams cad kyi chos nyid yin pa'i phyir bya ba bzhi byed pas de ltar bzhag gi/ dmar gyis dang po lam dang phyi ma gsum lta ba'i ming gis btags zhes pa ni ma nges te/ bum dbang gi lta ba gsum la'ang/ sgro 'dogs gcod pa'i rgyu mtshan sbyar du rung ba'i phyir ro/ de bzhin du phyi nang la sogs pa la'ang bum dbang gi sbyang gzhi rtsa rags shing rtogs sla/ lus kyi phyi na yod/ bskyed rim yang lus kyi phyi na bsgom/ ngo bo nyid gsum yang yul gyi steng du skye bas phyi zhes bya la/ gsang dbang gi sbyang gzhi rtsa yig de lus kyi nang na sbas shing mi gsal bar yod pas nang dang/ dbang gsum pa'i sbyang gzhi dvangs ma de yi ge'i nang na shing tu yang sbas shing gsang bar yod pas gsang ba/ bzhi pa'i sbyang gzhi bzhi rlung de sbyang gzhi'i mthar thug yin zhing/ de sbyong byed dbang/ lam lta grub 'bras bu thams cad mthar thug pa yin pa'i phyir/ sbyang gzhi'i dbang gis bla ma la'ang de skad btags so// zhes zer mod kyi/ sbyang gzhi rtsa gsum la sogs pa lus kyi nang na yod la/ rtsa 'ga' zhig lus kyi phyi na'ang yod cing/ dvangs ma phyi nang gi cha thams cad na yod pa'i phyir snga ma kho nar ma nges so/ des na slob ma'i rten bzhi la dbang bzhi bskur nas/ sgro 'dogs kyang slob ma'i rgyud la gcod/ lta bag sum yang slob ma'i rgyud la 'char bar legs par ngo sprod par byed pas/ bla ma bzhi la'ang de dang de'i ming gis btags te/ dper na zhing tog tu lo legs kyang/ che ge mo'i lo legs zhes 'debs mkhan bdag po'i ming nas smos pa bzhin no// lnga pa bzhir grangs nges pa'i rgyu mtshan ni/ bskur bya slob ma'i rten yang dkyil 'khor bzhi dang/ de sbyong byed kyi dbang yang bzhi/ de dang 'brel ba'i lam yang bzhi/ de las skyes pa'i lta ba'ang bzhi/ de las 'char ba'i grub mtha' yang bzhi/ de mthar phyin pa'i 'bras bu'ang bzhir nges pas dbang/ lam lta grub la sogs pa ston pa'i bla ma'ang bzhir grangs nges so// *Lam 'bras bu dang bcas pa'i gdams ngag gi rnam par bshad pa man ngag gter mdzod*, pp. 128-130.

对于第一种“断外增绮金刚师”，《道果延晖集》解释如下：

疏师者下，一断外等者，谓于《喜金刚二分续》等念诵，将已依三座全色抹中围乃密法中围也，摄受资徒本来元成身、脉、道、轮，俾使转为生定之因，及成修证无上菩提真正道故，即于所知身、脉、道、轮，授以能治七种瓶灌密哩斡巴师云自从水、主、头、冠、杵、铃，乃至付持金刚灌也，或兼助道一十一灌于前七上复加安慰、授记、庆幸、演法也，而转能依之脉道所依之身腔，显成堪修能证化身，增次相道，克以此道摄受于脉，使成一百五十七佛，遂即明佛身、色、标帜、坐仪、座等，又诲与彼相属道友，所谓念诵、施食、三昧耶戒、三本性见、转变迁等动静源宗，良由赐与诸如是等善证化身佛果要门，故云断外增绮金刚师也。[1]

对此，《解释道果逐难记》相应做解释道：

言外断增绮者，外所依身及能依脉等，即胜妙宫，解百五十七佛自性，故执世俗身等为遮于增绮，故能依之身成胜妙宫，五蕴即五佛自性，了悟脉等皆是佛自性，故名身脉中围也。[2]

《道果金刚句偈释论——子义母》云：

复次，依能断外一切增绮师金刚上师恩情于[资]身授瓶灌顶，能明即身为化身之身，且能明生增观（生起次第）界道，故称外断增绮金刚师。谓外断增绮者，外所依身无量宫，脉等能依百五十七尊佛明外增观界。断增绮者，乃于彼增观支分断念诵、施食和烧施等戏论之增绮而开示。彼等若与过去相应，则化身之身、智慧之显现空行母十五无我佛母，授大瑜伽自在者以四种灌顶，摄受四所依，生起六地以下之证悟，故为具恩之师也，于五身无别之师，说圆满功德四法。若与未来众生相应，则与粗身、根器内腔俱，住于本来元成精细脉轮，即彼亦可称如来金刚身也。即彼由瓶灌摄受，故此身亦可明为化身之身也，堪为修习增观界道之所依。依止于彼，则亦可于相续中生起三本性见，

〔1〕《大乘要道密集》卷1，页1。

〔2〕《大乘要道密集》卷1，页20。

亦堪显现轮涅无二宗，于临终前之迁旨和中有之一切显现均显为本尊已得自在，果脉转位，化身之色、庄严、仪表、坐仪、标帜、座等，及与彼相属之道友欢喜于念诵、施食、烧施、胜住、灌顶等诸戏论者，及至四事业间，以句偈开示，乃一具大恩德之师也。[1]

同样，最胜上师莎南监藏对此的解释或更加明白易懂，他说：

第一[外断增绮金刚师]者，于资徒之所净基粗身，授以能净瓶灌，开示彼之道外界之自性，其正行即内外之生起次第瑜伽，其支分即修习念诵、施食、烧施等，彼之见则是三种真性，彼之宗则是显现轮涅无二理等等，故能明转位身果化身之身也。[2]

---

〔1〕de yang phyi sgro 'dogs yongs su gcod par byed pa'i bla ma rdo rje slob dpon gyi bka' drin gyis lus la bum pa'i dbang nyid bskur nas/ lus nyid sprul pa'i skur ston par byed pa bskyed pa'i rim pa dbyibs kyi lam ston par byed pas na de skad ces bya ste/ phyi sgro 'dogs gcod pa zhes bya ba ni phyi lus la rten gzhal yas khang dang/ rtsa rnams brten pa lha brgya lnga bcu rtsa bdun gyis phyi bskyed rim dbyibs ston pa'o/ sgro 'dogs gcod pa ni bskyed rim de'i cha lag tu bzlas pa dang gtor ma dang sbyin sreg la sogs pa'i spros pa'i sgro 'dogs bcad nas ston pa'o// de dag kyang sngon byung la sbyar na/ sprul pa'i sku ye shes kyi snang ba'i mkha' 'gro ma bdag med lha mo bco lngas/ rnal 'byor gyi dbang phyug chen po la dbang bzhi bskur bas/ rten bzhi byin gyis brlabs te sa drug man chad kyi rtogs pa bskyed pas/ drin can gi bla ma ste/ sku lnga dbyer med kyi bla ma la yon tan gyi chos bzhi tshang ba la gsungs/ rjes 'jug so so'i skye bo la sbyar na/ dang po ni lus rags pa dbang po rten khog pa dang bcas pa/ phra ba rtsa'i 'khor lo rang bzhin gyis lhun grub tu gnas pa de nyid la/ de bzhin gshegs pa thams cad kyi sku rdo rje zhes kyang bya la/ de nyid bum pa'i dbang gis byin gyis brlabs te lus nyid sprul pa'i skur ston par byed pa/ bskyed pa'i rim pa dbyibs kyi lam sgom pa'i rten du rung bar byas/ de la brten nas lta ba ngo bo nyid gsum rgyud la skyer rung ba/ grub mtha' 'khor 'das dbyer med 'char du rung ba/ 'da' ka ma gong du 'pho ba dang/ bar do'i snang ba thams cad lhar 'char ba la dbang bar byas/ 'bras bu rtsa gnas gyur sprul pa'i sku mdog rgyan cha lugs/ bzhugs tshul/ phyag mtshan/ rnam dag/ de dang 'brel ba'i grogs bzlas pa/ gtor ma/ sbyin sreg/ rab gnas/ dbang bskur las tshogs la sogs pa/ spros pa la dga' ba la phrin las bzhi'i bar du tshig gi sgo nas ston pas/ drin chen gyi bla ma gcig yin no// Sa chen Kun dga' snying po, *Lam 'bras gzhung bshad sras don ma bzhugs so*, Sa skya Lam 'bras Literature Series , Dehra Dun: Sa skya Centre, 1983, vol. 12 (TBRC W24767-3853), pp. 13-14.

〔2〕dang po ni/ slob ma'i sbyang gzhi lus rtsal/ sbyong byed bum pa'i dbang bskur nas/ de'i lam phyi dbyibs kyi bdag nyid phyi nang gi bskyed pa'i rim pa'i rnal 'byor dngos dang/ de'i yan lag bzlas pa dang/ gtor ma dang/ sbyin sreg la sogs pa nyams su len tshul dang/ de'i lta ban go bo nyid gsum dang/ de las grub mtha' 'khor 'das dbyer med du 'char tshul la sogs pa bstan nas/ 'bras bu lus gnas gyur sprul pa'i skur ston par byed pa'o// *Lam 'bras bu dang bcas pa'i gdams ngag gi rnam par bshad pa man ngag gter mdzod*, p. 127.

对于第二种“明内自生智上师金刚师”，《道果延晖集》做如下解释：

二明内等者，只彼上师依世俗谛菩提心中围界品清分，将资身内本来元成语性脉字字婆伽轮，俾使转为生定之因，及成修证无上菩提真正道故，即于所治语字婆伽，授以能治密灌顶已，转语字轮显成堪修能证报身自拇受道，并训四种自生智见，与彼相属三昧耶戒、光明、迁旨、究竟宗，良由赐与诸如是等善证报身佛果要门，故云明内自生智上师也。[1]

《解释道果逐难记》则做如下解释：

言内指自生真智者，住身脉内，往昔自称哑哩葛哩，自性自相成，故名自生也。托此而修，自然能起无漏智，故名内自性智也。此则有四种自生智，如下第二内文所明也。[2]

《道果金刚句偈释论——康巴噶邓所问卷》则云：

能明内自生智上师金刚师，于[资]语授密灌顶，是语能明圆满报身，明自摄受拙火道，自修习故，生四种自生智见，故称明内自生智上师。于彼内者，乃脉内不住之种子字，自生者，乃不观待境缘也；语者，乃四种子字，于彼喉间四处乃耶啰辣斡四字，彼之外有十六哑哩字等等，于彼如是之种子字授以能净之灌顶，于即彼种字明一切语能成报身之拙火也。[3]

---

〔1〕《大乘要道密集》卷1，页1。

〔2〕《大乘要道密集》卷3，页20。

〔3〕nang rang byung gi ye shes ston par byed pa'i bla ma rdo rje slob dpon gyis/ ngag la gsang ba'i dbang bskur nas/ ngag nyid longs spyod rdzogs pa'i skur ston par byed pa bdag byin gyis brlabs pa'i tsaṇḍalī'i lam bstan pa de/ rang gi nyams su blangs pas lta ba rang 'byung gi ye shes bzhi skye bas na bla ma de la de skad ces bya'o// de la nang ni rtsa'i nang ma gnas pa'i yi ge yin la/ rang 'byung ni yul rkyen la ma ltos pa'o// ngag ni yi ge bzhi yin la de'ang mgrin pa'i phyogs bzhi na ya ra la wa bzhi/ de'i phyi rol na ā li bcu drug yod pa la sogs pa'o// de lta bu'i yi ge de la de dag par byed pa'i dbang bskur nas/ yi ge de nyid las gsung thams cad pa longs sku 'byung bar byed pa'i tsaṇḍalī ston pa'o// Sa chen Kun dga' snying po. *gZhung rdo rje'i tshig rkang gi 'grel pa rnal 'byor dbang phyogs dpal sa skya pa chen po la khams pa sga theng gis zhus pa*, *Sa skya Lam 'bras Literature Series*, Dehra Dun: Sa skya Centre, 1983, vol. 28, pp. 152-153.

《道果金刚句偈释论——子义母》云：

二[明内自生智上师金刚师]者，脉内有隐藏种子字，故曰内。喉间住生起语之所依本来元成四种子字，于即彼曰如来一切金刚语者，以即彼秘密灌顶摄受，能明语即报身，成堪修拙火密咒道之所依。能依于彼，即生四种自生智见，圆满生起不混淆之宗见，临终显现光明，而中有之一切显现现为拙火之相也。果字转位，成堪得报身之所依。故为具大恩情之上师。[1]

最胜上师莎南监藏则解释道：

第二[明内自生智上师金刚师]者，于资徒之所净基脉字，授以能净秘密灌顶，彼之道内密咒之自性，[彼正行]乃风和拙火之瑜伽，彼之支分乃修习风之和合之理，依止于彼所生之见即生四种自生智理，由彼显现圆满不混淆宗见等，能明由彼转位语圆满报身。[2]

对于第三种上师"明密同生智上师金刚师"，《道果延晖集》做了如下解释：

三明密等者，又只彼师依婆伽中围，将资身内本来元成清界甘露，俾使转为生定之因，及成修证无上菩提真正道故，即于所治界菩提心，授以能治智慧灌顶，转界甘露，显成堪修能证法身中围轮道，并训四种同生智见，与彼相属三昧耶戒、金刚萨埵自

---

〔1〕gnyis pa ni/ rtsa'i nang na yi ge sbas pa'i tshul du yod pa nang ste/ mgrin pa na ngag 'byung ba'i rten yi ge 'bru bzhi lhun grub tu gnas pa de nyid la/ de bzhin gshegs pa thams cad kyi gsung rdo rje zhes bya la/ de nyid gsang ba'i dbang gis byin gyis rlabs nas/ ngag nyid longs spyod rdzogs pa'i skur ston par byed/ tsaṇḍalī'i sngags kyi lam bsgom du rung ba'i rten du byas/ de la brten nas lta ba rang byung gi ye shes bzhi skye zhing/ grub mtha' ma 'dres la yongs su rdzogs pa 'char zhing/ 'da' ka na 'od gsal dang/ bar do'i snang ba thams cad āli kāli'i rnam par 'char zhing/ 'bras bu yi ge gnas gyur longs sku thob tu rung ba'i rten du byas pas/ drin chen gyi bla ma'o// *Lam 'bras gzhung bshad sras don ma bzhugs so*, p. 13-14.

〔2〕gnyis pa ni/ slob ma'i sbyang gzhi rtsa yig la/ sbyong byed gsang dbang bskur nas/ de'i lam nang sngags kyi bdag nyid rlung dang gtum mo'i rnal 'byor dang/ de'i yan lag rlung gi 'dren tshul la sogs pa nyams su len tshul dang/ de la brten nas skyes pa'i lta ba rang byung gi ye shes bzhi bskyad tshul dang/ de las grub mtha' ma 'dres la yongs su rdzogs pa 'char tshul la sogs pa dang/ de las ngag gnas gyur longs spyod rdzogs pa'i skur ston par byed pa'o// *Lam 'bras bu dang bcas pa'i gdams ngag gi rnam par bshad pa man ngag gter mdzod*, p. 127.

现、迁旨少空乐宗，良由赐与诸如是等善证法身佛果要门，故云明密同生智上师也。[1]

《解释道果逐难记》中相应的解释作：

言密指俱生智者，谓密籍彼父母赤白两种齐各时成身脉，将此脉等内具菩提心如芥子许，成白米量，有多明点，故名俱生智也。依此修习，即能生起无漏智，故名密俱生也。此三约内外密三义而说故也。[2]

《道果金刚句偈释论——康巴噶邓所问卷》云：

依明密同生智上师金刚师恩情，于心授以智慧灌顶，明此心能明法身之中围轮道，修习此心，生起四种同生见、修之喜，故以此命名彼上师也。复次，秘密者，脉与种子字内所住者菩提心也，同生智者，上降四喜也，心者所依明点也，于彼授智慧之灌顶，开示即彼一切意能成法身之方便中围轮方便道。彼生见修，是故如是命名也。[3]

《道果金刚句偈释论——子义母》云：

第三[明密同生智上师金刚师]者，于界菩提心之明点住于种种义之自性，于彼称如来一切金刚语。即彼以第三灌顶摄受，能明心性法身，成堪修中围轮道之所依。能依于彼，生同生见智四种喜，能显现少分乐空宗见，临终抑或死亡之时，金刚萨埵自现，一切中有之显现各各现为菩提心之明点，果转位甘露，成堪

---

〔1〕《大乘要道密集》卷1，页1–2。

〔2〕《大乘要道密集》卷3，页20。

〔3〕gsang ba lhan cig skyes pa'i ye shes ston par byed pa'i bla ma rdo rje slob dpon gyi bka' drin gyis sems la shes rab ye shes kyi dbang bskur nas sems nyid chos kyi skur ston par byed pa'i dkyil 'khor lo'i lam bstan nas de nyams su blangs pa las/ nyams lta ba lhan cig skyes pa'i dga' ba bzhi skye bas na bla ma de la de skad ces ming btags so// de'ang gsang ba ni rtsa dang yi ge nang na gnas pa byang chub kyi sems yin la lhan cig skyes pa'i ye shes ni yas 'bab pa'i dga' ba bzhi/ sems ni rten thig le/ de la shes rab ye shes kyi dbang skur nas de nyid thugs thams cad pa chos kyi skur 'gyur bar byed pa'i thabs dkyil 'khor tsakra thabs kyi lam bstan pa'o// des lta nyams skyes pas na de skad ces bya'o// *gZhung rdo rje'i tshig rkang gi 'grel pa rnal 'byor dbang phyogs dpal sa skya pa chen po la khams pa sga theng gis zhus pa*, p. 153.

得法身之所依，是故为具大恩情上师也。[1]

最胜上师莎南监藏的解释作：

第三[明密同生智上师金刚师]者，于资徒之所净基脉内之界甘露，授以能净智慧灌顶，彼之道心法之自性，正行或即智慧手印瑜伽，彼之支分乃明母之性相与所治之风之理，由彼所生同生见拥护上降四喜理，由彼成就之宗见显现少分乐空之理，彼能明究竟转位界甘露法身。[2]

对第四种上师，即明究竟如诸法最净师，《道果延晖集》做了如下解释：

四明究等者，又只彼师依胜义谛粗分中围，将资身内本来元成王身、语、意、藏智风轮，俾使转为生定之因，及成修证无上菩提真正道故，即于所知藏智风轮，授以能治第四灌顶，转遍三业藏智风轮，显成堪修能证如身金刚波道，并训诸法最极清净真如下坚四喜之见，与彼相属三昧耶戒、大印、迁旨大空乐宗，良由赐与诸如是等善证如身佛果要门，故云明究竟如诸法最净师也。[3]

---

〔1〕gsum pa ni/ khams byang chub sems kyi thig le la don sna tshogs pa'i rang bzhin du gnas pa de la/ de bzhin gshegs pa thams cad kyi thugs rdo rje zhes bya la/ de nyid dbang gsum pas byin gyis brlabs pas sems nyid chos kyi skur ston par byed pa/ dkyil 'khor 'khor lo'i lam bsgom du rung ba'i rten du byas/ de la brten nas lta ba lhan cig skyes pa'i ye shes dga' ba bzhi skye zhing/ grub mtha' bde stong rgya chung ba 'char du rung la/ 'da' ka ma nam 'chi ba'i tshe rdo rje sems dpa' 'byon pa dang/ bar do'i snang ba thams cad byang chub sems kyi thig le'i rdog mar 'char ba la dbang zhing/ 'bras bu bdud rtsi gnas gyur chos kyi sku thob pa'i rten du rung bar byas pas/ drin chen gyi bla ma'o// *Lam 'bras gzhung bshad sras don ma gzhugs so*, p. 14.

〔2〕gsum pa ni/ slob ma'i sbyang gzhi rtsa nang gi khams bdud rtsi la/ sbyong byed shes rab ye shes kyi dbang bskur nas/ de'i lam sems chos kyi bdag nyid dngos sam ye shes kyi phyag rgya'i rnal 'byor dang/ de'i yan lag rig ma'i mtshan nyid dang/ thur sel gyi rlung dbang du bya ba'i tshul dang/ de las skyes pa'i lta ba lhan skyes yas babs kyi dga' ba bzhi bskyang tshul dang de las grub mtha' bde stong rgya chung ba 'char tshul dang/ de mthar phyin pas khams bdud rtsir gnas gyur chos kyi skur ston par byed pa'o// *Lam 'bras bu dang bcas pa'i gdams ngag gi rnam par bshad pa man ngag gter mdzod*, pp. 127-128.

〔3〕《大乘要道密集》卷1，页2。

《道果金刚句偈释论——康巴噶邓所问卷》云：

依能明究竟真如诸法最净真如师金刚上师之恩情，明能明遍入身、语、意三者之风之真性金刚波浪道，经由修习，生起十分清净见修之真性下坚四喜，故如是命名也。[1]

《道果金刚句偈释论——子义母》云：

第四[明究竟如诸法最净师]者，能于身、语、意三者遍入且得自在者，于即彼藏智风，亦可称藏智金刚也。以第四灌顶摄受彼等,即成堪修能明身、语、意三者真性身之三金刚波浪道之所依。能依于彼，下坚四喜见之边，于相续生十分清净乐空，能现广大乐空宗见，临终时自大手印迁旨，一切中有之显现现为风、起、入、住三者，复于中脉一味得自在，果风转位，成堪为得真性身之所依，故说为一具恩情之上师也。曰究竟者，四灌顶之究竟也。[2]

而最胜上师莎南监藏的解释作：

第四[明究竟如诸法最净师]者，于资徒之所净基能遍入身、语、意三者且得自在之藏智风授以能净第四灌顶，彼之道究竟真性之教诫三金刚波浪，彼之支分七刹那等，由彼所生之见诸法十分清净之真性拥护下坚四喜之理，由彼成就之宗见显现广大乐空

---

〔1〕mthar thug de kho na nyid du chos thams cad shin tu rnam par dag pa'i de kho na nyid ston par byed pa'i bla ma rdo rje slob dpon gyi bka' drin gyis/ lus ngag yid gsum char la khyab pa'i rlung gi ngo bo nyid ston par byed pa'i lam rdo rje rba rlabs bstan la/ de nyams su blangs pa las/ nyams lta ba shin tu rnam par dag pa'i de kho na nyid/ mas brtan pa'i dga' ba bzhi skye bas na de skad ces bya'o// *gZhung rdo rje'i tshig rkang gi 'grel pa rnal 'byor dbang phyogs dpal sa skya pa chen po la khams pa sga theng gis zhus pa*, p. 153.

〔2〕bzhi pa ni/ lus ngag yid gsum char la khyab par 'jug cing dbang byed pa/ snying po ye shes rlung de nyid la snying po ye shes rdo rje zhes kyang bya/ de nyid dbang bzhi pas byin gyis brlabs nas lus ngag yid gsum char ngo bo nyid skur ston par byed pa lam rdo rje'i rba rlabs gsum bsgom du rung ba'i rten du byas/ de la brten nas lta ba mas brtan pa'i dga' ba bzhi'i mthar/ bde stong shin tu rnam dag rgyud la skye zhing grub mtha' bde stong rgya che ba 'char du rung la/ 'da' ka ma phyag rgya chen po nas 'pho ba dang/ bar do'i snang ba thams cad rlung ldang 'jug gnas pa gsum du snang zhing/ de yang dbu mar ro gcig pa la dbang bar byas/ 'bras bu rlung gnas gyur ngo bo nyid kyi sku thob pa'i rten du rung bar byas pas/ drin can gyi bla ma gcig yin gsungs/ mthar thug ces pa/ dbang gi mthar thug bzhi/ *Lam 'bras gzhungs bshad sras don ma bzhugs so*, pp. 14-15.

理，彼能明究竟风转位真性身。[1]

上述这四种上师复何谓“最妙”“最胜”呢？对此诸释论也都给予解释。《解释道果逐难记》中说：

本文礼真妙师等者，若依西番文说，则上师与受四主转位修，故能证四身，若真妙也。又成法师说，则受主戒师身、语、意三共功德者，与金刚勇识齐等，故亦名真妙也。此亦有三，具一师者，乃受主戒处也；具二师者，乃受戒及听本续处也；具三师者，乃受戒及听本续并获要门之处也。[2]

或如《道果金刚句偈释论——子义母》所说：

最胜者，如是之师于我之身、语、意三及藏智[风轮]四授以四灌顶，明四种道，且作堪为得四身之所依；抑或明我之身、语、意三和藏智[风轮]四与如来之身、语、意、金刚四者无二，于是对其生起敬慕之心，生起此上师最胜之意，故曰最胜。[3]

或者如《道果金刚句偈释论——康巴噶邓所问卷》所说：

所谓最妙，密哩斡巴阿阇黎之上师者，乃化身十五大智无我空行母四身一性者也。于后世之瑜伽行者而言，此各各众生之上师者，与第六大持金刚无二，故曰最妙。复次，此外界、内咒、秘密和究竟真性等四种上师依次第与[佛之]化身、报身、法身和

---

[1] bzhi pa ni/ slob ma'i sbyang gzhi lus ngag yid gsum la khyab cing dbang byed pa'i snying po ye shes rlung la/ sbyong byed dbang bzhi pa bskur nas/ de'i lam mthar thug de kho na nyid kyi gdams ngag rdo rje'i rba rlabs gsum dang/ de'i yan lag skad gcig ma bdun la sogs pa dang/ de las skyes pa'i lta ba chos thams cad shin tu rnam par dag pa'i de kho na nyid mas brtan gyi dga' ba bzhi bskyang tshul/ de las grub mtha' bde stong rgya che ba 'char tshul/ de mthar phyin pas rlung gnas gyur ngo bo nyid skur ston par byed pa'o// *Lam 'bras bu dang bcas pa'i gdams ngag gi rnam par bshad pa man ngag gter mdzod*, p. 128.

[2]《大乘要道密集》卷3，页20。

[3] dam pa ni de lta bu'i bla ma des bdag gi lus ngag yid gsum snying po ye shes dang bzhi la dbang bzhi bskur nas lam bzhi bstan pas/ sku bzhi thob pa'i rten du rung bar byas pas sam/ yang na bdag gi lus ngag yid gsum snying po ye shes bzhi dang/ bde bar gshegs pa'i sku gsung thugs rdo rje bzhi tha mi dad par bstan pas/ des mos gus kyi bsam pa tshim nas bla ma la dam par 'dzin pa'i blo skye bas so/ *lam 'bras gzhung bshad sras don ma bzhugs so*, pp. 15-16.

真性身无二，故曰最妙。[1]

或者如最胜上师莎南监藏所云：

第二，确认最胜者，自师处得灌顶，且依止师所授修道，按师所授于相续生起见修觉受，故对师生起殊胜信仰：彼者我师，乃明不退转道之人，稀有、最胜，此乃以觉受正念之量证成，故谓最胜也。[2]

---

〔1〕dam pa zhes pa slob dpon bir wa pa'i bla ma ni sprul pa'i sku ye shes kyi mkha' 'gro ma bco lnga sku bzhi tha mi dad kyi ngo bo yin la/ phyi rabs kyi rnal 'byor pa rnams la so so skye bo'i bla ma de/ drug pa rdo rje 'chang dang khyad par med pas so// de'ang phyi dbyibs/ nang sngags/ gsang ba dang mthar thug de kho na nyid kyi bla ma bzhi rim pa ltar sphrul sku/ longs sku/ chos sku/ ngo bo nyid kyi sku dang tha mi dad pas dam pa gsung/ *gZhung rdo rje'i tshig rkang gi 'grel pa rnal 'byor dbang phyogs dpal sa skya pa chen po la khams pa sga theng gis zhus pa*, p. 153-154.

〔2〕gnyis pa dam pa ngos gzung ba ni/ bla ma las dbang thob cing bla mas bstan pa'i lam bsgoms pa la brten nas bla mas bstan pa ltar nyams myong rgyud la shar bas/ bla ma la yid ches khyad par can skyes pas bdag gi bla ma de ni phyin ci ma log pa'i lam ston pa'i gang zag dam pa phul du byung bar/ nyams myong rjes su dran pa'i tshad mas grub pas na dam pa'o// *Lam 'bras bu dang bcas pa'i gdams ngag gi rnam par bshad pa man ngag gter mdzod*, p. 130.

20 The Study of the Skulls from the Ancient Cemetery, Yanghai, Xinjiang

韩康信 中国社会科学院
谭婧泽 复旦大学

498 skulls from 509 ancient tombs of Yanghai were collected by a combined archaeological team composed of Turpan Culture Relic Bureau and Institute of Archaeology, Xinjiang. This is a group of the most abundant and complete human skulls collected from a cemetery up to now. The detail study for these skulls can obtained many information that can not get from the cultural relics. Such as structure and distribution of sex and age of these death population, pathology and wound on their bone, special custom and belief as well as their racial attribution and their origin and so on. The preliminary study is brief instructed as follows now.

20.1 The Structure of Sex and Age of Population in the Yanghai Cemetery

According to analysis statistics in sex and age of 489 skulls several phenomenon of population structure can be pointed out:

1) The sex of about 42 immaturity skulls could not be decided.

2) 279 skulls belong to male and 168 skulls belong (or possible belong) to female among 447 skulls. The proportion of male and female is 1.66. The male is evidently more than female and this unbalance phenomenon of

sex almost reflected on the sex proportion in different phase: early phase — 1.77, middle phase — 1.54, late phase — 3.8. The similar unbalance proportion of sex existed in different age phase.

3) The count of death proportion of different age in male and female respectively : female (23.3%) is higher than male (16.5%) in the youth phase. Female (38.7%) is little higher than male (33.3%) in the middle age phase. Both is about same(female: 35.5%, male: 35.7%) in the prime of life phase. Female (3.6%) is little higher than male (2.9%) in old age phase.

4) The statistics about distribution of death age: the immaturity (<14 years old): 67 (13.7% of the whole individual). The youth : 85 (17.4% of the whole individual). Above both plus is 31.1% of the total individual. It is indicated that proportion of death during the youth is quite high.

5) The death summit of population from this cemetery is in 24~55 years old and is 66.0% of the whole death population. The death proportion of old age is very small and only 2.9%.

6) The average death age of the whole population is 31.7 years old. It belongs to the population of low lifespan on statistics of demography.

7) The average death age according to the cemetery phase: from early to late is 30.13 , 31.03 and 33.89 years old respectively. It indicated that life of population increased about 3.76 years from early to late.

20.2 The Observation of Pathology

Here observation of Pathology only includes some change marks left on the skulls including pathological changes of oral cavity, caries, periodontosis and apical periodontis cribra orbitalia and other rare pathological record for example multiple myelomatoisis, hydrocephalys or scaphocephaly and so on.

1) Caries: In observed 388 individuals 95 suffered from caries of different degree. The rate of sufferer is 24.5%. According to age phase the immaturity is 1.3%, the youth is 4.9%, in the middle age is 8.0%, the prime of ones life is 9.5%. The proportion of suffered caries is increased with age grow. We can not observe on some skulls with teeth drop (before or after life) so actual proportion of suffered caries is more high than mentioned above.

2) Periodontosis : 476 individuals were observed. Among them 222 individuals suffered from periodontosis of different degree and make up 46.7% of total individual. Observation indicated that this sickness mostly see in the individuals of the middle and the prime of ones life (15.8% and 27.1% respectively).

3) Apical periodontosis : 173 0f observed 441 individuals suffered from this sick and make up 39.2%. They mostly appeared in individuals of the middle (13.2%) and the prime of ones life(22.7%).

4) Cribrum orbitalia (orbit cribriform): This sick appeared usually in front of orbit top and appeared many opening or sifter appearance. The German first reported this case of illness in 1988 . It was considered as a racial character. Recent years more scientists thought that this kind of sick is related to hypoferric anemia and it is considered as one of health marks of ancient population. There also is other theory of pathogeny (tear-gland stimulate, trachoma, malnutrition, disvitaminosis etc.) .The study of the skulls from Yanghai (according to three degrees of this kind sick namely multi-opening form, sifter-opening form and small ridgepole form) can obtain the following views:

(1) 100 of 489 individuals (about 20.4%) got cribrum orbitalia of different degree. Among them female 13.1% and male 21.1% . The latter is higher than the former.

(2) 30 and 70 got cribrum orbitalia in 67 immaturity (44.8%) and 422 maturity (16.6%) respectively. It is suggested that this sickness is mainly set in immaturity age which is the most sensitive period for nutritional demand.

(3) The rate of suffering illness in immaturity is increased from early to late phase. They are 30%, 43.6% and 100% respectively.

(4) The rate of suffering illness in female (15.4%) is higher than in male (8.7%) during early phase but lower than latter in the middle and late phase.

(5) According to the statistics of pathological degree: slight degree form is 81% , middle sifter-opening form is 14%, serious small ridgepole form is 5%. Namely slight degree get the majority.

(6) Based on the statistics of pathological symmetry: Most of sufferer got pathology of two sides (87%). Only few got pathology of one side (17%). The sufferer that got pathology of left side is more serious than one of right side.

Above mentioned investigation supported such view that immaturity got cribrum orbitalia because malnutrition lead to an iron-deficiency anemia.

5) Multiple myeloma: This sick mostly was seen in the individuals of 40~60 years old. It was not only found on the skulls also on other bones. The reproduction of myeloma cell in marrow without control resulted in dissolve pathological changes and lead to perforation of bone. This pathology was reported in America and Europe but never in China before.

In the human bone specimens from Yanghai this pathology was only found on a skull of female (including mandible) (M2040:B). This pathologic focus emerged in many places of the skull and mandible: Front and upper parts of right parietal, upper of sphenoid-frontal suture in right side, near lambdoid fissure of middle-back part of left parietal bone. There are 12 granular small aperture formed by dissolve perforation from left parietal along coronary suture of same side and from the upper of sphenoid-parietal suture to anterior fanticulus。This pathological changes were also found on inner sides of left and right mandible angle as well as mandible coronoid process etc.. The development of pathology is that first dissolving emerged in diploe, then developing to inner and outside of bone plate, and firstly running through and gathering with thin granular form and finally formed big perforation hole.

This skull from Yanghai is a very valuable specimen of ancient pathology. Not long before we also found a female skull(GK.M49:2) with same pathology from a Tang dynasty tomb, Guyuan, Ningxia (unpublished). Although such cases are rare but it indicated that cancer was also one of death factor in ancient population.

6) Hydrocephalus or scaphocephalia ?

This is a kind of congenital sick. It can result in extension of skull in certan or different direction. Only one specimen (M2066) of such pathology was found in the human bone from Yanghai. It is a skull of immaturity male (about 11~12 years old). His frontal is very swell and protruding forward and occipital expanding back. The skull is an egg-shape from view of superior aspect. The crania indax of this skull is 72.2 and belong to dolichocrany.

20.3 Abnormal Wearing and Abnormal Arrange of Teeth

1) Abnormal wearing of cheek teeth

It is different from horizontal wearing with normal chewing. The wearing surface of cheek teeth is very incline and it is clear that their wearing degree is much serious than that of front teeth. Such situation was observed on 14 skulls from Yanghai (both male and female) and most of them are individuals above the prime of ones life. This situation was found in individual of every phase.

Same phenomenon was also found in the human bones of yanbulake cemetery and so on of Xinjiang. If it was considered as a quite popular labor action with teeth in ancient people of Xinjiang. We can only infer that it is relevant to processing of some indomitable fiber or belt thing.

2) Abnormal arrangement of tooth

The insufficiency of space of upper and lower alveolar bone results in abnormal arrange of tooth germination such as dislocation, movement and twist of teeth etc. these abnormal changes made teeth very crowd. In the skulls of Yanghai 16 individuals have such situation. In addition we also observed some abnormal change of teeth for example miniature, inclined germination of teeth and bury, lagged germination as well as congenital lack of teeth etc.

20.4 The Wound on the Skulls

We found that few individuals in the skulls from Yanghai suffered fracture wound of different reason. These materials helped us to find out the information of violence harm initiated with some contradiction and conflict between ancient people.

We observed that 17 skulls have fracture wound of different shape. It is 3.5% of number of Yanghai skulls. Among 17 skulls male is 15 and female is 2. Minor is 3 and adult is 14.

The fracture wound emerged in different position of the skulls mentioned above. The fracture wound emerged in crania position of 17 skulls, in nose part of 5 skulls, in cheekbone of 3 skulls and mandible angle of 2 skulls.

According to shape of wound we think that some of them were cut by sharp-edged implement, some were ran through by keen utensil and some were beaten by blunt appliance. As to the fracture wound emerged in node part, cheekbone and mandible angle, it probably was formed by boxing.

In brief, individuals suffered wound in the skulls from Yanghai are not many (only 3.5%). In implements found from the Yanghai cemetery weapon (such as knife, sword and gun)is seldom seen. Although some bow and arrow were found in unearthed utensils but they are possibly implements of hunting. So it can be assumed that the wounds mentioned above are more probably examples of conflict between the individuals and not products of clique war.

20.5 Observation of Boring Phenomenon on the Skulls

Long ago boring phenomenon on the skulls had been thought as a cultural action. This situation were also found in many places over the world. The earliest age can be traced back to the Neolithic age. Generally there are two kinds of boring of different character: one is therapeutic boring and formed by primitive surgical operation of brain part. Another one is formed by bone piece on skull of the dead was cut off.

Among 489 skulls from Yanghai 14 skulls have boring (only 2.9%). If we think that it is a kind of custom but it is not popular. The boring can be divided into two types in shape: In the first type boring is complete and regular round or square. The diameter is smaller than 20mm. In the second type the diameter of boring is bigger and shape is irregular. The curve or square gap emerged often in its margin. This was formed by continuous boring. The used method of boring is "boring–and-cut technique". The used implement is probably a kind of small burin. It is worth to mention that all margins of boring have no any repair or healing trace of bone tissue. The surrounding surface of boring also has no any trace of inflammation .The all individuals with boring are male. The boring position on the skull is not concentrated and this reflected randomness of boring. Usually there is not only one boring on a skull. The skulls with boring were found in tombs of different age (early, middle and late) in Yanghai. It is indicated that the custom of boring to continue quite long in time. This similar situation has discovered in human skulls from the Chawuhugou cemetery, Hejing, Xinjiang and reported. It was thought that these borings were made post-mortem and different from the boring of surgery operation or weapon wound. Possible explanation for these borings is that one or more small pieces of bone were excised from the skull of the deceased, as an ornament for evading evil or obtain a durable memento of the dead. It is said that this phenomenon was quite popular in ancient Europe. The discovery of boring skulls increased new evidence. If we considered that human bones from Yanghai have morphologic character of the Western race so it is possible that this boring custom discovered in Xinjiang has factor of the West origin.

20.6 The Study of Dental Anthropology

The Dental Anthropology is a branch of Anthropology. In the discipline we mainly pay attention to variation of tooth crown and root including their size and shape structure. Some scholars pay more attention to the latter. Because it is possible to be controlled by hereditary factor and provide worthy evidence for relationship between extinct and modern population.

Here we used system of tooth classification of Arizona State University (ASUDAS system). 5066 teeth from 489skulls and 82 mandibles were observed. 27 items include:

1) UI1 Winging

2) UI1 Shovel

3) UI1 Double shovel

4) UI2 Interrup groove

5) UI2 Tuberculum dentale

6) UC Mesial ridge

7) UC Distal accessory ridge

8) UM2 Hypocone

9) UM1 Cusp5

10) UM1 Carabelli's cusp

11) UM3 Parastyle

12) UM1 Enamel entention

13) UP1 1-root

14)UM2 3-roots

15) UM3 P/C/CA

16) LP2 >1 lingual cusp

17) LM2 Y-groove

18) LM1 6-cusp

19) LM2 4-cusp

20) LM1 Deflect wrinkle

21) LM1 Protostylid

22) LM1 7-cusp

23) LP1 Tome's root

24) LC 2-roots

25) LM1 3-roots

26) LM2 1-root

27) LP1-2 Odentome

(U—upper; L—lower, I—incisor, C—canine, P—premolar, M—molar)

We compared appearing rate of every character of the teeth from the Yanghai with that of Western Eurasia, Sub-Saharn Africa, Sino-Americas, Sunda-Pacific and Sahul-Pacific respectively. The result is that the item number emerged in same frequency passage(high, middle and low) with that of the Western Eurasia reached 90.5% and only 28.6%~57.1% with that of the population of the rest area. Comparing in the difference of average distance calculated with appearing rate of different item character distance between Yanghai and Western Eurasia is also smallest.

Especially the distance with West and North Europe is more small. The representative character of tooth structure from Yanghai population is that develop towards rare, vacant or simplifying. This is just structure character of Europe tooth. The study of Dental Anthropology of Yanghai proved that there is close relationship between the yanghai and Western race.

20.7 Observation of Supra-orbital Foramen and Hypoglossal Canal Bridging

The author observed and counted emergence frequency of superorbital foramen and hypoglossal canal bridging (according to grave period, under age and adult, sex and left and right side). Under normal situation there is a small foramen penetrated blood vessel of visual nerve on upper of orbit of human skull but some people have no it or to become a notch. The hypoglossal canal bridging is also a passage of blood vessel. Generally there is only one passage but it is divided into two by a thin bone on some skull. The two characteristics belong to small variation happened on human skull. Some scholars thought that these variation indicated regional difference of population. The observation result of above mentioned two items on the skulls from Yanghai is as follows:

1) Emergence frequency of two item characters in under age is lower than in adult no matter in grave period or not.

2) Emergence frequency of different sex is about same.

3) Emergence frequency of superorbital foramen of left side is little lower than right side. Emergence frequency of hypoglossal canal bridging of left side is higher than the right side.

4) As a whole, emergence frequency of superorbital foramen is 43.1% and hypoglossal canal bridging is only 18.3%.

5) According to two-dimension analysis of emergence frequency of two items character high frequency of superorbital foramen in Yanghai population is just in variation range of North America and Asian Mongolia race group. It is far from the Caucasoid population. But emergence frequency of hypoglossal canal bridging is very clearly higher than that of Asian Mongolia race group and similar to the Caucasoid population. The situation is very similar to that of population from the ancient grave of Alagou and Hejing, Xinjiang. So there exist inseparable relationship between both.

20.8 Study of Racial Morphology of the Skulls from Yanghai

The essentials on racial morphology study of Yanghai skulls are recorded as followings:

1) The shape of Yanghai skulls is more long. The brow ridges and glabellar projection are more marked. The pressure at nasion root is more

deep and more angular orbital shape. It is more popular that plane of orbit socket and FH plane intersect vertically.

The anterior nasal spine is more developed. The complex type of sagittal suture is more. The proportion of concave-convex nose ridge is bigger. The frequency of no-shovel incisor is very high.

These characters mentioned above indicated that there existed clear difference between the ancient skulls from Yanghai and the Yellow River drainage area. The former is more similar to the skulls of the Caucasoid group. The analysis of index and angle measure as well as morphology is basically identical.

2) Based on statistics analysis variation degree of Yanghai skulls is bigger. The situation is similar to that of the skulls from the sacrificial pit of the Yin Ruin, Anyang. We could not confirm that these skulls belong to homogeneous or have more element.

3) In the notability examine of statistics the item of obvious difference between male and female group of Yanghai is few. The racial difference of sex is also very small. But according to age and stage the early and middle stage group are more identical but the variation of the late stage group increased. This situation perhaps showed that the racial element of early and middle stage was relatively stable. But up to the late stage it is possible to have participation of some racial element.

4) Based on compare of facial character of partial measurement there have no clear closeness or estrangement between the Yanghai and Western Eurasia or Asia-America population. But as compare with a lot of ancient group in the Yellow River drainage the difference between the Yanghai group and them is very clear and the former is more close to the Caucasoid race. This is same to analysis of observation character.

5) Based on claster analysis with ancient groups of the Central Asia area etc. around the Xinjiang it is showed there are closed between the

groups (the Yanghai, ChawuhugouⅣ , Alagou and Yanbulak C) and the later Sak-Wusun group in age.

6) In 261 male skulls of subjective collect 23 (about 9%) can be classified to no-Caucasoid. If we observe them on the basis of age stage appearance rate of such skulls in late stage is 24.3% . It is clearly higher than that of the early(9.3%) and middle(6.3%) stage. It is possible showed that in the Yanghai population of late stage the Mongoloid racial element has increased and also these skulls are closed to ancient group of the Huanghe River drainage in measure character. This perhaps proved that some influence from the Huanghe River drainage population has emerged in the late Yanghai population.

7) According to the analysis of measurement character 102 male skulls of subjective collect could be divided into two types of Caucasoid element with different tendency. The first type is close to the Mediterranean race (34 skulls) and another type is close to the Proto-Europoid race (68 skulls). The proportion of both is about 1 ∶ 2. The rest of skulls were difficultly summed to any type mentioned above. It is inferred that there was mix of different Caucasoid race in ancient population from Yanghai. Monguloid influence is not as equal as mixed blood in the Caucasoid race.

20.9 Measurement Study of Immature Skulls

Two main fields of research have been conducted by the measurement of 63 immature skulls.

1) The relationship of increase rates in absolute size of both cerebral crania and facial crania between immature group and adult group.

The research obviously shows that the ratio of measure data of cerebral crania for immature group to that for adult group is larger than the ratio of measure data of facial crania for immature group to that for adult group. It may suggest that the growth of cerebral crania in the process of human cerebral crania and facial crania.

2) The relationship of difference directions between immature skulls in Yanghai and those of same age in Qinghai and Ningxia.

It is found that the difference directions of simotic index (ss：sc), orbital index (52：51), profile angels of masal roof (75) and nasal tip (75-1), nasa-malar angel (77), malar high (MH), facial breadth (45), cranial index (8：1) and others between immature groups in Yanghai and those in Qinghai and Ningxia is almost same as such data between adult groups. It proves that both racial difference and racial appraised value morphologically occur to the ancients in Xinjiang and Huanghe Valley, no matter for immature and adult groups.

21　丝绸之路上的吐谷浑古城

——兼论北魏高僧宋云西行求法之路

林梅村　北京大学

吐谷浑源于辽东慕容部鲜卑，西晋末西迁枹罕（今甘肃临夏），公元4—6世纪称雄青藏高原。《北史·吐谷浑传》记载：太平真君五年（444年），北魏讨伐吐谷浑，次年攻占鄯善（今新疆若羌）。吐谷浑王慕利延，"遂入于阗国（今新疆和田）。杀其王，居其地，死者数万人。南征罽宾（犍陀罗），遣通宋求援……七年（446年），遂还旧土"。罽宾，是中国史书对犍陀罗的别称，在今巴基斯坦北部和阿富汗南部。[1]于是，羌中道与丝绸之路南道在吐谷浑控制下全线贯通，北魏神龟元年（518年）宋云就是取道吐谷浑之路西行求法的。唐龙朔三年（663年），吐谷浑灭于吐蕃。唐蕃古道随之兴起，一度取代从青海赴西域之路。吐谷浑在青藏高原先后改筑或兴建浇河城、沙州城、伏罗川邑、伏俟城、树敦城、贺真城凡六大都邑。近年考古新发现为探讨吐谷浑古城的发生、发展提供了第一手资料。草拟此文，见教于研究者。

21.1 浇河城与沙州城

公元3世纪末，吐谷浑已进入青藏高原。《魏书·吐谷浑传》记载："鲜卑秃发乌孤八世祖匹孤自塞北迁于河西。其地东至麦田、牵屯，西至湿罗，南至浇河，北接大漠。"浇河在今青海贵德县。

〔1〕林梅村《丝绸之路考古十五讲》，北京：北京大学出版社，2006年，页60－61。

据考古调查，贵德县河西乡政府南13公里却毛村之西356米有一古城，今称“黑古城遗址”（图21-1）。此城分内外两重，外城仅存部分墙体，面积不详，夯土构筑。内城平面呈正方形，边长140米（用谷歌地图测量，边长只有122米），城垣夯土构筑，高9米，底基宽8米，西向开门，外有瓮城，城四角有敌楼，高5米。城内出土铁犁、板瓦、石杵、铜饰件等。据考证，此城最初为汉代河关县城。[1]东晋义熙十四年（418年），吐谷浑王阿豺占据贵德，利用汉代旧城筑浇河城。《宋书·少帝纪》记载：“以阿豺（417—424年）为安西将军、沙州刺史、浇河公。”吐谷浑是游牧民族，冬夏两季须转换草场，那么浇河城当为阿豺所居两都城之一。此城后来作为隋朝廓州城、唐宋积石军，那么黑古城外城墙可能建于隋唐时期。

图21-1　浇河城（贵德县黑古城）

关于吐谷浑在青藏高原的早期都邑，《晋书·吐谷浑传》记载：“永嘉之乱，始度陇而西，其后子孙据有西零已西甘松之界，极乎白兰数千里。然有城郭而不居，随逐水草，庐帐为屋，以肉酪为粮。……视连既立（390年），通聘于乞伏乾归，拜为白兰王。”白兰指青海都兰县巴隆河的羌人部落，那么公元3世纪末吐谷浑已在都

[1] 国家文物局主编《中国文物地图集·青海分册》，北京：中国地图出版社，1996年，页160。

兰西部建城郭。《宋书·吐谷浑传》亦载："其国西有黄沙，南北一百二十里，东西七十里，不生草木，沙州因此为号。"段国《沙州记》云："浇河西南百七十里有黄沙，沙南北百二十里，东西七十里，西极大杨川。望黄沙犹若人委干糒于地，都不生草木，荡然黄沙，周回数百里。沙州于是号焉。"大杨川即都兰西部沙漠中的诺木洪河，那么吐谷浑早期都邑在诺木洪河附近沙漠绿洲。

据考古调查，都兰县西部诺木洪河东岸诺木洪农场四大队有一座古城，今称"香日德古城"。（图21-2）该城平面呈正方形，约300米见方。西城墙、南城墙正中有豁口，或为城门。此城西距诺木洪河（大杨川）约3.5公里，那么吐谷浑王阿豺另一都城或在此城，史称"沙州城"。

图21-2　沙州城（都兰县香日德古城）

《北史·吐谷浑传》记载：太平真君五年（444年），北魏讨伐吐谷浑，次年攻占鄯善。吐谷浑王慕利延"遂西入于阗，杀其王，据其地，死者数万人"。玄奘返回长安途中，曾经凭吊吐谷浑与于阗交战的古战场。《大唐西域记》卷12记载："古战场，王城东三百余里大荒泽中，数十顷地，绝无蘖草，其土赤黑。闻诸耆旧曰：'败军之地也。昔者东国军师百万西伐，此时瞿萨旦那王亦整齐戎马数十万众，东御强敌，至于此地，两军相遇，因即合战。西兵失利，乘胜残杀，虏其王，杀其将，诛戮士卒，无复孑遗。流血染地，其迹斯在。’”[1]于阗王城在和田县城西约4公里约特干古城，那么吐谷浑与于阗交战的古战场在策勒县与于田县之间。随着吐谷浑势力深入到新疆和田，青海与于阗之间的丝绸之路全线贯通。鄯善城就是新疆若羌县城附近的且尔乞都克古城，东城墙现已不存，英国考古学家斯坦因测绘过该古城和城内建筑遗址平面图（图21–3）。[2]

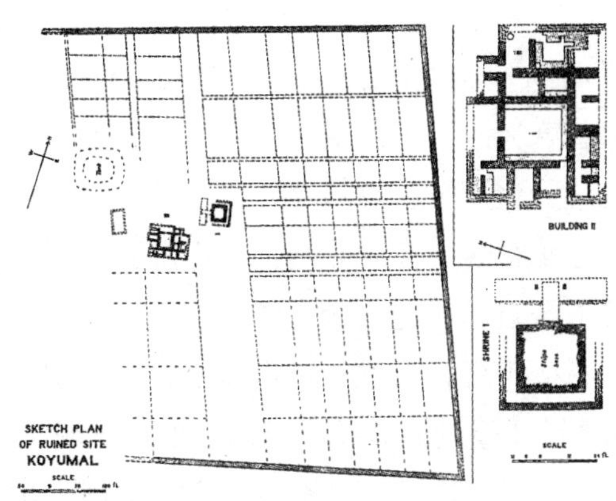

图21–3　鄯善城（若羌县且尔乞都克古城）

神龟元年，北魏高僧宋云、惠生从洛阳出发，经吐谷浑国西行求法。《宋云行记》记载：“发赤岭（青海湟源县日月山），西行二十三日，渡流沙，至吐谷浑国。路中甚寒，多饶风雪，飞沙走砾，举目皆满，唯吐谷浑城（都兰县西部）左右暖于余处。其国有文字，况同魏。风俗政治，多为夷法。从吐谷浑西行三千五百里，至鄯善城。其城自立王，为吐谷浑所吞，今城是吐谷浑第二息宁西将军，总部落三千，以御西胡。”[3] 宋云没有提到青海湖西岸的伏俟城，可见他们走的是青海湖南岸。从日月山启程，约7~8日可达青海湖西岸，由此

---

〔1〕季羡林等《大唐西域记校注》，北京：中华书局，1985年，页1025－1026。

〔2〕M.A. Stein, *Innermost Asia. Detailed Report of Explorations in Central Asia, Kan-su and Eastern Iran*, Vol.3, Oxford: the Clarendon Press, 1928, p.8.

〔3〕〔北魏〕杨炫之著，周祖谟校释《洛阳伽蓝记》，北京：中华书局，1963年，页184－185。

至都兰西部始见大沙漠，从青海湖西行15日所至吐谷浑城当即吐谷浑王阿豺的沙州城，宋云西行之际，时逢吐谷浑王伏连筹（490—540年在位）当政。《宋云行记》记载："神龟元年（518年）十一月冬，太后遣崇立寺比丘惠生向西域取经，凡得一百七十部，皆是大乘妙典。初发京师，西行四十日，至赤岭。……发赤岭西行二十三日，渡流沙，至吐谷浑国。"那么宋云、惠生抵达青海都兰沙漠时正是冬二月，"唯吐谷浑城左右暖于余处"，那么此城当系吐谷浑王阿豺和伏连筹的冬都，阿豺的夏都在浇河城，而伏连筹的夏都在伏罗川邑。

关于北魏时期的丝绸之路，《魏书·西域传》记载："其出西域，本有二道，后更为四：出自玉门，渡流沙，西行二千里至鄯善，为一道。"宋云虽然家居洛阳闻义里，但是祖籍炖煌（今甘肃敦煌），熟悉西域交通路线。《宋云行记》没提到玉门关（今敦煌小方盘城）、伊循城（今新疆若羌县米兰古城）。[1] 可见，宋云一行离开吐谷浑城后，一路西行，穿过柴达木盆地，走阿尔金山南麓，然后从若羌河北上鄯善城（今新疆若羌县且尔乞都克古城）。[2]

1988年，塔克拉玛干沙漠综合考古队在若羌河口山崖上发现一座古城堡，北距若羌县城直线距离33公里。这座古堡位于若羌河口西岸独立山崖的顶端，崖高80米，地势险要。城堡平面呈椭圆形，用石头垒砌，周长约30米，北侧开城门。石围墙残高2.5~3米，墙基宽约2米。城堡内有房屋数十间，多为灰砖建筑，方砖制造粗糙，大小不一。完整者长44厘米，宽23厘米，厚6.5厘米。城内发现铜线穿联的石铠甲片。调查者推测，该城堡年代或在唐代。[3]

无论如何，这个城堡说明当年若羌河口是丝绸之路要冲，宋云从沙州城到鄯善城很可能经过此山口，只是当时尚未建城堡，所以《宋云行记》没有任何记载。《史记·大宛列传》称，张骞从大月氏（今阿富汗西北）返回长安时，"并南山，欲从羌中归，复为匈奴所

---

〔1〕林梅村《丝绸之路散记》，北京：人民美术出版社，2004年，页78－91。

〔2〕林梅村《寻找楼兰王国》，北京：北京大学出版社，2009年，页67－73。

〔3〕张平《若羌县"石头城"勘查记》，《新疆文物》1990年第1期，页20－22。

得”。张骞走的“羌中道”可谓最古老的丝绸之路之一，具体行程就是宋云西行求法从青海至西域之路，只是方向相反。

21.2 伏罗川邑与伏俟城

公元5世纪初，吐谷浑政治中心东迁青海湖西岸布哈河流域。《北史·吐谷浑传》记载："树洛干（405—417年）九岁而孤，其母念氏，聪惠有姿色，乌纥堤妻之，有宠，遂专国事。洛干十岁便自称世子，年十六嗣立，率所部数千家奔归莫何川，自称大都督、车骑大将军、大单于、吐谷浑王。化行所部，众庶乐业，号为戊寅可汗，沙漒杂种莫不归附。"莫何川即青海湖西岸的布哈河。日本学者白鸟库吉认为其名源于蒙古语abaga（伯叔父），[1]不一定正确。莫何川亦称“伏罗川”，可能源于蒙古语bugura、bu'ura或buur（公骆驼），相当于突厥语bugra、bu:ra或buwra（公骆驼）。[2]

《魏书·吐谷浑传》记载："树洛干子拾寅（452—481年）立，始邑于伏罗川，其居止出入窃拟王者。拾寅奉修贡职，受朝廷正朔，又受刘义隆封爵，号河南王。"换言之，吐谷浑王拾寅继位后，吐谷浑始有城居。日本学者佐藤长认为，伏罗川就是树洛干始居之“莫何川”。这个判断无疑是正确的。但他认为莫何川在贵德县巴卡尔河（莫渠沟）则不一定正确。[3]我们认为，吐谷浑王拾寅的“伏罗川邑”当在布哈河北岸加木格尔滩古城。

据考古调查，青海天峻县快尔玛乡政府东约20里有一古城，南距布哈河437米，今称“加木格尔滩古城”。该古城平面呈长方形，南北宽44.36米，东西长66.39米，南城墙中央开城门。近年该古城出土了“长乐未央”“长乐万亿”铭文的汉代瓦当，说明始建年代在西汉。东汉王充《论衡·恢国篇》记载："孝平元始四年（4年），金

[1]〔日〕白鸟库吉著，方壮猷译《东胡民族考》上编，上海：商务印书馆，1934年，页107。

[2] 斯钦朝克图《蒙古语五畜名称与草原文化》,《民族语文》1994年第1期，页23－31。

[3]〔日〕佐藤长《チベット历史地理の研究》，东京：岩波书店，1983年版，页215。

城塞外羌献其鱼盐之地，愿内属。汉遂得西王母石室，因为西海郡。”西海郡为王莽所设，但西王母石室在青海何处，文献语焉不详。《汉书·地理志》记载：“金城郡临羌县（今青海湟源县城东南）西北至塞外，有西王母石室、仙海、盐池、北侧湟水所出。”《晋书·沮渠蒙逊载记》曰：“蒙逊袭卑禾虏，卑禾虏率众迎降。遂循海而西，至盐池，祀西王母寺。寺中有《玄石神图》，命其中书侍郎张穆赋焉，铭之于寺前，遂如金山而归。”盐池即乌兰县茶卡盐池，但是天峻县加木格尔滩古城出土了汉代瓦当，说明王莽认定的西王母石室在盐池之北天峻县。加木格尔滩古城规模不大，正南北方向，南北宽44.36米，东西长66.39米（图21-4），可能是王莽为祭祀西王母石室所建祠寺。那么伏罗川邑是吐谷浑可汗夸吕利用汉代祠寺改建而成。

图21-4　伏罗川邑（天峻县加木格尔滩古城）

《魏书·吐谷浑传》记载：“伏连筹死，子夸吕立，始自号为可汗。居伏俟城，在青海西十五里。虽有城郭而不居，恒处穹庐，随水草畜牧。”《隋书·西域传》亦载：“吐谷浑，本辽西鲜卑徒河涉归子也。初，涉归有二子，庶长曰吐谷浑，少曰若洛廆。涉归死，若洛廆代统部落，是为慕容氏。吐谷浑与若洛廆不协，遂西度陇，止于甘松之南，洮水之西，南极白兰山，数千里之地，其后遂以吐谷浑为国氏焉。当魏、周之际，始称可汗。都伏俟城，在青海西十五里。有城郭而不居，随逐水草。”正如研究者指出的，伏俟一词汇源于蒙古语“乌苏”（水），那么伏俟城意为“水城”。[1]

据考古调查，青海布哈河下游有一座古城，位于刚察县吉尔孟乡北向阳村，今称“北向阳古城”（图21-5）。此城呈长方形，南北300米、东西400米，城垣残高2~5米、底基宽12米。只在南城墙开一门，门宽14米，夯土构筑。城内由城门起向北有一中轴大道，大道东为较平坦的广场，大道西部隆起，并被风沙淹没形成许多小丘，应为房屋废墟。城内北部靠城墙处现为村民院落，中段部分城墙被拆除。据调查，“城内地面散布有卡约文化夹砂红陶片和汉代泥质灰陶绳纹陶片。当地村民建房时在城内发现过汉代五铢钱”。[2]调查者认为，此城为王莽西海郡环湖五县之一。[3]该城在青海湖西15里，北城墙已为布哈河冲毁，不仅与史书说“伏俟城在青海西十五里”，而且与伏俟城意为“水城”完全相符，那么伏俟城是夸吕利用汉代旧城改建而成。

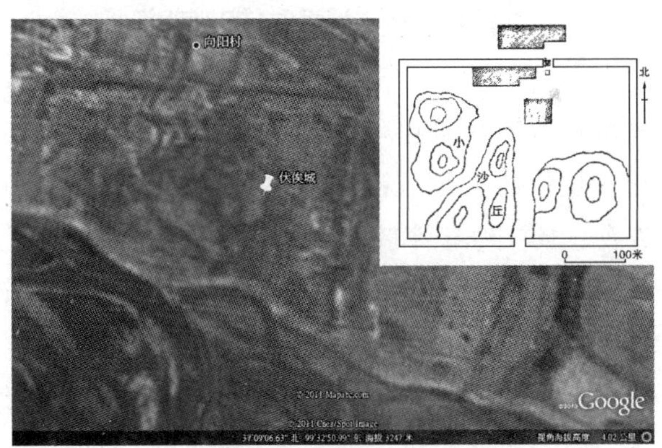

图21-5　伏俟城（刚察县北向阳古城）

---

〔1〕〔日〕孟达来吉田顺一《<モンゴル秘史>家畜用语の研究》，东京：早稻田大学研究所，2006年；席元麟《青海几个地名语源辨析》，《青海民族学院学报》1996年第2期，页40－41。

〔2〕青海省文物考古队《青海湖环湖考古调查》，《考古》1984年第3期，页200。

〔3〕汉平帝元始四年（4年），王莽在青海湖畔设西海郡，筑环湖海五县城。正如《汉书·西羌传》所云，“初开以为郡，筑五县，边海燧亭相望”。据考古调查，分别为海晏县三角城、海晏县西北尕海古城、刚察县吉尔孟乡北向阳古城、共和县曲沟乡曹多隆古城、兴海县河卡乡宁曲村支东加拉古城（李智信《青海古城考辨》，西安：西北大学出版社，1995年，页184－194和253－254）。

《北史·吐谷浑传》记载：北周“建德五年（573年），其国大乱，武帝诏皇太子征之。军至伏俟城，夸吕遁走，虏其余众而还。明年（574年），又再遣使奉献”。《隋书》三处提到伏俟城：其一，《隋书·刘权传》记载：隋炀帝“大业五年（609年），从征吐谷浑，权率众出伊吾道，与贼相遇，击走之。逐北至青海，虏获千余口，乘胜至伏俟城”。刘权从新疆伊吾出发，南下都兰，然后一路向东，再北攻青海湖西岸的伏俟城。其二，《隋书·天文志》记载：隋炀帝大业“六年二月，皇太子巡抚西土，仍讨吐谷浑。八月，至伏俟城而旋”。其三，《隋书·地理志》记载：“西海郡（本注：置在古伏俟城，即吐谷浑国都。有西王母石窟、青海、盐池），统县二。”据此，隋西海郡统辖范围是：西至天峻县河西乡西王母石窟，南至乌兰县茶卡盐湖，东至青海湖西岸，而隋朝西海郡治所在布哈河下游伏俟城（今北向阳古城）。

21.3　树敦城与贺真城

伏俟城只是夸吕早期都邑，夸吕在位后期又兴建树敦、贺真两座都城。《北史·史宁传》记载：“时（552年）突厥木汗可汗假道凉州，将袭吐谷浑，周文令宁率骑随之。军至番禾，吐谷浑已觉，奔于南山。木汗将分兵追之，令俱会于青海。宁谓木汗曰：‘树敦、贺真二城是吐谷浑巢穴，今若拔其本根，余种自然离散，此上也。’木汗从之，即分为两军，木汗从北道向贺真，宁趣树敦。浑娑周王率众逆战，宁击斩之。逾山履险，遂至树敦。树敦是浑之旧都，多诸（储）珍藏。而浑主（即夸吕）先已奔贺真，留其征南王及数千人固守。宁进兵攻之，伪退，浑人果开门逐之，因回兵奋击，门未及阖，宁兵遂得入。生获其征南王，俘虏男女财宝尽归诸突厥。浑贺罗拔王依险为栅，欲塞宁路，宁攻破之。木汗亦破贺真，虏浑主（即夸吕）妻子，大获珍物。宁还军于青海，与木汗会。”吐谷浑是游牧民族，冬夏两季要转换草场，那么吐谷浑旧都“树敦城”和新都“贺真城”实乃吐谷浑可汗夸吕的两座都城。贺真城在青海湖西，当为吐谷浑夏都；树敦城在青海湖南，则为吐谷浑冬都。

《隋书·吐谷浑传》记载：北周“建德五年，其国大乱，武帝诏皇太子征之。军至伏俟城，夸吕遁走，虏其余众而还。明年，又再遣使奉献。宣政初，其赵王他娄屯来降。自是，朝献遂绝。及隋开皇初，侵弘州，地旷人梗，废之。遣上柱国元谐率步骑数万击之。贼悉发国中，自曼头至树敦，甲骑不绝”。树敦城在今何处？学界主要有两种不同看法：一说认为在今共和县曲沟乡菊花城；另一说认为在兴海县桑当乡夏塘古城。据考古调查，菊花城为唐代古城，年代不合。[1]

据考古调查，夏塘古城在兴海县桑当乡夏塘村东约3公里处。古城平面呈长方形，南北长170米，东西宽160米（图21-6）。城墙夯土筑，残高3米，基宽4米。东向开一门，门宽15米。城内西南角有一圆形夯土台基，直径3.8米，高约2米。地面散布泥质灰陶罐、灰瓦等残片。[2]从古城型制和出土文物看，此城就是吐谷浑可汗夸吕所居树敦城。

图21–6　树敦城（兴海县夏塘古城）

〔1〕国家文物局，前揭书，页149。

〔2〕国家文物局，前揭书，页167－168。

青海湖西岸共和县石乃海乡铁卜恰村西南还有一座古城，俗名“铁卜恰古城”。菜济河（切吉河）绕行于城北，东距青海湖22.5公里。据考古调查，此城分内外两城，外城南北长1400米，东西残长700米。据高东陆分析，外城实际为拦水坝，并非防御性城墙。内城东西200米、南北200米，城墙保存完好，高12米、基宽17米，只开东门，门宽10米。城内自城门向西有一条中轴大道，大道两旁各有长50米、宽30米三个相连的房屋基址遗迹。最西端有一东西70米、南北68米的小方院，小院东、南、北三面墙已坍塌，略高于地平面。西墙则与西城墙重合为一。在小院与南部房屋基址之间有一直径约15米、高9米的夯土台，土台上遗留有建筑痕迹。城内地面散布有碎瓦片和陶片，均为隋唐遗物（图21-7）。[1] 黄盛璋、方永早年提出，铁卜恰古城当即伏俟城。如前所述，伏俟城是夸吕早期都邑，在布哈河（莫河川）北岸北向阳古城，东距青海湖7.5公里，与史书说“伏俟城在青海西十五里”完全相符。铁卜恰古城在东距青海湖约22.5公里，地理位置与史书记载不合。

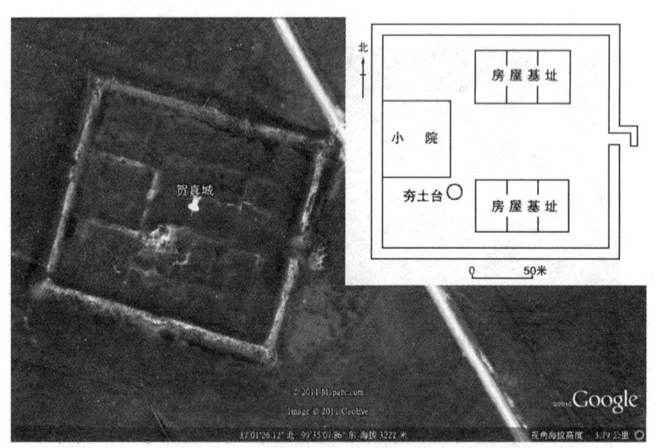

图21-7　贺真城（共和县铁卜恰古城）

[1] 黄盛璋，方永《吐谷浑故都——伏俟城发现记》，《考古》1962年8期，页436－440。

有记载表明，铁卜恰古城实际上是夸吕晚期都城——贺真城。据《南齐书·河南传》记载，“太戍有四：一在清水川，一赤水，一浇河，一吐屈真川，皆弟子所治，其王治慕驾川”。慕驾川当为“慕贺川”之误，《北史》称“莫何川”，即今青海湖西岸的布哈河。《宋书·吐谷浑传》曰：“屈真川有盐池，甘谷岭北有雀鼠同穴，或在山岭，或在平地，雀色白，鼠色黄，地生黄紫花草，便有雀鼠穴。白兰土出黄金、铜、铁。其国虽随水草，大抵治慕贺川。”屈真川即《南齐书》所谓“吐屈真川”，源于蒙古语Torholjin。柔然可汗吐贺真和成吉思汗祖先“脱罗豁勒真”皆以此为名。[1] 贺真、屈真实乃同名异译，那么贺真城得名于“屈真川”。此河即铁卜恰古城与布哈河之间的菜济河（切吉河），那么该古城实乃贺真城。《北史·史宁传》说“宁还军于青海，与木汗会”，意思说：史宁从树敦城（今兴海县夏塘古城）回师青海湖，与从青海湖北岸攻打吐谷浑的木汗可汗在青海湖西岸的贺真城会师。总之，青海湖西岸的铁卡加古城当为夸吕晚期都邑——贺真城。

唐初高僧西行求法仍走青海吐谷浑路。唐初道宣《释迦方志》记载：从鄯城（今西宁）“又西南减百里至承风戍（湟源县日月山），是隋互市之地也。又西减二百里至青海，海中有小山，海周七百余里。海西南至吐谷浑衙帐，又西南至国界名白兰羌”。道宣说的“吐谷浑衙帐”指青海湖西岸的贺真城（今铁卜恰古城），而白兰羌则指都兰巴隆河流域羌人部落。

2000年，青海文物考古研究所对乌兰县大南湾遗址、墓葬进行考古发掘，从中发现铜器、铁甲、陶器、石柱础等大批文物。在祭祀遗址发现了东罗马金币、波斯萨珊朝银币。东罗马金币年代为查士丁尼一世（527—569年）时期打制，相当于南北朝时期，在青海省属首次发现。[2] 这个发现与西宁出土萨珊银币窖藏、都兰热水吐谷浑墓出

[1] 吐贺真之名见于《北史·蠕蠕传》；脱罗豁勒真之名见于《蒙古秘史》和《新元史》卷1。

[2] 李一全、孙鸣生、李梅菊《青海乌兰县大南湾遗址试掘简报》，《考古》2002年12期，页49－57。

土南北朝至唐代丝绸和萨珊波斯锦相互印证，[1] 说明公元4—6世纪青藏高原的吐谷浑人曾经为丝绸之路的发展做出重要贡献。

综合全文的讨论，我们似可得出以下几点认识：

第一，吐谷浑早期都邑往往利用当地汉代古城改建，城门一般开在南城墙，如沙州城（都兰县香日德古城）、伏罗川邑（天峻县加木格尔滩古城）、伏俟城（北向阳古城）。伏罗川邑利用王莽时所建西王母祠寺改建，面积只有44.36米×66.39米。除此之外，吐谷浑早期都邑大多利用汉代旧城，占地面积约在300~400平方米。（图21–8）

图21–8　吐谷浑城邑分布图

第二，吐谷浑可汗夸吕（541—591年在位）沿袭鲜卑人“以穹庐为舍，东开向日”之旧俗，[2] 开始兴建吐谷浑风格的都城，如树敦城（兴海县夏塘古城）、贺真城（共和县铁卜恰古城），城门一般开在东城墙。规模比吐谷浑早期都城小，面积只有170~200平方米。

第三，吐谷浑为游牧民族，冬夏两季须转换草场，所以每位吐谷浑王皆建有两座都邑，如阿豺两座都邑在浇河城（贵德县黑古城）和

〔1〕夏鼐《青海西宁出土的波斯萨珊朝银币》，《考古学报》1958年第1期，页105－110；北京大学考古文博学院、青海省文物考古研究所《都兰吐蕃墓》，北京：科学出版社，2005年。

〔2〕乌桓、鲜卑、柔然、契丹皆蒙古语系古民族，风俗相同。《后汉书·乌桓传》记载：乌桓“俗善骑射，弋猎禽兽为事。随水草放牧，居无常处。以穹庐为舍，东开向日。食肉饮酪，以毛毳为衣。”

沙州城（都兰县香日德古城），伏连筹两座都邑在伏罗川邑和沙州城。吐谷浑可汗夸吕早期都邑在沙州城和伏俟城（刚察县北向阳古城），其晚期都邑在树敦城（兴海县夏塘古城）和贺真城（共和县铁卜恰古城）。

第四，《史记·大宛列传》记载：张骞首次西使，从大月氏（今阿富汗西北）返回长安；“并南山，欲从羌中归，复为匈奴所得”。可知张骞走的羌中道是丝绸之路最古老的交通路线之一。赤岭至于阗之间的行程就是宋云从吐谷浑西行求法之路：赤岭（湟源县日月山）—盐池（乌兰县茶卡盐池）—大杨川沙州城（都兰县诺木洪河东岸香日德古城）—阿尔金山南麓—若羌河口（若羌县南33公里石头城）—鄯善（若羌县且尔乞都克古城）—古战场（策勒县与于阗县之间）—于阗（和田县约特干古城），只是张骞与宋云走的方向相反。

22　波斯胡人与传国宝珠[1]

——唐人小说与波斯文献中的珍珠传说

王一丹　北京大学

22.1　唐人小说的描述

唐人笔记小说中有不少胡人识宝的传说，中、日两国学者对此现象早有关注，并从中西交通或民间文学研究的角度对其类型、成因、演变历史和文化寓意进行了细致分析。[2]这些胡人识宝传说的主人公有许多是波斯人，见于《太平广记》的就有：唐人戴孚《广异记》所记“径寸珠”[3]和“紫羖羯”[4]故事中的“波斯胡人”，“南海大蟹”故事中的“波斯”[5]，薛用弱《集异记》“李勉”故事中的“波斯胡老”[6]，李冗《独异志》“李灌”故事中的“病波

[1] 本文为教育部人文社科重点研究基地北京大学东方文学研究中心重大项目“波斯古典文学中的中国形象研究”（课题号：2009JJD750001）阶段性成果。

[2] 笔者所见的主要论著有胡怀琛《中国小说的起源及其演变》，正中书局，1934年，第78-105页；叶德禄《唐代胡商与珠宝》，收入《辅仁学志》，1947年，第15卷第1、2合期，第93-118页；程蔷《中国识宝传说研究》，上海文艺出版社，1986年，第69-131页；王国良《唐代胡人识宝藏宝传说》，收入《文学与社会》，台北：台湾学生书局，1990年，第27-52页；张玉茹《唐代胡商及其相关文学研究》，国立成功大学（台湾）2010年硕士论文。日本学者很早就开始这方面的研究，参见石田幹之助《西域の商胡、重価を以て賨物を求める話》（1928年）、《再び胡人採寶譚に就うて》（1933年）和《胡人买賨譚補遺》（1955年），三文皆收入《長安の春》（增订本），東京：平凡社，1998年。

[3]〔宋〕李昉等编《太平广记》卷402，北京：人民文学出版社，1959年，第3237-3238页。

[4]《太平广记》卷403，第3251-3252页。

[5]《太平广记》卷464，第3819-3820页。

[6]《太平广记》卷402，第3240页。

斯”[1]，以及宋初徐铉《稽神录》“岑氏”故事中的“波斯胡人”[2]等。另外有些故事主人公虽不一定是波斯人，但故事发生地却是长安、广州等城市的波斯邸、波斯店，如李复言《续玄怪录》中的“杜子春”[3]、裴铏《传奇》中的“崔炜”[4]、卢肇《逸史》中的“卢李二生”[5]等等，也表明故事与波斯人的关系。

迄今为止有关波斯商胡传说的讨论，主要是依据汉文资料进行的考察。本文拟变换一个视角，将唐人的有关传说，置于波斯文献的背景中进行研究，探讨波斯文化在唐代中国文学中的折射，为研究“波斯文化与中国文化在唐朝的相互影响与交融”，观照“唐朝时期中国所具有的世界主义精神”[6]，提供新的视角与材料。

唐人小说中与波斯胡人有关的宝物各种各样，其中出现次数最多、给人印象最为深刻的，当数奇异的珍珠，如“径寸珠”“阳燧珠”“紫羖羯（瓶中有珠十二颗）”等。[7]这些珍珠往往是传国之宝。《集异记》“李勉”故事中的波斯胡老自述：

> 我本王贵种也，商贩于此，已逾二十年……吾国内顷亡传国宝珠，募能获者，世家公相。吾衒其鉴而贪其位，因是去乡而来寻。近已得之，将归即富贵矣。其珠价当百万。[8]

这位出身王族的波斯人漂泊异乡二十多年，为的是追寻一颗传国宝珠。而《广异记》中“径寸珠”的故事，说的也是一件罕见的宝珠：

---

[1]《太平广记》卷402，第3240-3241页。

[2]《太平广记》卷404，第3261页。

[3]《太平广记》卷16，第109-110页。

[4]《太平广记》卷34，第219页。

[5]《太平广记》卷17，第119页。

[6] 荣新江《波斯与中国：两种文化在唐朝的交融》，载《中国学术》2002年第4期，第57-76页。

[7]《太平广记》所录之“珠”，除了今天通常所称的珍珠之外，还有“琉璃珠”（卷65引《通幽记》“赵旭”）、“玉珠”（卷402引《酉阳杂俎》“上清珠”）等。本文所讨论的波斯宝珠，指通常意义上的珍珠（真珠），即水中蚌类所生之珠。详见下文。

[8]《太平广记》卷402，第3240页。

近世有波斯胡人，至扶风逆旅，见方石在主人门外，盘桓数日，主人问其故，胡云：我欲石捣帛。因以钱二千求买。主人得钱甚悦，以石与之。胡载石出，对众剖得径寸珠一枚。以刀破臂腋，藏其内，便还本国。随船泛海，行十余日，船忽欲没。舟人知是海神求宝，乃遍索之，无宝与神，因欲溺胡。胡惧，剖腋取珠。舟人祝云：若求此珠，当有所领。海神便出一手，甚大多毛，捧珠而去。〔1〕

这些价值百万，惊动海神，并且令波斯人不惜剖肉以藏的珍珠，到底有什么奇异之处呢？“李勉”和“径寸珠”中没有交代，不过另外几则故事提供了线索。张读《宣室志》的“严生”故事中讲到一种被称为“清水珠”的国宝：

冯翊严生者，家于汉南。尝游岘山，得一物，其状若弹丸，色黑而大，有光，视之洁彻，若轻冰焉。生持以示于人，或曰：珠也。生因以弹珠名之，常置于箱中。其后生游长安，乃于春明门逢一胡人，叩焉而言：衣橐之中有奇宝，愿有得一见。生即以弹珠示之。胡人捧之而喜曰：此天下之奇货也，愿以三十万为价。曰：此宝安所用，而君厚其价如是哉？胡人曰：我西国人，此乃吾国之至宝，国人谓之清水珠。若置于浊水，泠然洞澈矣。自亡此宝，且三岁，吾国之井泉尽浊，国人俱病。故此越海逾山，来中夏以求之，今果得于子矣。胡人即命注浊水于缶，以珠投之，俄而其水澹然清莹，纤毫可辨。生于是以珠与胡，获其价而去。〔2〕

像前面的波斯胡老一样，这位西国胡人跋山涉海前来寻找的，也是亡失的国宝。这是一颗被称为“清水珠”的黑色珍珠，能将浊水变为清泉，一旦失去，就导致全国“井泉尽浊，国人俱病”，因而被视作国之至宝。《广异记》中所描述的“青泥珠”，来自西域，也具有与“清水珠”类似的功能，能将泥泊中的水变清：

---

〔1〕《太平广记》卷402，第3237-3238页。

〔2〕《太平广记》卷402，第3242页。

则天时，西国献吡娄博义天王下颌骨及辟支佛舌，并青泥珠一枚……胡云：西国有青泥泊，多珠珍宝，但苦泥深不可得。若以此珠投泊中，泥悉成水，其宝可得。[1]

此外，牛肃《纪闻》中还详细记述了一种能引来清泉的“水珠”：

大安国寺，睿宗为相王时旧邸也。即尊位，乃建道场焉。王尝施一宝珠，令镇常住库，云：值亿万。寺僧纳之柜中，殊不为贵也。开元十年，寺僧造功德，开柜阅宝物，将货之。见函封曰：此珠值亿万。僧共开之。状如片石，赤色，夜则微光，光高数寸。……月余，有西域胡人，阅市求宝，见珠大喜，偕顶戴于首。胡人贵者也，使译问曰：珠价值几何？僧曰：一亿万。胡人抚弄迟回而去。明日又至。译谓僧曰：珠价诚值亿万，然胡客久，今有四千万求市，可乎？僧喜，与之谒寺主。寺主许诺。明日，纳钱四千万贯，市之而去，仍谓僧曰：有亏珠价诚多，不贻责也。僧问胡从何而来，而此珠复何能也。胡人曰：吾大食国人也。王贞观初通好，来贡此珠，后吾国常念之。募有得之者，当授相位。求之七八十岁，今幸得之。此水珠也，每军行休时，掘地二尺，埋珠于其中，水泉立出，可给数千人，故军行常不乏水。自亡珠后，行军每苦渴乏。僧不信，胡人命掘土藏珠，有顷泉涌，其色清泠，流泛而出。僧取饮之，方悟灵异。胡人乃持珠去，不知所之。[2]

故事中西域胡人所述与“李勉”中的波斯胡老之语如出一辙：都是为了寻找传国之珠，离乡背井几十年，找到宝珠之后，也都可以位极人臣（“授相位”或“世家公相”）。不同的是，“李勉”叙述简略，没有交代宝珠的神奇之处，“水珠”中则做了详细说明：这颗

[1]《太平广记》卷402，第3237页。从故事背景来看，“青泥珠”更多地反映了佛经中“摩尼宝珠（或称如意珠）”传说的影响。下文将做进一步讨论。参见李艳茹《唐人小说中的摩尼宝珠》，载《广播电视大学学报》2007年第2期。

[2]《太平广记》卷402，第3239页。

“水珠”能供给几千人的军队用水之需。这个胡人自称“大食国人”，并说“水珠”是其国王在贞观初年来通好时所贡。诚然，小说家言，不足为凭。查诸史籍，我们知道大食首次遣使唐朝，是在唐高宗永徽二年（651年），[1]即大食推翻波斯萨珊王朝（Sāsāniyān, 224—651年）的同一年，在此之前，未有大食与唐通使的记载，而唐史所记在唐太宗贞观年间（627—649年）遣使朝贡过的，有吐火罗、康国、安国、波斯、石国、疏勒、于阗、焉耆、高昌等西域诸国，其中波斯朝贡过两次。[2]若按“水珠”故事所说，故事发生于玄宗开元十年（722年），那么这个自称“大食国人”的商人，很可能是归附大食的波斯萨珊遗民，所谓“贞观初通好，来贡此珠”，说的正是波斯萨珊帝国的前朝往事。

我国史籍中所记波斯国，以出产珍珠闻名。《魏书·西域传》已记载波斯国“多大真珠”，其王“饰以真珠宝物”，[3]《周书》《隋书》也有相似记载。[4]值得一提的是，《旧唐书·西戎传》明确记录了波斯国所献方物中有珍珠：“自开元十年至天宝六载，凡十遣使来朝，并献方物。……九年四月，献火毛绣舞筵、长毛秀舞筵、无孔真珠。……大历六年，遣使来朝，献真珠等。”[5]由此可见，珍珠一直是波斯用以进献的重要方物之一。开元、天宝之时，统治波斯长达四百多年的萨珊王朝已为大食所灭，而有关波斯遣使朝贡的记载仍不绝于史，这些波斯使臣，多半是亡国后仍活跃于丝路上的萨珊遗民。

上文“清水珠”和“水珠”之所以成为国宝，均因它们能令泉水变浊为清，或能引来清泉。换句话说，它们的神奇，不在于其作为珠宝的货币价值，而在于其能解决水源问题的异常功用。诚如研究者指

〔1〕〔后晋〕刘昫等撰《旧唐书》卷198“西戎传”，北京：中华书局，1975年，第5315页；〔宋〕欧阳修、宋祁撰《新唐书》卷221“西域传”，北京：中华书局，1975年，第6262页。

〔2〕《旧唐书》卷3“太宗本纪·下”，第51、60页。

〔3〕〔北齐〕魏收撰《魏书》卷102“西域传”，北京：中华书局，1974年，第2270-2271页。

〔4〕〔唐〕令狐德棻等撰《周书》卷50“异域传”，北京：中华书局，1971年，第919-920页；〔唐〕魏征等撰《隋书》卷83“西域传”，北京：中华书局，1973年，第1857页。

〔5〕《旧唐书》卷198“西戎传·波斯”，第5313页。

出："两颗宝珠都与缺水干旱的西域国家的民生问题紧密相关，显示了西域人民改变所处自然条件的渴望，这应是西域人民传统幻想的反映。"[1]那么，为什么这些故事中所说的国宝都是珍珠，而不是其他宝物呢？它体现的是哪些"流传于西域的幻想故事或传说"[2]的影响？

22.2　波斯文献的记载

在波斯，珠宝业与香药业、酿酒业一样，属于最古老的行业，其始祖可以追溯到神话传说中的帝王贾姆希德（Jamshīd）。据说贾姆希德在位700年，有许多重大发现和发明，其中一项就是珠宝工艺。[3]贾姆希德统治时，波斯极度富庶强盛，贾姆希德死后，他曾经拥有的巨大财富不知所终，民间因此流传着许多"贾姆希德的秘密宝藏"的说法。波斯诗人菲尔多西（Firdawsī, 940—1020年）在《列王纪》（*Shāhnāma*）中写到，萨珊王朝君主巴赫拉姆古尔（Bahrām-gūr）当政时，发现了贾姆希德的宝库，里面装满黄金打造的水牛、野驴、雄狮、孔雀、鹧鸪，还有各色宝石和"大颗晶莹的珍珠"，其数量之多，宛如"珠宝的海洋"。[4]值得注意的是，这座宝库所在的地方，就是一处水源，被荒原上的寻水人偶然发现。[5]《列王纪》随后还讲到巴赫拉姆古尔偶遇珠宝商人、聘娶商人之女的故事。[6]可见，珠宝行业在波斯不但历史悠久，地位也颇高。

伊朗高原西部的波斯湾，是古今闻名的珍珠产地，早期穆斯林地理文献对此多有记载。成书于9—10世纪的《中国印度见闻录》记载

[1] 程蔷《中国识宝传说研究》，第105页。

[2] 程蔷《中国识宝传说研究》，第104页。

[3] Hakīm Abū al-Qāsim Firdawsī, *Shāhnāma*（《列王纪》）, ed. Jules Mohl, Tehran: Intishārāti Āmūzish-i Inqlāb-i Islāmī, 1990, vol. 1, p. 26. 参见汉译本：菲尔多西《列王纪》，张鸿年译，长沙：湖南文艺出版社，2001年，第1卷第43页。.

[4] *Shāhnāma*（《列王纪》）, vol. 5, pp. 1619-1622. 参见汉译本，第5卷，第97、101页。

[5] *Shāhnāma*（《列王纪》）, vol.5, p. 1619. 参见汉译本，第5卷，第95页。

[6] *Shāhnāma*（《列王纪》）, vol. 5, p. 1634-1643. 参见汉译本，第5卷，第124–142页。

了巴林海岸的大珍珠，[1]《世界境域志》（作于982年）则指出法尔斯（Fārs）省“海中有一珍珠海岸”。[2]法尔斯是波斯帝国的政治与文化中心。波斯人对珍珠的认识，得益于法尔斯西边这个盛产珍珠的海湾。[3]10世纪波斯湾东部港口城市锡拉夫（Sīrāf）的商人阿布·赛义德·哈桑说：“珍珠的出现，是世人赞美的真主所创造的一大奇迹。”[4]波斯人对珍珠的由衷喜爱于此可见一斑。

对于珍珠的成因，波斯人很早就认识到是沙粒等异物落入蚌中，刺激其分泌而形成。[5]不过，民间流传更广的是一种富于诗意的解释，认为珍珠是由天上的雨滴化生而来：“早春时节，雨滴降落，蚌从海底浮至水面承接雨滴，雨滴落入蚌心，于蚌腹中汲取天赐之精华，孕育成珠。”[6]这种诗意的想象，在历代诗人作品中不断重现和强化。11世纪波斯诗人纳赛尔·霍斯鲁（Nāṣir Khusraw Qubādiyānī, 1004—1088年）的诗句“馥麝香囊本由血块凝成，清水珍珠原是雨珠一滴”[7]就是这种认识的典型反映，而13世纪大诗人萨迪（Sa‘dī Shīrāzī, 1208—1291年）所吟“我渴望像蚌贝一样育出珍珠，只因你爱

---

〔1〕参见穆根来、汶江、黄倬汉译《中国印度见闻录》，北京：中华书局，1983年，卷2，第134页。

〔2〕*Hudud al-‘Alam, “The Regions of the World”*, ed. V. Minorsky, trans. Mir Hossain Shah, Tehran: Al- Zahra University, 2004, 2nd edition, p. 375. 译文引自汉译本：《世界境域志》，王治来译注，上海：上海古籍出版社，2010年，132–133页。

〔3〕中古时期的中国人对波斯湾所产珍珠也不陌生。1259年常德奉命西行觐见旭烈兀，刘郁据其口述撰写的《西使记》对西亚物产多有记述，其中对波斯湾的珍珠以及当地的采珠方法就有专门介绍：“失罗子（(Shīrāz，今设拉子，法尔斯省首府）国出珍珠……西南，海也，采珠盛以革囊，止露两手，腰絙石坠入海。手取蛤并泥沙贮于囊中，遇恶虫，以醋噀之即去。既得蛤满囊，撼絙，舟人引出之。往往有死者。”（刘郁《西使记》,《丛书集成初编》3911，上海：商务印书馆，1936年，第3页。）

〔4〕《中国印度见闻录》，卷2，第133页。

〔5〕Muhammad Ibn Abī al-Barakā Juharī Nayshābūrī, *Javāhir-nāma-i Niẓāmī*（《尼扎米的珠宝书》）, ed. Iraj Afshār, Tehran: Mīrāṣ-i Maktūb, 2004, p. 150.

〔6〕Nayshābūrī, *Javāhir-nāma-i Niẓāmī*（《尼扎米的珠宝书》）, p. 150. 同书第179页对此有更细致的解释。另可参见《中国印度见闻录》，卷2，第134页。

〔7〕Nāṣir Khusraw Qubādiyānī, *Dīvān-i Ash‘ār-i Hakīm Nāṣir Khusraw Qubādiyānī*（《纳赛尔·霍斯鲁诗集》）, Tehran: Chāp-khāna-i Gīlān, 1960, p. 41.

的云朵在我口中洒下了雨滴”，[1]更是借雨滴幻化成珍珠来表达爱情升华的愿望，使这种诗意想象之美臻于极致。

最能说明波斯人对珠宝的重视，以及他们的鉴宝智慧与传统的，莫过于为数众多的珠宝著作。据统计，公元8—19世纪的一千多年间，有三十几部波斯-阿拉伯语鉴宝著作问世，它们的作者多来自波斯与中亚，如哈马丹（Hamadān）、布哈拉（Bukhārā）、卡尚（Kāshān）、克尔曼（Kirmān）、贝哈克（Bayhaq）、伽兹文（Qazvīn）、伊斯法罕（Isfahān）等地。[2]其中，成书时间较早、影响最大的，是被誉为“百科全书式的”学者、花剌子模的比鲁尼（Abū Rayhān Bīrūnī, 973—1048年）的著作《珠宝录》(*Al-Jamāhir fī-al-Javāhir*)。[3]这部以阿拉伯语撰写的著作，记述了雅姑（yāqūt）、红玉（la‘l）、祖母绿（zumurrud）、绿松石（fīrūzaj）、玛瑙（‘aqīq）、孔雀石（dahnaj）、青金石（lāzvard）、钻石（almās）等三十多种珠玉宝石，[4]其中介绍最为详尽的，就是珍珠（lu’lu’），约占四分之一篇幅，内容包括：珍珠的“水色”，珍珠的用途、类别、产地、价值，珍珠的钻孔技巧和修复方法，珠蚌的种类及其生长海域，采集珍珠的时间和方式，采珠人潜水的深度及其危险，有关珍珠的逸闻趣事，等等。[5]所谓珍珠的“水色”，指珍珠的成色或光泽，是鉴定珍珠优劣的重要标准。比鲁尼所记珍珠的主要产地有锡兰（Sarandīb）、波斯湾(Khalīj-i Fārs)、红海（Qulzum）、僧

〔1〕Sa‘dī Shīrāzī, *Kuliyyāt-i Sa‘dī*（《萨迪全集》）, Tehran, 1961: “Ghazaliyyāt Mavā‘iz”（抒情诗-箴言诗）, p. 115.

〔2〕*Javāhir-nāma-i Nizāmī*（《尼扎米的珠宝书》），第37-39页，校注者序 · 附录一：“波斯－阿拉伯珠宝著作表”。

〔3〕Abū Rayhān M. Ibn Ahmad al-Bīrūnī Samarqandī, *Al-Jamāhir fī-al-Javāhir*(《珠宝录》), ed. Yusof-al-Hādī, Tehran: Intishārāt-i ‘Ilmī va Farhangī, 1374/1995.

〔4〕Bīrūnī Samarqandī, *Al-Jamāhir fī-al-Javāhir*(《珠宝录》), pp. 105-373.

〔5〕Bīrūnī Samarqandī, *Al-Jamāhir fī-al-Javāhir*(《珠宝录》), pp. 188-261.

祇（Zanj，非洲东海岸），以及中国（Ṣīn）的南方海域等，[1]与9—10世纪波斯湾商人的记述一致，但更为详细。[2]

比鲁尼《珠宝录》影响很大，不但其内容被大量引用，其结构与风格也为后人所沿袭，在12世纪珠宝商人内沙布里（Muḥammad Ibn Abī al-BarakātJawharī-i Nayshābūrī）的《尼扎米的珠宝书》（*Javāhir-nāma-i Niẓāmī*，1195），[3]伊利汗朝大学者纳西鲁丁·图西（Naṣīr al-Dīn Ṭūsī, 1201—1274年）的《伊利汗的珍宝之书》（*Tansūkh-nāma-i Īlkhānī*，1264），[4]以及著名历史学家喀山尼（Abū al-Qāsim Kāshānī）的《奇珍异宝录》（*'Arāyis al-Javāhir va Nafāyis al-Aṭāyib*, 1300）[5]中，都可以看出比鲁尼的影响。

内沙布里《尼扎米的珠宝书》是现存最早的波斯语珠宝著作。内沙布里出身于波斯珠宝商世家，熟悉突厥、印度、波斯各地的珠宝贸易状况，对其家乡内沙布尔及附近各地的珠宝掌故更是如数家珍。他的著作除了引用比鲁尼《珠宝录》之外，还补充了许多他本人的亲身见闻和贸易经验，其中有关珍珠的章节更有许多不见于比鲁尼书的记载。例如，他讲述珍珠商人到波斯湾的基什岛（Kīsh）和巴林（Bahrayn）等地将珍珠贩运到锡拉夫（Sīrāf，或Sīlāv）或巴格达（Baghdād），进行钻孔、加工后，再转运到其他地方出售，反映了波斯湾地区海上贸易在不同时期的变迁情况，很值得重视。[6]

14世纪以后，以"珠宝书"（Javāhir-nāma）命名的波斯珠宝著作越来越多，如Ghiyās al-Dīn Manṣūr Dashtakī的《苏丹的珠宝书》（*Javāhir-nāma-i Sulṭānī*，1481）、Zīn al-Dīn Muḥammad Jāmī的《珠

---

〔1〕Bīrūnī Samarqandī, *Al-Jamāhir fī-al-Javāhir*(《珠宝录》), pp.236-237.

〔2〕可比较《中国印度见闻录》，第4、15、123、131、134-135页。

〔3〕Muḥammad Ibn Abī al-Barakāt Jawharī Nayshābūrī, *Javāhir-nāma-i Niẓāmī* (《尼扎米的珠宝书》), ed. Iraj Afshār, Tehran: Mīrās-i Maktūb, 2004.

〔4〕Naṣīr al-Dīn Ṭūsī, *Tansūkh-nāma-i Īlkhānī* (《伊利汗的珍宝之书》), ed. Muḥammad Taqī Mudaris Razavī, Tehran, 1969.

〔5〕Abū al-Qāsim Kāshānī, *'Arāyis al-Javāhir va Nafāyis al-Atāyib*(《奇珍异宝录》), ed. Īraj Afshār, Tehran, 1966.

〔6〕Nayshābūrī, *Javāhir-nāma-i Niẓāmī* (《尼扎米的珠宝书》), pp. 145-147, 168, 189.

宝书》（*Javāhir-nāma*，15世纪）、Muḥammad b. Ashraf Ḥusaynī的《吉祥珠宝书》（*Javāhir-nāma-i Humāyūnī*, 1528）、Shāh Mubārak b. Mubārakshāh Qazvīnī的《珠宝书》（*Javāhir-nāma*, 16世纪）、Rashīd Abāsī的《韵体珠宝书》（ *Javāhir-nāma-i Manẓūm*），等等。[1]

波斯人对珍珠的观察与了解可谓具体入微，他们将珍珠按外形、色彩、光泽、大小等特点进行分类，各种种类又按品质分出等级。例如，《尼扎米的珠宝书》中记录了近40种珍珠的称呼。其中特别值得我们注意的，是按光亮程度对珍珠所做的划分，例如，光泽最好的珍珠称为khush-āb，khush意为“美好的，适宜的”，āb意为“水”，khush-āb意为“清澈而有光彩的”，作为珍珠的称呼，与唐人所谓“清水珠”相当。这种珍珠“色泽洁白，晶莹清澈，光彩夺目，在珍珠中最为高贵、优质，价格也最高”[2]，因而又被称为“君王之珠（shāhvār）”，“具有完美品质”。[3]khush-āb作为珍珠的称呼，在菲尔多西的《列王纪》中已经出现，诗人在讲述巴赫拉姆古尔发现“贾姆希德的宝藏”时，描述里面“颗颗清水珠，犹如水珠般晶莹”。[4]关于这个称呼，比鲁尼还提供了另一种说法，认为它是khūsha-āb的简称，khūsha意为“成串的穗状物（如葡萄）”，khūsha-āb亦即“穗水珠”，意味着这颗珍珠具有成串珍珠合在一起的光芒，异常明亮。[5]

以“水”命名的珍珠，还有“红水珠（surkh-āb）”和“黑水珠（siyāh-āb）”，[6]分别指红色和黑色珍珠；此外，还有“盈水珠（pur-āb）”和“干水珠（khushk-āb）”[7]之称，“盈水”即水分充足，清亮莹润，“干水”则显然水分不够，缺乏光泽。

---

〔1〕*Javāhir-nāma-i Niẓāmī*（《尼扎米的珠宝书》），第37-39页，校注者序 · 附录一：“波斯－阿拉伯珠宝著作表”。

〔2〕*Javāhir-nāma-i Niẓāmī*（《尼扎米的珠宝书》), p. 162.

〔3〕*Javāhir-nāma-i Niẓāmī*（《尼扎米的珠宝书》), pp. 158-159.

〔4〕Hakīm Abū al-Qāsim Firdawsī, *Shāhnāma*（《列王纪》), vol. 3, p. 1620.

〔5〕Bīrūnī Samarqandī, *Al-Jamāhir fī-al-Javāhir*（《珠宝录》), p. 213.

〔6〕*Javāhir-nāma-i Niẓāmī*（《尼扎米的珠宝书》), pp. 158, 163.

〔7〕*Javāhir-nāma-i Niẓāmī*（《尼扎米的珠宝书》), p. 162.

有意思的是，比鲁尼所说的“干水珠”还与中国（契丹）有关：

> 有一种珍珠叫“干水珠”，是一种中国（Ṣīnīya）珍珠，来自契丹（Qitāy），颜色黯淡，近似石膏，无水分，少光泽，有斑点，因此称作“干水珠”，与“清水珠”相反。这种珍珠价格较低，人们甚至认为它是人造的。……红海出产的契丹珍珠很多，其色类似“干水珠”，但缺点更多，因其易腐、颜色灰黑。[1]

此处所谓“来自契丹”，指的是中国北方，关于这一点，下文将进一步讨论。

除了光泽以外，评判珍珠的标准，还包括外形、颜色、大小等。根据外形，有葡萄形、槟榔形、芜菁形、扁豆形、手鼓形、橄榄形、蜡烛形、椭圆形、菱形种种分类；[2]根据色彩纹理，则有砂糖色、天青色、云纹色、大理石色、石膏色、橄榄色……[3]珠中极品，必须形色俱佳，颗粒饱满。波斯文献中名贵的珍珠，除了已提到的清水珠、君王之珠以外，还有以滚圆细腻著称的“圆珠（مدحرج）”、灿若星辰的“星珠（نجم）”以及亮如泉水的“泉珠（عيون）”，等等。[4]以颗粒大而著称的珍珠，可重达3米斯格勒（misqāl）[5]，有的甚至可达5～6米斯格勒，这样的珍珠往往极其难得，世间找不到第二颗，如明星孤悬，因此被称为durr-i yatīm（孤悬之珠）。[6]

---

〔1〕Bīrūnī Samarqandī, *Al-Jamāhir fī-al-Javāhir*（《珠宝录》）, pp. 212-213. 内沙布里也有类似的记述，见*Javāhir-nāma-i Niẓāmī*（《尼扎米的珠宝书》）, p. 162. 珍珠色泽特征因产地而异，中国文献也有记载。元人熊太古《冀越集记》后卷《珠》：“《禹贡》言‘淮夷蠙珠暨鱼’，后世取珠不于淮，而于海。广南珠色红，西洋珠色白，各随其方色。”（《续修四库全书·子部·杂家类》，525页。）

〔2〕*Javāhir-nāma-i Niẓāmī*（《尼扎米的珠宝书》）, pp. 159-160.

〔3〕*Javāhir-nāma-i Niẓāmī*（《尼扎米的珠宝书》）, pp. 162-163.

〔4〕Bīrūnī Samarqandī, *Al-Jamāhir fī-al-Javāhir*（《珠宝录》）, p. 210；*Javāhir-nāma-i Niẓāmī*（《尼扎米的珠宝书》）, p. 159.

〔5〕波斯重量单位，1米斯格勒约等于4.64克。

〔6〕参见Bīrūnī Samarqandī, *Al-Jamāhir fī-al-Javāhir*（《珠宝录》）, pp. 251, 253；*Javāhir-nāma-i Niẓāmī*（《尼扎米的珠宝书》）, pp. 187-188, 190.

22.3 宝珠的流传

《尼扎米的珠宝书》作者的家乡内沙布尔，是波斯东部呼罗珊地区的首府，也是丝绸之路上的经济、文化重镇。书中有两则逸闻讲述的是作者在内沙布尔所见的两颗稀世之珠，它们的经历，体现了丝绸之路上珠宝流传的典型方式。

第一则轶闻与花剌子模国王算端沙（Sultān Shāh，1170年在位）之母蔑力克·可敦（Malika Khātūn）有关。据说她在内沙布尔时，曾获得一枚罕见的菱形珍珠，它洁白晶莹，重达2.4米斯格勒，极为珍贵。蔑力克·可敦因当时急需用钱，将它以500第纳尔（dīnār，金币）低价卖给了一位内沙布尔人。后来，一位从科尼亚（Qūniya，在今土耳其）来的珠宝商又以750第纳尔将其购得，然后带到君士坦丁堡，以2000第纳尔的高价转手卖出，获利丰厚。[1]

另一则轶事，因其涉及"契丹人"而更值得注意。在克尔曼（Kirmān）官方库府中有一颗重1.4米斯格勒的珍珠，这颗珍珠虽不大，但成色极好，兼有"圆珠""星珠""泉珠"和"清水珠"的诸般美质，世间罕有。这颗宝珠因故流落到内沙布尔，为当时内沙布尔统治者蔑力克穆阿夷（Malik Mu'ayyad）所得，成为他的镇库之宝。后来又被他作为礼物献给了契丹人（Khitāiyān）。[2]

这里提到的蔑力克穆阿夷，原为突厥人在波斯建立的塞尔柱王朝算端桑扎儿（Sulṭān Sanjar b. Malikshāh, 1117—1157年)的属将（ghulām），从1153年起长期驻守在内沙布尔，算端桑扎儿死后，其外甥马合木（Mahmūd, 1157—1162年）继任为算端，穆阿夷趁乱起

[1] *Javāhir-nāma-i Niẓāmī*（《尼扎米的珠宝书》）, pp. 187-188.

[2] *Javāhir-nāma-i Niẓāmī*（《尼扎米的珠宝书》）, p.188.

兵造反，于1162年在呼罗珊自称为王（malik）。[1]这期间，花剌子模沙亦勒·阿儿思兰（Īl Arslān, 1156—1170年在位)去世，年幼的算端沙继位并由其母秃儿罕（Turkān）摄政，其兄帖乞失（‘Alā al-Dīn Takish Khwārazmshāhī, 1172—1199年在位）不服，投靠了当时在中亚地区强盛一时的哈剌契丹（Qarā-khitāiyān），并在哈剌契丹支持下，率军夺取了花剌子模。算端沙及其母被迫弃城出逃，投奔内沙布尔的蔑力克穆阿夷，“把包括珍贵珠玉和各种财宝在内的礼物送给蔑力克穆阿夷，并把花剌子模国土及其整个疆域奉献给他”[2]。蔑力克穆阿夷纠集军队与帖乞失交战，不料兵败不敌，反为所杀。此事发生于1174年，不少波斯文献，如志费尼（‘Aṭā Malik-i Juwaynī，1226—1283年）的《世界征服者史》（*Tārīkh-i Jahān-gushā*）、哈姆都拉·穆斯妥菲·加兹温尼（Ḥamd al-Allāh Mustawfī Qazvīnī）的《选史》（*Tārīkh-i Guzīda*, 1329）等都有记载。[3]

《尼扎米的珠宝书》所说契丹人，就是在这个事件中发挥了重要作用的哈剌契丹，即耶律大石（1087—1143年）率契丹人西迁后在中亚广阔地区建立的西辽王朝（1131—1218年）。波斯、阿拉伯等穆斯林文献中称西辽为哈剌契丹（Qarā-khitāiyān），也常简称为契丹。例如，志费尼在讲述上面这场战争的结果时说：“至于算端帖乞失，他实现了花剌子模秩序的恢复，国政井井有序。同时候契丹的使者们往

---

〔1〕‘Alá’u ’d-Dín ‘Aṭá Malik-i-Juwayní, *The Ta’ríkh-i-Jahán-Gushá*（《世界征服者史》）, ed. Mírzá Muḥammad Ibn ‘Abdu’l-Wahháb-i-Qazwíní, Leyden: E. J. Brill/ London: Luzac& co., 1912, part Ⅱ, p. 15. 汉译本见：〔伊朗〕志费尼著《世界征服者史》，J. A. 波伊勒英译，何高济译，北京：商务印书馆，2004年，上册，第317页。Ḥamd al-Allāh Mustawfī Qazvīnī, *Tārīkh-i Guzīda*（《选史》）, ed. ‘Abd al-Husayn Navāyī, Tehran: Amīr Kabīr, 1985, pp. 452-453.

〔2〕Juwayní, *The Ta’ríkh-i-Jahán-Gushá*（《世界征服者史》）, part Ⅱ, pp. 15-19. 译文引自汉译本《世界征服者史》，上册，317–319页。

〔3〕Juwayní, *The Ta’ríkh-i-Jahán-Gushá*（《世界征服者史》）, part Ⅱ, pp. 15-19; 汉译本《世界征服者史》，上册，317–319页; Mustawfī Qazvīnī, *Tārīkh-i Guzīda*（《选史》）, pp. 452-453, 485-487. 可参考〔俄罗斯〕巴托尔德《蒙古人入侵时期的突厥斯坦》，张锡彤、张广达译，上海：上海古籍出版社，2011年，第386–387页。

来不绝，而他们的征索和需求难以容忍。”[1]

对于西辽与中亚各族的关系，《辽史·西辽始末》有一条“回回”献方物的记载：“（耶律大石）驻军寻思干（撒马尔罕）凡九十日，回回国王来降，贡方物。”[2]此处“回回国”一般认为是花剌子模[3]或西部喀喇汗王朝[4]。从时间来看，蔑力克穆阿夷于1153年在内沙布尔称雄，1174年被花剌子模沙帖乞失所杀。他向哈剌契丹人进献珍珠之事应发生在此期间。这段时期西辽先后有过两位统治者：耶律大石之子夷列（1151—1163年在位），以及夷列之妹普速完（1164—1179年在位）。蔑力克穆阿夷进献的对象应是其中之一。

西辽政权强盛时期，统治区域曾西起塔剌斯河，东北达额敏河，南接锡尔河上游，北至伊犁河谷，使中亚地区的高昌回鹘王国、东喀喇汗王朝、西喀喇汗王朝、花剌子模国，以及乃蛮、康里、葛逻禄等部落都成为其附庸，交赋纳贡。据《选史》所记：“花剌子模沙亦勒·阿儿思兰登基7年之后，疏忽了向哈剌契丹进献礼物。哈剌契丹便派军队向他进攻。”[5]在哈剌契丹的威慑下，原本称雄于中亚的塞尔柱王朝也不得不纳贡：“（苏丹桑扎儿）深为哈剌契丹之菊儿汗所苦，遵照约定，每年必须交纳3万第纳儿贡赋，作为其军需之用。”[6]在此情形下，立足于内沙布尔的蔑力克穆阿夷，虽然远离西辽统治中心，却也同样感受到了压力，故而不惜献出珍贵的稀世之珠，以示归附。

---

〔1〕Juwayní, *The Ta'ríkh-i-Jahán-Gushá*（《世界征服者史》）, part Ⅱ, p. 19；译文引自汉译本《世界征服者史》，上册，319–320页。

〔2〕〔元〕脱脱等撰《辽史》卷30“天祚帝本纪四”附“西辽始末”，北京：中华书局，1974年，356页。

〔3〕布莱资须纳德《西辽史》，梁园东译注，北京：中华书局，1955年，第44页；魏良弢《中国历史·喀喇汗王朝史·西辽史》，北京：人民出版社，2010年，279页。

〔4〕章巽《桃花石和回纥国》，收入《章巽文集》，北京：海洋出版社，1986年，第250–252页（原载《中华文史论丛》，1983年第2辑。）

〔5〕Mustawfī Qazvīnī, *Tārīkh-i Guzīda*（《选史》），485页。

〔6〕Mustawfī Qazvīnī, *Tārīkh-i Guzīda*（《选史》），484页。

西辽王朝建都于巴拉沙衮（后改称虎思斡耳朵，今吉尔吉斯斯坦共和国托克马克），远离辽朝故地。但耶律大石深受汉文化和中原政权典章制度的影响，立国后仿照辽国旧制，并仍使用汉文，[1]这些举措无疑对扩大中国文化在中亚的传播产生了作用。西辽政权灭亡不久，长春真人丘处机于1221年到达伊犁河谷，见当地土人称赞汉人“诸事皆巧”，[2]可见契丹人曾将中原许多先进技艺传到这里。另一方面，西辽与河中地区书信往来又使用波斯文，[3]重视与地方政权的沟通。因此，西辽王朝在中亚近90年的统治，对当地产生了深远影响。

波斯语对中国的称谓通常有两个，一是Chīn（“秦”），一是Khitāy（“契丹”）。Khitāy源自“契丹”一词，于中国北方的辽朝（916—1125年）政权崛起之后进入波斯语。前述比鲁尼的《珠宝录》作于11世纪，书中讲到产于中国北方的一种“干水珠”，已经使用了契丹（Qitāy）一词。另一处介绍雅姑（yāqūt）宝石时，他也使用了同样的称谓。[4]伯希和指出：“11世纪，北部中国已经被称为‘契丹（Ḫïtai）’，但是古老的名称仍然在使用，如波斯语的Čīn，阿拉伯语的Śīn，突厥语的Taβγač……”[5]由于西辽（哈剌契丹）王朝在中亚的影响，西辽政权灭亡之后，契丹一词没有从波斯语中消失，而是被保留下来，继续作为对中国的代称。

---

〔1〕参见陈垣《元西域人华化考》，上海：上海古籍出版社，2000年，卷1，第2-3页；魏良弢《中国历史·喀喇汗王朝史·西辽史》，北京：人民出版社，2010年，第347页。

〔2〕李志常《长春真人西游记》，上海：商务印书馆，1937年，王云五主编《丛书集成初编》3252，第12页。

〔3〕据成书于1155年的波斯语著作《四篇文章》所述，“契丹菊儿汗”征服撒马尔罕之后，委派Atmtagīn驻守布哈拉，管辖河中地区，后闻其有反叛之意，就以“伊斯兰教徒的方式”致信予以谴责。见Niẓāmī ‘Arūżī Samarqandī, *Chahār Maqāla*（《四篇文章》）, ed. Muhammad Mu‘īn, Tehran: Amīr Kabīr,1985 (8th edition), pp. 37-38. 汉译本见〔伊朗〕内扎米·阿鲁兹·撒马尔罕迪《四类英才》，张鸿年译，北京：商务印书馆，2005年，第46页（汉译本作“喀喇汗王朝”，恐为“哈剌契丹”之误）。参见魏良弢《中国历史·喀喇汗王朝史 西辽史》，348页；王治来《公元第十到十五世纪中国同中亚的关系》，载《新疆社会科学研究动态》第2期。

〔4〕Bīrūnī Samarqandī, *Al-Jamāhir fī-al-Javāhir*（《珠宝录》）, p.112.

〔5〕Paul Pelliot, *Notes on Marco Polo*, Paris, 1959, Ⅰ, p. 273.

《尼扎米的珠宝书》所记两颗“孤悬之珠”，以内沙布尔为起点，一颗以通商贸易的方式，向西远传至君士坦丁堡，另一颗则通过朝贡进献，向东传到了“契丹”（西辽）。它们传播的轨迹，代表着丝绸之路上珠宝流通的两种典型方式。

22.4 结语

“水珠”“清水珠”在唐人笔下所具有的引来泉水或将浊水变为清泉的功能，并没有同样出现在波斯文献中，但唐人的描述似乎从波斯人那里获得了灵感，他们对珍珠的称呼也体现了波斯称呼的影响。这些充满神奇色彩的“水珠”传说，既非有些观点所认为的那样，是波斯故事的直接“输入”〔1〕，却也不是中国中古小说家的凭空想象，而是波斯“珍珠文化”在唐代中国文学中的折射。如果说，善于识宝的波斯商胡，“随着唐人传奇小说的不断重复和改写，成为永远留存在中国人心目中的波斯文化符号”，〔2〕那么有关珍珠的传说，就是这种充满异国情趣的波斯文化符号中具有典型意义的一笔。〔3〕

诚然，对珍珠的喜爱，各民族皆然。中国人欣赏珍珠的光亮，自古就有“骊龙之珠”“随侯之珠”之说。佛教传入中土后，受佛经故事（尤其是“摩尼宝珠”故事）的熏染，以宝珠为意象，描写照夜珠、聚宝珠、济世珠的传说越来越多，反映了印度佛教文化的深远影

〔1〕胡怀琛《中国小说的起源及其演变》，正中书局，1934年，第79页。

〔2〕荣新江《波斯与中国：两种文化在唐朝的交融》,收入《中国学术》，2002年第4期，75-76页。

〔3〕波斯珍珠文化的影响不仅仅体现在“水珠”“清水珠”这样的称呼上，还体现在对珍珠颗粒的描述上。元人杨瑀（1285—1361年）所著《山居新语》谈到，“后至元（1335—1340年）间，伯颜太师擅权，谄佞者填门。……遂制龙凤牌，三珠，以大答纳嵌之，饰以红剌鸦忽杂宝。”（〔元〕杨瑀《山居新语》，余大钧点校，见《元明史料笔记丛刊》之《玉堂嘉话·山居新语》，北京：中华书局，2006年，第227页。）这里的剌（la'l）即上文所述比鲁尼《珠宝录》中所记之红玉，鸦忽（yāqūt）则是红/蓝宝石，皆为波斯呼罗珊和中亚名产，而“答纳”一词，则是波斯语名词/量词dāna的音译，意为“颗粒”，大答纳，亦即大颗粒的珍珠。

响。[1]与此同时，波斯文化的影响也不可低估。波斯人喜爱珍珠，同样有“夜明珠”传说，[2]不过对他们来说，珍珠的特殊意义，更多地体现在它与水的关系上。以“拜火”著称的波斯人，其实也同样“拜水”，他们的水崇拜与火崇拜一样古老。由于他们生息的广漠沙原上干旱缺水，水的珍贵因而显得尤为突出。水，决定着生命的存在与延续，是生命的象征。事实上，波斯前伊斯兰时期遗留下来的文献表明，波斯人自古就存在对水神Anāhītā（Nāhīd）的崇拜。[3]诗人内扎米·甘扎维（Nizāmī Ganjavī, 1141—1209年）在讲述亚历山大寻找生命水的故事时说“不必惊奇，生命水之珍珠能使枯鱼复生”，[4]典型地反映了他们对“珍珠—水—生命”三者关系的理解。[5]这也正说明了为什么在唐朝流传的许多传说中，拥有或寻求这种神奇珍珠的，往往是波斯商人，因为“对于唐朝人来说，似乎只有在边荒绝域才能完全懂得和了解娇艳无比的真珠的美丽。在这些神秘的国土上，人们懂得怎样利用真珠特殊的价值——真珠的特殊性能在于它能够控制水，而且真珠本身就相当于水的精华。所以在荒漠绝域之中，真珠可以引导人们找到井泉。”[6]

---

〔1〕参见钱钟书《管锥编》，北京：中华书局，1979年，第2册，第732-733页；王青《西域文化影响下的中古小说》，北京：中国社会科学出版社，2006年，第418页；李艳茹《唐人小说中的摩尼宝珠》，载《广播电视大学学报》2007年第2期，第21-24页。

〔2〕*Javāhir-nāma-i Nizāmī*（《尼扎米的珠宝书》）, p.192.

〔3〕参见M. Boyce, “Anāhīd”, *Encyclopaedia Iranica*, vol. 1, pp. 1003-1005; John R. Hinnells, *Persian Mythology*, London: The Hamlyn Publishing House, 1973, pp. 32-33; 此书波斯语译本：*Shinākht-i Asātīr-i Īrān*（《伊朗神话研究》）, trans. Zhāla Āmūzgār and Ahmad Tafazulī, Tehran: Kitāb-sarāy-i Bābil, Nashr-i Chishma, 1989, pp. 38-40.

〔4〕Hakīm Nizāmī Ganjayī, *Iskandar-nāma* · *Sharaf-nāma*（《亚历山大纪·荣耀纪》）, in *Kuliyāt-i Khamsa*（《五卷诗总集》）, Tehran: Intishārāt-i Amīr Kabīr, 1962, p. 1150.

〔5〕唐代波斯人识宝传说中另外还讲到一种能使人尸身保持不坏的宝珠，如《独异志·李灌》：“发棺视死胡，貌如生，乃于口中探得一珠还之。”（《太平广记》，卷402，第3241页）研究者一般只注意到佛教传说的影响，而忽视了其中波斯传统的影响。

〔6〕Edward H. Schafer, *The Golden Peaches of Samarkand, A Study of T'ang Exotics*, Berkeley, Los Angeles and London: University of California Press, 1985, p. 242. 译文引自汉译本，见〔美〕谢弗《唐代的外来文明》，吴玉贵译，北京：中国社会科学出版社，1995年，第518页。

最后值得一提的是，比鲁尼《珠宝录》中转述了一个在突厥人中间流传甚广的“雨石（al-hajar al-jālib lil-maṭar）”传说，据说突厥人能借助这种石头唤来雨、雪、风、雹，因而在行军打仗时往往获胜。[1]这种“雨石”的奇异功能，与唐人小说中的“水珠”颇有几分相似，然而有趣之处在于，比鲁尼对此是不以为然的，并嗤之为迷信和无稽之谈。[2]可见，波斯人虽然对“珍珠—水—生命”的关系怀着一种近乎神圣的信念，却并没有借助宝珠来施法求雨（水）的传统。事实上，这是中亚游牧民族的古老习俗。[3]应该说，波斯宝珠及其传说在向东流传的过程中，又被附会上中亚民族的传说，然后传入中国。“水珠”“清水珠”等种种传说，就这样糅合了不同民族和地域的文化色彩，诞生在中古中国人的丰富想象之中。

---

〔1〕Bīrūnī Samarqandī, *Al-Jamāhir fī-al-Javāhir*(《珠宝录》), pp. 357-360.

〔2〕Bīrūnī Samarqandī, *Al-Jamāhir fī-al-Javāhir*(《珠宝录》), p. 358. 内沙布里和图西的珠宝著作中也有相似描述，他们称此石为yat或yada,参见Nayshābūrī, *Javāhir-nāma-i Niẓāmī*（《尼扎米的珠宝书》), pp. 258-261, “hajar-i sang-i bārān”; Nasīr al-Dīn Tūsī, *Tansūkh-nāma-i Īlkhānī*（《伊利汗的珍宝之书》), pp. 160-163, “hajar-i bārān”, and pp. 293-294, “ta'līqāt”.

〔3〕这种被称为“鲊答（札达、牙答、劄丹）”的雨石，在突厥、蒙古等游牧民族中颇为著名，汉文和穆斯林文献中对此多有记述。对于其词源、性状、用途，以及与之相关的历史文献，各国东方学家均有讨论，如：M. É. Quatremère (ed.), *Histoire des Mongols de la Perse* , Paris 1836, pp. 428-440; B. Laufer, *Sino-Iranica,* Chicago 1919, p.527（汉译本见〔美〕劳费尔著，林筠因译《中国伊朗编》，北京：商务印书馆，1964年，第356–357页）; W. B. Henning, The Sogdian Texts of Paris, *BSOAS* 11(1943-6), p. 714; N. Poppe: The Turkic loan-words in Middle-Mongolian, *CAJ* (1955), p. 39; G. Doerfer, *Türkische und mongolische Elemente im Neupersischen*, Wiesbaden 1963, Ⅰ, 286-289;〔波斯〕拉施特主编《史集》，余大钧、周建奇译，北京：商务印书馆，1992年，第1卷，第2分册，165页，俄译者注;〔法〕费瑯编《阿拉伯波斯突厥人东方文献辑注》，耿昇、穆根来译，北京：中华书局，2001年，上册，261–263页，注2。我国学者的讨论，有周良宵为汉译本《成吉思汗的继承者》所作的译者按语，见：剌失德丁原著，波义耳英译，周良宵译注《成吉思汗的继承者》(《史集》第2卷)，天津古籍出版社，1992年，第53–54页。

23　“生西海波斯国”

——“婆罗得”与“八剌都而”的来源及使用

陈　明　北京大学

敦煌吐鲁番出土的医学文献残卷，为研究中古时期的中外医学文化交流提供了重要的数据。在那些音译词的背后，往往有异域医药传递历程中的一段曲折的经历。今以能黑发健脑的婆罗得为例，略做阐释，敬为徐公贺寿。

23.1　唐宋中医文献中的“婆罗得”与“婆罗勒”

日本杏雨书屋新刊《敦煌秘籍》中的羽043号有《换须发方》内容。《换须发方》篇首的录文如下：

换须发方　　谭家得

［1］婆罗得一颗，肥润新者，母丁香一颗如大杏

［2］人（仁）大，生新者上。

［3］右两般以生铁锤扵粗瓦椀中打碎，相和细研，

［4］药干，即下生姜汁研，直取细腻如微尘茫茫。

［5］又以生姜汁重研千百转，如稀糊，即收入生铁

［6］合子中。若用，即以竹枝子取药如油麻大，先点

［7］须所，拔［白毛］讫，火急。又取药一两点，点须孔讫，当

［8］日不得洗，至来日洗。用洗手面，三日不得使澡豆、

［9］皂荚。三日已后，即生黑也。其药使用已后干硬，

[10] 临用时，准前以姜汁用铁锤重研，如稀糊，使用，

[11] 五年不变。[1]

本方主要用“肥润新者”的“婆罗得”与“生新”的母丁香，配制成点须药，重生黑发。“婆罗得”显然是一个音译的外来药名。劳费尔在《中国伊朗编》中，对该药略有论及。[2]他指出，“最早提供材料的又是李珣”。李珣是唐末五代的“土生波斯”，著有专门记录海外药物的《海药本草》，[3]该书已佚散，赖宋代唐慎微《证类本草》摘引而保存了部分内容。尚志钧辑校的今本《海药本草》有“婆罗得”条，即“谨按徐氏云：生西海波斯国，似中华柳树也，方家多用”。[4]所谓“徐氏”是指《海药本草》所引《南州记》的作者徐表。而据考证，徐表《南州记》乃是徐衷《南方草物状》之误。[5]《南方草物状》约成书于东晋至南朝刘宋之间。[6]在《南方草物状》之后，最早提供婆罗得材料的并不是劳费尔所说的李珣，而是唐开元年间陈藏器的《本草拾遗》。该书云：“婆罗得　味辛、温，无毒。主冷气块，温中，补腰肾，破痃癖。可染髭发令黑。树如柳，子如萆音卑麻。生西国。”[7]《本草拾遗》中有关婆罗得的内容比《南方草物状》更详细，叙述了其性味以及药用功效。

---

[1] 图版见日本武田科学振兴财团杏雨书屋编《敦煌秘籍》第一册，武田科学振兴财团杏雨书屋，2009年，第289页。

[2] [美] 劳费尔著，林筠因译，《中国伊朗编》，商务印书馆，2001年重印，第310-311页。Cf. Edward H. Schafer, *The Golden Peaches of Samarkand: A study of T'ang Exotics*, Berkeley and Los Angeles, London: University of California Press, 1963, p.212（谢弗《唐代的外来文明》，吴玉贵译，中国社会科学出版社，1995年，第461-462页）。另见史有为《外来词：异文化的使者》，上海辞书出版社，2004年，第89-90页。

[3] 陈明《〈海药本草〉的外来药物及其中外文化背景》，《国学研究》第21卷，2008年，第1-57页。

[4] 李珣《海药本草》（辑校本），尚志钧辑校，人民卫生出版社，1997年，第67页。

[5] 肖荣《〈海药本草〉与六朝时期岭南的医药文化》，《九州岛学林》第6卷第3期，2008年秋季，第2-27页。此见第13页。

[6] 石声汉《辑徐衷南方草物状》，农业出版社，1990年。又，许云樵《徐衷南方草物状辑注》（东南亚研究所辑佚丛刊第1卷），东南亚研究所，1970年。

[7] 陈藏器撰，尚志钧辑释《本草拾遗辑释》，安徽科学技术出版社，2003年，第177页。

对于婆罗得的产地，《南方草物状》说是“西海波斯国”，《本草拾遗》则为笼统的“西国”。劳费尔将“西海波斯国”译为：Western Ocean and Po-ssu，而O. W. Wolters 则译为Western Ocean Po-ssu and country，[1]二人的理解不无差异。尚志钧将“西国”解释为“今青海以西等地”，显然未得要领。劳费尔据婆罗得等药的实际产地，进而认为《海药本草》中所谓的波斯（Po-ssu）均是专指南海的马来亚波斯。Buddha Prakash也认为古代文献中记载的南海的波斯（Po-ssŭ）不是西亚的波斯（Persia），而是苏门答腊北边的岛屿地区（即Pàrasākadvāpa），婆罗得（梵语bhallàtaka、印地语bhela、波斯语baladur、阿拉伯语beladur）属于该地的贸易物品之一。[2]

不过，有必要注意到，汉文文献中并没有“马来亚波斯”这样的称呼。玄奘法师在《大唐西域记》卷11的“波剌斯国”名下，有一个注释，即“虽非印度之国，路次附见。旧曰波斯，略也”。[3]显然，玄奘法师认为“波斯”的准确译名应为“波剌斯”。类似的音译名见于两种唐代的佛教字书之中。利言《梵语杂名》有“波斯：波引啰悉”之说[4]，其中的“引”是长元音的标记，该词即Pārasi。《唐梵两语双对集》（中天竺摩竭提国菩提树下金刚座寺苾蒭僧怛多蘖多波罗、瞿那弥舍沙二合出）中则有“波斯：波自罗悉”的词目，[5]很显然，该词的对音来自《梵语杂名》，而且其中的“自”是“引”字之误，因此正确的词目应该为“波斯：波引罗悉”。除“波剌斯”“波啰悉”“波罗悉”之外，唐代文献中还有一个相关的音译词“波剌私”。唐代《一切经音义》卷70，慧琳音释《阿毗达磨俱舍论》第16卷的“波剌私”条指出，“波剌私：阑葛反。亦言波斯（嘶），或云波斯，国名也。临近西海，最饶奇宝。诸国商人皆取其货，斯以龙威

[1] Cf. O. W. Wolters. The Po-ssu Pine Trees. *BSOAS*, Vol.23, no.2, 1960, p.341.

[2] Buddha Prakash. Pàrasākadvāpa. *Artibus Asiae*, Vol.24, No.3/4, 1961, pp.399-402. Cf. David Whitehouse and Andrew Williamson. Sasanian Martime Trade. *Iran*, vol.11, 1973, pp.29-49.

[3] 玄奘、辩机原著，季羡林等校注《大唐西域记校注》，中华书局，1995年版，第865页。

[4]《大正新修大藏经》第54册，第1236页上。

[5]《大正新修大藏经》第54册，第1242页下。

殊力古者推焉耳。”[1]慧琳指出波斯国临近西海。宋代志磐撰《佛祖统纪》卷39云：“初，波斯国苏鲁支立末尼、火祆教祆，火烟反。胡神，即外道梵志也敕于京师建大秦寺波斯国在西海，此云大秦。”[2]志磐的注释“波斯国在西海”，亦说明“波斯国”与“西海”之间的方位关系。显然此两处均不能理解为马来亚波斯。实际上，在唐代出土文献中，类似“西海波斯国”的称呼还有“西国波斯”。元和十四年（819年）所撰《大唐故李府君墓志铭》称墓主李素为“公讳素，字文贞，西国波斯人也”。[3]因此，所谓“马来亚波斯”的说法在中古文献中并无确切的证据。我们不能简单化地将中唐及其之后的汉文文献中所提及的波斯，全都归于南海波斯的范畴。

《本草拾遗》所载婆罗得的内容，被北宋卢多逊等编纂的《开宝本草》引用，[4]并传递到《证类本草》《大观本草》等历代本草著作之中，其内容基本上没有什么变化。比如，《证类本草》卷14“木部下品”记载，“婆罗得　味辛，温，无毒。主冷气块，温中，补腰肾，破痃癖，可染髭发令黑。树如柳，子如萆音卑麻。生西国。今附《海药》云　谨按徐氏云：生西海波斯国。似中华柳树也，方家多用。”[5]其中的“今附”标记，说明婆罗得为《开宝本草》新增药。

正如劳费尔所说，婆罗得是梵语bhallātaka的音译，该词的英译为Marking-Nut，即肉托果、打印果。该漆树科植物的拉丁文学名为Semecarpus anacardium L.。婆罗得树的果、茎和油均可入药。《本草拾遗》中的“婆罗得”译名极有可能是来自密教大师不空的译本。不空译《文殊师利菩萨根本大教王经金翅鸟王品》云：“又法：以毒、

[1] 徐时仪校注《〈一切经音义〉三种校本合刊》，下册，上海古籍出版社，2009年，第1743页。

[2]《大正新修大藏经》第49册，第364页上。

[3] 荣新江《一个入仕唐朝的波斯景教家族》，《中古中国与外来文明》，三联书店，2001年，第239页。

[4] 卢多逊、李昉等撰《开宝本草》（辑复本），尚志钧辑校，安徽科学技术出版社，1998年，第304页。

[5] 唐慎微《重修政和经史证类备用本草》，人民卫生出版社，1957年影印，第378页。另见唐慎微原著，艾晟刊订，尚志钧点校《大观本草》，安徽科学技术出版社，2002年，第531页。

婆罗得和蜜烧，皆得敬爱。”[1]不空入华与陈藏器编写《本草拾遗》的年代正相吻合。《本草拾遗》中所收的外来药名及其药用知识当是作者向入华的域外人士请教而得。陈藏器开元年间曾任职京兆府三原县尉，有条件向不空这样活跃于京城长安的域外人士请益，并且记录对方所传授的相关知识。

在中土撰述及汉译佛经中，该药还有另外多个译名，简述如下：

（1）婆罗勒

王焘《外台秘要方》卷32的“婆罗勒”，有学者认为，“婆罗勒”的词源或许为吐火罗语*bhallārāk。但据《吐火罗B语词典》（*A Dictionary of Tocharian B*），其吐火罗B语的形式为bhallātak，源于佛教混合梵语的bhallātaka。[2]

（2）勃罗得迦

大唐北天竺国三藏阿质达霰译《大威力乌枢瑟摩明王经》卷下云：

> 若黑狗舌捣安悉香和丸，以三金绁裹之，勃罗得迦木天漆，此漆通合子盛之。黑月八日或十四日，持金刚像前，加持一千八遍，药有佉咤声。后口含藏形，寿千岁。[3]

在甲本中，“天漆”为“天竺漆”，此注释即表明译者认为“勃罗得迦木”乃是“天竺漆木”，这与bhallātaka为漆树科植物，正相吻合，可见，“勃罗得迦”就是bhallātaka的音译。又，该经同卷有一条类似的仪轨云：

> 若安悉香末和黑狗舌为丸，三金鍱裹，勃罗得迦木染木是合子盛之。黑月八日或十四日，金刚像前加持一千八遍。药有佉咤、佉咤声。口含藏形，寿千岁。[4]

〔1〕《大正新修大藏经》第21册，第327页下。

〔2〕Douglas Q. Adams. *A Dictionary of Tocharian B*. Amsterdam-Atlanta: Rodopi, 1999, p.434.

〔3〕《大正新修大藏经》第21册，第155页中至下。

〔4〕《大正新修大藏经》第21册，第157页中。

"染木是"三字并不是正文，而是注释文字，是对"勃罗得迦木"的解释。在《大正藏》本的校注中，该经的宋、元、明、甲本中，"染"字写作"漆"。因此，可以断定"漆木"就是对"勃罗得迦木"的意译。

（3）拔罗得鸡

唐天竺三藏输迦婆罗译《苏悉地羯罗经》卷上《然灯法品第十一》云：

> 其扇底迦法，用上香油。补瑟征迦法，用次香油。阿毗遮噜迦法，用下香油。若诸香木油，扇底迦用。若油麻油，补瑟征迦用。若白芥子油，阿毗遮噜迦用。阿恒娑果油，真言妃后用，及诸女仙用。若诸果油，真言主用。若树果油，诸天用。及摩阿（诃）迦罗用。若鱼脂，祀鬼用。若诸畜生脂，祀药叉用。若拔罗得鸡油、麻子油，祀下类天用，及四姊妹遮门荼等用。[1]

"拔罗得鸡"可能是bhallātaka的变体bhallātakī的音译，《根本说一切有部毗奈耶药事》中类似的"陀得鸡花"即是梵语dhātukī-puṣpa的音译。[2]

（4）拔罗得计

《苏悉地羯罗经》卷上《献食品第十二》云：

> 复下诸肴膳，依用此叶，扇底迦用。水生诸叶，及余奇树叶等，或芭蕉等，又补瑟征迦用。拔罗得计树叶、阏伽树叶，或随时得者，又阿毗遮噜迦用。[3]

"拔罗得计"与"拔罗得鸡"是同样的音译，仅更换了最后一个同音字而已。

（5）婆罗怛迦

北宋天息灾译《大方广菩萨藏文殊师利根本仪轨经》卷17《妙吉祥心么字唵字成就法仪则品第二十二》云：

〔1〕《大正新修大藏经》第18册，第641页下。

〔2〕陈明《印度梵文医典〈医理精华〉研究》，中华书局，2002年，第275–277页。

〔3〕《大正新修大藏经》第18册，第643页中。

若求极贵人爱重者，求足下土，与白芥子、油麻和合，作护摩七日，每日三时作，必得。若求贵重之人爱重者，用婆罗怛迦和油、麻，作护摩七日七夜，获得。或求婆罗门爱重者，用乳粥并酥作护摩，一切皆得。若欲毗舍爱重者，用大麦、砂糖作护摩。若欲首陀爱重者，用团食作护摩，即得。若为救病，诵八百遍，摩病者顶，一切得差。一切病加持线，系身皆差。若瘿病，加持白蚁土，涂之即差[1]。

《大方广菩萨藏文殊师利根本仪轨经》所对应的梵本为 *ârya-Ma¤ju÷rã-måla-kalpa*，其中有与此段引文对照的文字，即：

atha rājānaṃ vaśīkartukāmaḥ tasya pādapāṃsuṃ gṛhītvā sarṣapaistailaiśca miśrayitvā juhuyāt | saptāhaṃ trisandhyaṃ vaśyo bhavati || rājñīṃ vaśīkartukāmaḥ sauvarcalāṃ śatapuṣpāṃ vārāhīṃ caikataḥ kṛtvā juhuyāt | saptarātraṃ trisandhyaṃ vaśyā bhavati | rājamātyaṃ vaśīkartukāmaḥ bhallātakānāṃ tilāṃ vacāṃ ca pratikṛtiṃ kṛtvā juhuyāt | saptāhaṃ saptarātraṃ ca vaśyo bhavati | purohitaṃ vaśīkartukāmaḥ brahmadaṇḍīṃ śatapuṣpāṃ caikataḥ kṛtvā juhuyāt | saptarātraṃ trisandhyaṃ vaśyo bhavati | brāhmaṇānāṃ vaśīkartukāmaḥ, pāyasaṃ ghṛtasahitaṃ juhuyāt | sarve vaśyā bhavanti | atha kṣatriyaṃ vaśīkartukāmaḥ, śālyodanaṃ ghṛtasahitaṃ juhuyāt | saptāham | vaiśyānāṃ vaśīkaraṇe yāvakāṃ guḍasahitāṃ juhuyāt | vaśyo bhavati | piṇyākaṃ juhuyāt | śūdrā vaśyā bhavanti | sarvānekataḥ kṛtvā juhuyāt sarve vaśyā bhavanti | catuḥpathe ekaśūnye gṛhe vā baliṃ nivedya yo 'sya glānaḥ sa tasmād vinirmukto bhavati ||mukhaṃ spṛśaṃ jape jvaramapagacchati | aṣṭaśatajaptena śikhābandhena sarvavyādhibhyaḥ parimucyate | sarvarogebhyaḥ mūśrakaṃ badhvā śikhā bandhaṃ kṛtvā svaptavyaṃ | sarvarogā apagacchanti | vyādhinā grastaḥ japamātreṇa mucyate | galagrahe

[1]《大正新修大藏经》第20册，第895页中。

valmīkamṛttikāṃ japtvā lepaḥ kāryaḥ | vyādhirapagacchati | akṣiroge nīlīkalikāni juhuyāt | vyupaśāmyati || paṭavidhānasyārtarikarmmaḥ ||[1]

梵汉对勘可见，与“婆罗怛迦”对应的正是bhallātaka-，这说明“婆罗怛迦”与“婆罗得”一样，也是bhallātaka-的音译词，而且其音写形式更为完整。

在中医方书中，婆罗得主要用来乌发。笔者检索到了下列三个主要的药方：

其一，王焘《外台秘要方》卷32收录的“《近效》换白发及髭方”，如下：

> 《近效》换白发及髭方 严中书处得，云验
>
> 熊脂二大两，腊月者佳 白马鬐脂一两，细切，熬之，以绵滤绞汁
>
> 婆罗勒十颗，其状似芙齐子，去皮取汁，但以指甲掐之即有汁
>
> 生姜一两，亦铛中熬之 母丁香半大两
>
> 右五味，二味捣为末，其脂炼滤之，以药末相和令匀，取一小槐枝，左搅数千遍，少顷即凝或似膏。即拔白发以辰日良，以槐枝点药，拔一条即以药令入发根孔中，以措头熟揩之令药入，十余日便黑发生。此方妙。[2]

《外台秘要方》中所引用的《近效》，又名《近效方》，或异称《近效极要论》。据高文铸考证，《近效方》约成书于705—713年之间，是一部内容丰富的经验方书集。[3]《近效方》中收录了不少与官宦之家相关的经验方乃至外来的药方，涉及的官员有源干曜、萧十四郎

---

〔1〕M. M. T. Ganapati Shastri. *Ārya-Mañjuśrī-mūla-kalpa,* Vol.2, Tvivandrum: The Superintendent, Government Press, 1922. pp.314-315. (Delhi: Sri Satguru Publications, reprint 1989). Cf. *Ārya-Mañjuśrī-mūla-kalpa*, In: *Mahàyanasūtrasaṃgraha*, part II, (Buddhist Sanskrit Texts, 18), ed. by P.L.Vaidya, Darbhanga: The Mithila Institute of Post-graduate Studies and Research in Sanskrit Learning, 1964, p.244.

〔2〕《宋版外台秘要方》(东洋医学善本丛书5)，东洋医学研究会，1981年，第633–634页。另见王焘撰、高文铸校注《外台秘要方》，华夏出版社，1993年，第636页。今检《古今图书集成·草木典》“附方：拔白生黑，婆罗勒十颗去皮取汁，熊脂二两，白马鬐膏炼过一两，生姜炒一两，母丁香半两为末，和煎。每拔白，点之揩，令入肉，即生黑者。孟诜近效方”两者的文字有较大出入。

〔3〕王焘撰，高文铸校注《外台秘要方》，附录高文铸《〈外台秘要方〉引用书目文献考略》，第993–994页。

中、孟补阙、雍州王长史、韦特进（可能是韦见素）、吏部李郎中、张中丞、韦给事、李谏议、兵部侍郎卢英（应为卢奂）、户部李尚书等人，涵盖中央和地方政府的官员们。唐代官员之间互赠药物或者药方，是唐代医方流传的主要方式之一。[1]《近效方》的“换白发及髭方”也是一个验方，得自严中书。此严中书，应即严挺之。其生平见《旧唐书》卷99、《新唐书》卷129。开元年间，严挺之曾任过中书侍郎，他素奉佛，师事大照禅师惠义。天宝初年，严挺之受李林甫的暗中报复，回归洛阳养疾。在东都期间，因为郁郁不得志而成疾，不久就去世了。严挺之能获取这个使用了外来药物“婆罗勒”的药方，可能跟他与佛教界的联系有关，而该药方的主要功能是变白发髭为黑，这与他的晚年处境也是相符的。该“换白发及髭方”中所用的婆罗勒和母丁香，也是羽043号《换须发方》中的两味主药。更为重要的是，此处婆罗勒的注释文字“十颗，其状似芙齐子，去皮取汁，但以指甲掐之即有汁”，为我们提供了该域外药物的形状和特征，并说明是用婆罗勒果的汁入药的。

其二，宋代王怀隐等《太平圣惠方》卷41有“染髭发及换白变黑诸方”，其中的“黑髭鬓铅梳子方”云：

> 铅十两、锡三两，二味同销为汁，去滓令净、没石子二枚、诃藜勒皮二枚、婆罗得四枚、硫黄一分，细研、酸石榴皮半两、磁石一分、绿矾一分、针砂半两，醋炒、熟干地黄半两，烧令黑、乌油麻一合，炒焦、茜草根一两，锉、胡桃瓤半两。
>
> 右件药捣罗为末，先销铅锡为汁，取诸药末一半，入铅锡中，以枝木篦搅令匀，便倾入梳模子中，就矣（俟）冷取出，开齿修治如法。将余药于铛中，以水煮梳子三日三夜。若水耗即常（当）以热水添之。日满取出，净洗拭干，以故帛数重裹三五日，以熟皮子衬手，梳之一百下，如乌色。每梳先用皂荚水洗

〔1〕范家伟《六朝隋唐医学之传承与整合》，香港中文大学出版社，2004年，第120-125页。

净，候干即梳之。[1]

此“黑髭鬓铅梳子方”中用了四枚婆罗得，说明也是以其果入药的。

其三，《太平圣惠方》卷41的“染髭发令黑永不白方”：

婆罗勒　生铁屎捶碎　母丁香　诃梨勒皮　莲子草　草豆蔻去皮　黄连去须　蜜陀僧已上各一两

右件药捣罗为末，用清浆水一升相和，即内入瓷瓮中，以蜡纸密封头，不令水入，即于近宅内渠中深泥下埋，满百日取出。先以面浆水洗髭发，令净干了，然用梳梳药，令离根半寸已来，其药即自入肉内，勿以手把，仍不得着肉，即洗不落。正涂药时，仍口中含牛乳，候口中黑即吐却，更含白乳了，然后以故纸裹髭发，经一宿。次用面浆水洗泽，然可出入。一染已后，永黑不白也。随意所食，只忌大蒜。若不含牛乳，即令齿黑，永无洗处。[2]

此方也使用了婆罗勒、母丁香、诃梨勒皮、莲子草等乌发的药物。值得注意的是，此“染髭发令黑永不白方”与羽043《换须发方》还有一个很相似的地方，即“若不含牛乳，即令齿黑，永无洗处”与“用药之时，先须含乳免齿黑”的方法是一样的。

明代本草文献中，也保留了对婆罗得的记载。明弘治十八年（1505年）太医院刘文泰等纂修《本草品汇精要》，卷21“木部下品之下”有“婆罗得”条，属于“木之木”，有插图一幅，描述了婆罗得树的外形[3]。这是《本草品汇精要》所新绘的一幅图。

明代万历十九年（1591年）成书的《补遗雷公炮制便览》是另一种大型彩绘本草著作，撰绘者不明。该明代彩绘本现藏中国中医科学院图书馆。[4]《补遗雷公炮制便览》共14卷，其卷7“木部下”亦有

〔1〕〔宋〕王怀隐等《太平圣惠方》(三)，收入曹洪欣主编《海外回归中医古籍善本集粹》(4)，中医古籍出版社，2005年，第2992–2993页。

〔2〕〔宋〕王怀隐等《太平圣惠方》(三)，第2995页。

〔3〕日本武田科学振兴财团杏雨书屋藏本《本草品汇精要》，第4帙，杏雨书屋印制，2011年。需要注意的是，在不同的版本中，绘图略有差异。

〔4〕佚名《补遗雷公炮制便览》，上海辞书出版社，2005年。

“婆罗得”条，有插图一幅，文字全同《证类本草》“婆罗得”的“今附”。《补遗雷公炮制便览》中的彩色插图多依据《本草品汇精要》仿绘而成。两书中的彩绘插图乃出自明宫廷画师之手，非通晓药术的医家所作，其艺术性大于药物（以植物居多）的写实性〔1〕，因此，不能判定此书中的婆罗得插图是依据实物而描绘的。换言之，明代中土是否有婆罗得的实物或者是否有使用，是值得怀疑的。《本草品汇精要》的“婆罗得”条目文字来自宋代本草著作，分列为正文、苗、地、主、制等项。〔2〕李时珍的《本草纲目》（1593年成书）稍晚于《本草品汇精要》，其卷35“婆罗得”条的解说文字及附方，也没有多少新的认知。且将《外台秘要方》所引《近效方》中的“严中丞所用方”出处误作《孟诜近效方》，而根据前代书目所载，孟诜撰写的是《必效方》，而不是《近效方》。从《本草品汇精要》《补遗雷公炮制便览》和《本草纲目》中的婆罗得条目文字判断，明代医家无疑是抄录宋代本草的，文字至多不过有些调整或改拟，可以说，婆罗得到了明代或许仅仅是存在于纸面上的“药草符号”而已。

古代日本学者对婆罗得的认知主要来自中土医家。1284年（日本弘安七年）惟宗具俊撰著的《本草色叶抄》所谓，“婆罗得，同十四，味辛、主冷气块，温中，补腰肾，破痃癖，如柳，子如萆麻。”〔3〕可见此段辗转抄自陈藏器《本草拾遗》。松冈玄达（1668—1746年）著《本草一家言》卷6“婆罗得”条，倡说“三名一物”，将其与梧桐子、海松子和“波罗得”视为同名异物。〔4〕松冈玄达的新说乃考辨不明所致。

---

〔1〕郑金生《明代画家彩色本草插图研究》，《新史学》第14卷第4期，2003年，第65-120页。另见郑金生《药林外史》，东大图书公司，2005年，第219-252页。

〔2〕明太医院刘文泰等纂修、曹晖校注《本草品汇精要》（校注研究本），华夏出版社，2004年，第397页。

〔3〕惟宗具俊《本草色叶抄》，收入中国文化研究会编纂《中国本草全书》第309册，华夏出版社，2002年，第149页。

〔4〕松冈玄达《本草一家言》，收入中国文化研究会编纂《中国本草全书》第325册，第391页。

婆罗得未能像诃梨勒一样，成为中药使用至今的常用药，其原因可能有三个：其一，在中医家眼里，婆罗得仅用于乌髭发，很少兼用于其他方剂之中，虽然有方家使用之，但未能推广于医家之中，所以，婆罗得显得疗效单一，也就难免被忽略乃至被淘汰的命运了。其二，该植物在中土没有栽培，其输入的数量可能也很少，这就决定使用该药的频率大受影响。其三，尽管本草著作对该药有所记载，但其后未能注入更多的本土产出的新的“知识活力”，表明中医家对该药的兴趣有限，更未考虑过有效实现其本地化的问题。

23.2 婆罗得在印度及其西域的应用

无论是说婆罗得“生西国、波斯”还是“生西国波斯”，实际上，婆罗得是“五天竺”区域的产物。婆罗得原产印度的东北部，现主要分布于热带亚洲及大洋洲地区。印度上古时期，婆罗得（肉托果/打印果的树及果名）就有了文献记载。T. Burrow在《达罗毗荼研究之三》（*Dravidian Studies* III）一文中，就列举了“Ta. Ma. *cēr* marking nut tree, Ta. *cēṅ-koṭṭai* marking nut, Ka. *kēr, gēr*, Tu. *geru-kāyi, jēru-kāyi, tēreda-mara*, Te. *jīḍi* the marking-nut tree, *jīḍi-giñja* the marking nut”等多种地方语言中的此物名称。[1]

16世纪印度莫卧儿帝国的皇帝阿克巴（Akbar）的大臣Rājā Toḍaramalla撰写了一部带有百科全书性质的医书*Toḍarānanda*，其中包涵了多卷本的*Ayurveda Saukhya*，后者则又有相当于同义词汇集合“尼揵荼书”（Nighaṇṭu）的本草部分，其中列举了药物的同义词。其第29卷指出，“如果一个人不能忍受婆罗得的话，那么，他应该使用红旃檀（rakta candana）。”[2]该书还列出婆罗得的梵语词bhallātaka的同义词有anala, bhallī, vīra vṛkṣa, agni vaktraka, aruṣkara,

〔1〕T.Burrow, “Dravidian Studies III,” *Bulletin of the School of Oriental and African Studies, University of London*, Vol.11, No.1, 1943, pp.125-126.

〔2〕Vaidya Bhagwan Dash etc., ed., *Materia Medica of Ayurveda: Based on Ayurveda Saukhyam of Toóarānanda*, New Delhi: Concept Publishing Company, 1980, p.403.

āruṣka, tapana, agni mukhi和dhanu等多种。[1]当然，婆罗得在印度其他语言中也有相应的名称，比如，其印地语词形为bhilāvā、bhela (bhel), bhelwa, bhilawa（bhilv）或bhilwa；孟加拉国语词形为bhelā；泰卢古语词形为nallajeedi；古吉拉特语为bhilamu；泰米尔语词形为erimugi（erimuki）等。[2]

婆罗得是印度生命吠陀医学常用的药物，从其果中榨出酸汁作为药用。在8000种传统的生命吠陀药物中，它属于有效但又含有毒性的药材。婆罗得主治慢性和顽固性的皮肤病，甚至麻风病。但如果使用不当的话，婆罗得会产生很强的毒性。[3]

23.2.1 婆罗得在生命吠陀文献中的使用

遮罗迦编订的《遮罗迦本集》（*Caraka-saṃhitā*）是印度生命吠陀三大名著之一，主要涉及内科。其《治疗部》（*Cikitsā-sthāna*）的第1章是长年方的内容（Rasāyana-tantra）。[4]该章详细记载了婆罗得乳（bhallātaka kṣīra）、婆罗得蜜（bhallātaka kṣaudra）、婆罗得油（bhallātaka taila）和多种不同的婆罗得方。内容如下：

> 未受损的、外形无碍的、味道足的、个头大的、精力熟透的、类似成熟的阎浮果（jambu）的婆罗得果，应该在热季两个月——逝瑟咤月（śuci-或jyeṣṭha-，五至六月）和頞沙荼月

---

〔1〕Vaidya Bhagwan, Dash etc., ed., *Materia Medica of Ayurveda: Based on Ayurveda Saukhyam of Toóarānanda*, p.481.

〔2〕S. R. Sudarshan ed., *Encyclopaedia of Indian Medicine*, Volume 4: *Materia Medica-Herbal Drugs*, Delhi: Popular Prakashabn Pvt. Ltd., 2005, pp.35-36. M. Semalty, A. Semalty, A. Badola, G. P. Joshi & M. Rawat, "*Semecarpus anacardium* Linn.: A review", *Pharmacognosy Review*, 2010, No.4, pp.88-94.

〔3〕Vaidya Bhagwan Dash etc., ed., *Materia Medica of Ayurveda: Based on Ayurveda Saukhyam of Toóarānanda*, p.xlviii; p.Lv. 关于婆罗得药性的现代研究，参见G. S. Gulati & A. K. Dhiman, "Bhallataka: A clinical and pharmacological study", *Journal of Scientific Research in Plant Medicine*, vol.5, 1984, pp.35-40. M.Semalty, A. Semalty, A. Badola, G. P. Joshi & M. Rawat, "*Semecarpus anacardium* Linn.: A review", *Pharmacognosy Review*, 2010(4), pp.88-94.

〔4〕Ram Karan Sharma & Vaidya Bhagwan Dash, ed. & trans., *Agniveśa's Caraka-saṃhità, (*Text with English translation & Critical Exposition Based on Cakrapàõi Datta's *Āyurveda Dīpikà)* . Vo1.3 (Cikitsàsthàna, Chapters I-XIV), Varanasi : Chowkhamba Sanskrit Series Office, 1998. pp.1-70. Cf. Priya Vrat Sharma ed., *Caraka-Saṃhità : Critical Notes*, vol.iv（Cikitsàsthàna to Siddhisthàna）, Varanasi: Chaukhamba Orientalia, third edition 1997, pp.1-30.

（śukra-或āṣāḍha-，六至七月）采集，储藏在一堆大麦或者豆子中。四个月或者稍后一点，在冷季两个月——末迦始罗月（sahas-或āgrahāyaṇa-，=mārgaśīra，十一至十二月）和报沙月（sahasya-，即pauṣa-，十二月至一月），这些婆罗得果应该给病人，当其身体用凉的、油性的和甜的药物涂抹了之后。一开始用十枚婆罗得果，在药量八倍的水中煮熬。煮好后，剩下八分之一的水，过滤，添加牛奶。在病人的嘴用酥涂抹之后，即把药给他。然后，以十枚婆罗得果为起点，每天加一枚，直到达到三十枚；然后，再每天减少一枚，直到回归原来的十枚。到了三十枚，就不能再增加了，因为这是婆罗得果的最大剂量。依照这一过程，可以使用一千枚婆罗得果。在消化之后，该人应该食用与牛奶和酥一起的舍理米（śāli，粳米）或者大约六十天成熟的白壳米（ṣaṣṭika）。在使用了数天之后，该人就可以一天只喝两次牛奶了。通过使用这个方子，一个人可以长寿百岁，并获得其他极好的后果，一如前文所述。

（此即婆罗得乳）

婆罗得果应稍微捣碎，置于一种蒸糕器具（piṣṭa svedana yantra）之中。这个又要放在一个坚固的、内壁涂了酥油的陶罐中。此陶罐应放进在地上挖掘的小洞内。陶罐口要用另一个木盘子盖住。其接缝处则用黑色泥浆涂抹密封。在罐子上面，用牛粪烧火加热。通过加热，这些婆罗得果的汁液（svarasa）将过滤，并积存在陶罐的底部。这些汁液应该收集，再加入八分之一的蜜和双倍的酥油。服用该药，一个人可长命百岁，返老还童，并获得其他好处，一如前文所述。

（此即婆罗得蜜）

[如上方收集的]一钵（pātra）婆罗得油应该与牛奶和一两（akṣa）的甘草糊（madhuka）一同煎熬。这一过程要重复一百次。服用之，一个人可长命百岁，并获得其他好处，一如前文所述。

（此即婆罗得油）

下列的是十种用婆罗得配制的方剂：

（1）婆罗得药酥（bhallātaka）：用婆罗得煎熬而成。

（2）婆罗得乳（bhallātaka kṣīra）：用婆罗得煎熬而成。

（3）婆罗得蜜（bhallātaka kṣaudra）：用婆罗得与蜂蜜所配制。

（4）婆罗得糖（bhallātaka guḍa）：用婆罗得加粗糖或者与粗糖同煎的。

（5）婆罗得汤（bhallātaka yūṣa）：用婆罗得与其他药物同煎的。

（6）婆罗得油（bhallātaka taila）：用婆罗得所煎熬的。

（7）婆罗得芝麻糊（bhallātaka palala）：用婆罗得加芝麻所配制的。

（8）婆罗得麨（bhallātaka saktu）：用婆罗得与烘干的谷粉所配制的。

（9）婆罗得盐（bhallātaka lavaṇa）：用婆罗得加盐配制的。此剂可用婆罗得与等量的盐，用内部熏烟方式（antardhūma）制成煎（pāka）。

（10）婆罗得米糊（bhallātaka tarpaṇa）：用婆罗得与烘干的谷粉加大量的水所配制的。

用婆罗得配制各种方剂的描写到此结束了。[1]

《遮罗迦本集》将婆罗得视为主要的长生药之一，有以之为主药进行配制的多种方剂，其效能更多强调的是延年益寿。《妙闻本集》虽以外科为主，但也有二十余条婆罗得入药的方剂，与《遮罗迦本集》多类同。

婆跋咤（Vāgbhaṭa）的《八支集要方》（*Aṣṭāṅga Samgraha*）也是一部生命吠陀名著，与《八支心要方本集》（*Aṣṭāṅga hṛdaya*

〔1〕Ram Karan Sharma & Vaidya Bhagwan Dash, ed. & trans., *Agniveśa's Caraka-saṃhità,* (Text with English translation & Critical Exposition Based on Cakrapàõi Datta's *Āyurveda Dīpikà)* . Vo1.3, pp.34-38.

saṃhitā）堪称双璧同辉。其《补遗部》（Uttara-sthāna）的第49章为"长年法"（Rasāyana Vidhi），收录了两组以婆罗得命名的药方，即婆罗得组方（Bhallātaka yogas）、甘露婆罗得长年方（Amṛta bhallātaka rasāyana）[1]。婆罗得组方共有7个方剂，内容如下：

未受损伤、没有瑕疵、在大小、果汁和效力方面好的、颜色如同成熟的阎浮果的婆罗得果，应该在[热季的]逝瑟咤月或頞沙茶月收集起来，储藏在一堆大麦或者黑豆子中。四个月之后取出，在末迦始罗月或者报沙月期间，开始用于治疗。该人应该首先吃凉性、油性的和甜的食品而感到舒适。十枚婆罗得果在八倍的水中煮熬，直到剩下八分之一[的药液]。待其冷却后，该人应该于早晨用酥洗漱嘴巴、嘴唇、上颚和舌头，再饮服之。第一天用十枚婆罗得果，每天加一枚，直到达到三十枚；然后，再每天减少一枚，直到回归原来的十枚。依此方式，可以使用一百枚婆罗得果。该人应该服食只加牛奶和酥的白壳米饭，[其时间]三倍于服药期间的天数。通过这一治疗，该人可治愈麻风病、痔疮、虫病、多尿症、肥胖症，无老态且长寿百岁等。（99）

第一天仅一枚婆罗得果的汁与牛奶混合，可以饮服。次日开始，每天增加一枚婆罗得果，直到变成五枚；然后再每天增加五枚的量，一直到七十枚。此后，再每天减少五枚，直到只有五枚。再每天减少一枚，回到[最初的]一枚的量。用这种方式，可使用一百枚婆罗得果，其疗效与前一药方相似。（100）

不只是七十枚，而达到一百或者两百枚的婆罗得果，而服用之。其益处是使寿命长度翻倍。（101）

婆罗得果应稍微捣碎，置于一袋干草之中，覆盖一个厚的、底面涂了酥油的罐子，然后齐颈埋在土中。一个碟子放在罐子的

[1] K. R. Srikantha Murthy trans., *Aùñàïga Saṃgraha of Vàgbhaña* (Text, English Translation, Notes, Appendices and Index) , vol.iii, Uttarasthàna, Varanasi: Chaukhambha Orientalia, second edition 2000, pp.460-520. Cf. A Board of Scholars trans., *Vàgbhaña's Aùñàïga Saṃgraha*, Vol.3, Delhi: Sri Satguru Publications a Division of Indian Books Centre, 1999, pp.571-638.

口上，其接缝处用黑泥浆涂抹。待其干燥之后，一堆干牛粪放在碟子上，然后生火。其[婆罗得果]油滴进罐子中，再取出。一分的果油加入八分的蜜以及两分的酥。应每日服用。该人应服食[前文所述的]加了酥和牛奶的食品，[其时间]三倍于服药天数的数目。其诸般益处与前文相同。（102）

用同样方法获取的婆罗得果的汁（油），可以单独服用一个月的期限，患者维持食物养生，[其时间]三倍于服药期间的天数。每[服用]一个月，均可延长生命。服用十个月，则该人可获千（百）岁长命。（103）

加了牛奶的婆罗得果油应该煮一百次。其后再与一两的甘草[粉]混合，按正常的剂量每日服用。[患者]维持食物养生，[其时间]三倍于服药天数的数目。其诸般益处与前文相同。（104）

婆罗得果油、黑芝麻油、酥、余甘子汁、榄仁树的木髓煮出的汁，各一斛（droṇa，音译“独笼那”[1]）；三果浆、三辛、酸藤子、sarivā、质多罗（citraka，白花丹）、姜黄和小檗、药喇叭、野生巴豆根、甘草、乌头、白附子、汁安膳那和毕哩孕遇（priyañgu，一种米仔兰属植物），各一婆罗（pala），混合好，配制成药脂。然后过滤，放在一个容器中，置于隐秘处。该人吃了[前文所述的]食物而舒适之后，就应该在早晨饮服加了蜜的这种药脂一掬。待其消化之后，他应该享受用儿茶汁、绿豆汤和余甘子煮的松软的米饭，饭中没有加盐但加了酥。儿茶汁也可以饮用、洗浴等。一个人服用了一斛用上述方法[配制]的药脂，可治愈如前所述的麻风病、痔疮等。（105）[2]

经过比对发现，《八支集要方》的婆罗得组方中，第1个药方（99）与《遮罗迦本集》中的婆罗得乳方基本相似，仅仅有少量的不同之

〔1〕参见宋天竺三藏求那跋陀罗译《杂阿含经》卷第48，“譬如拘萨罗国，四斗为一阿罗。四阿罗为一独笼那。十六独笼那为一阇摩那。十六阇摩那为一摩尼。二十摩尼为一佉梨。二十佉梨为一仓，满中芥子”。（《大正新修大藏经》第2册，第351页下）

〔2〕K. R. Srikantha Murthy, trans., *Aùñàïga Saṃgraha of Vàgbhaña*, Vol.iii, pp.477-479.

处；第4个药方（102）也与《遮罗迦本集》中的婆罗得蜜方大同小异。这说明在婆罗得的使用方面，《八支集要方》吸收了《遮罗迦本集》中的医方，而二者药方的相异之处则表明后世医家对前代成果的改动或修订，乃是医学发展与进步的必然。

《八支集要方》中的“甘露婆罗得长年方”内容如下：

一斗（āḍhaka）长好了成熟的婆罗得种子，已经掉落的就应该收集起来；然后与砖粉浸软，在水中洗过，放在空气中干燥。再在一斛（kumbha）的水中同煎，直到剩下四分之一的份量，过滤后冷却。此药汁再加入一斛的牛奶同煎，直到剩下四分之一的份量，然后是等量的酥与大致合适的粗糖，在一起搅拌好，制成煮好的药酥。冷却之后，将其置于一堆谷物中一个星期。这种酥药被称为“甘露味浆”（amṛta rasa pāka），在早晨服用，其后吃些合适的食物和水、牛奶以及汤，份量随意。该药能给每日服用的人带来好的记忆、智力、力量、元气和精神上的持久力、以及漂亮的金黄肤色和长寿。（106–109）

数量为三百[婆罗]的婆罗得（vraṇakara, = bhallātaka）在一斛的水中同煎，直到其药汁减少到一斗；其中再加入一钵（pātra, =128婆罗）的芝麻油，以及每种一婆罗的苦粉、两种附子、三果、五灵脂和含金矿石[的粉]，调制成药油。该药主治各种麻风病。（110）

婆罗得（āruṣkara, = bhallātaka）与余甘子、乳精（凝乳较厚肥的部分）、油（芝麻油）、粗糖、牛奶、酥、大麦粉、芝麻、蜂蜜、肉或者肉汤一同享用，则带来良好的体格、最好的智力和长寿。（111）

婆罗得是强有力的，行动和性质如火一般，使用适当，则作用如甘露。既没有源自痰的疾病，也没有任何障碍，是婆罗得所不能治疗的。甚至在用于Vātatapika长生的过程之中，它能强化消

化之火的快捷。在服用婆罗得的期间，大豆、凝乳、发酵的粥、油浴和火烤是尤其应该避免的。（112–114）[1]

婆跋咤比较注重“甘露婆罗得长年方”的效用，解释了该药方的组成、得名的由来，以及在使用该药时的禁忌。《八支集要方》中的《治疗部》（*Cikitsita-sthāna*）还有两个以婆罗得命名的药方，即第16章“疗症瘕（腹内肿瘤）”中的“婆罗得酥”（bhallātaka ghṛta）和第19章“疗肿胀”中的“婆罗得浆”（bhallātakāriṣṭa）。“婆罗得酥”的具体内容如下：

两婆罗的婆罗得和一婆罗的小“五根药”，在一斗的水中同煎，直到剩下一升药液。[药液]加入两升的牛奶、一升的酥和每份一两的阿魏、酸藤子、śaṭhi, 黑盐、乌盐、大麦灰、一种万带兰属植物（rāsnā）、干姜、长胡椒、菖蒲、甘草和质多罗（白花丹）之散，配制成酥药。这剂“婆罗得酥”主治由痰引起的症瘕、脾肿、咳嗽、呼吸困难、十二指肠疾病和贫血。[2]

“婆罗得浆”的具体内容则如下：

每种一升的婆罗得、质多罗、三热药、酸藤子和刺天茄果，放进一斛的清酸粥，用干牛粪的火同煎，当其量减少至三分之一的时候，再挪开。其药与一升的清乳、一“秤”（tulā）的粗糖，完全搅拌，放进一个坚固的陶罐中，其内壁涂抹上了白花丹和长胡椒的浆。这个罐子放在一个空处，在数十天后使用。这剂“婆罗得浆”很快就能治疗肿胀、腹胀、直肠瘘管、十二指肠的疾病、寄生虫病、麻风病（以及其他皮肤病）、糖尿病、衰弱症和抽搐。（14）[3]

从这两个方剂来看，它们均有治疗肿瘤、肿胀和皮肤病等的功效。这说明印度医家对婆罗得的认知是多方面的。婆跋咤的《八支心要方本

〔1〕K. R. Srikantha Murthy trans., *Aṣṭàṅga Saṃgraha of Vàgbhaña*, Vol.iii, pp.479-480.

〔2〕K. R. Srikantha Murthy trans., *Aṣṭàṅga Saṃgraha of Vàgbhaña* (Text, English Translation, Notes, Appendices and Index), Vol.ii, p.453.

〔3〕Ibid.

集》中所记录的婆罗得方与《八支集要方》中的基本相似，因为这两部著作之间本身就有着密切的关联。

在印度7世纪中期日藏（Ravigupta）的医书《医理精华》（*Siddhasāra*）中，婆罗得亦属于长年药一类。该书第30章“医疗细则”中还特地补充了婆罗得的用法以及注意事项：

> 根据医疗的法则，五颗婆罗得的果实研碎之后，放在水中共煎。用酥涂抹过嘴唇和上腭之后，再饮服这种冷却的药液。[按照同样的方法]，每天递增五颗婆罗得，直到增至七十颗；然后，每天递减五颗，[直到减至五颗]。如此反复增加和减少。
>
> 在病人[所服的婆罗得药]已经消化时，应该让他吃加酥和牛奶的、凉了的大米饭。[坚持]这种长寿药的疗法，能使人思维敏锐、没有皱纹和白发，并且主治皮肤病、痔疮、寄生虫病，也可以净化病态的精液。
>
> 或者，一个人根据体能的情况，一个月内适量地饮服婆罗得的油，那么，他就会从所有的病痛中解脱出来，身体强健，可能活过一百岁。（Si.31.21-23）[1]

《医理精华》的目的在于从前代的医著中汇集有效的验方，作者也有可能对前代的药方进行了必要的精简。《医理精华》对婆罗得方的处理就反映了这一特点，因为很显然，《八支集要方》中的婆罗得方叙述大大超过了《遮罗迦本集》，而《医理精华》中的婆罗得方知识无疑源自《遮罗迦本集》和《八支集要方》等，但做了精简化的处理，保留了其核心的内涵。

23.2.2　佛教僧团对婆罗得的使用

婆罗得不仅得到印度古代医家的青睐，还被运用于宗教活动的场合。汉译密教文献中，记录了婆罗得在密教仪轨之中的用例，尽管其例不多见，但至少为读者提供了婆罗得另一用途的重要信息。不空译

〔1〕陈明《印度梵文医典〈医理精华〉研究》，第520-521页。为行文的统一，此处将原译文中的“打印果”均改为“婆罗得”，特此说明。

《文殊师利菩萨根本大教王经金翅鸟王品》记载了一百余条密法，其中的“敬爱法”有：

又法：以毒、婆罗得和蜜烧，皆得敬爱。

又法：以赤鸡子、髑髅末，以赤芥子油和烧，即成敬爱。

又法：以波罗奢、兰香子、摩难那药花和烧，即成敬爱。

又法：以茴香子、天木、虾蟆粪等和烧，即成敬爱。

又法：以大麦、油麻、茅屋蒌草和牛尿烧，即成敬爱。[1]

此处是用毒药、婆罗得、蜜三者共烧，施以咒语，以获得对方的敬爱，而不宜将前两种物品理解为“有毒的婆罗得”一种。因为《文殊师利菩萨根本大教王经金翅鸟王品》中有“又法：欲令两人相憎，取白氎花和毒药，护摩二十一遍，彼即相憎”。[2]此“相憎法”也是用了毒药，可以作为一个相应的例证。而在其他经文中，笔者并未发现类似“有毒的婆罗得”这样的术语。

《大威力乌枢瑟摩明王经》中，有关于勃罗得迦的多种用法，涉及使用勃罗得迦的子、绁、果、木或枝。其卷中的相关仪轨有：

若紫矿末和水，一内勃罗得迦子于中，进竹火中，一千八，诸咒师钦伏。

若以人骨代勃罗得迦绁，准前行者身安宁。[3]

其卷下的相关仪轨有：

若离合进俱奢得鸡果，于勃罗得迦火中，一日三时，时一千八遍，至满七日。

若寒林中，或净室中，进勃罗得迦果于冰拿迦火中，一千八遍，辟大力鬼神。

若勃罗得迦子、青木香和油、麻油，进勃罗得迦火中一千八遍，至满七日；矩瑟咤加持紫檀香一千八遍，涂之。复若灰、盐、毒药末和，进火中一千八遍，痃辟。

[1]《大正新修大藏经》第21册，第327页下。

[2]《大正新修大藏经》第21册，第326页中。

[3]《大正新修大藏经》第21册，第151页上。

若截勃罗得迦枝，进火中，一百八遍，大富。[1]

这些使用勃罗得迦的仪轨，可以得到身安宁、辟鬼神、去痃辟、大富等功效。这些功效与去病安宁有些关系，但与乌发似乎没有什么关联。又，前引天息灾译《大方广菩萨藏文殊师利根本仪轨经》卷17《妙吉祥心么字唵字成就法仪则品第二十二》云："若求贵重之人爱重者，用婆罗怛迦和油、麻，做护摩七日七夜，获得。"[2]这也是婆罗得用作密教方术中的药物之又一例证。《大方广菩萨藏文殊师利根本仪轨经》有梵本存世，可以证明在印度古代佛教僧团中确实将婆罗得用于密教仪轨之中。这些密教仪轨中的用法无疑是对生命吠陀文献中的相关论述的有益补充。

23.2.3 印度文学作品中的婆罗得

除了医学和宗教文献中提到婆罗得之外，印度史诗等文学作品也描述了此婆罗得树。大史诗《摩诃婆罗多》第三《森林篇》之"战药叉篇"第155章，描述了坚战王带领大家进入心旷神怡的香醉山林，看到鲜花遍地、硕果累累，其中就有"婆罗得果、余甘子、诃子和毗酰勒果"（Bhallātakān āmalakān harītaka-vibhītakān）等。[3]

《罗摩衍那》的第2部《阿逾陀篇》第50章叙述罗摩等人走向质多罗俱吒山时，看到沿途的美丽景色，罗摩说道：

悉多，你看呀！四面八方，
开满繁花的树火一般灿烂，
金输迦树驮着自己的花朵，
在这春天里像是戴上花环。（2.50.6）

你看繁花满枝的漆树，
没有人来管理照拂，

〔1〕《大正新修大藏经》第21册，第151页下、第156页下。

〔2〕《大正新修大藏经》第20册，第895页中。

〔3〕〔印〕毗耶娑著，黄宝生、席必庄、郭良鋆、赵国华译，《印度古代史诗摩诃婆罗多》（二），中国社会科学出版社，2005年，第306页。此处分别译作"槚如果、庵摩勒果、柯子、川练"。

果子和叶子把它压弯，
我们一定能有吃有住。（2.50.7）[1]

ādīptān iva vaidehi sarvataḥ puṣpitān nagān / (6.1)
svaiḥ puṣpaiḥ kiṃśukān paśya mālinaḥ śiśirātyaye // (6.2)
paśya bhallātakān phullān narair anupasevitān (7.1)
phalapattrair avanatān nūnaṃ śakṣyāmi jīvitum // (7.2)

季羡林先生所翻译的“漆树”就是婆罗得树（bhallātakān，即bhallātaka-），因为该树属于漆树科植物。在两大史诗的上引诗句中，描述婆罗得树时的语境是相同的。婆罗得树在古代印度人对美丽的自然风光的描绘中，占据了比较突出的位置。这说明婆罗得树在印度人的审美观念中，占有一席之地。这也提醒我们，在考察一个古代名物时，不仅要注意该名物实用的特性，也要注意到其审美乃至民俗中的相关观念。

除了药用和观赏之外，婆罗得还用作调制石膏的原料，用于装修建筑物。印度中古天文学家Varāhamihara的名著《大本集》（*Bṛhat-saṃhitā*）第57章第1~3颂中，就记录了一个名为“金刚膏”（Vajra-lepa, Diamond-plaster）的方子，其中加入了婆罗得。[2]此方中婆罗得的作用可能是调配色素。

23.2.4 丝绸之路使用婆罗得的痕迹

随着印度文化特别是佛教的向东扩散，婆罗得的用法也夹杂在丝绸之路文化传播的大潮中，留下了自己的痕迹。新疆库车出土的《鲍威尔写本》（*The Bower Manuscript*）约钞写于6世纪，前三个残卷为医方集。《鲍威尔写本》第2个残卷《精髓（集）》中有3个药方使用

[1]〔印〕蚁蛭仙人著，季羡林译《罗摩衍那》第二篇《阿逾陀篇》，人民文学出版社，1981年。此据《季羡林全集》第二十三卷《译着四》（《罗摩衍那》二），外语教学与研究出版社，2010年，第331页。

[2] Krishna Kumar, “The Evidence of White-wash, Plaster and Pigment on North Indian Sculpture with Special Reference to Sarnath”, *Artibus Asiae*, Vol.45, No.2/3, 1984, pp.203-204.

了婆罗得，即Ayorajīya散（一剂很可靠的改善体质的滋补剂，名叫“铁粉制成的”）、萝卜油（对男性有益）、一种润喉糖浆（治疗一切皮肤病）。《鲍威尔写本》第3个残卷中有一种药油方，名为“宝贤（Māṇibhadra，摩尼跋陀）油”，该方的主药就是婆罗得，其内容如下：

> 10–14：在水中，煮以三百婆罗的打印果（肉托果，婆罗得）……直到药量只剩下原来的四分之一。（11）投入每份一婆罗的［研磨成］散的药浆：……乌头和印度乌头（白乌头）。该药油［患者］应据适应自身体质的分量，服用一个月。（12）在消化之后，他应该适量进食。坚持用此药，他将战胜十八种皮肤病，就像佛陀克服［各种］道德玷污一样。（13）主治皮肤病的该剂药，是宝贤（Māṇibhadra，摩尼跋陀）所出，他出于内心的怜悯和体贴，提供给一位死到临头的僧人。（14）鼻子和手指已经腐烂的［患者］，用此药油［将康复］，就像月亮脱离了罗睺（Rahu）的控制，重放光明一样。[1]

该方的前半部分与《八支集要方》内“甘露婆罗得长年方”中的（110）部分颇相似，不仅婆罗得的数量相同，且二者同时使用了“两种附子”（乌头、印度乌头或白乌头）。二者所主治的皮肤病也是一样的。不过，后者内涵更为丰富，方中不仅使用了两个譬喻来说明其神奇的疗效，还交代了该方剂的配制者为宝贤（Māṇibhadra，摩尼跋陀），此方更暗示了配制者与宗教人士之间的关联。这种关联与早期佛教僧团中提倡的“病者受药，施者得福”的观念是一致的。

敦煌出土的梵语于阗语双语医方集《耆婆书》（*Jīvaka-pustaka*）钞写于10世纪归义军时代，其中有4个使用了婆罗得的药方。这4个药方分别如下：

（1）KJP[4]：阿输干陀酥（Aśvagandhā）

〔1〕译文参见陈明《殊方异药——出土文书与西域医学》，北京大学出版社，2005年，第307–308页。

15 sera的阿输干陀，加入6 ṣanga的水，由此混合而煎，榨取1 ṣanga（药液）。每种1sera的10种根药——印度枳、臭黄荆、木蝴蝶、白柚木、凌霄花（喇叭状花）、尖叶兔尾草、大叶山马蝗、刺天茄、黄果茄、骆驼刺，精研，和4 ṣanga的水同煎，亦剩1 ṣanga。心叶黄花稔、黄细辛、万带兰（芳香树脂之根）、雪松（天木香）、一种番薯属植物的乳浆（bīdārakṣīra/viḍārikṣīra）、桂皮、小豆蔻、香叶、“自护果”（黧豆）、婆罗得、甘蔗属植物、黄连木、一种锦香草属植物（刺篱木）、ṛddhi、天门冬、白花酸藤果子（酸藤子）、三种果药——两份诃黎勒、毗酰勒、阿摩勒；其次，葡萄、酸树、扁担杆属植物、印度枳、石榴籽、耆婆草、ṛṣabhaka、medā、mahāmedā、kākoḍi、绿豆、摩沙豆（小豆）、末度迦果（梵本为甘草），诸药要求等量，[并加上]与酥等量的豆奶，以及混杂肉汁、猪骨头，再加3 ṣanga的水同煎成药液，剩下8 śinga。这些药液和药物要放在同一个容器中，加入1 ṣanga的牛脂，再煎之。当此药煎好后，然后再加桂皮、小豆蔻，以及每味1 sera捏碎的龙花鬚、桂叶（gandhapattra，香叶）、长胡椒，5 sera的糖、5 sera的蜜。放入此容器中，此酥药主治诸病：咳嗽、哮喘、痨疾、失音和肋痛、风性的和痰性的痞疾。腰背部疼痛、尿道病、膀胱肿胀、热病和严重的肺病，不规则的慢性发烧。它消除这一切疾病。这种长年药（raysāyaṃ / rasāyana）能够生精力、增加脂肪、增强体力。对被女性嫌弃、缺精的人，应该提供1 sera的药量。对老年人和年少者，应该及时地［提供这剂药］。名叫“阿输干陀等”的酥药方结束了。

（2）KJP[33]：小阿输干陀酥（Aśvagandhā）

30 sera的阿输干陀（仙茅）研磨成散，与3 ṣanga的水同煎，剩下8 śinga的量。切碎的雄山羊肉丁，与2 ṣanga的水同煎，剩下6 śinga的量。加2.5 śinga的酥油、8 śinga的牛奶，以及下列药散：耆婆草、ṛṣabhaka、medā、mahāmedā、葡萄、ṛddhi、天门冬、黄花稔、番薯、尖叶兔尾草、乳山药、末度迦果、长胡椒；

kākoḍi、kṣīra-kākoḍi、“自护果”（ātmaguptā）、婆罗得、小豆蔻、干姜、黄连木，每味3 mācānga。这些药物、药液、酥、奶应该同煎，研磨、冷却。当它变得像干的aspā一样时，再混合4 sera的蜜和4 sera的糖（石蜜），放在一个干净的容器中盖好。根据体火的情况而服用之。它能使人返老还童，使疲软的人更坚强，并能润肤。它主治肺气肿、肺疾、虚弱症，并治疗八十种风病。此药方名为“小阿输干陀酥”。

（3）KJP[51]：甜根子草油 (Kāśa-rohaṇī)

诃黎勒、毗酰勒、阿摩勒（余甘子）、米仔兰香、青莲花、末度迦果、黄色旃檀、黄细辛茎的木髓、香附子、胆矾、婆罗得、莲子草（鳢肠）、藏香（Tangut spices）、萝卜、芫荽（胡荽）、香根草（茅根香）、sparaka（spṛkkā，Trigonella corniculata）、木棉籽、芝麻、陀得鸡花（dhātukī-puṣpa）、紫矿、白莲花的根、汁安膳那（cūvaṃ）、莲花须、骚毗罗安膳那（sauvīrāṃja）、“海之沫”（samūdraphina，乌贼鱼骨），每味取2 mācānga，黑芝麻油2.5 śinga、余甘子3 sera，与3 ṣanga水同煎，剩下1 ṣanga的药量。所煮的这种药油，涂抹，可以黑发，白发由此消失。这种药油是老年（白发）之征服者。

（4）KJP[66]：萝卜油（Mūlaka）

脆兰、骆驼刺、乌盐、白胡椒、菖蒲、白花丹、生姜、长胡椒、藤芋属植物、婆罗得、乌头，这些药物每味取2 mācanga，和2 śinga的芝麻油、12 sera萝卜，与24 śinga的水同煎，剩下8 śinga的量。此药应该煮，按时服用。它主治臀部麻痹、腰疼、阻碍肢体向下伸展的腰部佝偻。当妇女不孕时，膀胱疾病、肢体僵硬、流脓，以“萝卜油”为名的这剂药，消除这些疾病。[1]

这四个药方均是使用多味药物的复方，但没有以婆罗得来命名，这说明婆罗得多与其他药物配合组方，而治疗更多种类的疾病。两个

[1] 译文参见陈明《殊方异药——出土文书与西域医学》，第311-329页。

阿输干陀酥方有长生药的效果，而甜根子草油方则能消除白发，其对婆罗得的使用正好为追溯前述羽043号《换须发方》中的婆罗得用法，提供了重要的线索。因为于阗医方中对婆罗得的使用，来源于印度的生命吠陀医学。而《换须发方》与中古中医典籍中的婆罗得乌发方，极有可能是接受了丝绸之路或西域传递的印度医方。换句话说，正是丝绸之路的这些药方充当了中印医学知识传递的桥梁。

敦煌出土的P2781《罗摩衍那》于阗语译本残卷中，“一只名叫普啬（Phuṣa）的母猴子站起来，她找到一棵树干已空的印果树。在这棵印果树上，高处有一个大乌鸦的巢。”〔1〕此处的印果树也即婆罗得树。贝利（H. W. Bailey）在分析敦煌出土的于阗语文献词汇时指出，于阗语词sūnādha是梵语aruṣka的对译，见于Ch.ii.002,10r2之中，藏语词形为go-byed，意即肉托果/打印果，拉丁学名为semecarpus anacardium，该词的意思等同于梵语bhallātaka〔2〕。贝利正确指出了该树的于阗语、藏语译名。婆罗得（bhallātaka）的藏语名为bsre-śiṅ，在中古时期的藏医文献——如《百医方》（*Yogaśataka*）等〔3〕——中也有使用，就不一一叙述了。P2781于阗语《罗摩衍那》译本中描写了婆罗得树，正说明于阗的译者对印度文化的熟悉，可视为于阗接受印度文化影响的又一个具体例子。

在丝绸之路，除了梵语医方集（如《鲍威尔写本》）和于阗语医方集（如《耆婆书》）之外，婆罗得还应用于吐火罗语医学文献之中。1940年代，研究印度古代医学史的法国学者菲利奥扎（Jean Filliozat）整理出版了《龟兹语医学与占卜文书残卷》（*Fragments de textes koutch ens de m decine et de magie*，或译《龟兹文医药及巫术残卷》）。该书中有两个使用了婆罗得的药方，见于《马继业写本》

〔1〕此汉译文引自段晴《于阗语〈罗摩衍那〉的故事》（收入张玉安、陈岗龙主编《东方民间文学比较研究》，北京大学出版社，2003年）一文，第151–152页。此处的印果树即“打印果”树。

〔2〕H. W. Bailey, “Rāma II”, *Bulletin of the School of Oriental and African Studies,* University of London, Vol. 10,No. 3,1940, p.585.

〔3〕Vaidya Bhagwan Dash, *Tibetan Medicine, with special reference to Yogaśataka,* India: Library of Tibetan Works & Archives, 1976, pp.108, 214-215.

（*Manuscript of Weber-Macartney*）。第一为该写本的第25a（4）：(4) … Cardamome, coque du Levant, Pentaptera tom., noix ā marquer …… terre médicinale (5)。第二为该写本的第42b（2）：… detruit le pausare ; extremement salutaire || Nard, Dalbergia sisu (?) , noix ā marquer。[1]菲利奥扎指出，Bhalātaka, bhallātaka (=bhallātaka-), *Semecarpus anacardiu, Linn.*, noix ā marquer, W 25 a 4, 42b3. 这说明丝绸之路北道的医家也熟悉婆罗得的应用。

23.3 伊斯兰世界中的婆罗得

——兼论《回回药方》中的“八剌都而”

原产于印度的婆罗得不仅在印度，而且在伊斯兰世界亦广泛使用。劳费尔《中国伊朗编》注明该植物为“伊朗波斯语balādur，阿拉伯语belādur”。[2]宋岘在《古代波斯医学与中国》一书中，注释“波罗得（槚如树实bilādur）”。[3]按照一般的转写规则，婆罗得的波斯语名为balādur，阿拉伯语名为bāladhur。印度和阿拉伯的民间医者用婆罗得所榨的汁或者婆罗得果入药，以治疗中枢神经系统的不适、癫痫症，改善记忆力等。[4]伊斯兰历史中有关婆罗得的最神奇传说应该是史学家al-Bālādhurī的事迹。al-Bālādhurī去世于892年，据说他在饮服了婆罗得（bālādhur）果汁之后而精神错乱，因此，才有了这样的一个名字（al-Bālādhurī）。[5]

---

〔1〕J. Filliozat, *Fragments de textes koutch ens de m decine et de magie,* Texte parall les sanskrits et tib tains, traduction et glossaire, Paris: Librairie D'am rique et D'orient Adrien- Maisonneuve, 1948, p.85. p.88.

〔2〕〔美〕劳费尔著，林筠因译，《中国伊朗编》，第310–311页。

〔3〕宋岘《古代波斯医学与中国》，经济日报出版社，2001年，第40页。

〔4〕Lawrence J. King, “A Unique Reported Use for the Fruit of Semecarpus anacardium L. f. (Anacardiaceae) in Ancient Arabian and Indian Medicine”, *Economic Botany*, Vol. 11, No. 3, 1957, pp. 263-266.

〔5〕该事被当作一个病因学的传奇而引用于《伊斯兰百科全书》。Cf. S. W. Helms, “Kandahar of the Arab Conquest”, *World Archaeology*, Vol.14, No.3: *Islamic Archaeology*, 1983, p.342.

婆罗得是由印度向西传播，而不是由古希腊罗马向东传播的，因此，在药物学家迪奥斯科特斯（Pedanius Dioscorides，约40—90年）的《药物论》（*De Materia Medica*，或译《生药志》）中没有该药的踪迹。古罗马大医学家盖伦（Galen of Pergamum，129—216年）的医著中亦未使用此药。Gerrit Bos追溯了早期罗马和拜占庭文献中婆罗得的使用情形[1]，简述如下：

6世纪的拜占庭编者亚历山大（Alexander of Tralles）在讨论上腹部（epygastrium）的疾病时，他谈到有一种最有效的药物，叫作anacardium（婆罗得）。7世纪，保罗（Paul of Aegina）提供了一种药方，名叫Theodoretus（Theodoretus of Cyrus）的anacardium药。生活在7世纪前半期的Alexandrian Presbyter Ahrun有一个治疗健忘症、失眠或痴呆的药方，被大医学家拉齐（ibn Yahya al-Rāzī, 865—932年）所引用："用婆罗得和引发痰的含漱剂治疗他，如果他已经健忘了很长时间，你必须在他的脖子上烧灼。"在中世纪早期的一部综合性的《叙利亚医书》（*Syriac Book of Medicines*）中，有两个使用婆罗得（叙利亚语Bêldôr）的复方。其一，"由婆罗得（Bêldôr）制成的一种药，是从所罗门王流传下来的。它有益于主治慢性胃痛，它能使容光焕发，增强智力。"该方中使用了印度常见的三果药（黑诃子、毗酰勒、余甘子）、三辛药（胡椒、长胡椒、姜）以及没药、小豆蔻、孜然芹、茴香、甘松香等香药。[2]该药方虽说是来自所罗门王，而实际上源自印度。其二，"用安哈而的牙（叙利亚语Anķardyâ），亦即婆罗得（Bêldôr）所配制的一剂药"，有益于主治诸般胃病、眩晕或精神错乱等疾病。所使用的药物主要有桂皮、大黄、婆罗得的蜜（Anķardyâ）等。[3]这部叙利亚医方书体现了当地医学与两种域外

[1] Gerrit Bos, "Bāladhur (Marking-Nut): A Popular Medieval Drug for Strengthening Memory", *BSOAS*, Vol.59, No.2, 1996, pp.229-236.

[2] Ernest A. Wallis Budge, *Syrian Anatomy,Pathology and Therapeutics or "The Book of Medicines"*. Vol.Ⅱ*: English Translation and Index.* London:Humphrey Milford, Oxford University Press, 1913 (repr. 1976). pp. 345-346.

[3] See ibid., pp.349-350.

（希腊与伊斯兰）医学有着密切的联系，这两个婆罗得方的名称（Bêldôr、Anķardyâ）与来源（所罗门王）就是很有力的例证。

23.3.1 伊斯兰本草著作对婆罗得的药理分析

阿拉伯最伟大的医学家伊本·西那（Abū ‘Alī al-Ḥusayn ibn ‘Abd Allāh ibn Sīnā，简称Ibn Sina，拉丁名Avicenna/阿维森纳，980—1037年）在《医典》（*Al-Qanun fi al-Tibb, Canon of Medicine*）第5卷《方剂篇》的开篇，论述成药的配制模式时就指出："在成药中，有些药物可能被排除或者被取代，它们的数量也可以或增或减。如果加到一个药方中，有些药物可能是有害的。比如，如果将婆罗得加入一个解毒剂中，它就会损害解毒剂。或者毒蛇的肉，作为一味成分，将会特别有害。"[1]

中医认为婆罗得是无毒的，在伊本·西那之前的伊斯兰的解毒学著作中，使用了婆罗得，亦未提及它的毒性。早于9世纪的印度医家舍那迦（阿拉伯语Shānāq，或谓源自梵语Caraka，即印度古代名医阇罗迦的名字[2]）的解毒学著作被曼迦诃（Mankah）译为波斯语。9世纪初，阿布·哈利姆（Abu Ḥātīm）再将此波斯语本转译为阿拉伯语文本，取名为《舍那迦的解毒与底野迦书》（*Kitāb al-Shānāq fī al-sumūm wa'al-tiryaq*）。该书中就有婆罗得所配制的药方。[3]

伊本·西那认为，在解毒剂中加入婆罗得，则会损害解毒剂。显然，与前代相比，他是意识到了婆罗得的毒副作用。在历代伊斯兰的本草著作中，药物学家们对婆罗得的药理是如何认识的呢？不妨看一看几本有代表性的伊斯兰本草著作中的论述。

---

〔1〕本文所引《医典》，均译自《医典》的英译本。该英译本由伊朗健康与医学教育部（Ministry of Health and Medical Education）研究处（Deputy of Research）的网站上"伊斯兰与伊朗传统医学"页面提供，网址参见：http://www.elib.hbi.ir/persian/TRADITIONAL- MEDICINE/CANON-WEB/CANON-WEB.htm. 下同，无法一一注明页码。

〔2〕参见稻叶隆政译注《毒物とテリアカに関するシャーナークの書(一)》，《史学》第56卷第4号，1987年，第125（539）-136（550）页。

〔3〕Martin Levey, "Medieval Arabic Toxicology: The Book on Poisons of ibn Waþshīya and Its Relation to Early Indian and Greek Texts", *Transactions of the American Philosophical Society*, New Ser., Vol. 56, No. 7, 1966, p.58.

（1）伊本·西那的《医典》

《医典》第2卷第2部分的本草中，有“婆罗得”（baladur）条。其内容如下：

它是一种源自印度的果实，类似罗望子的果核。它的果肉像胡桃，是甜的和无害的。其外皮下包裹了充满黏性的和芳香的蜜。有些人特别用胡桃嚼它，它对它们无害。它是热的、干燥的，在第四级的最后一等。它的像蜜的东西导致溃疡和发炎，并燃烧血和体液。

它祛除疣、白斑病，完全除去tatoo marks，治愈痰性的秃头症。它消除内在的秃头症。它有益于冷性以及由瘫痪和面部麻痹造成的神经松弛。婆罗得果特别是它与anqardid配制成干药糖时，对记忆衰弱的情况很有用。然而，它搅乱了思考的能力，激起了精神忧郁症。当使用婆罗得果熏蒸时，痔疮就会变干。它是诸毒之一，燃烧体液和有害人之力。搅动的牛奶是其解毒剂。核桃油能减少它的毒性。

下列的药方可以作为婆罗得治病的一种替代剂使用。其成分为：四倍量的榛子、四分之一的巴尔萨摩油、四分之三的白沥青。

（2）比鲁尼的《药理学》

阿拉伯著名科学家比鲁尼（al-Bīrūnī，973—1048年）的本草著作《药理学》（*Al-Ṣaydanah fī'l-ṭibb, Pharmacology in Medicine*）中对婆罗得的记载是这样的：

Balādhar：在罗马语中它称作anqardhiya。它是一种果子，看起来像罗望子果，但稍大一些。它有一个从根向上长到树高一半处的外壳。其果肉就像杏仁核。它是甜的、无害的，它的外皮是壳，就像杏仁的一样。其壳有一个小孔，含有黑色的、黏性的、无味的“蜜”。其作用就如同发疱剂，削弱血液和体液。它消除身体的疣。它也祛除由麻风病和文身所造成的疤痕。它治疗脱发症，但促进内热炎症。它的制剂Majun anqrūyā（一种马准/糖果剂、舐剂）特别有用，主治麻痹症所造成的疾病、神经麻痹和面部麻痹（面瘫）、健忘症。不过，它也刺激出变化不定的幻影和精神忧郁症。当用作熏剂时，它能使痔疮干透。它被计算在毒药之中，腐蚀体液。酸奶酪在一定程度上抵消婆罗得的解毒性，胡桃油破坏婆罗得的能量。

根据拉齐（Rāzī）的观点，婆罗得像Ṣayhān的罗望子，它的壳像榛子的壳，其壳的内部含有黑色的蜜。他还指出，[五倍的]榛子、[四分之一的]巴尔萨摩（balsam）油和[七分之一的]蛋清的混合物，可以作为婆罗得的替代物。根据Māsarjawaih的观点，如果单独服用，东印度的婆罗得（anacardia）将是致命的。[1]

在翻译比鲁尼此书的注释中，赛伊德（Hakim Mohammed Said）指出，东印度的anacardia，即肉托果树，在印地语和乌尔都语中，它称作bhitāwā；在印地语中，还被称作bhallātakā和arūshkārā（致痛的）。在阿拉伯语中，除了balādhar之外，它也被称为ḥabb al-qalt。在希腊语中，它得名为anacardia（心形的）。[2]

（3）伊本·拉希德的《医学概论》

阿拉伯大学者兼医学家伊本·拉希德（Abū al-Walīd Muḥammad Ibn Aḥmad Ibn Muḥammad Ibn Rushd, 简称Ibn Rushd，拉丁名Averroes，1126—1198年）在医书《医学概论》（*al-Kulliyyāt*, “Generalities”）的第五部《药与食》中，有一专章列举了盖伦所未提及的41种药物，其中有20种见于前辈医家Ibn Juljul（944—约994年）和al-Idrīsī（1100—1166年）的归纳表。这些药物大部分来自印度（五天竺）及其周边地区。这三位医家均认为，婆罗得就是盖伦所未使用的药物之一。伊本·拉希德指出婆罗得的特性为：“婆罗得（balādhur）：热性为第四级、干燥性为第二级的末尾。它有益于治

〔1〕Sami K. Hamarneh ed., *Al-Biruni's Book on Pharmacy and Materia Medica,* Part Ⅱ: *A preface, commentary and evaluation,* Karachi: Hamdard National Foundation, 1973. p.72.

〔2〕Sami K. Hamarneh ed., *Al-Biruni's Book on Pharmacy and Materia Medica,* Part Ⅱ, p.84, No.39, No.40.

疗偏瘫和疲软无力。当记忆受损时，它能通过其湿润的特性而恢复记忆。”[1]这份古典希腊和罗马医家所未知晓的药物清单，正好体现了伊斯兰教的兴起和阿拉伯大帝国的建立对促进东西方医药交流所起到的巨大推动作用。

（4）al-Ghāfiqī 的《单药之书》

西班牙安达卢西亚的伊斯兰眼科医生Ahmad ibn Muhammad al-Ghāfiqī（？—1065年），撰写过眼科专著《眼科指南》（*Al-Murshid fi 'l-Kuhhl, The Right Guide to Ophthalmology*）。他还有本草学的著作，被后人整理为《单药之书》（*The Book of Simple Drugs*）。该书中记载了婆罗得，其论述为：

第126条：婆罗得（Balādhur）

伊本·鸠勒鸠勒（Ibn Gulgul，即Ibn Juljul）：它生长于印度和信德。它是一种果实，介于阿月浑子果实和栗子之间，更接近于前者。形如杏仁，呈黑色。在其内部，是类似杏仁的白色颗粒，在外皮之内，覆盖着红黑色的蜜。

另一位作者：它是从中国（印度之误）进口的，也生长在西西里岛的火山。

伊本·西那：它的内部像罗望子，甜的，无害的。它的蜜是黏性的，有臭味的。它造成溃疡和肿胀，消耗血液和体液。它对治冷病以及记忆错乱有益，但产生邪恶的想法和引发精神忧郁。它是一种毒。

另一位作者：果肉削弱它的有害效果（副作用）。有些人吃它，加诸果和糖，则不会对他们造成伤害。

两位译者Max Meyerhof和 G. P. Sobhy在《单药之书》的第126条balādhur下加了一条详细的注解，内容转译如下：

婆罗得果（肉托果）是anacardiacea Semecarpus Anacardium L.的果实。它的波斯语–阿拉伯语名字balādhur源自梵语bhallātakā。

[1] Zohar Amar, Efraim Lev and Yaron Serri, “Ibn Rushd on Galen and the New Drugs Spread by the Arabs”, *Journal Asiatique* , Vol.297. No.1, 2009, pp.83-101. Cf. p.92.

其当今的印度斯坦名字bhela和bhilawa就是该词的遗存。它是东印度的药物，亦被希腊人所知。伟大的阿拉伯史家Ahmad B. Yahyā al-Bālādhurī（9世纪人）是巴格达的几位哈里发的朋友和老师，据说，他就死于服用婆罗得果。该药被认为能增强思维和智慧的敏锐，它的阿拉伯语名称之一是habb al-fahm，意即“理解力的粮食”。一个犹太人的传奇故事将哲学家兼医生迈蒙尼德（Maimonides）的智力的伟大与卓越超凡，描述为他长期服用婆罗得[的结果]。

扁平无光泽的、心脏形果实的汁液一旦暴露在空气中，就会变成一种黑色的腐蚀性的液体，用于治疗皮肤病（癣菌病）；作为一种不褪色的墨水用来印染亚麻布和羊毛衣服。其英文名“打印果”即源自此用法。在西方，它从来不是药物；而在东方，它作为药物使用至今。它有时候与腰果（Anacardium occidentale L.）相混淆。腰果起源于美洲，不过现在种植于东印度。此起作用的腐蚀性的物质被称作cardol。

东方的作者们，比如，马苏尔（Abu Mansūr）、比鲁尼（Al-Bīrūnī）和Ibn Gazla并没有给出比伊本·西那更多的信息。Al-Idrīsī给出了它的印度名字autarfura（梵语aruskhara的不完整词形？）；一个波斯语名字junubas，该名词我们尚无法比定；以及希腊语名字Anacardia；等等。他继续说：“它是生长在印度和中国的一种树的果实。它在西西里岛的火山很普通。”Idrīsī重复了Ibn ‘Imrān的错误陈述是令人吃惊的，因为Idrīsī自己就居住在西西里岛罗马国王们的海岸，在很靠近Etna火山的巴勒莫（Palermo）。他将婆罗得与盛产于该火山侧面的腰果混淆起来了，这是很难想象的。

阿拉伯人关于该植物及其果实的最好描述应归于Dāwūd Al-Antāki，他说：“它是才智的粮食。它的果实在希腊语中叫作anacardia。它长在印度的一种树上，该树高高的，像胡桃树，有宽阔的叶子，灰色的，瘦长的，有强烈的辛辣的气味。如果一个人睡在这种树下，他会成为喝醉了似的，甚至昏昏欲睡。它的果实是栗子大小，其尾部有坚硬的茎。它的外皮是带黑色的，覆盖着一层像海绵柔软的组织，其中充满了像蜜一样的液体，这就是它的蜜。在下面是一种（第二层）皮，包裹着像杏仁一样的果仁，是甜的。”他然后说到了婆罗得的药用特性。

该药目前在开罗的药市上贩卖，名为balāder或者habb el-fahm。其果汁用于腐蚀疣和息肉。

同义词：现代希腊语anakardia；现代拉丁语Semen Anacardii orientalis；阿拉伯语balādhur，balader，habb al-fahm，habb al-qalb，gawz或者thamr kābulī；波斯语和突厥语balādhur和anāqārdhiyā。[1]

（5）伊本·巴伊塔尔的《药草志》

伊本·巴伊塔尔（Al-Baitār/Ibn al-Bayṭār, 1197—1248年）也是出自西班牙安达卢西亚的伊斯兰科学家、植物学家兼药物学家。他的名著《药草志》（*Kitāb al-jāmi'fi-mufradāt al-adwiya wa al-aghdhiya*），共收录了1400种药物，其中引用了约150位阿拉伯前辈医家以及20位希腊医家的论述，可谓伊斯兰本草的集大成之作。伊本·巴伊塔尔的贡献在于系统地呈现和归纳了伊斯兰医学家在药物学方面的新成就。

伊本·巴伊塔尔《药草志》由勒克莱尔克（Lucien Leclerc）在1877—1883年间译成了法文，其法文译本的第347条，即“婆罗得”（法文beladuer）条，转译如下：

Ibn el-Djezzah：这是个印度词语，在希腊语中叫anacardia，意思是“像一颗心脏”。

Ishak Ibn Amran：这是一种树的果实，形状像鸟的心脏，颜色是那种来自黑色的红色。果实内部有某种类似血液的东西，这

〔1〕Max Meyerhof & G. P. Sobhy, *The Abridged Version of "The Book of Simple Drugs" of Ahmad ibn Muhammad al-Ghāfiqī by Gregorius Abu'l-Farag (Barhebraeus): Edited from the only two known Manuscripts with an English Translation, Commentary and Indices*, Cairo, 1932. pp.271-274.

正是有用的部分。它会在舌头上留下干燥和里面发热的感觉。它来自印度。也在西西里岛的火山上生长。

Ibn Massouih：婆罗得果（L'anacarde）的干燥和热度是四级。它对寒冷和潮湿导致的智力反常以及脑部损害有疗效。

Massih：婆罗得果对放松神经、克服懒惰和延缓记忆力衰退有很好的功效。

拉齐（Razès）：婆罗得果能使血液燃烧。

Eissa Ibn Ali：吃半德拉克马的分量，它会加强记忆力。如果大量服用，则会导致大脑发干，失眠，狂躁和极度饥渴。

Abou Djobeidj：不能让年轻人服用，正处在气头上的人也不行。它适应于瘫痪病人以及有可能瘫痪的人。

《毒药之书》（*Livres des Poisons*）：婆罗得果的蜜抹在倒刺（envie）上，能够让它们消失。它还能去除瘊子，在皮肤上形成溃疡。

阿维森纳（Avicenne）：论甜度，它的果肉近似核桃肉。它没有任何坏处。流蜜的部分发黏，并且有气味。婆罗得果抹在头皮上可以治疗垂体自然神经脱发。如果用烟熏疗法，可以治疗痔疮（通过祛湿疗法）和麻风病。这是一种毒药，其解药是牛油奶（le lait de beurre de vache）。核桃油有中和的作用。有些人用它并无不好的后果，特别是跟核桃和糖一起使用。

Hodeich Ibn el-Hassen：婆罗得果是一种活跃的毒药，毒性很强。如果使用高纯度，会诱发各种疾病，比如疯癫、狂躁症、麻风病、象皮病、肿瘤、痢疾和导致腐烂的症状，有时还引起暂时性休克。只有像医生那样，在配制某种药时才可以使用。老人和发热病人可以用。那些医术精湛的人在快速降温时，以及在配制所谓bondoka 或nabeka的药时，就是这样做的。这对黏液质的人，对那些有可能瘫痪或者面部抽搐的人是有益的。至于体质燥热的人，尤其是年轻人，我不建议他们服用这些药。至于我，我还没有看见有人使用过而没有引起我们前面提到过的疾病。为了减轻它的效力，可以预先在提纯过的黄油里烤炙。如果想取它的蜜却不要果皮，可以除掉果实的头部，也就是婆罗得果的萼，然后将两只钳子烧红，拿钳子用力夹住它直至流出蜜来。随后用熟黄油混合后再使用。

Badigobas：如果没有婆罗得果，就用五倍于它重量的榛子果肉、四分之一香脂油和六分之一白石脑油替代。[1]

勒克莱尔克在译注中指出，“婆罗得的果实的确很像心脏。它来自anacardia种，属漆树科。至于婆罗得果的毒性，Garcia ab Horto认为，婆罗得果没有任何毒性，然而他指出，他将它当作腐蚀性（苛性剂）来使用”[2]。伊本·巴伊塔尔引用了近十位前辈医家的论述，所引述的内容并不是完全照搬原文而是摘引，对照《医典》，就可以清楚地发现这一点。

23.3.2 伊斯兰医学著作中的婆罗得药方

在中世纪的伊斯兰医学界，婆罗得被称为ḥabb ai-fahm（nut of apprehension，忧惧之果），它主要用于提高记忆力。[3] Gerrit Bos指出，婆罗得是中古时期最有名的增加记忆的药物，其在早期伊斯兰文献中的使用情形，[4] 简述如下：

9世纪阿拉伯翻译家Ishaq b. Hunayn撰写的一部讨论记忆力和健忘症的专著，名为《健忘症灵验疗法》（*al-Risāla al-shāfiya fī adwiya al-nisyān*, *Efficacious Message on Remedies against Forgetfulness*），该书中的婆罗得用法托名来自盖伦，实则可能是Ishaq b. Hunayn自己的注释。

---

〔1〕Ibn al-Bayñār, *Traité des Simples: Traduction de Lucien Leclerc*, Tome 1, Paris : Institut du monde arabe, reprint 1992, pp.265-266. 本节译文和下引勒克莱尔克译注，均由北京大学外国语学院法语系段映虹老师提供，谨此致谢！

〔2〕Ibn al-Bayñār, *Traité des Simples: Traduction de Lucien Leclerc*, Tome 1, p.266.

〔3〕Rabbhi Eliezer Brodt, “In Search of Memory: Towards An Understanding of the Baladhur”, / http: //seforim.blogspot. com/2007/08/in-search-of- memory-towards.html；2012-5-19. Also cf. http://publikationen.ub.uni-frankfurt.de/files/12086/In_ Search_of_Memory.pdf.

〔4〕Gerrit Bos, “Bālādhur (Marking-Nut): A Popular Medieval Drug for Strengthening Memory”, *BSOAS*, Vol.59, No.2, 1996, pp.229-236.

第一位评述婆罗得药性的阿拉伯医学家是Ibn Māsawayh（777—857年）。尽管他的著作《药物提纯论》（*Kitāb al-adwiya al-munqiya, On Purifying Drugs*）已经佚散，但拉齐所摘引的该书文字有幸保留了其中论述婆罗得的内容：

> 对健忘有益的是吃芥子，和使用由芥子和海狸香配制的一种膏药，涂抹在后脑上。慢性的肺病损害头脑，导致健忘。受健忘之苦的有些人应该每日空胃用热水服用1 dirham的婆罗得。在肉类方面，他应该吃带一点脂肪的鸟肉，比如，麻雀、斑鸠、云雀和小山鹑，他还应喝点蜜水。〔1〕

伊斯兰医著中保留了不少的婆罗得方，主要如下：

（1）Sābūr ibn Sahl的《小方书》

Sābūr ibn Sahl（？—869年）是一位景教医生和药物学家，曾经在伊朗西南部的名城君迪萨蒲尔（Gondesapur）的医院工作过。他后来去了巴格达等地行医，体现了景教医家的风采。据说他有三部医方集。他的《小方书》（*The Small Dispensatory*）共有409个药方，其中有5种以婆罗得命名或入药的方剂。主要的有如下的两种：

①“安哈而的牙”（Anqardiyā）方

> “安哈而的牙”方有益于主治神经衰弱症、眩晕、健忘症、精神错乱、胃痛、胸疼、各种冷痛，它能清晰思维、有益于主治[各种]疼痛和早期麻风病。取每味1 ūqīya的印度甘松香、印度月桂、肉桂、没药、藏红花，——某些医生还会用一些亚美尼亚的苦艾，——菟丝子、亚香茅、中国大黄、去了皮的辣根树籽和丁香；每味2 miṯqāl的乳香和“安哈而的牙”（婆罗得）的浆汁；每份1 ūqīya的巴尔萨摩籽、生姜和芦荟；8 dirham的伞菌、2 ūqīya的天蓝色的鸢尾根；3 ratl的茴香根皮；3 qist的酒醋。诸味药混合研磨，捣筛。仅茴香根皮在醋中浸泡三天，然后放在一口锅中，煮三次，从火上移开，将醋过滤掉。再放到锅中，加上10.5 ratl的

〔1〕Gerrit Bos, “Bāladhur (Marking-Nut): A Popular Medieval Drug for Strengthening Memory”, pp.231-232.

蜜浇在上面，在低火上熬成一种稠的药汁。然后将研磨的诸药散喷撒在上面，混合好，再使用。愿安拉赐福！[1]

②“婆罗得健胃剂”

婆罗得健胃剂有益于主治健忘症和幻觉，它能促进思维和美化肤色。

取每味4 dirham的黑胡椒、诃梨勒、无核余甘子的浆汁、海狸香；每份2 istār的婆罗得果浆、余甘子、艾菊、白糖、月桂籽、莎草；将三分之一的婆罗得果浆与其他的药味混合，其余的与一些酥混合。这些味药捣碎研磨成散，再与combfree蜜和牛酥油调制。此药在六个月之后使用，每次取2 dirham的剂量，用烧开了的纯的旱芹水冲服。[2]

Sābūr ibn Sahl的另一部医方集是巴格达阿都迪（‘Aḍudī）医院的实用处方集。该医方集的修订本现存292条药方，其第145条即“婆罗得健胃剂”，内容如下：

婆罗得健胃剂处方有益于主治健忘症和思维幻觉，它能改善和美化肤色。它也有益于肢体疲倦、说话口吃；它能卸除头部（精神）压力。[最后]，它有益于治疗痔疾，使才智敏锐、头脑清晰。它是一剂希腊的疗法。

取每味4 dirham的黑胡椒、长胡椒、诃梨勒、毗酰勒、余甘子——诸果均无核——以及海狸香；每味2 istār的婆罗得的蜜、酸藤子、艾菊、冰糖、月桂籽和莎草。这些味药捣碎研磨成散，再与净蜜、陈年牛酥和杏仁油调和。然而，婆罗得的蜜应单独与一些酥或油混合，再与[前述的]药散调制成一个平的[炼丸剂]。据另一个版本，[取]每味5 dirham的艾菊、酸藤子、yuecum糖、小矢车菊、月桂籽和莎草；每味2 istār的婆罗得的蜜，如果没有婆罗得的蜜，就用[普通的]蜜。然后，将[前述的]研磨的药散放

[1] Oliver Kahl, *Sābūr ibn Sahl, The Small Dispensatory: Translated from the Arabic Together with a Study and Glossaries*, Leiden & Boston: E.J.Brill, 2003, pp.44-45.

[2] Oliver Kahl, *Sābūr ibn Sahl, The Small Dispensatory*, p.123.

入蜜中煮了，再用一块细布将其全部过滤。将此药储放在一个容器中六个月后，需要时每次取2 dirham的剂量，用旱芹和茴香的水冲服。服此药者应该避免刺激、惊讶、饮酒和房事，而他的饮食应该以小鸡肉汤和稠的牛肉汤为主。有些医家说，这剂药并不是源自印度的，而是苏莱曼·伊本·达伍德（Sulaimān ibn Dāwūd）的发明——祝他平安！然而，其他的人坚持该药是印度的。[1]

Sābūr ibn Sahl的两部医方集中的这两个“婆罗得健胃剂”，其配方的原则和药物以及用途大致相同。但后者被注明是“一剂希腊的疗法”，具体说就是出自《圣经》中提到的戴维之子所罗门王之手。对此疗法究竟是来自希腊还是印度，实际上，没有什么可争论之处。值得注意的是，这样的一种印度药物及用法被托名是所罗门王的一项发明，正说明了在印度与古代希腊和罗马地区，存在着药物以及医学理论的交流[2]，而双方交流的有些内容还传入了阿拉伯和波斯地区，构成了文化传播的多个环节。

（2）Ibn al-Jazzar《健忘症及其疗法》

Ibn al-Jazzar（？—980年）撰写了一部名为《健忘症及其疗法》（*Risala Fi Al Nisyan Wa Ilajihi, Forgetfulness and its Treatments*）的著作，婆罗得在其中作用明显。作者指出：

“必刺的儿”（婆罗得）膏子方和古人所配制的由它入药的糖膏剂，与其他的温性的合成药物，采用前述的方式使用，是有益的。它们的益处来自于“必刺的儿”或者类似药物的特殊性能。“必刺的儿”的特殊性能就是能治疗健忘症。[3]

---

〔1〕Oliver Kahl, *Sābūr ibn Sahl's Dispensatory in the Recension of the ʻAóudī Hospital*, Leiden & Boston: E.J.Brill, 2009, pp.170-171.

〔2〕有关上古印度与希腊医学文化之间的关联，可参见：Jean Fillizoat, *The Classical Doctrine of Indian Medicine: Its Origins and Its Greek Parallels*, Translated from the original in French by Dev Raj Chanana, New Delhi: Munshiram Manoharlal, 1964. Klaus Karttuen, *India and the Hellenistic World*, Studia Orientalia, Vol.83, Helsinki: Finnish Oriental Society, 1997.

〔3〕Gerrit Bos, “Bāladhur (Marking-Nut): A Popular Medieval Drug for Strengthening Memory”, p.232.

正由于作者认可"必剌的儿"的特殊性能，因此，《健忘症及其疗法》一书中收录了数个使用了婆罗得的药方。[1]

（3）伊本·西那《医典》

伊本·西那《医典》第5卷《方剂篇》中至少收录了下列四种婆罗得药方。

①"安哈而的牙"（anqardia）方

此方亦名"必剌的儿马准"（Ma'jun al-baladhuri），有益于治疗衰弱。

成分：三勒（黑诃子/诃梨勒、毗酰勒、庵摩勒）各126克、黑莳萝84克、竹黄21克、小豆蔻24.5克、天竺柏21克、婆罗得（肉托果）21克、三辛药（胡椒、长胡椒、干姜）各42克、山薄荷42克、茴芹42克。诸药捣烂，精筛为散，与2.1公斤的糖混溶于足量的水中。诸药揉捏后，置于一个容器中，埋放在一堆麦子中，六个月后方可服用。

②"必剌的儿马准"（Ma'jun al-baladhur）

此方有益于治疗各种胃痛、慢性咳嗽、胃痉挛（gastric vertigo）、癫狂、精神错乱、胸肝脾痛、肾痛、冷性（cold temperament）、子宫痛、痛风、麻风病和忧郁症。

成分：甘松、山茱萸、藏红花、桂皮、桂叶、epithyme、bogrush、巴尔撒摩籽、喜马拉雅大黄、丁香、波斯紫丁香籽、干姜、小芦荟、Indian bedellium、没药、巴尔撒摩油，各30克；乳香12克、婆罗得油（肉托果油）12 克、伞菌12克、蓝色百合根60克、茴香根皮1.35千克、醋10.5升。茴香根皮在醋中浸泡3天，再倒入一个锅中稍微煮一会儿后，将醋过滤。然后，茴香根皮要压榨一下。过滤的醋与675克的蜜混合，用木炭慢慢地煮，直到

[1] Gerrit Bos, *Ibn al-Jazzar, Risala fi al-nisyan (Treatise on Forgetfulness)*, critical edition of the Arabic text and Hebrew translations with English translation and extensive commentary, = Sir Henry Wellcome Asian Series, London, 1995.

它稍微变稠。将上述的药散加入其中。此药每剂3.5克，与适量的浆（舍利别）同服。

③另一剂“必剌的儿马准”（Ma’jun al-baladhur）

此方有益于治疗瘫痪以及面瘫和麻痹。它能使大脑“清纯”和敏锐。

成分：甘松、桂皮、桂叶、没药、藏红花、亚美尼亚苦艾、真菌、向日葵的花、喜马拉雅大黄、巴尔撒摩籽和丁香各7克；被剥了的波斯紫丁香籽30克、干姜30克、乳香10.5克、婆罗得油（肉托果油）10.5克、槟榔子10.5克、伞菌7克（据另一个处方，为28克）、Saqotri芦荟30克、鸢尾草根60克、茴香根皮1.35千克、烈醋4.5千克。

茴香根皮在烈醋中连续浸泡3天，再倒入一个壶中在中火上煮三次。此过程后，将煮好的药汁进行过滤，将根皮拿走，再装入一个锅中，浇上4.5千克的蜜。再用中火煎熬，直到它稍微变稠。将[上述]其他的药物干燥、碾碎、捣成粉末，散在药浆上，完全混合好。此药六个月后方可服用。此药每服剂量3.5克，用温水冲服。

④“八剌都而”（lawarishn al-Baladhur）方

此方适用于治疗慢性胃痛和健忘症。它能改善肤色，强化思维和记忆。它被称作jawarishn al-hukama。据说，它是由所罗门（Solomon）配制的——愿他安息吧！

成分：胡椒、长胡椒、黑诃子、余甘子（庵摩勒）、海狸香各14克；Costus根、婆罗得、酸藤子、白糖、月桂籽各42克；天竺柏28克。

婆罗得单独细细地研磨成散，其他药物也捣烂、细筛，再与等量的牛油和蜜一起煮。然后，所有的药都要相互混合好，以便能凝结。此药六个月后方可服用。口服每剂7克，与芹菜和茴香所熬的汤汁同服。服用者应该避免疲劳、悲伤和愤怒，并戒酒色。病人应给予一种名为asfidaj的精制肥汤。

(vol.5,p.76)

(4)Ibn at-Tilmīḏ的《处方集》

Ibn at-Tilmīḏ(约1047年出生于巴格达)的《处方集》(*al-Aqrābāḏān*)共20章，有424个药方，其中有两个以婆罗得命名的方剂，即：

①“大婆罗得方”

“大婆罗得方”是一种主治偏瘫、战栗，特别是中风以及诸般冷疾的果浆方。[取]每份10 dirham的姜、黑莳萝、艾菊、黑胡椒、长胡椒和水菖蒲，每份5 dirham的芸香叶、阿魏、龙胆根、马兜铃、月桂籽、海狸香、园芹和芥子，五又三分之一dirham的婆罗得果浆(蜜)。诸药精细研磨，与胡桃油混合，再用澄清的蜜调制。此药每次服用榛实大小的剂量。[1]

②“小婆罗得方”

“小婆罗得方”主治苔藓病、弱视、衰老和健忘症。[取]每份10 dirham的黑诃子、毗醯勒、余甘子，每份5 dirham的乳香、球蓟、黑胡椒、干姜和婆罗得果浆，以及足量的蜜与[诸味药散]混合。每剂可以用这些药配制，但有时也可以加入每份5 dirham的水菖蒲、莎草以及印度甘松香。[2]

Ibn at-Tilmīḏ的《处方集》中还有一个名为“诸王健胃剂”的药方，也使用了婆罗得果。

23.3.3 元代二度传入的婆罗得

——《回回药方》中的“八剌都而”

唐宋文献中的婆罗得、婆罗勒与婆罗怛迦等名，均源自印度。而在元代伊斯兰文化东传中土之际，来自波斯、阿拉伯的“八剌都而”等名，可谓是婆罗得的二度传入。元末明初的回回医著中，必然保留了一些婆罗得的药方。《回回药方》中至少有婆罗得的五种音译写

〔1〕Oliver Kahl, *The Dispensatory of Ibn at-Tilmīḏ: Arabic Text, English Translation, Study and Glossaries*, Leiden & Boston: E.J.Brill, 2007, p.219.

〔2〕Oliver Kahl, *The Dispensatory of Ibn at-Tilmīḏ*, p.219.

法："八剌都而""必剌的儿""必剌都而""必剌都儿""伯那的儿"。这五个词语都是阿拉伯语Bāladhur（或转写为baladur）的音写形式。[1]此外，《回回药方》中还有婆罗得的另一个同义词的两种音写形式："安哈而的牙"与"安家儿的牙"。这两个词是阿拉伯语Anaghardiyā或Anaqardiyā的音写形式。

现存《回回药方》为残本，共存4卷，仅约原书（36卷）的九分之一。[2]《回回药方》使用婆罗得的情形可分为有名有方、有名无方两类。依据《回回药方》的卷次，其中使用了婆罗得的药方情况如下：

（1）卷12"众风门"

①"马竹尼谟八的卢里米咱只方"：

马竹尼谟八的卢里米咱只方能治禀气冷者改至热、口眼歪斜、左瘫右痪、白癜风、体颤或麻痹皆得济：

干姜　阿吉而哈而哈即是细辛　少尼子即是香黑子儿

木香　胡椒　菖蒲各一两

干撒答卜即是薄荷　黑黎提提即是阿魏　真体牙拏

咱剌顽的　沙亦他剌只　哈不里阿而

膃肭脐　芥子各五钱　八剌都而的蜜一两

已上药捣罗为末，与制过净蜜相和成膏，每服一钱二分。[3]

②"必剌的儿马准"

"左瘫右痪口眼歪斜类"列出了"必剌的儿马准"方，如下：

又，必剌的儿马准　专治半身不遂、口眼歪斜、浑身惊战、无力忘事、脑中自有病证、痰病、禀性而冷、旺如本身用。

黑诃子　黄诃子　阿迷剌即牛柑子，煮热，各三两五钱

香黑子儿二两四钱　香附子　净蜜各等六钱

〔1〕另参见宋岘《古代波斯医学与中国》，第51页。

〔2〕《回回药方》（影印本），香港：香港中国编译印务有限公司，1996年。

〔3〕《回回药方》（影印本），第49页。

缩砂七个，前辈不用砂仁，用天竺黄六钱　槟榔一两　胡椒　荜拨　干姜　山香菜

茴香各等一两二钱

右同为细末，炼蜜调和成膏，半载之后而用，每服二钱。服此药者，务在冬间。比及服此马准数日之前，先服蓖麻子油，调乳饼滴下之水，却服三服彻他剌丸，轮流而服此油、此丸，却服马准数日之后，方可服此马准。[1]

③“安家儿的牙”与“必剌的儿膏子”

“风湿筋搐类”的“治筋松肉慢”的大方子中，提及了下列的多种疗法：

……本是痰者，可服一钱答儿牙吉，或麦思鲁的秃思，或撒知西你牙，或安家儿的牙，同蜜水调服，或陈酒调服。后过一时放血。[2]

……又说：每夜可服半钱胡椒、半钱米阳黑撒的，或又阿牙里知飞古古剌都减半服，每一匕可吐一次。用古吉牙丸、必剌的儿膏子、却搽邦油，热搽妙矣。[3]

④“小必剌的儿马准”

“风瘸紫白癜类”列出了“小必剌的儿马准”：

小必剌的儿马准　专治紫白癜风、头发少白、心焦忘事用。

黑诃子　黄诃子　阿迷剌即牛柑子，各等三两

乳香　祖法剌　胡椒

干姜　净蜜各等五钱

右药为细末，炼蜜调和，每服二钱。[4]

[1]《回回药方》（影印本），第63-64页。另见宋岘《回回药方考释》上册，中华书局，2000年，第133页。

[2]《回回药方》（影印本），第89页。

[3]《回回药方》（影印本），第90页。

[4]《回回药方》（影印本），第121页。

此“小必剌的儿马准”与Ibn at-Tilmīḏ的《处方集》中的“小婆罗得方”用药基本一致，比较可见，此“小必剌的儿马准”方中显然漏掉了“必剌的儿的蜜”这一味用来命名的主药。

⑤“治身面紫癜白癜风”方

又一方

八剌都而的蜜七钱　阿吉而哈而哈即是细辛　撒答卜即薄荷

法而非荣　沙亦他剌只各一钱

已上药与八剌都而的蜜相和搽之。[1]

⑥“调理禀性马准”

调理禀性马准即是膏子药名，治禀性而冷，口眼歪斜、半身不遂、紫白癜风、恍惚，专宁动止用。

干姜　细辛　香黑子

木香　胡椒　菖蒲各等一两

干薄荷　阿魏　恨忒牙纳

圆咱剌弯　失答剌知　阿儿子

黑则米阳即膃肭脐　芥子各等五钱　蜜煎必剌的儿一两二钱半

右药为细末，炼蜜调和，每服一钱。[2]

（2）卷29“杂证门”

该卷分为“论”和“方”两大部分，“方”部分列举了众多的方剂名称，其中保留了“大伯那的儿秃思膏”一名。据宋岘考证，“大伯那的儿秃思膏”（Baladur Ṭusi）即是来自波斯故地“秃思”（Ṭus，即《元史·太祖本纪》中的“徒思”）的医家所造的一个大型的“伯那的儿”（婆罗得）膏药方。[3]惜此方具体内容不存。

（3）卷30“杂证门”

①“安哈而的牙方”与“马竹尼八剌都而”

〔1〕《回回药方》（影印本），第127–128页。

〔2〕《回回药方》（影印本），第149–150页。

〔3〕宋岘《回回药方考释》上册，第65–66页。

安哈而的牙方即马竹尼八剌都而　人或筋经解散、或暗风、或忘事、或白痰根源生的头疼、或冷根源在胃经肝经脾经腰子等内生的证候；又左瘫右痪、口眼歪斜；又子宫内生的证候；或八哈黑、或癞、或白痰黑血生的等证候，用之皆得济。

甘松　撒答只忻的即枇杷叶　没药

牡丹皮　咱法兰即番栀子花蕊，各一两　石黑鲁迷者

阿福体门　亦即黑而　大黄

哈不里八尼去壳　丁香各一两　阿里浑八钱

锁珊根即马蔺花根，一两　八剌都而蜜五钱　茴香根的皮六十两

已上洗将茴香根的皮在一百两醋内浸一昼夜，滤过，将蜜其分两比上药总分两三倍，却与醋同熬，熬去醋留蜜，后将上药捣罗为末，与蜜相和，收藏六个月用。每服一钱，以温热水送下。若有忽邻只即肠风内结证候，或口眼歪斜，与失必提汤即是野茴香汤同吃。有一等医书内说：八剌都而蜜二钱四分、麻思他其即西域芸香也二钱四分、锁珊根即马蔺山（花）根二两、干姜、芦荟各一两、净蜜二百两。[1]

所谓“马竹尼八剌都而”即“马准八剌都而”（Ma‘jūn Baladar）。从将茴香根的皮在醋内浸泡这一配药的程序来看，此“安哈而的牙方”与前引Sābūr ibn Sahl的《小方书》中的安哈而的牙方、《医典》中的另一剂“必剌的儿马准”有着密切的关系。又，《回回药方》中紧接此方之下的“又一方”，也使用了“八剌都而蜜”，[2]其主治与此方类似。

②“马准必剌的儿二方”

马准必剌的儿　治筋松、脑疾忘事、头疼、因风痰头旋；治胸间肝脾肾冷、半身不遂、口眼歪斜、语言不正、妇人胎前产后病证、小儿惊痫吐泻、紫白癜风病证，皆可服矣。

甘松　撒答　没药

[1]《回回药方》（影印本），第299–300页。另见宋岘《回回药方考释》上册，第76–77、第240页。

[2]另见宋岘《回回药方考释》上册，第241页。

牡丹皮　撒法郎即番栀子花蘂，各等一钱　瓦黑失失

阿夫忒蒙　阿的黑儿　茜草

净邦子　丁香各等一钱　云香

伯里桑子　干姜　伯里桑油

芦荟各等一钱　阿里公八钱　马蔺花根一钱

必剌的儿五钱　茴香根皮一斤半

右将药为末，茴香根皮用好醋二斤半，浸一昼夜，却就煮，滤过，去滓，用蜜一斤一十二两，同醋再熬，至醋尽，存稠蜜调和药末，成膏。每服一钱或二钱，用蜜水送下。如常可服，共二十味。

马准必剌的儿　治病同前。

诃子　平面诃子　熟金樱子各等三两半

香黑子二两四钱　香附子　必剌的儿各等六钱

缩砂七钱　或用天竺黄代缩砂，六钱重　柴胡一两

胡椒　荜拨　干姜

法里贾里蒙　茴香各等一两二钱

右将药为细末，炼蜜去沫，调成膏子。经半载为度。每服二钱，服者冬月妙矣。比及服药数日前，用草麻子油，调马兀兀酥鲁吃数日，一服马准即膏子药。常服冬月，每服二钱，共一十三味。[1]

③“大必剌的儿马准”

大必剌的儿马准　专治筋松病证、脑病忘事、头疼头旋、为因有痰。又治胸肝脾肾为因冷生病、半身不遂、口眼歪斜、妇人胎中病证、疳疮、紫白癜风、因风痰疾。用

甘松　撒答　牡丹皮

没药　撒法郎即番栀子花蘂，各等一两七钱　瓦黑失失

〔1〕《回回药方》（影印本），第368–369页。

阿夫荣即黑御米子熬的膏子味，有毒，修合后半年者方可服　阿的黑儿大黄

邦子　丁香各等一两七钱　云香

伯里桑子　干姜　芦荟

伯里桑油各等一两七钱　阿里公八钱　紫马蔺花一两七钱

净蜜五钱　茴香根皮一斤半

右药为细末，却用剌则牙纳根一斤半，用好醋二斤半，浸一昼夜。却熬数沸，去渣，用醋比药加倍，同煎至稠，却下药末，一同调和成膏。每服一钱至二钱。[1]

与前述的几种药方比较，此“大必剌的儿马准”显然漏掉了一味主药“必剌的儿”。此方中的“剌则牙纳根”应即茴香根皮的音译。

（4）卷35之“众毒门”

本卷之“众毒门”下“鲜服药毒类”列出了“又治必剌的儿”[2]“八剌都而”两种，[3]虽原书不存，其具体内容难知。但从其所处的文本结构而言，《回回药方》的作者（或编者）是将婆罗得（“必剌的儿”“八剌都而”）当成了鲜服而有毒之药，这与前引多位伊斯兰医家关于该药的毒性论述正好吻合。

又，《回回药方》卷30“杂证门”下列的“醒省膏子　治心气痛、忘事不能记念、脑间燥热病证并皆可服用”一方中，也用了“必剌都而”。其配药的过程特别提到：“右将药为细末，必剌都儿别碾，却用酥油称过，同麸滤过，看必剌都儿比蜜药多一两者，可合诸药。蜜少些，无伤。若蜜、必剌都儿此二味多如油一两者，方可合药。每服二钱，用可剌夫失根煎汤下，或剌则牙那汤下。合至半载，方可服矣。”[4]

---

〔1〕《回回药方》（影印本），第374页。另见宋岘《回回药方考释》上册，第283页。

〔2〕另见宋岘《回回药方考释》上册，第111页。

〔3〕《回回药方考释》，第112页。

〔4〕《回回药方》（影印本），第323页。

从《回回药方》中的这些以婆罗得命名或者入药的方剂可以看出，婆罗得主要用于治疗无力忘事、脑中自有病证、脑病忘事（脑疾忘事）、头疼头旋（因风痰头旋）、忘事不能记念、脑间燥热病证等，其主治功能就是改善和提高记忆。

不过，《回回药方》中的“答洼兀西撒纳方”中用“八剌都而”治疗白发，具体内容如下：

> 答洼兀西撒纳方　即是常年服的药，极有功效。阿剌必法而西国王多用。凡发白者用，不益其白；发黑者用，则常黑不变。又凡人脏毒痔疮、纳速而疮即谷道里的痔疮也证候、班（斑）点、白癜风、黑癜风、癞疮及各体骨节疼，用之皆得济。又能添知觉之力。凡身中的力皆益强壮，至于精神愈添矣。
>
> 黑诃子　八里刺　牛柑子各二两八钱
>
> 少尼子即黑香子儿，二两四钱　黑胡椒　兀沙吉
>
> 荜拨　干姜　非力肥厘木耶各二两二钱
>
> 纳而谟失其即麝香当门子　草果　香附子各二钱
>
> 荜澄茄　八剌都而各六钱　法尼的沙糖昔吉即者，六十两
>
> 已上药除沙糖外，余皆捣罗为末，后将沙糖捣细，以水化开，与上药相和作饼，每饼二钱一分半。每朝日一饼。服此之年，诸等生菜并诸妳子皆可忌也。[1]

宋岘指出，“答洼兀西撒纳方”即“整年用的药”“全年用的药”，是阿拉伯语Dawā'u sasanah的音译。它对应的是《医典》卷5中的“列王的化食丹，它是整年用的药”（Juwārishn al-Mulūki wa huw Dawā'u sasanah）方，乃诸国王所常用的。此“答洼兀西撒纳方”则是“阿剌必法而西国王多用”，即阿拉伯的（'Arabī，阿剌必）和波斯的（Fārisī，法而西）国王们常用之药。[2]这剂阿拉伯和波斯的国王们御用的“极有功效”之药，能使服用者白发变黑、益力强壮、精神愈

[1]《回回药方》（影印本），第315–316页。

[2]宋岘《回回药方考释》上册，第79–80页、第252页。

添，其用法与印度生命吠陀中将婆罗得作为长年药、中医将婆罗得作为乌发药使用，是一致的。

23.4 小结

婆罗得是古代天竺地区出产的药物，被生命吠陀的医家作为长年药使用，佛教徒亦用之于密教仪轨之中。婆罗得从印度向西传播，或有两条途径：其一，传入古罗马帝国（拜占庭和叙利亚地区），被医家纳入本草之中，根据其外形，取其拉丁语名称为anacardia。此名复向东回传，被阿拉伯和波斯的医家所吸收，被称作anaqardiyā，再传入中土，即《回回药方》中所译的"安哈而的牙"和"安家儿的牙"。其二，传入伊斯兰世界（阿拉伯与波斯地区），据其梵语bhallātaka名称而取名为balādhur（或balādur），被多位大医家吸纳，主要用来提高记忆，改善健忘等病证。伊斯兰医学中的婆罗得用法，又传入犹太医学家Maimonides（1135—1204年）、Moshe Narboni (约1300—1362年)、Isaac Abrabanel（1437—1508年）等人之手，进一步扩展了婆罗得果在不同宗教信仰的人群中的使用。

婆罗得首次从印度向东传播，一为西域地区，被吐火罗、于阗和吐蕃等丝绸之路要道的医家所用。一为敦煌和中原地区，其译名"勃罗得迦""拔罗得鸡""拔罗得计""婆罗怛迦""漆木"（染木）既出现于汉译佛经之中，其术又被中医家所吸收。在出土文献和传世的中医本草与医方著作中，均留下了使用该药（婆罗得、婆罗勒）的痕迹。中医的这些认知继续东传，流入了日本。在近代兰医学传入之前，日本医家秉承的就是中医的这些认知。与印度、东罗马、伊斯兰、犹太地区的医家用该药配方内服不同，中土的医家主要是利用该药的果浆汁液外用，主用该药来乌发，而方家使用该药炼丹。虽然婆罗得在中土的这些用法基本上也可以追溯到印度和波斯的医家那里，不是中医家的新发明，但是，从现存的几个唐宋时期的婆罗得药方可以看出，中医家的思想基础是出于对长生不老的追求，乌发正是长生的一个重要标志之一，[1]因此，中医家对婆罗得的引入与使用，可谓是唐宋之际渴望长生的社会风气的反映。

婆罗得的第二次东传则是从伊斯兰世界向东传播，《回回药方》可视为其东传的主要标志。《回回药方》残卷中保留了婆罗得的两组名称——“八剌都而”“必剌的儿”“必剌都而”“必剌都儿”和“伯那的儿”；“安哈而的牙”和“安家儿的牙”。《回回药方》中的相关医方“大必剌的儿马准”“必剌的儿马准”“小必剌的儿马准”“马准必剌的儿”“马竹尼八剌都而”“安哈而的牙方”“答洼兀西撒纳方”[2]等基本上可以在伊斯兰医方集中找到原型。然而，《回回药方》所代表的伊斯兰医学在元明时代的中医经典著作中影响不多，明代《本草品汇精要》《补遗雷公炮制便览》《本草纲目》等大型本草著作中，对婆罗得的认识基本上仍然停留在唐代《本草拾遗》的水平，也没有宋代《证类本草》中的叙述层面，可以说即便是李时珍这样博览的大医家对伊斯兰医学知识的接触和了解也不多，其著作中没有引用伊斯兰医学对婆罗得的深入分析和多种用法，也就不觉得奇怪了。

总之，婆罗得虽算不上是一味特别著名的药物，但是，它的传播与使用的过程仍然是相当复杂的。在不同的医学文化背景下，这味药的变迁多姿值得进行认真的研究。

---

〔1〕陈明《殊方异药——出土文书与西域医学》，第11章《乌发沐首——西域胡语医学文书中的生活习俗例释》，北京大学出版社，2005年，第214–234页。

〔2〕《学医入门》中有类似的“答洼安哈而的牙（Dawā’ al-anqardiyā）方”。Cf. Abū al-Faraj‘Alī ibn al-ÿusayn ibn Hindū, *Miftāþ al-ñibb wa-minhāj al-ñullāb / The Key to Medicine and a Guide for Students,* Translated by Dr Aida Tibi, Garnet Publishing, 2010, p.90.

24　东方摩尼教文书的“佛教化”例释

芮传明　上海社会科学院

摩尼教自号为第一个“世界宗教”，意谓其教传遍全世界，并尽量使用当地的语言传播。此话倒也不算过分夸张，因为在西起埃及、欧洲、西亚，东到中亚、中国的摩尼教文书中，仅仅就摩尼教徒自己撰写的文书的语种而言，就包括科普特语、叙利亚语、中古波斯语、帕提亚语、吐火罗语、粟特语、突厥语、汉语等；如果再加上同时代或后代非摩尼教教徒所撰文献的语种，则还有希腊语、拉丁语、阿拉伯语等。因此，综观古代的摩尼教文书，涉及语种之多，包含相异文化因素之多，是空前的。

毋庸赘言，摩尼教自创教之始，就吸纳了相当多的佛教因素。但是，随着它在摩尼身后向中亚地区的急剧发展，其文书展现的佛教色彩更为明显，有时甚至可以认为，这些摩尼教文书是大段抄录佛经而成。于是，这就形成了一个有趣的现象：不少貌似佛经的文书，实际上却是摩尼教的典籍，因为其“形式”固然表现为佛教性质，其“内涵”却仍属摩尼教性质。本文拟从见于吐鲁番的非汉语文书中挑选数例，以说明这一现象，并做若干分析和解释。

24.1　“摩尼致末冒信”的形式颇似佛经

所谓的“摩尼致末冒信”，是指声称由教主摩尼写给其主要弟子之一末冒（Mar Ammo）的信函，用帕提亚语书写。其文书编号为T II

DⅡ134Ⅰ，亦即M 5815Ⅰ。该文书的拉丁字母转写和德译文载安德鲁斯和亨宁的《中国突厥斯坦之摩尼教中古伊朗语文书》第三部分；[1]其拉丁字母转写和少量注释见博伊丝的《摩尼教中古波斯语和帕提亚语读本》；[2]其英译文既见于阿斯姆森的《摩尼教文献》[3]，也见于克林凯特的《丝绸之路上的诺斯替教》[4]。下面，是该“信”的汉译文：

清白者的亲切教导[5]

……如果有人打击你，不要回击他。如果有人憎恨你，不要也恨他。如果有人妒忌你，不要也妒忌他。如果有人向你发怒，你得始终友善地与他谈话。凡是你不愿意别人对你所干的事，你自己也不要对别人做。或者说，一个人应该忍受来自于地位比他高的人、地位与之相等的人，以及地位比他低微的人的凌辱和虐待；任何人都不能使得具有忍耐力[6]的电那勿[7]产生哪怕些微的动摇。就如有人向大象掷花，花却丝毫不会伤害大象一样。或者，这就如雨滴落在石头上，雨滴融化不了那石头。同样的道

[1] F. C. Andreas-W.Henning: “Mitteliranische Manichaica aus Chinesisch-Turkestan. Ⅲ”, *SPAW*, Juli 1934, pp.854-857.

[2] M. Boyce: *A Reader in Manichaean Middle Persian and Parthian*, “text r”, Téhéran-Liège, Bibliothèque Pahlavi, 1975 (*Acta Iranica 9*), pp.50-52.

[3] Jes P. Asmussen, *Manichaean Literature: Representative Texts Chiefly from Middle Persian and Parthian Writings*, New York: Scholars Facsimilies & Reprint, 1975, pp.57-58.

[4] H-J. Klimkeit: *Gnosis on the Silk Road: Gnostic Texts from Central Asia*, New York: Harper, 1993, pp.259-260.

[5] 这一标题是根据文书末尾之句而复原，帕提亚语的拉丁字母转写为n'g'n wyfr's wxš。其中的n'g (nāg)被译成德文Sündlosen、英文sinless，意为“无罪的”“无辜的”“清白的”等，但是其确切的含义仍有疑问。或谓此词借自梵文anāgas (an-为具有否定意义的前缀，āgas则为过错、罪过)；或谓借自梵文nāga（是为龙、象、龙神等意）。

[6] 帕提亚语hwpt'w (*hupattāw*)意为忍耐。一般情况下，此词并无特殊的含义，但是，在此结合上下文来看，则与佛教特别强调的“忍”字的含义十分接近；梵语kṣānti（意为忍辱）为佛教的“六波罗蜜”之一，大有讲究。因此，文书关于“不能丝毫动摇忍耐力”云云的说法，当是其佛教色彩的体现方面之一。

[7] 帕提亚语dyn'br (dēnāβar)兼作形容词和名词，意为宗教的、虔诚的、正直的，或者意为信徒、真信者、纯洁者；在中亚的摩尼教中，多用作为专业修道士“选民”的称呼，但有时也作为整个教会的总称，而其中显然包括了并非“选民”的俗家信徒，即“听者”。

理，凌辱和虐待决不可能导致一位有忍耐力的电那勿产生哪怕些微的动摇。[1]

有时候，电那勿应使自己崇高得犹如须弥山[2]。有时候，电那勿应使自己谦卑得犹如……[3]有时候，电那勿应显得像个学生，有时候则显得像个老师，或似一个奴仆，或似一个主人。

同样的道理，在他有罪过之时，清净的电那勿就应静坐默思[4]，对罪过感到厌恶，转而为善。

（第58至67行难以辨认，略而不译）

我，末摩尼，是清白者，是写信的人；你，末冒则是收信者。名为阿空达[5]的即是暗魔阿赫尔曼[6]。我已说了这些话，因此每个人都应该服从这些教导，认真听取。凡是聆听它们，相信它们，将它们记在心中，并落实在真诚的行动中的一切众生，

---

〔1〕*Gnosis*, p.267, note 12谓“凌辱和虐待决不可能导致一位有忍耐力的电那勿产生哪怕些微的动摇”一语所反映的思想，即是佛教的“舍”（梵语upekṣā）观念。这可能有所误解，盖因upekṣā意为平静、无关心，为不浮不沉，保持平静、平等的精神状态，无有杂染之心境。而文书的这句话以及与之类似的其他诸语，更可能体现了佛教梵语kṣānti的精神，即“忍辱”——令心安忍，堪忍外在之侮辱、恼害等。

〔2〕帕提亚语smyr (sumēr) 是源自梵语sumeru的外来词，而后者则是古印度神话传说中的一座神圣高山，为世界的中央，后来被佛教的宇宙观所袭用。其汉文音译名通常作须弥（山）、苏迷卢（山）或须弥卢（山）等；由于梵语亦作略语Meru，故汉译也相应作弥楼（山）等。汉文佛经中的意译名有妙高山、妙光山、好高山、善高山、善积山等。本文书的帕提亚语专名作smyr kwf，而kwf (kōf)意为“山”。

〔3〕“有时候，电那勿应使自己谦卑得犹如……”一句，见于*Mir. Man.* III 的德译文(p.855)和*Literature* 的英译文(p.58)，但是未见于*Gnosis* 的英译文(p.259)。不过，若按本段文字接连使用的对偶的排比句式的规律，此句是应该存在的，故汉译如正文。

〔4〕在此，帕提亚语用的是'ndyšyšn (andēšišn)，意为“思想”“思考”，亦即摩尼教重要教义“五妙身”相、心、念、思、意之第四“思”；安德鲁斯-亨宁之德译和克林凯特之英译均作meditation。诚然，摩尼教文书中使用“思（meditation）”词，可以视作是摩尼教重要教义的体现；但是另一方面，此词的意思也相当于梵语dhyāna，亦即佛教所谓的“禅”。我认为以后者更为适宜。

〔5〕摩尼教中作为暗魔之名的帕提亚语 ”kwndg (Ākundag) 源自琐罗亚斯德教，在《阿维斯陀》经典中作Kunī、Kund、Kunda、Kundi、Kūndag等形式。按摩尼教的说法，世界（包括九天十地等）在最初被净风神创造时，其主要成分便是被杀诸魔的尸身，植物便是由阿空达的头发变成，是为巨大的怪物。按一份突厥语文书说，其头颅在世界的东方，下肢在西方的陆地，双肩在北方和南方，身体的中央即是须弥山。参见*Researches*, pp.177、185、186等处。

〔6〕帕提亚语'hrmyyn (ahreman)通常是暗魔即恶神之首的名字，源于琐罗亚斯德教，是善良主神Ohrmazd的最大对立面，在《阿维斯陀经》中称Angra Mainyu。

都将获得拯救，脱离生死流转[1]，并将解脱罪孽。我，末摩尼，和你，末冒，以及过去时代的一切人与当今时代再生[2]的一切幸运者，还有在未来的再生者，都将因这清净戒律，因这完善智慧，因这善业和柔顺[3]而被救，脱离生死流转。在这样的生死流

〔1〕帕提亚语z'dmwrd (zādmurd)一词，意为灵魂的转世，或在生与死之间的循环。这种灵魂转世、再生的信仰遍见于古代世界的各宗教之中；或以为摩尼教文书的这一帕提亚词即古希腊词μεταναστεύω（相当于英文transmigrate）观念的反应。然而，在此似乎更像是佛教思想的借鉴。克林凯特已经指出，此词若按字面意思，即是“生–死”，而这便相当于佛教的saṃsāra（轮回）观念（见*Gnosis*, p.268, note 20）。此说固然不错，但是作者并未意识到的一点是，佛教的梵文术语中另有jātimaraṇa一词，与saṃsāra同义，而其发音则显然与帕提亚词zādmurd相若，亦即是说，后者很可能是前者的借词。在汉文佛经中，jātimaraṇa被意译作“生死”，或音译作缮摩末剌諵、阇提末剌諵等，意谓因业而于天、人、阿修罗、饿鬼、畜生、地狱六道迷界中生死相续，永无穷尽。佛教中频繁使用“生死流转”一语表达此意，如“令彼众生无明所盖，爱系其首，长道驱驰，生死轮回，生死流转，不知本际”（《杂阿含经》卷6）。由于其他摩尼教帕提亚语文书中另有借自梵语saṃsāra的sms'r (samsār)一词，故为了尽可能确切地分辨这两个同义词在摩尼教文书中的使用场合，本文将z'dmwrd译作“生死流转”，而非“轮回”（sms'r）。

〔2〕帕提亚语'jy (āžay)是动词，意为“再次诞生”，与之同义的名词为'jwn (āžōn)，二者都可能是粟特语的借词。然而，在粟特语中，无论是”jy (āžāy)，还是源自 ”jy 的 'žy (āžay)，都只是 (to) be born，即“（被）生”之意（见B. Gharib, *Sogdian Dictionary*, p.5, item 125及p.94, item 2369）。因此，在摩尼教的帕提亚语文书中，显然进一步引申了该词，使之具有“再生”的含义，甚至，在许多场合，将它用作为专门体现摩尼教“转世再生”即“轮回”教义的术语。或许正是鉴于这种现象，安德鲁斯和亨宁的德译文在这里两度出现 'jy的地方，都谨慎地译作“(wieder-) geboren”，即“（再次）诞生”，以表明“再生”是原词的引申义（见*Mir. Man.*Ⅲ, p.856）。

〔3〕帕提亚语文书在这段文字中，采用了“因（或通过）……而被拯救”的句式，并是排比句式，即“因/通过……，因/通过……，因/通过……”云云。*Gnosis* (p.259)只译出了最后一句“因这善业和柔顺”，而未见前两句，可能是疏漏之故。*Mir. Man.* Ⅲ(p.856)的德译英文和*Literature* (p.58)的英译文则均全部译出，分别作“Da ja durch dies reine Gebot und durch diese vollkommene Weisheit, durch diesen Dienst und diese Demut”和“through this pure commandment and through this perfect wisdom, through this activity and this humility”，故汉译从之，译如正文。这三点可分别相应于佛教的主要概念“戒”“慧”“定”，体现了浓重的佛教色彩。

转中，除了悟识之人[1]积累福与善[2]之外，没有更美好的事情了。凡是追随我摩尼，寄希望于尊神霍尔密兹德[3]，以及要求清净和正义的电那勿充当其首领的人，都将获救，被救离生死循环，获得最终的拯救。

"清白者的亲切教导"至此结束。

关于本文书的佛教色彩，大致可以见于如下几个方面：

第一，关于文书的标题。上文注释已经提及，帕提亚语n'g（nāg）或被认为借自梵语anāgas，意为"无罪的""无辜的"；或谓借自梵语nāga，意为龙、象、龙神等。显然，不管做何解释，简短的标题中肯定包含了印度文化因素。而十分清楚的一点是，该标题表明，这是用摩尼自称的口吻对末冒或其他信徒所做的训诫，那么，作为教主的摩尼，应该更习惯于用怎样的头衔称呼自己呢？

按汉译佛经的惯例，nāga既可指称"龙"（dragon），也可指称"象"（elephant），特别是在用其喻义时，更是二名互易，乃至合称为"龙象"；因为龙为水域王，象为陆地王，二者都有"最具威力""最胜"之意。正是鉴于此，"龙象"逐渐引申为指称具备最胜禅定力的有德高僧，或者有识见、能力的佛道修行者，例如，称断除诸结

〔1〕帕提亚语'šn's (išnās)意为知道、认识、理解等，频见于文书的各处。此词不仅有一般意义上的"了解"之意，似乎更有摩尼教色彩的"觉悟（真理）"之意，例如，帕提亚语文书M 39Ⅴii中使用该词的一语云："尊神啊，能够悟识到你的技能、刚毅和神奇威力的清净和真诚的每一个人，都是幸运的！"（见Mir. Man. Ⅲ, p.885及Gnosis, p.59等处）。显然，这里的"悟识"乃是具备了宗教上的高级智慧之后的一种体现；所以，这与佛教所谓的"觉"（梵语bodhi，音译"菩提"）十分相似：意为觉、智、知等，即断绝世间烦恼而成就涅槃的智慧。

〔2〕帕提亚语pwn (pun)意为善业、功德等，乃是梵文puṇya的借词，而后者则是佛教中的一个重要概念，汉译通常作"福"或"福德""功德"，是指能够获得世间、出世间幸福的行为。

帕提亚语kyrbg/qyrbg (kirbag)是形容词或名词，意为优良的、有德的或虔诚、仁慈等；kyrdg'n/qyrdg'n (kerdagān)也是名词和形容词，意为行为、业绩、善良业绩的、虔诚的。本文书在此使用了kyrbg kyrdg'n的词组，所强调的意思便是"善业"。这一观念与佛教的"善"（梵语kuśala）观念十分相似——广义地说，佛教的"善"是指与善心相应之一切思想行为，凡契合佛教教理者均是。显然，帕提亚文书在此提到的"福"与"善"，不仅仅分别与佛教观念对应相似，并且也如佛教一样，二者往往相提并论，组合应用。由此更见这是借鉴了佛教色彩。

〔3〕帕提亚语'whrmyzd (ohrmezd)本是伊朗琐罗亚斯德教的最高善神之名，也作Ahuramazda、Hormazd等。此名被摩尼教所借鉴，作为本教的主神之一，称作"初人"（First Man/ Primal Man），而在汉文典籍中则称"先意"。

漏的菩萨为"大龙象菩萨摩诃萨"："尔时纯陀白佛言：'世尊，如是如是，诚如圣教。我今所有智慧微浅，犹如蚊虻，何能思议如来涅槃深奥之义？世尊，我今已与诸大龙象菩萨摩诃萨，断诸结漏文殊师利法王子等。……'"〔1〕或者，更以"龙"或"龙象"尊称佛陀：

尊者乌陀夷叉手向佛白曰："世尊，象受大身，众人见已，便作是说，是龙中龙，为大龙王，为是谁耶？"世尊告曰："……是故我名龙。"于是，尊者乌陀夷叉手向佛白曰："世尊，唯愿世尊加我威力，善逝加我威力，令我在佛前，以《龙相应颂》颂赞世尊。"世尊告曰："随汝所欲。"于是，尊者乌陀夷在于佛前，以《龙相应颂》赞世尊曰："正觉生人间，自御得正定，修习行梵迹，息意能自乐。人之所敬重，越超一切法，亦为天所敬，无着至真人。越度一切结，于林离林去，舍欲乐无欲，如石出真金。普闻正尽觉，如日升虚空，一切龙中高，如众山有岳。称说名大龙，而无所伤害，一切龙中龙，真谛无上龙。……"〔2〕

又如，"大龙王""大象王"也是佛祖如来的异名："云何于无量义说无量名？如佛如来，亦名如来，义异名异；亦名阿罗呵，义异名异；……亦名大医王，亦名大象王，亦名大龙王，亦名施眼，亦名大力士，亦名大无畏，亦名宝聚，亦名商主，亦名得脱，亦名大丈夫，亦名天人师……"〔3〕

由此可见，梵语nāga在佛教中完全可以成为教主释迦牟尼的异名之一。那么，大量借鉴佛教文化，并把自己置于佛教、琐罗亚斯德教、基督教等教主并列地位的摩尼，也就完全可能自称为"龙""象"或"龙象"。所以，在这份佛教色彩浓厚的摩尼教文书中，将

〔1〕〔北凉〕昙无谶译《大般涅槃经》卷2《寿命品第一之二》，《大正藏》，第12册，第374号，大正十四年六月版，第373页中、下。

〔2〕〔东晋〕瞿昙僧伽提婆译《中阿含经》卷29《大品龙象经第二》，《大正藏》，第1册，第26号，大正十三年五月版，第608页中、下。

〔3〕〔北凉〕昙无谶译《大般涅槃经》卷33《迦叶菩萨品第十二之一》，《大正藏》第12册，第374号，大正十四年六月版，第563页下–564页上。

摩尼譬喻为“龙”或“龙象”的可能性远大于取平淡的“无罪/清白者”为号的可能性。既然佛经《中阿含经》卷29列有《龙象经》之名，则这份摩尼教文书之标题借鉴这类佛经名称，并非没有可能。

第二，文书的前半部分反复强调的意思几乎只有一个词——“忍耐”：不要报复对自己殴打、憎恨、发怒的人；不要将自己也厌恶的事加诸他人；应该忍受任何人的凌辱；真正的修道者可以经得起任何凌辱。诸如此类的说教，与佛教的“忍辱”之说十分相像。

梵语pāramitā，汉译“波罗蜜”或“波罗蜜多”等，有到达彼岸、终了、圆满等意，意为从生死迷界之此岸到涅槃解脱之彼岸，通常指菩萨的修行。按照佛教的各经论，分别有六波罗蜜、十波罗蜜或四波罗蜜等说法。忍辱则是重要的波罗蜜之一，是菩萨修行的必然项目。

“忍辱”是梵语kṣānti的意译，意即安忍、忍耐；音译作羼底、乞叉底。这是指令心安忍，能够忍受外在之侮辱、恼害，凡加诸身、心的苦恼、苦痛都能忍受。按佛经，大致可以这样定义忍辱波罗蜜：“于诸一切不饶益事心不瞋恨；若骂，若瞋，若打，一切恶事来加其身，不生报心，不怀结恨；若彼求悔，应时即受；不令他恼，不求他求，不为有畏，不为饮食而行忍辱；于受他恩，不忘还报。”[1] 若更具体一些，则如释迦牟尼的描述：

> 舍利子，云何菩萨摩诃萨忍辱波罗蜜多？是菩萨摩诃萨为护禁戒，发起勇猛，修行具足忍辱波罗蜜多。修是行时，世间所有一切娆恼不饶益事，皆能忍受。若寒热、饥渴、暴风、酷日，若蚊虻、水蛭、毒虫之类，共来触恼，悉能安受；若诸众生以恶语言互来毁谤，及欲损害菩萨身命，菩萨尔时心无恐怖，不生恚恼，亦无怨结，已生、现生、当生悉能忍耐。舍利子，是名菩萨摩诃萨修行具足忍辱波罗蜜多。又，舍利子，我于往昔长夜之中，常修如是忍辱观法。若一切有情固来毁骂，加诸瞋恚而行捶

---

〔1〕〔元魏〕菩提流支译《深密解脱经》卷4《圣者观世自在菩萨问品第十之一》，《大正藏》第16册，第675号，大正十四年五月版，第683页上。

打，以粗恶语种种诽谤，我于尔时不生忿恚，不生嫉妒，不生恼害，亦不以其不饶益事，反相加害。[1]

不难看出，上引摩尼对末冒的“不要报复”的几条训诫，只不过是佛经中世尊对舍利子所述“忍辱波罗蜜”内容的精选而已；那么，“信”很可能摘录和编译了佛经的相关章节。

第三，本文书在不少细节描述方面（包括用词乃至句式）也借鉴了佛经。这类例证不少，比如：“凡是你不愿意别人对你所干的事，你自己也不要对别人做”一语，固然是普遍见于古代世界各大宗教文化中的“黄金规则”，但在佛经中频繁强调的程度，却似乎超越了其他所有的典籍。“佛教国王、长者、吏、民，皆令不得杀生、盗窃、犯他人妇女，不得两舌、恶口、妄言、绮语，不得嫉妒、悭贪、狐疑。当信‘作善得善，作恶得恶’，己所不欲，莫施于人。”[2]“善男子，所谓菩萨，已所不欲，勿劝他人。……我说此言，汝等当知，己所不欲，勿劝他人。”[3]“善男子，有一种法，菩萨摩诃萨常当守护。何等一法？所谓‘己所不欲，勿劝他人’。”[4]“[佛曰：]师弟之义，义感自然，当相信厚，视彼若己，己所不行，勿施于人。弘崇礼律，训之以道；和顺忠节，不相怨讼。弟子与师，二义真诚。”[5]“佛言：人于世间，不持刀杖恐人，不以手足加痛于人，不斗乱别离人，己所不欲，不施于人。”[6]诸如此类，都见于较早时期的汉译佛经。

---

〔1〕〔宋〕竺法护等译《佛说大乘菩萨藏正法经》卷24《忍辱波罗蜜多品第八之余》，《大正藏》第11册，第316号，大正十四年四月版，第841页中。

〔2〕〔南朝宋〕求那跋陀罗《申日儿本经》，《大正藏》第14册，第536号，大正十四年一月版，第819页下。

〔3〕〔元魏〕菩提流支译《无字宝箧经》，《大正藏》第17册，第828号，大正十四年九月版，第871页下。

〔4〕〔唐〕地婆诃罗再译《大乘遍照光明藏无字法门经》，《大正藏》第17册，第830号，大正十四年九月版，第875页上。

〔5〕〔后汉〕安世高译《佛说阿难问事佛吉凶经》，《大正藏》第14册，第492号，大正十四年一月版，第753页中。

〔6〕〔后汉〕安世高译《佛说分别善恶所起经》，《大正藏》第17册，第729号，大正十四年九月版，第517页中。

第四，“一个人应该忍受来自于地位比他高的人、地位与之相等的人，以及地位比他低微的人的凌辱和虐待”一语，表达了佛教之“忍辱”必须是不分对象的，即不能因对方地位尊贵就“忍”，而对方地位卑微就不“忍”。而摩尼教文书的这一教导在佛经中有着充分的体现。按佛经，有32种具体表现可以称得上是“菩萨清净行忍辱波罗蜜”，而“十八者，菩萨为十方天下人下屈，是为忍辱”〔1〕。又，“佛告无善神：‘菩萨有八法超诸德上。何等为八？菩萨于是离于贡高，为一切人下屈谦敬，受教恭顺，言行相副，谦顺尊长”〔2〕。显然，在此特别强调了佛教修行者“为一切人下屈”的原则。《大般若波罗蜜多经》的一段话更具体地展示了佛教平等对待一切众生的“忍辱”思想：

> 我应饶益一切有情，何容于中反作衰损？我应恭敬一切有情，如仆事主，何容于中反生憍慢、骂辱、凌蔑？我应忍受一切有情捶打、呵叱，何容于中反以暴恶身语加报？我应和解一切有情，令相敬爱，何容复起勃恶语言，与彼乖诤？我应堪忍一切有情长时履践，犹如道路，亦如桥梁，何容于彼反加凌辱？〔3〕

而与摩尼教文书最为对应的佛经句子，恐怕当为《杂宝藏经》所言：“忍者应忍是常忍，于羸弱者亦应忍，富贵强盛常谦忍，不可忍忍是名忍。……见人为恶而不作，忍胜己者名怖忍，忍等己者畏斗诤，忍下劣者名盛忍。”〔4〕在此清楚提出了对“胜己者（宝贵强盛者）”“等己者”和“下劣者（羸弱者）”三类人物“忍”的概念。这不但符合佛教“为一切人下屈”的思想观念，也与摩尼教文书中应忍受地位高、等、下三类人之辱的教诲完全吻合。

---

〔1〕〔后汉〕支娄迦谶《佛说伅真陀罗所问如来三昧经》卷中，《大正藏》第15册，第624号，大正十四年三月版，第357页上。

〔2〕〔西晋〕竺法护译《佛说海龙王经》卷3《燕居阿须陀受决品第十二》，《大正藏》第15册，第598号，大正十四年三月版，第148页上。

〔3〕〔唐〕玄奘译《大般若波罗蜜多经》卷455《第二分同学品第六十一之二》，《大正藏》第7册，第220号，大正十三年十二月版，第297页中。

〔4〕〔元魏〕吉迦夜共昙曜译《杂宝藏经》卷3《二九：龙王偈缘》，《大正藏》第4册，第203号，大正十三年六月版，第463页上。

第五，摩尼教文书关于任何外力不能动摇“电那勿”的譬喻（犹如以花击象，以水滴石），也完全源自佛经。例如，见于《杂宝藏经》的句子：“能受恶骂重诽谤，智者能忍花雨象。若于恶骂重诽谤，明智能忍于慧眼，犹如降雨于大石，石无损坏不消灭。恶言善语苦乐事，智者能忍亦如石。”[1]足见“花雨象（大量的花击落到象身上）”这样一个譬喻正是完全照搬自佛经。《成实论》则更加具体地描绘了“花雨象”譬喻和忍辱的关系：“又，偈说：恶口骂詈，毁辱瞋恚，小人不堪，如石雨鸟；恶口骂詈，毁辱瞋恚，大人堪受，如花雨象。是故应忍。”[2]至于佛经“降雨于石”和摩尼教文书的“滴水于石”，显然是同一个譬喻；并且，二者都与“花雨象”相提并论，连顺序都一样。所以，本摩尼教文书的这两个譬喻直接借自佛经，是毫无疑问的。

第六，电那勿应该使自己有时像须弥山，有时像学生，有时像老师，有时像仆人，有时像主人云云的这段话，同样展现了浓厚的佛教色彩。首先，摩尼教文书在此使用了梵语外来词“须弥（山）”，而须弥山则是印度文化，特别是佛教文化中的一个重要观念。此外，本段几个句子的内容和句式也很可能源自佛经。

上文已经指出，按照行文中排比句的规律，“有时候，电那勿应使自己崇高得犹如须弥山”一语后面，确实还应该补上“有时候，电那勿应使自己谦卑得犹如……”而按佛经，则有“或现高大如须弥，或时现卑如卧草”[3]之语，是比喻真正的修道者应该随着环境的需要，有时展示出崇高伟大的形象，有时则谦卑、忍辱，不与世人争形式上的短长。以“须弥”比喻高大、崇高、伟大，在佛经中可谓比比

〔1〕〔元魏〕吉迦夜共昙曜译《杂宝藏经》卷3《二九：龙王偈缘》，《大正藏》第4册，第203号，大正十三年六月版，第463页上。

〔2〕〔姚秦〕鸠摩罗什译，诃梨跋摩造《成实论》卷12《四无量定品第一百五十九》，《大正藏》第32册，第1646号，大正十四年十一月版，第337页。

〔3〕〔元魏〕吉迦夜共昙曜译《杂宝藏经》卷3《二九：龙王偈缘》，《大正藏》第4册，第203号，大正十三年六月版，第463页上。

皆是，如形容佛或菩萨的身形高大[1]、智慧的高深[2]、功德的广大[3]等。

而用以譬喻修道者之“忍辱”心态和品格的，如上引的“卧草”外，尚有见于他处的“旃陀童女”[4]“弟子”[5]等。但是，若与高大形象的“须弥”之喻做对照使用，则后一“卑下”之喻恐怕更多的是“旃陀罗”。旃陀罗是印度种姓制度四大等级中最低贱的等级，只能从事奴仆等卑贱之业，社会地位极低微，故佛教常以此作为“低贱”的典型譬喻。例如，“外寂静五事者：一者，菩萨摩诃萨修集无量慈心为众生故；二者，受无量苦为众生故；三者，得大喜见诸众生得利益故；四者，得大自在，犹属众生如僮仆故；五者，有菩萨具大威德，犹故谦卑如旃陀罗子故”[6]。亦即是说，菩萨虽已得道，已经“伟大”“崇高”，却还应该心态谦卑；故十大“菩萨善乘”中的第五即是“心常自卑如旃陀罗”[7]。这类例子不胜枚举，几乎可作为佛经中“卑下”的典型譬喻。故摩尼教文书“有时候，电那勿应使自己谦卑得犹如……”一语的残缺部分，以补成“旃陀罗”更为贴切。

---

〔1〕“无量菩萨从空来，手持清净莲花沼，其身广大如须弥，变为净妙诸花鬘，遍覆三千大千界，而至菩提道场所。”见〔唐〕地婆诃罗译《方广大庄严经》卷8《严菩提场品第二十》,《大正藏》第3册，第187号，大正十三年六月版，第590页上。

〔2〕“复有菩萨摩诃萨七十二亿那由他，其名曰文殊师利法王子菩萨摩诃萨、善财功德菩萨摩诃萨、佛胜德菩萨摩诃萨、药王菩萨摩诃萨、药上菩萨摩诃萨等，皆住不退转地，转大法轮，善能谘问大方广宝积法门，位阶十地究竟法云，智慧高大如须弥山。”见〔元魏〕昙摩流支译《如来庄严智慧光明入一切佛境界经》卷上,《大正藏》第12册，第357号，大正十四年六月版，第239页上。

〔3〕“右以上十大陀罗尼，若有人，每日常诵忆念，及转读此心陀罗尼经者，得大延寿，功德广大如须弥山；得大文持，能除一切地狱、饿鬼、畜生、阎罗王界、三报、八难、七逆之罪。”见《大佛顶广聚陀罗尼经》卷4《大佛顶无畏广聚如来佛顶辨七种佛顶持颂遍数成就品第十五》,《大正藏》第19册，第946号，昭和三年六月版，第172页上。

〔4〕“或时着衣持钵，入村乞食，下意自卑，如旃陀童女”，见〔姚秦〕竺佛念译《出曜经》卷18《杂品之二》,《大正藏》第4册，第212号，大正十三年六月版，第705页下。

〔5〕“于彼憍慢人，谦卑如弟子，不令他生恼，化生诸佛前”，见〔唐〕菩提流志译《大宝积经》卷111《净信童女会第四十》,《大正藏》第11册，第310号，大正十四年四月版，第625页下。

〔6〕〔南朝宋〕求那跋摩译《菩萨善戒经》卷5《菩萨地软语品第十六》,《大正藏》第30册，第1582号，昭和二年十月版，第990页中。

〔7〕〔梁〕曼陀罗仙译《宝云经》卷3,《大正藏》第16册，第658号，大正十四年五月版，第222页中。

至于文书接着的以“学生—老师”“奴仆—主人”为喻的两个排比句，与此前的“须弥—旃陀罗”一样，也常见于佛经中；其“学生”“奴仆”等说法，无非是喻指佛教修道者必须具备的谦恭、忍辱的心态和品格。例如：除了前引《大宝积经》的“于彼憍慢人，谦卑如弟子，不令他生恼，化生诸佛前”外，尚有“菩萨一向为众生，修行精进波罗蜜，由如奴仆事其主，利于众生亦如是。如仆事主心专注，虽被瞋辱而无对，凡所动止常在心，唯恐彼主责其过。菩萨为求佛菩提，如奴事主利众生。”[1]又有“行菩萨道者……虽处财位最胜第一，而自卑屈，如仆，如奴，如旃荼罗，如孝子等，无染、无伪、真实、哀怜、慈愍之心，永不退转。”[2]，以及“是菩萨以自在身，谦卑忍下，犹如仆使，亦如孝子，如旃陀罗子”[3]等。不难看出，摩尼教文书非常确切地摘录了佛经中的相关句子。

第七，摩尼教文书“同样的道理，在他有罪过之时，清净的电那勿就应静坐默思，对罪过感到厌恶，转而为善”一语中的一、二个单词，就揭示了它与佛教文化的密切关系：帕提亚语'ndyšyšn (andēšišn)意为默思，与佛教的“禅”含义相同。

梵语dhyāna的汉文音译作禅那、驮衍那、持阿那等，意译则作静虑、思维修习、寂静审虑、弃恶等，这是指心专注于某对象，极寂静以详密思维而达到禅定状态；是为佛教修行要纲“戒、定、慧”中的第二步。所以，大乘佛教把“禅”列为六波罗蜜或十波罗蜜之一。而六波罗蜜中也包括了戒、定、慧的修行过程：布施波罗蜜、持戒波罗蜜、忍辱波罗蜜、精进波罗蜜、禅定波罗蜜、智慧波罗蜜。显而易见，“忍辱”和“禅定”正是佛教“波罗蜜”的两个要素。那么，摩

[1]〔宋〕法贤译《佛说佛母宝德藏般若波罗蜜经》卷下《般若伽陀聚集品第二十九》，《大正藏》第8册，第229号，大正十三年七月版，第683页中、下。

[2]〔唐〕窥基撰《妙法莲华经玄赞》卷2本，《大正藏》第34册，第1723号，大正十五年九月版，第682页上。

[3]〔北京〕昙无谶译《菩萨地持经》卷7《菩萨地持方便处四摄品第十五》，《大正藏》第30册，第1581号，昭和二年十月版，第924页下。

尼教文书在反复强调了“忍辱”之后，紧接着要求的’ndyšyšn，应该正是“禅定”。

另一方面，佛教修习禅定的重要一环乃是“弃恶”或“弃盖”（“盖”为“烦恼”的别名），也就是弃绝妨碍禅定正念的贪欲、瞋恚等恶念。那么，摩尼教文书在此所言的默思时当厌弃罪过，岂非正与佛教禅定时必须“弃恶”的意思相仿？这进一步证实了本摩尼教文书对佛教教义的借鉴。

更有意思的是：文书在此使用帕提亚语nšst一词，与’ndyšyšn配合使用，前者意为“坐”，后者意为“思”，从而构成了“静坐默思”的意思。而端身正坐而入禅定却恰恰是印度自古以来的内省法；释迦牟尼得道，即是通过菩提树下端坐静思而成功的，从而使得“坐禅”成为佛教的一大特色。所以，摩尼教文书在此特别指明“坐”而“思”，显然是有意识地照搬了佛教的“坐禅”文化。

第八，前文已经指出，摩尼教文书“[过去、现在、未来的一切人]都将因这清净戒律，因这完善智慧，因这善业和柔顺而被救，脱离生死流转”一语所归纳的三点，与佛教的“戒”“慧”“定”基本吻合。

在这段文字中，pw’g（pawāg）意为纯净的、神圣的；cxš’byd（čaxšābed）意为命令、戒律，乃是佛教梵语śikṣāpada（学处、戒律）的借词，显然，这里有佛教因素。śikṣāpada用作为“戒律”之意时，与梵语śila是相通的，都指净戒、善戒，并特别指称为出家、在家信徒制定的戒规，旨在修善和防止身、口、意所作之恶业。这是可达无上涅槃的“三学”之一。

帕提亚语‘spwr（ispurr）意为充分的、完美的；jyryft（žīrīft）意为智慧。而按佛教教义，“慧”亦称“智”，梵语prajñā（音译“般若”），是指推理、判断事理的精神作用；“慧”能显发本性，断除烦恼，见诸佛实相，也是学佛者必修的“三学”之一 。

帕提亚语prxyz（parxēz）意为（宗教）服务、活动等。至于nmryft（namrīft）一词，虽然亨宁之德译文作Demut，阿斯姆森之英译文从之，作humility，即意为谦卑（见前文注释），但按*Dictionary of MP & P*该条的释义（p.243），却作meekness和docility，即柔顺、驯良之意，显然与亨宁和阿斯姆森之释义相异。按之佛教教义，“禅定”（梵语dhyāna）的总体含义，乃是保持身、心之安稳、平静，离诸烦恼，并有调顺心想、不起躁动的意思。另一方面，柔顺之心与禅定也有密切的因果关系，如《大智度论》“禅波罗蜜者，是菩萨忍辱力，故其心调柔；心调柔故，易得禅定”之语[1]便体现了“调柔”（调和、顺柔）是禅定的重要前提和条件。既然摩尼教文书已经提及佛教“三学”中的“戒”“慧”，而这里的nmryft（namrīft）一词又与“（禅）定”关系密切，故这整段文字可以视作是摩尼教文书借鉴佛教戒—定—慧“三学”观念的体现；而这一帕提亚语词也更宜释作“柔顺”，而非早期翻译的“谦卑”。

综上所述，无论是从标题上看，还是从内容的词句上看，本摩尼教文书都是相当确切地模仿了佛经。故若将它看成是为了便于传播摩尼教而有意识地使之具有佛经形式，似乎并无疑问。

24.2 “大海”寓言的佛教思想

摩尼教布教有许多形式，其中之一是相当通俗易懂，生动有趣的“寓言”或“故事”，即帕提亚语或中古波斯语所谓的'zynd（āzend），粟特语的”z'nt（āzaənd）。通常，这种“阿曾德”（āzend）的基本架构是：先是故事性的内容，再是解释性的文字，二者有清晰的界限。这很类似于佛教的“方便说法”形式。下面便以粟特语的“大海”寓言故事为例，谈一下东方摩尼教文书所体现的佛教色彩。

这一寓言故事由三件粟特语文书构成：Ch/U 6914（= TⅢ T601）、15000（5）（= TⅢ 2015）及Ch 5554（= TⅡ D 2）；绝大

[1] 见〔后秦〕鸠摩罗什译《大智度论》卷81《释六度品第六十八之余》，《大正藏》第25册，第1509号，大正十五年一月版，第629页上。

部分内容见于最后一个文书中。该文书的粟特语主题词是sm'try，而它则是梵语samudra的借词，故只此一词已可体现这份摩尼教文书的佛教色彩。下面为文书的汉译文：

在此开始有关本教与大海的故事。

请听有关本教与大海的故事。本教犹如大海，异于其他水域。共有十点不同之处。

第一点，它比其他各种水域更为威武，更为广大，更为强壮。它是无穷无尽的，没有任何生物能够了解它或领悟它，他们无法理解它。

第二点，无人能够知道它的另一边际在哪里。

第三点，它改变了其他诸水的味道……以及落入它时的猛烈冲击，但是它本身却并不改变，因为它……它的内部毫无变异。

第四点，它吸收了落入它的物体和……它不排斥任何东西。但是，大海却从不溢满，因为它毫不增长（？），它始终保持平稳。

第五点，它是清洁，纯净，不受污染的，它不吸纳不洁之物与污染之物；[1] 它拒绝接收这些东西，它立即将它们抛回岸上。

第六点，……然后，在火光的中央升起了……

第七点，在大海之中及其赤裸（？）的岸上出现了两足动物，以及不同模样的人类，还有其他生物和野兽。他们生得状如强壮的巨人……

第八点，在大海之中，生有各种各样无价的珍珠和宝石[2]，它们却并不生长在大地的任何其他深处。

---

〔1〕在此谓大海不纳污物云云的说法，与汉语文书《摩尼光佛教法仪略》之"海虽至广，不宿死尸"一语（第82–83行）正好映证："海"即摩尼教，"死尸"为不洁物（摩尼教将一切肉体均视作污染光明分子的暗魔）；代表光明的摩尼教当然排斥一切黑暗，故以"大海不宿死尸"譬喻之。

〔2〕粟特语rtn (ratn)意为珍宝、宝石、高贵等，借自梵文ratṇa；而此词在佛经中常用作为象征符号，譬喻佛法或者诸佛、菩萨等。见于中亚的摩尼教文书经常借用此词。

第九点，强大的大海之魔将海水抬高，从而使得整个大海都颤抖起来。

第十点，当世上诸水流入大海时，它们全都怒吼着，如雷鸣般地落下；但是当它们进入大海之后，其怒吼与雷鸣便销声匿迹了。

使者的奇妙宗教在十个方面类似于大海：

第一，它充满智慧，无人知晓，也无人能估算出它的智慧……也不知其布道、说教的数量有多大；没人能够领悟它。以前的各宗教类似于发源于各地的小河……但是使者的宗教就如世界各地都能看见的大海。它发达得可用极为开放的形式呈现在黑暗之中，并且用所有的语言来宣教。人们可以在其中发现有关一切智慧的解说和体系（？）。

第二，那无人知道的彼岸乃是芳香、美妙的天堂，对于它，大地上的生物中，除了选民和听者，没人能够理解，他们将永远无法领悟。

第三，大海中的水只有一种味道，而其他诸水则有不同的味道和外观，但是海水的味道却不会改变。被传布的是法的高深智慧、本教的戒律以及甜美、奇妙的言辞。本教向人们展示的，教导和指点他们的，是美好的寓言及其解释，是丰富和完全纯洁的生活模式，是良好习俗的高贵实践，是谦逊……心灵的改变……但是，我们的宗教本身却从未被任何人指导任何事。

第四，大海吸纳了各种物体……而并不排斥任何一样东西。他们是强大的神灵和人类，其中的任何人前去使者的教会，都会被教会所吸纳，因为它不排斥任何人。它按照法与戒律的规定，给予他们适当的地位。有那么多的人不断地接近它，想进入它，所有这些人或在听者中，或在选民中，都有着他们的地位。他们都按其等级、热情、力量的不同而干着自己的工作。本教并不……致敬……出于爱心，它不大声地呼叫。尽管这些人中的许多人可能很强大，却没有什么可使它惊奇，它也不欣喜，因为它始终保持着平静、安宁。因此，它就像大海一样。

第五，使者的宗教没有污点，它干净，纯洁，并且神圣。它直接拒绝收留那些困惑的，不道德的和具有邪恶思想的人，以及那些类似死尸、粪便和种种污染的人。它把他们掷回岸上。

第六，当一个选民与另一个选民面对面相互看着时，或者一个听者与另一个听者相对而视时，那纯洁的，爱的凝视会在他们之间产生极大的欢乐。这样，极大的福佑就会降临到他们的身上，就像光明诸神脸上出现的光明，变得清晰可见。

第七，举止行为迥异于俗世的选民，犹如生长在大海之中的许多巨大而强壮的两足动物和其他形状的奇妙生物与兽类，他们身负着实施大法的重担，并忍受着巨大的痛苦与折磨。他们始终亲自承担着整个俗世中无人愿意承担的职责。

第八，在大海之中……生长着大地的任何深处都没有的形形色色的无价珍珠和美丽而奇妙的宝石。它们从未被人理解，也从未被人看见。这反映出善良之地与邪恶之地这两地之间的差别，灵魂的自我实现是不可能产生于学问之地[1]的。除了在使者的宗教、大法和戒律中，决不可能获得智慧。

第九，掀起海潮，从而撼动整个大海的强大海魔即是光明之心，它存在于整个教会中，撼动着[人类的]的躯体。它有力地抓住了它们，汲取出它们所积聚的光明。这是本教人员的日常工

〔1〕粟特语nyx (nix)意为深的、极深的、深厚的、深奥的、有学问等；wy'k (wyāk)意为地方。所以，词组nyxy wy'ky则可以释作“极深的地方”，也可以释作“有学问的地方”。宋德曼采取了后一种译法，作gelehrt Ort（*Parabelbuch*, p.26）。克林凯特从其说，并解释道：文书使用这样的词句，是将“学问”视作为俗世的，与摩尼教之“智慧”相对立的学识；因此，“学问之地”也就与“大海”相对，一为邪恶之地，一为善良之地了（参看*Gnosis*, p.197, note 16）。不过，依我之见，由于摩尼教经常将“深渊”或“深狱”指为黑暗之魔的聚居地或大本营，故在此以“深深的地下”喻指反对摩尼教的一切“异端”思想，以“大海”喻指摩尼教，似乎于理也通；这较诸用“深奥学问”来譬喻“异端思想”的说法，好像更易被人理解。

作。光明每天出自选民的身体，登上光明之车[1]；主管光明之车的诸神则驱车向上，把光明持续不断地送往天界。

第十，咆哮和怒吼着流入大海的一切诸水，随后（入海之后）就变得安静，停止了吼鸣。这就犹如其他宗教的信徒、具有世俗智慧的人，以及只会玩弄辞藻的辩才们那样，自以为十分聪明，但是一入使者之宗教的大门后，他们就全都安静下来，他们的话没有了。如今，他们不再吹嘘自己了，从此以后，他们不敢再发表任何言论，不敢再说什么。

有关本教与大海的故事到此结束。

从以上的寓言故事中，可以清楚地看到，摩尼教自认为本教的教义最为广大、高深，智慧无边，能够容纳一切，改变一切，故以自然界的大海譬喻之，并列出十点细加阐述。我们发现，摩尼教的这段布教内容几乎完全借鉴自佛教，即与佛教所谓的"法海八德"极为相似。为利于比较分析，先将汉译佛经中的相关部分摘录如下：

世尊告目连曰："汝为一切，请求如来，殷勤乃至四五。吾今当为汝等说之。吾僧法，犹如大海有八德，汝等听之！大海之水，无满不满；吾法如之，无满不满，此第一之德。大海潮水，寻以时而来，不失常处；吾四部众，受吾戒者，不犯禁戒违失常法，此第二之德。大海之水，唯有一味，无若干味，无不以咸为味。吾法如是，禅定之味，志求寂，致神通故；四谛之味，志求四道，解结缚故；大乘之味，志求大愿，度人民故。此第三之德。大海既深而广，无能限者；僧法如是，无不深妙，八方之大，莫大于僧法，僧法最为弘大，此第四之德。大海之中，金银、琉璃、水精、珊瑚、车渠、马瑙、摩尼之妙，无不备有。吾僧法之中，三十七品道宝之妙，神足住寿，飞腾十方，靡所不

[1] 粟特语wrtn (wartan)意为战车、马车，而在摩尼教的文书中，它常常与"光明的"构成词组"光明之车"，用以喻称太阳和月亮。按照摩尼教的神学，被困于肉体中的灵魂（光明分子）被解救之后，还须经过月亮、太阳的"中转"，即是先相继在月亮和太阳上做进一步的"提纯"，再次"净化"之后，才能最终回归明界。所以，以"光明之车"作为譬喻的太阳和月亮，不仅是光明分子回归明界的运载乘具，也是它们的进一步的净化场所。

适，瞬息之间，周旋无量佛界；到殊胜之刹，能以其道，化导群生，净己佛土。此第五之德。大海之中，神龙所居，沙竭龙王、阿耨达难头和罗摩那私伊罗末，如此诸龙，妙德难量能造天宫，品物之类，无不仰之。吾僧法亦复如是，四双八辈之士、十二贤者、菩萨大士，教化之功，弥茂弥美，此第六之德。大海吞受百川万流，江恒之水，无不受之，终日终夜，无盈溢、灭尽之名。吾僧法之中亦如是，梵释之种，来入僧法，四姓族望，或释或梵，王者之种，舍世豪尊，来入正化；或工师小姓，亦入正化，种族虽殊，至于服习大道，同为一味，无非释子。此第七之德。大海清净，不受死尸，无诸秽浊，唯海之类而受之耳。吾僧法清净，亦如大海，不受秽恶，犯戒违禁，非清净梵行者，一不得受，弃之远之，犹海不受死尸，此第八之德。"

佛告目连："如来大众，唯清净为禁戒业，不纯非释种子，故吾不说戒耳。卿等善相敕戒，无令正法有毁。"佛说如是，诸比丘欢喜奉行。[1]

不难看出，以佛教所谓的大海的"八德"与本文书所言摩尼教与大海相似的"十点"相比，确实有好几点的意思是完全相同或实际上相同的。例如，"十点"中的第一点，谓本教的智慧与大海一样，广大、深奥无限；而"八德"中的第四德则谓"僧法最为弘大"，与大海一样无能限者。"十点"中的第三点谓本教传播的智慧，如大海中的水，只有一种味道；而"八德"中的第二德则也谓佛法"如大海之水，唯有一味"。"十点"中的第五点谓本教如大海不接纳污秽死尸一样，拒绝一切不道德的思想；而"八德"中的第八德则称"吾僧法清净，亦如大海，不受秽恶"。"十点"中的第十点，谓其他诸教最终被本教教法所慑服，犹如诸水入海之后就无声无息一样；而"八德"的第七德则谓任何人一入僧法，就被"正化"了。

〔1〕〔西晋〕法炬译《法海经》,《大正藏》第1册，第34号，第818页，大正十三年六月版。

此外，除了以上所列确切对应的四点之外，佛经中的某些譬喻和说法，也被摩尼教文书所借鉴。如，“十点”中的第八点，谓大海中有形形色色的无价珍宝云云，与“八德”中第五德谓大海中有金银、琉璃等七宝的说法类似。又，“十点”中的第九点，将大海中掀起海潮的强大海魔说成是净化和粹取光明分子的正面角色；而这与“八德”中第六德以大海里种种“神龙”譬喻佛教之贤士、菩萨教化众生的说法亦相类似。

正是鉴于摩尼教粟特语“宗教与大海”寓言故事与佛教《法海经》有如此多的雷同和相似之处，因此可以较为肯定地说，见于中亚的这个粟特语故事，从佛教那里汲取了相当多的资料和观念。[1]

24.3 《摩尼大颂》的佛教术语

所谓的《摩尼大颂》是见于吐鲁番的摩尼教突厥语文书，由T Ⅲ D 258、T Ⅲ D 259和T Ⅲ D 260等文书组成。[2]它可能撰成于公元十世纪初期，全诗共计120颂，当是迄今所见的最长的摩尼教突厥语赞美诗。从该诗采用的措辞来看，佛教色彩十分浓重，许多术语都是直接借自佛经梵语，故是东传摩尼教深受佛教文化影响的明显佐证。其汉译文如下：

1. 啊，高贵耶稣之原始教义的导师！/ 我们将以虔诚的心灵崇拜你。/ 啊，我尊敬而名声卓著的父尊，/ 我的摩尼佛[3]！

---

〔1〕有关摩尼教这个“大海”寓言故事与佛经的关系，宋德曼曾经概括地指出过，见其“Manichaeism Meets Buddhism: The Problem of Buddhist Influence on Manichaeism”, in *Manichaica Iranica* I, p.654.

〔2〕该赞美诗中突厥语的拉丁字母转写和德译文，见W. Bang & A. von Gabain, *Türkische Turfan-Texte*Ⅲ, APAW, April 1930, pp.184-205；英译文则见Klimkeit, *Gnosis*, pp.280-284。其标题的德译名作*Der große Hymnus auf Mani*，英译名则作*Great Hymn to Mani*。

〔3〕此名原文作mani burxan，邦格与葛玛丽的德译文取音译名Mani Burchan（p.185），克林凯特的英译文则意译作“佛”——Buddha Mani (p.280），克拉克却意译作“先知”——Prophet Mani (p.180)。盖按公元7—8世纪的古突厥语，习惯于将汉语“佛”字读作bur音，再与具有“王者”之义的xan（汗）构成组合词burxan，以翻译佛经中相当于“佛”一类的高级神灵；后来便被摩尼教借用，用以指称如摩尼之类的“先知”（见*Etymological Dictionary*, p.360）。我认为在此译作“佛”更贴切。

2．我们已经准备好 / 以谦卑之心崇拜你。/ 我们的希望和信赖者，请接受 / 我们每个人的一切崇拜吧。

3．我们向你鞠躬，/ 发自内心深处的信仰。/ 但愿我们每次崇拜时都洁净异常。/ ……

4–13．（残缺厉害，只剩零星词句）你解释了恶业的后果……你阻挡了通往地狱之路……传播妙法……你拯救……遭受八难的众生……疯狂、野蛮和有毒的兽类。

14．处于野蛮状态的兽类，/ 不断地沉没在 / 重复转生的失忆尘埃中，/ 他们永久地疯狂。

15．当他们被贪欲毒害，/ 正在死亡和毁灭时，/ 你为他们制备了 / 禅定〔1〕的药方。

16．嗔怒〔2〕而咆哮，/ 他们毫无知觉或思想，/ 你聚合起他们的思想，/ 使得他们理解了自己的出身。

17．对于五趣〔3〕众生，/ 你使之脱离愚痴〔4〕。/ 你赐予他们智慧，/ 引导他们趋向般涅槃〔5〕。

18．形形色色的情感，/ 诸如仇恨与怨望/ 全都见于这些有情身上，/ 导致他们产生邪见。

19．但是当你，我们的神圣父尊，/ 从天而降，/ 一切有情之族 / 全获安宁涅槃。

---

〔1〕突厥词ạmwrdšn直接借自帕提亚语’mwrdyšn (amwardišn)，通常意为“聚合”“聚集”（释见Boyce, *Word-List*, p.11）。但是葛玛丽则持异说，认为ạmwrdšn与čxšapt、bošgut一起，分别对应于佛经中的梵语词dhyāna、šīla和prajñā，即禅、戒、慧（见Clark, *Pothi-Book*, p.193）。其说有理。

〔2〕突厥语ot原意为“火”，有时则引申为“恼怒”“愤怒”，在此显然是对译佛教术语dveṣa，即“三毒”之二的“嗔”。

〔3〕突厥语biš意为五；ažun 源自帕提亚语”jwn (āžōn)，原意为诞生、再生。故词组biš ažun便意为五种生存形态，用以对应于佛教术语“五趣”（梵语pañca gatayaḥ）——轮回的五种去处：地狱、饿鬼、畜生、人、天。不过，摩尼教“五趣”（biš ažun）的内涵与佛教的并不一样，因为它通常指的是双腿类（如人）、四腿类（如兽）、飞行类（如鸟）、水生类（如鱼）和爬行类（如蛇）这样五种生物。

〔4〕突厥词biligsiz意为无知、缺少智慧，在此显然是对译佛教术语moha，即“三毒”之三的“痴”。

〔5〕突厥词frnibran借自帕提亚语prnybr’n (parniβrān)，源出梵语parinirvāṇa，即佛教术语“般涅槃”（圆满诸德，寂灭诸恶）之意。

20–25.（严重残缺）

26. ……/ 没有希望的我辈受苦众生，/ 只能继续遭受轮回[1]的折磨，/ 找不到你的大道终端。

27. 你设置了智慧之梯，/ 你允许我们超然于五趣之上，/ 拯救了我们。/……

28. 我们……/ 遭囚禁而受难的众生 / 被救而脱离轮回。/ 为了见到如佛般的日神，/……类似于你。

29. 对于沉湎于无常[2]之乐的众生，/ 你传播了无上正法；/ 你引导他们渡过苦海[3]，/ 带领他们达到完美涅槃。

30. 对于受制于贪爱之源的众生，/ 你指示了通往诸佛之界的道路。/ 你建造了功德的须弥山[4]，/ 你允许他们找到这……永恒欢乐。

31. 对于陷入慢见之水的众生，/ 你指示了正法之桥。/ 你使其内心理解了妙法；/ 你把他们托付给……神圣集会。

32. 对于六根[5]感知惑乱的众生，/ 你展示了上下诸种生存状态。/ 你告知他们阿鼻地狱[6]的受苦情况；/ 你允诺他们再生于幸福的五重天。

---

〔1〕突厥词sansarta直接借用了梵语saṃsāra，即佛教的常用术语“轮回”——在六道迷界（天、人、阿修罗、饿鬼、畜生、地狱）中生死相续，与“涅槃”恰成对照。

〔2〕突厥语词ertimlig源自ertim，意为短暂的、瞬间的（见*Etymological Dictionary*, pp.207, 212），当即佛教“无常”（梵语anitya）的相应词汇，即是指世间万物都不会恒久不变，生灭不时转换的现象。所以，摩尼教超脱“无常”的意思，亦与佛教相仿，即是脱离生死轮回，获得永生之意。

〔3〕突厥词emkek意为苦难，taluy意为海，二者构成的词组经常用来对译佛教术语“苦海”，故此语显然借鉴自佛经。

〔4〕突厥词Sumir系借自伊朗诸语的外来词：帕提亚语、粟特语均作smyr；梵语则作sumeru。汉译佛经通常作须弥山、苏迷卢山等，或者意译为妙高山，为印度神话及佛教中的神山。

〔5〕突厥词altı意为六，qačıγ意为感官，故词组altı qačıγ意为“六种感官”，而它作为专用术语，则是对译佛教术语ṣaḍ indriyāṇi或ṣaḍ āyatana。前者汉译作六根、六情，指六种感觉器官（眼、耳、鼻、舌、身、意）或认识能力（视、听、嗅、味、触、思）；后者汉译作六处、六入，指心所依止处，或者识之所入。

〔6〕突厥词awiš是源自梵语avici的借词，指佛教所谓的无间地狱（也音译作“阿鼻”），也就是“八热地狱”中的第八个地狱，刑罚、痛苦、生、死无间断。

33．为了寻找拯救众生的种种途径，/ 你走遍四面八方的地域。/ 当你见到需要获救的众生，/ 你就毫无例外地拯救他们每一个。

34．对于我们这种曾经虚度光阴的众生，/ 你详细地宣讲《福音书》之宝。/ 我们懂得了自由与获救的种种途径，/ 我们从那书中了解了一切。

35．如果你未曾以如此彻底的方式 / 传播这种净法，/ 世界及诸有情岂非 / 就会走到尽头？

36．你在四佛〔1〕之后降世，/ 获得无上正等觉〔2〕。/ 你拯救了亿万生灵，/ 将他们救离暗狱。

37．你净化他们，使之不再狡诈、欺骗，/ 并使他们从事利他之业。/ 你成为迷途者的向导。/ 你救助他们脱离行恶之魔的利爪。

38．你营救了那些曾是邪恶的人，/ 你治愈了那些双目失明的人。/ 你使他们从事光荣之业，/ 你为他们指明了通往神界的正确道路。

39．你作为世界的希望和信赖者而诞生，/ 你教导众生理解七种宝藏的含义。/ 此外，你还阻止了 / 那些本来会与邪魔结盟的人。

40–49．（严重残缺）

50．人们边走边呼唤着你的名字，/ 他们赞扬你，称颂你，/ 他们全都敬爱你，/ 犹如孩子们敬爱其母亲和父亲。

---

〔1〕突厥词tört意为四，burxan意为佛，故词组tört burxan意为“四佛”。尽管形式上借用佛教术语“佛”，但所指者则是摩尼教神学中位于摩尼教之前的四个“先知”或光明使者，可能是：塞思（Seth）、琐罗亚斯德（Zarathustra）、佛陀（Buddha）、耶稣（Jesus）。（说见*Pothi-Book*, pp.196-197）

〔2〕突厥语词组tözkerinčsiz burxan qutın的意思是“无与伦比的完善之觉悟”，在突厥语文书中，几乎专门用以对译佛经的梵语词组anuttara-samyak-saṃbodhi，亦即汉译“阿耨多罗三藐三菩提”，意为无上正等觉、无上正真道、无上正遍知等，是佛陀所觉悟的智慧，最为圆满、至高。该词组用在摩尼教文书中，则显然是指本教的最高智慧“诺斯”（gnosis）。

51. 你以大慈悲之心，/ 拥抱他们所有的人，/ 你赐予他们大利益。/……

52. 无分亲疏，/ 你对待他们全都如同亲生。/ 你将自己的忠告给予 / 无数的生灵。

53. 你以……之心 / 于一切众生为善。/ 你所施之善的结果是，/ 所有受折磨者都消除了忧伤。

54. 你持续不断，永久地以这种方式，/ 赐予我们巨大的利益和幸运。/ 由于你的功德，/ 你获得了正遍知。

55. （残缺严重）

56. 你以其无上圣言，/ 慷慨地赐予 / 我辈可怜的众生 / 以“善”之法宝。

57–58. （严重残缺）

59. 众生诸族 / 曾经因其黑暗情感，/ 而完全丧失心智，/ 但是他们此后再生……

60–77. （缺失或严重残缺）

78. 你以大慈悲之心，/拥抱一切众生；/你营救他们脱离转生循环，/拯救他们跳出轮回。

79. 具有清净心的有福者/不断地逐步获得洞察力，/克服了邪恶之念，/取得阿罗汉〔1〕果。

80. 六尘〔2〕之妄想〔3〕，/导致狡诈和欺骗；/对于那些……/你带给他们利益与幸运。

81. ……/ 对于忘却出身来源的那些人，/ 你露现自己的本相，/ 改变你的状貌……

---

〔1〕突厥词arxant系借自粟特词rhnd，但其真正的来源却是梵语arhat，亦即汉译的佛教术语“罗汉”或“阿罗汉”。意指断尽三界见、思之惑，证得尽智，而堪受世间大供养的圣者。摩尼教文书在此借用佛教术语“阿罗汉”，应该用以指称本教已经修道成功的“选民”（专业修道者）。

〔2〕突厥词fišay直接借自梵语viṣaya，后者为佛教术语，汉译作“尘”“境”，为引起六根之感觉思维作用的对象，即色、声、香、味、触、法。

〔3〕突厥词atqaγ被用来对译梵语vikalpa，也是佛教术语，汉译作“妄想”，意指由于心之执着，而无法如实知见事物，从而产生谬误的认识。

82．当一切众生 / 见到你的示现时，/ 他们都被激发了 / 逃离轮回之苦的愿望。

83．对于人类的孩子们，/ 你显示慈祥之相，/ 使他们不再从事恶业，/ 使他们脱离受其奴役的俗世的欲爱。

84．……/ ……/ 在全界的蓝天的视野下，/ 你作为神圣的佛师而诞生。

85．一见到你，众生就高兴万分，/ 就不再有任何疑虑。/ 他们怀着勤勉之心，/ 遵奉你所制定的戒律。

86．随着他们的持戒……/ 他们心灵中的善念 / 与日俱增，/ 犹如日神那样光辉照耀。

87．他们的光亮知识发射照耀，/ 怜悯之心愈益增长；/ 他们遵奉无罪的戒律[1]，/ 从而逃离了烧炙地狱。

88．……/ 他们努力持奉正法，/ 他们遵守真实戒律，/ 不犯不净之罪。

89．领悟了躯体的无常，/他们于是出家[2]。/他们奉行善法，/他们遵守使躯体净化的戒条。

90．他们努力使自己实施净法，/ 以免陷入危险之地。/ 为了再生于无生界，/ 他们遵奉使口清净的戒律。

91．他们全都祈求福祉，/ 行走在幸福之路上……/ 为了逃避可怕的轮回，/ 他们遵奉清贫之福的戒条。

---

〔1〕突厥词čxšapt是佛教梵语词śikṣāpada的借词，后者意为“所学之处”，通常即是指比丘、比丘尼学习戒律时所遵循的戒条。摩尼教或佛教的突厥语文书，多以此词指戒律；在此列数摩尼教对于选民的“五戒”，第一即是“不犯罪过之戒”。

〔2〕突厥语词组evtin barqtın untiler为典型的佛教术语，即“出家”（ev意为家、住所；barq意为家庭财物）。其对应的佛教梵语是pravrajyā，专指出离家庭生活，潜心修沙门净行。

92. 他们认识到伪法的无常，/ 并且惧怕堕入三恶趣[1]，/ 他们遵奉三印之戒，/ 以再生于最高之所。

93–113. （缺失或者严重残缺）

114. 你亲自命令他们，/ 要念赞语，唱颂歌，/ 要为其恶业忏悔，/ 要聚合起来，从事禅定。

115. 一直迷惑不清的众生，/一旦闻听你的命令，/便会导致功德如海[2]，从而再生于佛土。

116. 其他天真质朴之人，/ 行走于清净道上，/ 从事禅定，/ 并再生于无生界。

117. 向着你，我们的最高神灵，/ 我们鞠躬，我们崇拜，/ 但愿世上的众生 /自今以后再生涅槃！

118. 我们以虔诚之心崇拜；/ 但愿世上的一切众生 / 全都脱离灾难；/ 但愿他们获得安静涅槃。

119. 我们赞美与崇拜之功德 / 但愿上下诸神 / 和各类精灵 / 的神圣力量得以增强[3]。

120－121. （残缺）

通观《摩尼大颂》全文，尽管其内容为赞颂教主摩尼，但却使用了大量佛教术语；而许多术语都明显地移植自突厥语的佛经。今初步归纳其中的佛教术语如次：

第一，频繁地将摩尼教神灵称为“佛”，如“摩尼佛”（第1颂）、“如佛般的日神”（第28颂）、“通往诸佛之界”（第30颂）、“四佛”（第36颂）、“神圣的佛师”（第84颂）、“佛土”（第115颂）等。

---

〔1〕突厥语词组üč yavlaq yolqa意为三种邪恶的生存形态，即是佛教术语梵文trīni durgati的对译，汉译作三恶趣（或作三途、三恶道），通常指地狱、饿鬼、畜生三种生存形态，是众生造作恶业所感得的世界。但是，由于摩尼教将俗世生存的任何形态都视作是对灵魂（光明分子）的最可怕折磨，而无分优劣（如佛教那样），故这里的“三恶趣”只是借用佛教术语，泛指生死轮回，而并非特指某些生存形态。

〔2〕突厥语词组buyanlıγ taluy ögüzüg为佛教术语梵文guṇasāgarar的对译，即“功德海”，譬喻功德之深广似海。

〔3〕这是见于丝绸之路上突厥语佛教文书中的典型结语。（说见*Gnosis*, p.287, note 38）

第二，有关“法”的诸称，都确切地对应了佛教术语。例如，könii nom 为“正法”（第29、31、88颂），用以对译佛教的梵文术语sad-dharma，因为突厥词könii意为正直的、合乎正道的、真正的等，而佛教认为佛陀所说之法为真正之法，故有此称。又，edgü nom为“妙法”（第4–13颂、31颂），因为突厥词edgü为善、好之意，故用以对应梵语具有“妙不可言，无法比拟”等意的sad。还有arıγ nom，为“净法”（第35、90颂），也是源自佛教教义：佛陀所说之法能令众生超三界，得解脱，身心清净。

第三，“般涅槃”（第17颂）和“涅槃”（第19、29、117、118颂）。突厥词frnibran为外来借词，清楚地对译梵语parinirvāṇa，亦即佛教术语“般涅槃”。而此词则意为灭尽诸恶、圆满诸德，本来专指佛陀之死，即灭尽烦恼而进入大彻大悟的境地，也就是脱离生死之苦，全静妙之乐，穷至极的果德。因此，汉译佛经除译此词为“般涅槃”外，还常译作圆寂、灭度、入灭、入寂等。至于突厥词nirvan则是梵语nirvāṇa 的直接借词，其意与parnirvāṇa （般涅槃）相仿，也就是指超越生死迷界，到达悟智境界（菩提），为佛教的终极实践目标。汉名涅槃也是音译，与般涅槃的区别，是后者多一前缀pari，为完全、圆满之意。

第四，“轮回”（第26、28、78、82、91颂）。突厥词sansarta是佛教梵语saṃsāra的直接转写，是完全的外来词，汉译佛经作“轮回”。佛教认为，一切众生由于“业因”的缘故，往往始终在天、人、阿修罗、饿鬼、畜生、地狱这样六种生存形态中循环转生，永无穷尽，饱受生死之苦，所以称轮回。

第五，“五趣”（17、27颂）和“三恶趣”（第92颂），它们与“轮回”的关系十分密切。突厥语词组biš ažun意为五种生存形态，用以对译佛教术语paṭca gatayaḥ，汉译佛经作五趣、五道等；“趣”为所住之意。大乘经多持“六趣”说，小乘则持“五趣”说，即不列阿修罗一道。但无论是六趣说还是五趣说，都将地狱、饿鬼、畜生列为“三恶道”（三恶趣）。《摩尼大颂》中的突厥词组üč yavlaq yolqa

（意为三种邪恶的生存形态）便是用以对译佛教术语trīni durgati（三恶趣）。

第六，“地狱”（第4–13、32、87颂），也与“轮回”关系密切。《摩尼大颂》不仅仅用泛指的突厥词tamu对译佛教术语naraka（汉译作“地狱”），并且更具体地借用了佛教的地狱专名“阿鼻”（突厥词awiš借自梵语avici）。阿鼻地狱为“八热地狱”中的第八个地狱，也称无间地狱，意谓堕此地狱者，所受之苦无有间断，一劫之中，始终受苦而不间断，身形遍满地狱而无间隙，如此等等的“无间”。总而言之，苦不堪言。第87颂所言之地狱显然也是某个特定地狱：其“永远燃烧”的特征与“八热地狱”中的第六地狱“烧炙”、第七地狱“大烧炙”，或者第八地狱“无间”吻合，[1] 虽然其确切所指尚不得而知，但是借用了佛教的地狱说，却没有疑问。

第七，“八难”（第4–13颂）。突厥词组sekiz tülüg emkek（八种苦难）对应于佛教术语aṣṭāv akṣaṇāh，但后者指的是众生无缘见佛闻法的八种障难：堕于地狱、陷于饿鬼道、沦于畜生道、在心想不行的长寿天、在不受教化的边地、盲聋喑哑、耽习外道经书、生在佛降世之前或其后。当然，摩尼教文书虽然借用了佛教的“八难”专名，其内涵却显然不同于佛教。

第八，“禅定”（第15、114颂）、“智慧”（第17颂）和“戒律”（第87颂）。突厥词ạmwrdšn对译佛教术语dhyāna，汉译佛经作“禅那”，亦即“禅定”或“定”，意为专注于某一对象，心不散乱的精神境界。突厥词bilig对译梵语prajṭā，汉译佛经作“慧”或“般若”，即最高智慧。突厥词čxšapt则对译梵语śikṣāpada，汉译佛经作“戒”

〔1〕八热地狱之第六地狱“何故名为烧炙大地狱？尔时，狱卒将诸罪人置铁城中，其城火然，内外俱赤，烧炙罪人，皮肉燋烂。苦痛辛酸，万毒并至，余罪未毕，故使不死。是故名为烧炙地狱”；第七地狱“云何名大烧炙地狱？其诸狱卒将诸罪人置铁城中，其城火然，内外俱赤，烧炙罪人，重大烧炙，皮肉燋烂。苦痛辛酸，万毒并至，余罪未毕，故使不死。是故名为大烧炙地狱”；位列第八的无间地狱则“有大铁城，其城四面有大火起，东焰至西，西焰至东，南焰至北，北焰至南，上焰至下，下焰至上，焰炽回遑，无间空处。罪人在中，东西驰走，烧炙其身，皮肉燋烂，苦痛辛酸，万毒并至”。诸语并见〔后秦〕佛陀耶舍共竺佛念译《佛说长阿含经》卷19《第四分世记经·地狱品第四》，《大正藏》第1册，第1号，第124页中、124页下、125页上，大正十三年六月版。

或“戒律”。戒、定、慧三者合称佛教的“三学”或“三胜学”，是佛教的实践纲领（由戒生定，由定发慧）。显然，摩尼教文书很巧妙地借鉴了这些重要的佛教术语，以表述摩尼教本身的教义。

第九，“贪欲”（第14颂）、“瞋怒”（16颂）和“愚痴”（第17颂）。《摩尼大颂》使用了突厥词az、ot和biligsiz分别对译佛教梵语lobha、dvesa和moha，也就是汉译佛经所称的贪、瞋、痴，是为毒害众生出世善心中的最甚者，合称“三毒”“三垢”或“三不善根”等。贪、嗔、痴在连续三颂中分别叙说，显然是有意识地借用佛教术语来阐发摩尼教的教义。

第十，“须弥山”（第30颂）。突厥词Sumir虽然并非直接借自梵语Sumeru，但是源自佛教的这一重要宇宙观，却无疑问。此名在汉译佛经中作须弥、须弥卢、苏迷卢等，意译则作妙高山、好光山、善高山、善积山、妙光山等，最初是印度神话中的山名，后则被佛教沿用，以其为世界中央的高山，周围绕有八山、八海，从而形成一个“须弥世界”，亦即“三千大千世界”（一佛之化境）之一。须弥山高出水面八万四千由旬（梵语yojana，其长度诸说，为十余里至数十里不等），山顶有三十三天宫，乃帝释天所居之处。本摩尼教文书则以须弥山譬喻功德，借用了须弥山极高的特色。

第十一，“阿罗汉”（第79颂）。突厥词arxant是间接借自梵语arhat的外来词，汉译佛经作阿罗汉、阿罗诃、阿卢汉等，简称罗汉，意译则作应供、杀贼、无生、无学、真人等，是指断尽三界见、思之惑，证得尽智，堪受世间大供养之圣者。狭义而言，阿罗汉只指小乘佛教中所获之最高果位；广义而言，则泛指大、小乘中的最高果位。同时，由于或称阿罗汉通摄三乘的无学果位，因此这也是佛陀的异名，亦即如来的十号之一。摩尼教文书则以取得佛教的阿罗汉果来譬喻摩尼教修道者的成功。

第十二，“六根”（第32颂）和“六尘”（第80颂）。突厥词组altı qačıγ对译的佛教术语是梵语ṣaḍ indriyāṇi，汉译佛经作六根或六情，是指六种感觉器官或六种认识能力：眼（视觉器官）、耳（听觉器官）、鼻（嗅觉器官）、舌（味觉器官）、身（触觉器官）、意（思维器官）这样六根，具有视、听、嗅、味、触、思这样六种认识能力。佛教要求修道者达到身心充满种种功德而清净，故有“六根清净”之说。

与“六根”关系密切的另一佛教术语是“六尘”。《摩尼大颂》以突厥词fišay对译梵语viṣaya，是直接移用了佛教梵语。汉译佛经将viṣaya译作尘、境或境界，此指分别引起“六根”之感觉思维作用的六种对象、境界，即色、声、香、味、触、法。由于这六种境界具有染污情识的作用，因此或以带有贬义的“尘”译称之。与“六尘”同时使用的还有另一个源自佛教的术语：突厥词atqaγ，它对译梵语vikalpa，汉译作妄想、妄想颠倒、虚妄分别，其意与妄念、妄执同，意谓以虚妄之心念去认识和理解诸法之相，于是产生错误的思想，遂远离一切法的真实义，远离觉悟境界。

以上所列，只是见于《摩尼大颂》的主要佛教术语，他如无常、有情、恶业、苦海、魔、功德海、慈悲、出家、无上正等觉、正遍知等等，则不再逐一指出。总之，它们都展现了这份摩尼教突厥语文书的浓重佛教色彩。

以上列举的三份摩尼教的非汉语文书，相当清楚地凸现了东方摩尼教文书的佛教色彩：它们不仅借用了大量的佛教术语，采用了佛经的书写形式，甚至整句抄录佛教经文。至于采取这一做法的主要目的，则当是为了便于在佛教盛行的地区传播摩尼教。所以，必须强调的一点是，尽管这些文书的形式貌似佛经，但是其真正的内涵仍是旨在诠释摩尼教的教义；有关这点，本文囿于篇幅，不再具体指出。古代宗教文化的传播和交流，非常繁荣，也非常复杂。本文所举的三例，或可聊作佐证。

缩略语

Dictionary of MP & P ＝ D. Durkin-Meisterernst, *Dictionary of Manichaean*

Texts, Vol.III Texts from Central Asia and China, Part 1 Dictionary of Manichaean Middle Persian and Parthian, Turnhout: Brepols Publishers, 2004.

Etymological Dictionary = Sir Gerard Clauson, *An Etymological Dictionary of Pre-Thirteenth-Century Turkish*, Oxford, 1972.

Gnosis = Hans-Joachim Klimkeit, Gnosis on the Silk Road : Gnostic texts from Central Asia, New York, 1993.

Literature = Jes P. Asmussen, Manichaean Literature: Representative Texts Chiefly from Middle Persian and Parthian Writings, New York, 1975.

ManichaicaIranica = Werner Sundermann, *ManichaicaIranica: Ausgewählte-Schriften von Werner Sundermann*, Band 1(Serie Orientale Roma LXXXIX, 1) & Band 2(Serie Orientale Roma LXXXIX, 2) Roma, 2001.

Mir. Man. = F. C. Andreas&W.Henning, *MitteliranischeManichaicaaus-Chinesisch-Turkestan*, I, II, III, in respectively SPAW 1932 (pp.175-223), 1933 (pp.295-263) and 1934 (pp.848-912).

Pothi-Book = Larry V. Clark, *The Manichean Turkic Pothi-Book*, in Altorientalische Forschungen IX, AkademieVerlag, Berlin, 1982.

Reader = Mary Boyce, *A Reader in Manichaean Middle Persian and Parthian*, E. J. Brill, Leiden, 1975.

Researches = A. V. Williams Jackson, *Researches in Manichaeism—with Special Reference to the Turfan Fragments*, New York Columbia University Press, 1932.

Word-List = Mary Boyce, A Word-List of Manichaean Middle Persian and Parthian, (ActaIranica, 9a), E. J. Brill, Leiden, 1977.

25　摩尼教中的苏路支

——福建霞浦民间宗教文书研究[1]

马小鹤　Harvard University

陈垣先生1923年发表《火祆教入中国考》，捡出南宋绍兴间姚宽（？—1161年）撰《西溪丛语》卷上《穆护歌》的记载：

予长兄伯声，尝考火祆字，其画从天，胡神也，音酰坚切，教法佛经所谓摩酰首罗也。本起大波斯国，号苏鲁支。

陈垣先生指出："苏鲁支之说，本于北宋赞宁《僧史略》（卷下），苏鲁支当即苏鲁阿士德。"[2]"苏鲁阿士德"Zoroaster今天一般译为"琐罗亚斯德"，古阿维斯陀语作"查拉图斯特拉"（Zaraθuštra-），他所创立的宗教被称为"琐罗亚斯德教（Zoroastrianism）"。通过多位学者的研究，今天已经比较清楚，所谓"火祆教"实乃琐罗亚斯德教在中亚的变种，源自琐罗亚斯德教，但是不宜等同于琐罗亚斯德教。[3]摩尼教以琐罗亚斯德为摩尼以前的光明使之一，与火祆教无甚关系。摩尼教文献中关于琐罗亚斯德的胡语资料为学界所熟知，但近年来刊布的福建省霞浦县柏洋乡民间宗教文书提及的苏鲁支，又作苏路支，尚未见深入研究。本文先简要回顾宋代有关苏鲁支的文献，说明宋代学人虽记载了苏鲁支之名，其实是将其与三夷教混为一谈。无独有偶，西方基督教的反摩尼教文献如

〔1〕本文为国家社科基金项目11BZJ005的研究成果之一。

〔2〕陈垣，1980，页304–305。

〔3〕张小贵，《中古华化祆教考述》，文物出版社，2010年，对正宗琐罗亚斯德教与祆教的分别做了详细的分析。感谢张小贵先生以此大作相赠。

《七章》对不同异教也混淆不清。然后著录霞浦文书中的有关资料，说明霞浦文书祖本对于旧大陆数大宗教，包括琐罗亚斯德教的认识清晰程度远在宋代学人之上，必出自摩尼教之传承无疑。最后追溯摩尼教中诸光明使，主要是琐罗亚斯德的来龙去脉，分析摩尼教如何将琐罗亚斯德作为摩尼的化身，以利于传教。

25.1 宋人混淆苏鲁支、火祆与大秦、末尼

北宋赞宁（919—1001年）撰《大宋僧史略》卷下关于大秦末尼的记载比较长，但这是其他数据之源，为了说明宋代学人对夷教混淆程度之严重，稍加校勘，凡所改之字放在“[ ]”内，摘录如下：[1]

> 大秦末尼（胡神也。官品令有祆正）
>
> 火祆（火烟切）教法本起大波斯国，号苏鲁支，有弟子名玄真，习师之法，居波斯国大总长如火山。[2]后行化于中国。贞观五年（631年），有传法穆护何禄，将祆教诣阙闻奏；敕令长安崇化坊立祆寺，号大秦寺，又名波斯寺。开元二十年（732年）八月十五日敕：末尼本是邪见，妄称佛教，诳惑黎元。以西胡等既是[乡]法，当身自行，不须科罚。至天宝四年（745年）七月[敕]：波斯经教出自大秦，传习而来，久行中国，爰初建寺，因以为名，将欲示人，必循其本，其两京波斯寺宜改为大秦寺；天下诸州郡有者准此。大历三年（768年）六月敕：回纥置寺，宜赐额“大云光明之寺”。……

本文删略的部分被研究摩尼教的学者多次引用，为学术界所熟悉，因此不再抄录了。以现代学术研究的观点看，这里涉及三教四派：一，基督教的景教；二，摩尼教；三，正宗琐罗亚斯德教；四，变异的琐罗亚斯德教——祆教。有些混淆是当时已经造成的，不仅赞

〔1〕《大正新修大藏经》，第54册，No.2126，253b20-c20。http://www.cbeta.org/result/normal/T54/2126_003.htm

〔2〕原文为：“如火山”，难以理解。饶宗颐认为当作“为火正”。见饶宗颐，《穆护歌考——兼论火祆教入华之早期史料及其对文学、音乐、绘画之影响》，1993，页421。

宁不察，后世学者也多不察。以琐罗亚斯德教与祆教的异同为例，本不易辨识。《周书·异域传下》“波斯国”条记载：“大官有摸胡坛……俗事火祆神。”“摸胡坛”是中古波斯语magupatān的音写，火祆神当是拜火教的最高神。[1]《旧唐书》卷198：“波斯国……俗事天地日月水火诸神，西域诸胡事火祆者，皆诣波斯受法焉。”[2]《新唐书》卷221下也说：“波斯……祠天地日月水火。祠夕，以麝揉苏，泽髭颜鼻耳。西域诸胡受其法，以祠祆。”[3]段成式撰《酉阳杂俎》卷10“铜马”条说：“俱德建国乌浒河中，滩[流]中有火祆祠。相传祆神本自波斯国乘神通来此，常见灵异，因立祆祠。内无像，于大屋下置大小炉，舍檐向西，人向东礼。”[4]这说明中亚地区也有非偶像崇拜的火祆教徒。[5]西域诸胡的火祆源于波斯的琐罗亚斯德教，唐初之人遂以“火祆”统称二者。“摸胡”是中古波斯语magu的音写，“穆护”是新波斯语muγ、mōγ的音写，均指琐罗亚斯德教及火祆僧侣。唐初之人不辨琐罗亚斯德教与火祆之差别，但是流亡中国的波斯萨珊王朝王子毕路斯不可能不知道。韦述（？—757年）《两京新记》记载：“西京……醴泉坊……十字街南之东，波斯胡寺。仪凤二年（677年）波斯王毕路斯奏请于此置波斯寺。西北隅祓《长安志》作‘祆’祠。”[6]就在醴泉坊西北隅有一所祆祠，毕路斯奏请为自己在醴泉坊置一所专用寺院，如果性质与祆祠一样，完全可以仍然称祆祠。显然，他很清楚自己信奉的琐罗亚斯德教与其变种火祆之区别，不愿混同，遂另外命名为波斯寺。波斯胡寺与祆祠自然甚易混同。造

---

〔1〕余太山，2005年，页463、527–529。感谢余太山先生以大作相赠。

〔2〕[2011-10-01]. http://hanchi.ihp.sinica.edu.tw.ezp-prod1.hul.harvard.edu/ihpc/hanji?@36^1608464836^802^^^702020160003015600010012@@1223850117.

〔3〕[2011-10-01]. http://hanchi.ihp.sinica.edu.tw.ezp-prod1.hul.harvard.edu/ihpc/hanji?@36^1608464836^802^^^702020170004015000010011@@279013199.

〔4〕段成式著，方南生点校，《酉阳杂俎》卷10，中华书局，1980，页98–99。

〔5〕张小贵，2010年，页67–69。

〔6〕溥良辑，《南菁札记》，江阴使署，光绪甲午（1894年），《两京新记》，卷1，22b–23b。[2011-10-01]. http://books.google.com/books?id=ZKMqAAAAYAAJ&printsec=frontcover&source=gbs_ge_summary_r&cad=0#v=onepage&q&f=false.

成混淆的另一个根源或许在于景教初建的寺院也被称为“波斯胡寺”。宋敏求（1019—1079年）《长安志》卷10曰“义宁坊……街东之北波斯胡寺。[注：]贞观十二年（638年）太宗为大秦国胡僧阿罗斯立。” 天宝四年（745年）又下令将波斯寺改为大秦。[1]波斯琐罗亚斯德教、其变种火祆、这两种宗教僧侣的名称穆护，以及大秦聂斯脱利派，在唐代已经有些混淆，到了赞宁奉诏编撰《僧史略》时，自然已经难以分辨清楚。更有甚者，赞宁还将摩尼教也一并混入。

南宋宗鉴撰《释门正统》卷4引《僧史略》排斥摩尼教之论后说：“今之魔党，仍会昌配流之后，故不名火祆；仍贞明诛斩之余，故不称末尼；其教法则犹尔也，故法令禁之。”[2]进一步把南宋的民间宗教“魔党”也混入其中。南宋志磐撰《佛祖统纪》也循《释门正统》之误不改。陈垣先生指出：“由此观之，姚宽循赞宁之误，混火祆大秦为一，尚知略去末尼。宗鉴、志磐循赞宁之误，混火祆大秦为一外，复混入末尼也。”[3]

宋代知识界将景教（波斯经教、大秦）、正宗琐罗亚斯德教（波斯王毕路斯所建波斯胡寺）、祆教（祆、穆护[4]）、摩尼教（末尼、大云光明寺、摩尼寺）混为一谈。与此类似，中古西方基督教有些教父也对不同异教混淆不清。

25.2　中古基督教会对异教的混淆

6世纪希腊文的《七章》是以一个摩尼教徒改宗之际诅咒各种摩尼教信条的形式写成的，其第2章开头写道：[5]

---

〔1〕参阅马小鹤，《米国钵息德城考》，《中亚学刊》第2辑，中华书局，1987年。收入马小鹤，2008，页349–350。

〔2〕宗鉴，《释门正统》，《卍新纂续藏经》，第75册，No. 1513，p0314c06–p0315a20。http://www.cbeta.org/result/normal/X75/1513_004.htm.

〔3〕陈垣，《火祆教入中国考》，1980，页324。

〔4〕穆护也可能指正统琐罗亚斯德教祭司。

〔5〕Lieu, 1994, p.236.

我诅咒摩尼（Μὰνης），又名摩尼哈伊乌斯（Μανιχαῖος），他胆敢自称圣灵和耶稣基督（'Ιησοῦς Χριστος）的使徒，因此他能够欺骗他碰到的人。我诅咒其老师斯基西安努斯（Σκυθιανὸς）和佛陀（Βοýδδας），以及琐罗亚斯德（Ζαραδῆς），他宣称：在印度人和波斯人当中，他是出现在其面前的神，就像一个没有肉体的人。他也把他称之为太阳，因此为其自己的错误的继承者编写了琐罗亚斯德祈祷文。

斯基西安努斯（Scythianus）在4世纪的反摩尼教著作《阿基来行传》中是摩尼的祖师，塔迪厄（M. Tardieu）建议这个名字可能出自阿拉伯语šayḵ（长者、家长）。[1]宗德曼（W. Sundermann）认为，斯基西安努斯是摩尼的先驱琐罗亚斯德的讹误，《七章》把摩尼承认的光明使琐罗亚斯德、佛陀与斯基西安努斯混淆在一起了。[2]琐罗亚斯德并不像耶稣一样出现在摩尼教的神谱中。摩尼关于琐罗亚斯德的了解可能部分出自灵知派文献。摩尼教认为，耶稣是没有凡人的肉体的，由于摩尼认为佛陀、琐罗亚斯德和耶稣是摩尼之前的光明使，因此摩尼教徒，或者其反对者，也把这种特点赋予琐罗亚斯德，声称他“就像一个没有肉体的人”。琐罗亚斯德在波斯活动自无疑问，在古代传说中，琐罗亚斯德也到过印度。因此这里说“在印度人和波斯人当中”。在摩尼教文献中，没有把琐罗亚斯德与太阳联系起来。但是，波斯宗教一个显著的特点是崇拜太阳，因此这里说摩尼把琐罗亚斯德称为太阳。[3]

与东方、西方的这些混淆相比，霞浦文书对印度教的那罗延、基督教的耶稣（夷数）、琐罗亚斯德教的琐罗亚斯德（苏鲁支、苏路支），更不用说摩尼教的摩尼和佛教的释迦牟尼（释迦文），分得很清楚。显然，霞浦文书祖本当年撰成的时候，一定保留了摩尼肯定琐罗亚斯德、释迦牟尼、耶稣为其先驱，自居最后光明使的教义。

---

〔1〕Vermes, 2001, pp.140-144.

〔2〕Sundermann, 1991, pp.435-436.

〔3〕Lieu, 1994, p.258-261.

25.3 霞浦文书中的苏路支

霞浦文书中提及苏路支（苏鲁支）者有数处。[1]谢氏法师保存有乾隆五十一年（1786年）《吉祥道场门书》抄本，奉请摩尼、苏鲁支、那罗延、夷数等神祇。

陈法师藏科本提到五位大圣，然后抄录《下部赞·收食单偈》：

大圣元始世尊那罗延佛、

大圣神变世尊苏路支佛、

大圣慈济世尊摩尼光佛、

大圣大觉世尊释迦文佛、

大圣活命世尊夷数和佛

愿降道场，证明功德，接引亡灵来临法会。

一 那罗初世人；二 苏路神门变；

三 释迦托王宫；四 夷数神光现。

众和：救性离灾殃，速超常乐海。

一 摩尼大法王，二 最后光明使，

三 出现于苏邻，四 救我有缘人。

众：救性离灾殃，速超常乐海。

一者无上光明佛，二者智惠善母佛，

……

霞浦文书《摩尼光佛》用更大的篇幅礼赞了那罗延佛等五佛，摘录如下：

一佛那罗延，降神娑婆界，国应波罗门；……

二佛苏路支，以大因缘故，说法在波斯；度人无数；六道悉停酸，三途皆息苦。愿亡灵乘佛威，光证菩萨会。

三佛释迦文，四生大慈父，得道毗蓝苑；……

四佛夷数和，无上明尊子，降神下拂林；……

〔1〕陈进国、林鋆，2010年，页372，376–378，383。元文琪，2011年，页176–178。下文引用其披露的霞浦文书不再一一注明。

五佛摩尼光，最后光明使，托化在王宫；……（第62–64页）

……

伍佛记，诸经备。第一那罗延；苏路二；释迦三；夷数四；末号摩尼光。……（第70–71页）

……

大圣摩尼光佛（和：）愿开智慧大慈门（和：）摩尼光佛。……

大圣那罗延佛（和：）愿开怜悯大慈门（和：）那罗延佛。……

大圣苏路支佛（和：）愿开诚信大慈门（和：）苏路支佛。二尊苏路是真身，叱喝邪魔到业轮。世界三千威振习，城门十二现威神。鼻蛇叱去王心悟，死后垂苏国论称。六十年间身寂去，宗风三百岁清真。仰启神变世尊苏路支佛，大慈大悲。寻声来救度，惟愿亡者离苦，上生天堂见佛。闻径逍遥自在，极乐欢愉无量受，莲台救竟永逍遥。（一案举）

大圣释迦文佛（和：）愿开具足大慈门（和：）释迦文佛。释迦天竺诞王宫，……

大圣夷数和佛（和：）愿开忍辱大慈门（和：）……六旬住世身皈寂，……（第74–79页）

我们先对有些词句稍做解释。苏路支“六道悉停酸，三途皆息苦”云云，显然具有佛教色彩。佛教的六道为：天道、人道、阿修罗道、畜牲道、饿鬼道、地狱道。下三道为三恶道，又称三途。“停酸”的意思是受尽苦楚。但是其核心内容无疑出自摩尼教文献。关于其古音，我们与《摩尼教汉文文献词典》一致，采用蒲立本（E. G. Pulleyblank，1922—）构拟的后期中古音（LMC=Late Middle Chinese），注明相应的安息文（Pth. = Parthian）及其读音，以及英文译名：苏路支Suluzhi[LMC. suə̆ -luə̆`- tʂi]、苏鲁支Suluzhi [LMC. suə̆ -luə̆´- tʂi]<Pth. zrhwšt [zarhušt] ‘Zoroaster’；粟特文文书TM393

作'zr'wšc，So 18431等文书作zr'wšch；回鹘文作zrušč，发音相近。查拉图斯特拉在中古波斯文（MP=Middle Persian）中作zrdrwšt [zardrušt]。[1]"波斯"自是沿用古书中的译名；不过也完全符合摩尼教伊朗语文献中的读音：波斯Bosi [LMC. pua-sẓ]< Pth./MP p'rs [pārs] 'Persia'或MP. p'rsyg [pārsīg]; 'Persian'。[2]这里苏路支是五个光明使之一，我们先分析作为摩尼先驱的苏鲁支。

"叱喝邪魔到业轮"："邪魔"当即琐罗亚斯德教里恶界的最高神阿里曼（Ahriman），在下述粟特文文书TM393中写作'tδrmnw。"业轮"即黄道十二宫，需另外撰文研究，在此不赘。"鼻蛇叱去王心悟"可能指苏路支使维什塔斯普王皈依其宗教。传说苏路支77岁身亡，[3]"六十年间身寂去"与此不符，当为模仿摩尼的故事而成，比如，《摩尼光佛教法仪略》说到摩尼"六十年内，开示方便"，除了写成七部大经及图之外，"其余六十年间，宣说正法，诸弟子等随事记录，此不列载。"[4]

25.4 作为摩尼教光明使之一的苏鲁支

阿拉伯历史学家比鲁尼（al-Bīrūni，973—1050年）的《古代遗迹》告诉我们：摩尼为沙普尔·本·阿达希尔写的《沙卜拉干》里列举的先知是：佛陀（budd بدّ）、查拉图斯特拉（zarādušt زرادشت）、耶稣（'īsā عيسى），最后的先知就是摩尼自己。在摩尼撰写的福音书中，摩尼说自己是众先知的封印（xātam خاتم）。[5]《沙卜拉干》是摩尼用中古波斯文写成的早期著作，摩尼当时大概认为佛陀生活在远古，早于查拉图斯特拉，因此将佛陀排在查拉图斯特拉前面。

〔1〕参阅[2011-10-20]. http://www.iranicaonline.org/articles/zoroaster-i-the-name.

〔2〕Mikkelsen, 2006, p.103.

〔3〕Boyce, 1992, p.14, p.15, note 84.

〔4〕芮传明，2009年，页380、382。

〔5〕Bīrūnī, 1878, p.207; Sachau, 1879, p.190.

4世纪翻译成科普特文的摩尼教著作《布道书》中，在叙述了摩尼的殉难与埋葬之后，讲到其他使徒的受难，包括亚当（αδαμ）、以挪士（ενωϣ）、闪（ϣημ, σημ）、以诺（ενωχ）、耶稣和琐罗亚斯德（ζαραδης）。[1]在讲到伪教时，说琐罗亚斯德将伪教驱逐出巴比伦（βαβυλων），耶稣将其驱逐出耶路撒冷（ϩιερουσαλημ），第三个使徒（μαϩϣαμτ ν̄αποστολοὸ，当即摩尼）向伪教显示了自己，并将留在那里直到世界末日。[2]

在4世纪前后撰写的科普特文《克弗来亚》（今藏柏林）的导言中，摩尼将耶稣（ιη̄ς̄）、琐罗亚斯德（ζαραδης）和佛陀（βουδδας）视为自己之前的光明使，并且认为，自己的宗教比其优越之处之一是他自己亲手撰写了经典，而其他光明使却没有这么做：[3]

> [...]你们[...我]热爱的人们：当耶稣行走在西方（σανϩωτп̄）的土地上[...宣]示其希望[……]其弟子[……]耶稣（ιη̄ς̄）宣讲[……追]随他，他们撰写[……]其寓言[……]和征兆、奇迹[……]他们写了一本关于他的[...]书[...
>
> 光明使（αποστολος μ̄πουαϊνε）、光辉的启示者，[……他来到]波斯（περίς），到国王维什塔斯普（ϩυστασπης）处[……他选择弟]子，真理的义人[……他]在波斯（περσιὸ）宣示其希望；但是[……]琐罗亚斯德（ζαραδης）（没有）撰写著作。而是他[的弟子们追]随他，他们记忆在心；他们撰写[……]那是他们今天所阅读的[……]

接着摩尼讲述了佛陀。在柏林藏《克弗来亚》第一章中，摩尼告诉其信徒：在他之前的光明使有亚当（αδαμ）、其长子塞特（σηθηλ）、以挪士（ενωϣ）、以诺（ενωχ）、诺亚之子闪（σημ）、佛陀和阿罗汉（αυρεντης）、琐罗亚斯德、耶稣、保罗（παυλος）

[1] Polotsky, 1934, 68-70; Gardner & Lieu, 2004, pp.91-93. ϣημ, σημ指同一个人——闪。

[2] Polotsky, 1934, 11; Ort, 1967, pp.122-123.

[3] *Kephalaia,*7-8;　Gardner, 1995, p.13.

等，而摩尼自己是最后光明使。[1]这里像《沙卜拉干》一样，将佛陀置于琐罗亚斯德之前。塔迪厄（M. Tardieu，1938—）1988年刊布了都柏林藏《克弗来亚》中的一个片断，那个片断在讲述光明使时，则把佛陀及其追随者排在琐罗亚斯德之后、耶稣之前。[2]

摩尼较晚的著作《大力士经》在列举光明使的时候，把苏鲁支置于佛陀之前，比如《大力士经》中古波斯文残片M101b Ⅴ8-11写到"明使出兴于世"时即如此。[3]安息文文书M42比较完整地讲述了苏鲁支（zrhwšt）、释迦文佛（š'qmn bwt）、夷数（yyšw）和末摩尼（m'ry m'nyy）相继来到人间，拯救灵魂。[4]

粟特文文书TM393（新编号So18248Ⅱ）题作"给听者的布道书"，其第二部分列举了诸光明使以及毁谤他们的罪人。摩尼承认为先驱的光明使包括亚当（Adam）、婆罗门教（Brahmanic religion）圣贤、苏鲁支（Azrušè）、释迦文佛（Buddha Šākman）和基督（Christ）。与这些光明使者作对的包括琐罗亚斯德教里恶界的最高神阿里曼（Ahriman）、毁谤琐罗亚斯德的恶人贾马斯普（Žamāsp）等。[5]

只要把上引摩尼教胡语文书与霞浦文书的有关文字一对照，就很清楚。霞浦文书中的"五佛"中至少有四个就是摩尼及其以前的光明使：二佛苏路支、三佛释迦文、四佛夷数和、五佛摩尼光，就是琐罗亚斯德、佛陀、耶稣基督、摩尼；摩尼被称为"最后光明使"，完全符合摩尼教胡语文书反映的教义。这些题目需要另外撰文论述，在此不赘。一佛那罗延是否也是摩尼承认的光明使呢？那罗延是梵文Nārāyaṇa的音译，为大梵王之异名。那罗延很可能是摩尼教从印度文

---

〔1〕*Kephalaia,*12; Gardner, 1995, p.18.

〔2〕Tardieu, 1988. pp. 163-164. 塔迪厄认为，这可能是摩尼教徒与东伊朗佛教社团接触，有了新知识而修正的。参阅Tardieu, 1988. 宗德曼也同意这点,参阅Sundermann, 1991, p.432.

〔3〕Henning 1943, pp.58, 63.

〔4〕Andreas & Henning, 1932-1934, Ⅲ, 878-881; Ort, 1967, pp.119-120; Klimkeit, 1993, pp.124-125.

〔5〕Henning, 1944, 137-142.

化中借用的神名。这个题目也须另外撰文论述，本文篇幅所限，无法展开。本文着重研究苏鲁支。

安息文文书M 7 Ⅳ i-Ⅴ ii被称为“苏鲁支残片”，但是与上述《七章》中提到的“苏鲁支祈祷文”没有什么关系。苏鲁支在这首赞美诗中作为光明使出现：[1]

（’）如果你希望，我将把远祖（pydr’n hsyng’n）的验证传授给你。

（b）当救世主、正义的苏鲁支（zrhwšt）对自己的灵魂（gryw）说的时候，（他说）：

（g）“你沉睡在昏醉（mstyfṯ）[2]之中；醒来吧，看着我！

（d）从清净世界，我为了你而被派到这里来。”

（h）它（活灵魂）说：“我是斯鲁沙（srwš’w）[3]的无辜柔顺（n’zwg）[4]的儿子。

（v）我处于不净之中，忍受苦难。引导我离开死亡的束缚吧！”

（z）苏鲁支说：“万福。”向它提出古老的问题：“你是我的肢体（hnd’m）[5]吗？”

（j）“来自你自己的本乡（pdyšt wxybyy）[6]，生命的力量和最高世界的拯救降临到你身上。”

---

〔1〕图片见：http://www.bbaw.de/forschung/turfanforschung/dta/m/images/m0007_seite1.jpg http://www.bbaw.de/forschung/turfanforschung/dta/m/images/m0007_seite2.jpg. Andreas & Henning, 1932-1934, iii g 82-118; Boyce, 1975, §ay (p.108); Asmussen, 1975, p.48; Klimkeit, 1993, pp.47-48.

〔2〕mstyfṯ，意为“沉醉”，摩尼教认为，凡是没有得到灵知的人，都像喝醉的人。《下部赞》27c：“令我如狂复如醉”；38a：“令我昏醉无知觉”；《摩尼教残经》43-44：“其五明身既被如是苦切禁缚，废忘本性，如狂如醉。”

〔3〕srwš’w，本来是琐罗亚斯德教的遵命天使的名字，摩尼教借用为其最高神伟大的父亲的名字之一。

〔4〕n’zwg，意为“柔弱的”。

〔5〕hnd’m，意为“肢节”，活灵魂是光明世界的组成部分。

〔6〕pdyšt wxybyy，意为“自己的家乡”，即天堂，活灵魂是从那里来的。参见《下部赞》251d：“速送本乡安乐处”。

（h）跟着我，柔濡的儿子（nmryft z'dg）[1]，把光明的王冠（pwsg rwšn）[2]戴在你的头上！

（t）你——强大的众神之子变得如此可怜以至于四处乞讨。

这首赞美诗里，苏鲁支是大诺斯（Great Nous，惠明）派往人间的远祖（ancient Fathers）的代表。他对自己的灵魂讲话，这灵魂就是被囚禁在尘世的活灵魂（Living Soul）的一个部分。

中古波斯文文书M95+M1876+M1877+M564是一首赞美诗，活灵魂以第一人称自叙，先讲述其被囚禁在人身里的苦难，然后讲述其得救，自比为圣火和圣水：[3]

8 我是查拉图斯特拉（zrdrwšt）点燃（cyyd）的火。
他嘱咐义人（'hlw'n）点燃（cyydn）我。

9 从七次（hpt）圣化（yštg）的馨香之火中
带给我净化的燃料。

10带来洁净的薪柴（'ymg）
与柔和芬芳的香料（bwy）。

11 以灵知（d'nyšn）点燃我，
以纯洁的油（zwhr）洒在我身上。

12 我是合适（pscg）的水（'b）
你将给我祭品（'b-zwhr），那样我就会变得强壮（zwrmnd）。

摩尼教通常称其选民为'rd'w（读若ardāw），复数'rd'w'n（ardāwān），《摩尼光佛教法仪略》音译为“阿罗缓”，是摩尼教信徒五个等级中的“第四，阿罗缓，译云纯善人”。[4]这里显然有意不

[1] nmryft z'dg，参看《下部赞》212c：“柔濡羔子每勤收”。

[2] pwsg rwšn，参阅《下部赞》395：“受三大胜，所谓‘花冠、璎珞万种、妙衣串佩’。”光明王冠或花冠均为得救的象征。

[3] Andreas & Henning, 1932–1934, ii 318-321; Boyce, 1975, §be (p.112); Asmussen, 1975, p.79-80; Klimkeit, 1993, pp.50-51. 页50将zōrmand误排为zōrmad。Durkin, 2004, pp.51, 132, 385, 135, 7, 386, 376, 98, 118-119, 284.页284 pscg条漏引MMii M95 V 6a.

[4] 芮传明，2009年，页382。

用这个术语，而用琐罗亚斯德教术语'hlw（ahlaw）（复数'hlw'n，正义者）。cyn-（čīn-）意为“收集、聚集、堆积、照管（火）”，过去分词I型作cyyd，不定式Ia型作cyydn，也是一个琐罗亚斯德教术语，指照管圣火。hpṯ意为“七”，这与建立新的圣火阿塔斯·贝喃（Ātaš Bahrām）有关。圣火分为不同等级，第一种称阿塔斯·贝喃，新建的过程最为复杂，要收集多种不同用途的火，放在一起，以祈祷加以圣化。[1]然后持一片燃料于此火上，不直接接触此火焰，直到被其热量点着。然后依次进行七次；第七片燃料点燃的火焰就是被七次圣化（yaštag）的火焰。然后将此净化的火置于火坛上，添加三样东西：干燥的柴火、牺牲的动物的油脂和香料。zwhr（zōhr）就是献祭时，作为祭品的动物油脂。pscg（passažag）意为“合适”，只有对合适（洁净的）水才能祭献，如果对污染的水祭献是有罪的。'b-zwhr 意为“给水的祭品”，是将药草（有时是圣草豪麻（haoma）和石榴）浸泡在牛奶里制成的，使水强化和净化。zwrmnd [zōrmand] 意为“强壮”，与zwhr 谐音，在钵罗婆文（Pahlavi）著作中，也用这两个词作双关语。这篇文书的作者相当熟悉琐罗亚斯德教祭祀圣火和圣水的细节。[2]

在摩尼教文献中，苏鲁支除了作为光明使出现之外，还在与巴比伦的巫师和妖魔的斗争中出现。

25.5 降魔战斗中的苏鲁支

粟特文文书So 18431、So 18434、So 18435讲述了一个苏鲁支的故事[3]：

> ……苏鲁支（zr'wšch）……看……扎尔瓦尔没有……向上正义的苏鲁支到西方去。

[1] 林悟殊，1995年，页57。

[2] Boyce, 1966, pp.100-101, 112-116.页113pscg误排为pscq。

[3] Sundermann, 1986; Skjærvø, 1996, pp.617-618.

而……赞颂……

在一棵树根旁有扎尔瓦尔的偶像(yzδ'ys)……

扎尔瓦尔（zrwr）……每一个……和他自己的……

……他给温玛（wynm'）写了一封罪恶的、异端邪说的、引入歧途的信。

然后扎尔瓦尔……变得非常愤怒……战车和……

……*语言……

他们开始满腔怒火地走向……和向他们。

苏鲁支看到他们并知道：扎尔瓦尔……信函和他从西方而来，非常接近我们。

但是正义的苏鲁支[走得]很快，与维什塔斯普（Wyšt'spw）国王和扎尔瓦尔的两个儿子一起站在树下。

……* 维什塔斯普……

……你射箭，你就会射死你[自己]的两个儿子。

如果你再射，你将射死维什塔斯普——你自己的兄弟。[但是]这个人你是[杀]不了的。

再次……

……在每一颗心里……

但是就是你也将死亡，因为[你的]恶行，你将陷入黑暗，你这个杀死自己两个无辜之子的人。

当扎尔瓦尔……听到这个信息……他很不高兴，对*贾马斯普（z'm'sp）说……

……和一起……

他们赞颂。

扎尔瓦尔怒气冲冲而来，张弓射向苏鲁支。

箭[*没有射到]苏鲁支，但是*转了向[射到了]他自己的[*兄弟……

……他们缠裹苏鲁支的头，[在……，但是]贾马斯普和扎尔瓦尔在*碎石中……

国王维什塔斯普的名字在各种文字中有各种写法：在这份粟特文文书中写作Wyšt’spw，阿维斯陀语作Vištāspa，古波斯文作Vištāspa，希腊文作Hystāspēs，科普特文作Ϩυσταςπης，摩尼教安息文作Wištāsp，中古波斯文作Wištāsp，新波斯文作Goštāsp。查拉图斯特拉早期传教并不成功，来到卡维·维什塔斯普（Kavi Vištāspa）的国家。在这个国家里，他的传教终于获得了重大进展，国王本人放弃了伊朗–雅利安人的信仰，皈依了琐罗亚斯德教，成为查拉图斯特拉的赞助者、第一个琐罗亚斯德教社团的建立者。[1]贾马斯普（阿维斯陀语Jāmāspa）在粟特文中作Z’m’sp，在《伽泰》（*Gathas*）中提到过两次，是维斯塔斯普国王的大臣、最早皈依查拉图斯特拉者之一，以聪明著称。[2]后来他的故事发展成《贾马斯普·纳马》（Jāmāsp-nāma），又称《缅怀贾马斯普》（*Ayādgārī Jāmāspīg*），存钵罗婆文（Pahlavi script）残卷和帕赞德文（Pāzand，用阿维斯陀字母拼写的中古波斯语）全本，另有阿拉伯字母拼写的帕西文本，附有波斯文和古吉拉特文意译。[3]在摩尼教里，贾马斯普成了反面人物，在粟特文文书TM393（新编号So18248 II）中他是苏鲁支的毁谤者。[4]

扎里尔的名字阿维斯陀语作Zairivairi，后来演变成Zarēr，他是维什塔斯普的弟弟。维什塔斯普皈依琐罗亚斯德教，引起了匈人（Xyōns，阿维斯陀语Hyaona-）首领阿尔贾斯普（Arjāsp，阿维斯陀语Arəǰat̰.aspa）[5]的挑战，于是爆发了一场大战，扎的英雄。后来这个故事发展成伊朗第一部英雄赞歌《缅怀扎里尔》（Ayādgārī Zarērān）。[6]《缅怀扎里尔》第48节里，贾马斯普预言：扎里尔最

---

〔1〕[2010-10-09]. http://www.iranicaonline.org/articles/gostasp. 参阅龚方震、晏可佳，1998年，页56。

〔2〕[2010-10-09]. http://www.iranicaonline.org/articles/jamaspa 参阅元文琪，1997年，页92。

〔3〕[2010-10-09]. http://www.iranicaonline.org/articles/ayadgar-i-jamaspig-memorial-of-jamasp-a-short-but-important-zoroastrian-work-in-middle-persian-also-known-as-the-http://books.google.com/books?vid=HARVARD32044108749375&printsec=titlepage#v=onepage&q&f=false.

〔4〕Henning, 1944, 137-142.

〔5〕[2010-10-09]. http://www.iranicaonline.org/articles/arjasp.

〔6〕[2010-10-09]. http://www.iranicaonline.org/articles/ayadgar-i-zareran 参阅元文琪，1997年，页62-63，98。

心爱的儿子弗拉沙瓦尔德（Frašāward）将会被杀。[1]但是在这份粟特文文书中，扎里尔的名字写作扎尔瓦尔（zrwr），成了反面角色，苏鲁支预言扎尔瓦尔的儿子将会被杀。苏鲁支警告扎尔瓦尔：他将因为自己的恶行而堕落黑暗。这可以与琐罗亚斯德教文献做一比较：《万迪达德》（*Vendidad*，《袪邪典》）5.62对罪人说，他使他自己临终堕落恶人的世界，那是一个黑暗组成的世界，那是黑暗的产物，那就是黑暗本身。堕落那个世界，堕落地狱的世界，那是你所作所为、你的宗教把你自己送到那里去的，噢，罪人！[2]《亚斯那》（*Yasna*）31.20对恶人说：任何欺凌义人者将堕落长期的黑暗、恶食和悲叹之中。谎言的追随者，是你的戴厄娜（daēna）根据你自己的所作所为把你引向这种生存状态的。[3]

这份粟特文文书讲述的故事虽然以琐罗亚斯德教历史上著名的人物为角色，但是完全颠倒了过来：扎尔瓦尔在一棵树下有一尊偶像，苏鲁支和维什塔斯普国王、扎尔瓦尔的两个儿子站在树下。扎尔瓦尔受到警告，如果他射箭，他将射死自己的儿子，如果他再射，他将射死自己的哥哥维什塔斯普，但是射不到苏鲁支。听到这个警告，扎尔瓦尔咨询贾马斯普，直接射向苏鲁支，但是箭转了向，仍然没有射到苏鲁支。

这份粟特文文书里，扎尔瓦尔成了偶像（yzδ'ys）的崇拜者。这可能是把钵罗婆文《丹伽尔特》（*Dēnkart*，《宗教行事》）7.4.72中巨龙达哈格的故事嫁接在扎尔瓦尔身上而形成的：达哈格（Dahāg）在巴比伦（Bābēl）大施巫术，创造出众多炫人心目的东西，使人民目迷五色，成了偶像崇拜者，以至于世界濒临崩溃。查拉图斯特拉弘扬正教，严词谴责巫术，消灭了所有的奇技淫巧。[4]回鹘文文书TⅡD

〔1〕Horne, 1987, v.7, p.217; [2010-10-09]. http://www.avesta.org/mp/zarir.htm.

〔2〕Horne, 1987, v.7, p.99; [2011-10-09]. http://www.avesta.org/vendidad/vd5sbe.htm.

〔3〕Horne, 1987, v.7, p.21; [2011-10-09]. http://www.avesta.org/yasna/yasna.htm#y13.

〔4〕West, 1970, v.47, pp.66-67; [2011-10-09] http://www.avesta.org/denkard/dk7.html#chap4.

175（新编号U 4）题曰：《关于苏鲁支佛（Zrušč burxan）与魔鬼的奇文妙语》，也讲述了苏鲁支在巴比伦战胜众祭司的故事：[1]

[……]魔鬼[和]精灵把自己附在他身上。他对强大的众天使*说："捆绑他！"

众魔中最大的魔鬼逃之夭夭。

巴比伦城外有一棵纳龙树（narun）。最大的魔鬼躲在这棵树上。

众天使抓住[这棵树]，拉[它]和摇晃[它]。树上的叶子纷纷掉到地上。

这时巴比伦城的人怒气冲天，同仇敌忾。[他们]操起*狼牙棒（qamγa）和石头，把它们砸向苏鲁支佛。

[但是]石头砸向他们自己，[打破了]他们的头，砸瞎了[他们的眼睛]。

苏鲁支[佛]降尊纡贵地[说]："你们[所有的人][……]

他[魔鬼]坐在树顶。他想道："我将自己跳下去；我将砸在苏鲁支佛的头顶上；我将砸死苏鲁支佛。"

这时巴比伦城的祭司们抓起弓箭，张弓搭箭瞄准苏鲁支佛。他们的箭*转了向，射中了[魔鬼的]命脉。魔鬼当场毙命。

众祭司中的最高者满心羞愧。

苏鲁支佛从他所在的地方站起来，走到巴比伦城中。那里[……]建立了一座神庙[……]

qamγa可能意为"狼牙棒"，"狼牙棒和石头"可能出自琐罗亚斯德教文献的典故。

《亚什特》（*Yasht*）第10篇《梅赫尔·亚什特》是光明与誓约之神颂，歌颂密斯拉（Mīthra）神，96–97节说他手持的狼牙棒有成百的突起物、成百的利刃，所向无敌，用红铜制成，是最强大的武器，令魔鬼望风而逃。[2]《万迪达德》19.4–5说：查拉图斯特拉手持像屋子

〔1〕Le Coq 1908, 398-414, Skjærvø, 1996, pp.619-621, 荣新江，2007年，页477。

〔2〕Darmesteter, 1969, v.23, p.144; [2011-10-10]. http://www.avesta.org/ka/yt10sbe.htm.

那样大的石头，这是他从造物主阿胡拉·马兹达那里得到的，他威胁恶界的最高神安格拉·曼纽，将砸烂魔鬼的所有创造物。[1]这个例子说明摩尼怎样把他知道的琐罗亚斯德教的故事颠倒过来。在这份回鹘文书中，不是苏鲁支挥舞狼牙棒和石头，而是魔鬼的追随者挥舞这些武器，但是，无济于事，搬起石头砸自己的脚，这些武器还是砸向作恶者。上引粟特文文书中，箭射中了扎尔巴尔的儿子，以及这份回鹘文书中，箭射中了魔鬼，可能也出自琐罗亚斯德教文献的典故。《亚什特》10.20–21说密斯拉神的敌人用箭（或矛）射向密斯拉神，这箭飞回去了；即使这箭射中密斯拉神的身体，也无法伤害他；风把这箭吹走了。[2]

上述两个故事的宗教含义很可能反映了摩尼与波斯萨珊王朝君臣、祭司的关系。摩尼曾经获得萨珊波斯王沙普尔一世（Shapur Ⅰ，241—271年）的赞赏，允许他在波斯境内自由传教。摩尼教在国王奥尔米兹德（Hormizd，271—272年）统治下继续享有原来的地位。但是奥尔米兹德的统治只延续了一年，新的波斯国王瓦赫兰一世（Vahrām I，273—276年）在琐罗亚斯德教大祭司科德（Kirdir）的影响下，对摩尼教并不宽容。大约274年年初，摩尼受传唤前往贝拉斐（Bēt Lāphāṭ）的朝廷。摩尼来到贝拉斐，在城门口引起了骚动，特别是琐罗亚斯德教祭司们的骚动，他们向科德控诉摩尼，科德又通过更高级的官员，把这种控诉转告国王。于是瓦赫兰把摩尼召进宫中，进行申斥，接着囚禁了摩尼。摩尼最终在囚禁中死去。[3]上引文书中，苏鲁支作为光明使者，遭到将军扎尔瓦尔（扎里尔）、大臣贾马斯普、巴比伦人和祭司，特别是大祭司的迫害，而终于战胜这些敌人，显然并非史实，而只是摩尼教作者的虚构，影射摩尼遭到琐罗亚斯德教势力的迫害，以及表达对最终胜利的盼望。

---

〔1〕Horne, 1987, v.7, pp.141-142; [2011-10-10]. http://www.avesta.org/vendidad/vd19sbe.htm.

〔2〕Darmesteter, 1969, v.23, pp. 124-125; [2011-10-10]. http://www.avesta.org/ka/yt10sbe.htm.

〔3〕Lieu, 1992, pp.106-109.

25.6 结语

尼采（Friedrich Wilhelm Nietzsche，1844—1900年）知识渊博，在其作品中时不时引述东方智慧作为现代理性主义的对立面。他以查拉图斯特拉作为其哲学的先知，作为其代表作《查拉图斯特拉如是说》（*Also Sprach Zarathustra*）中的主角，自非偶然。而且他放弃了这个人名常见的写法琐罗亚斯德（Zoroaster），而采用了当时只有印度–伊朗语文学专家才熟悉的写法查拉图斯特拉（Zarathustra），以表示对这位亚利安先知的敬意。他不仅采用了查拉图斯特拉隐逸山林十年的细节，还采用了古波斯"哈扎尔（hazāra）"的观念。这个观念在一定程度上类似尼采自己的"永恒轮回"观。古波斯宗教相信以千年为单位的循环（hazāra），每个千年都有一位先知，每个先知都有他自己的hazar——他自己的千年王国。《查拉图斯特拉如是说》第4卷第1节《蜜的供奉》说："我们伟大的哈扎尔，便是我们的伟大而遥远的人类王国，一千年的查拉图斯特拉王国。"尼采作为研究语文学（philology）的教授，且生活在阿维斯陀和印度–伊朗语文学研究取得重大进展的时代，无疑熟悉这个领域的研究成果。但是尼采无意于对琐罗亚斯德教进行具体考证，他只是"借他人杯酒，浇自己块垒"，尼采笔下的查拉图斯特拉一般被视为就是尼采的化身。[1]

有关苏鲁支的摩尼教文献显示，其作者（们）相当熟悉琐罗亚斯德教，对其典故信手拈来，运用自如，对有关历史人物也不陌生，对其祭祀圣火的仪式了如指掌。其作者（们）对琐罗亚斯德教的了解自非赞宁等佛教史家所能望其项背。在东方摩尼教文献中，神祇的名字多半采用了琐罗亚斯德教的神名，二宗三际的教义也显得大同小异，以至于学术界长期以来流行摩尼教源自琐罗亚斯德教的观点。但是，我们细加分析，就可以清楚看到，摩尼类似尼采，并无意细究琐罗亚斯德教的史实，而是要利用其文化资源，自己做一个原创性的教主。

〔1〕参阅：[2011-10-18]. http://www.iranicaonline.org/articles/nietzsche-and-persia.

琐罗亚斯德教的圣火在摩尼教中被转化为活灵魂的象征；英雄扎里尔、贤臣贾马斯普都成了反面角色；苏鲁支成了摩尼的先驱。讲到底，在摩尼教文献中，在霞浦文书中，苏鲁支也就是摩尼的化身，犹如在尼采书中，查拉图斯特拉成了尼采的化身一样。

参考文献

Andreas F C, Henning W. 1932-1934. Mitteliranische Manichaica aus Chinesisch-Turkestan I-III. Berlin: Akademie der Wissenschaften in Kommission bei W. de Gruyter u. Co.

SPAW. 1932, 10; 1933, 7; 1934, 27.（简称MMi. MMii. MMiii）.

Asmussen J P. 1975. Manichaean literature: representative texts chiefly from Middle Persian and Parthian writings. Delmar, NY: Scholars' Facsimiles & Reprints.

Bīrūnī, Muḥammad ibn Aḥmad. 1878. Chronologie orientalischer Vŏlker. Leipzig : Brockhaus. http://nrs.harvard.edu/urn-3:HUL.FIG:002267088.

Boyce M. 1966.Ātaš-z ō hr and Āb-zōhr. JRAS, 1966: 100-118.

Boyce M. 1975. A Reader in Manichaean Middle Persian and Parthian: Texts. Téhéran: Bibliothèque Pahlavi: Leiden: Diffusion, E J Brill.

Boyce M. 1992. Zoroastrianism. Costa Mesa, California: Mazda Publishers.

BSO(A)S. Bulletin of the School of Oriental (*and African*) *Studies*, University of London.

陈进国，林鋆. 2010. 明教的新发现——福建霞浦县摩尼教史迹辨析//不止于艺. 北京：北京大学出版社：342–389.

陈垣. 1980. 陈垣学术论文集. 北京：中华书局.

Darmesteter J. 1969. The Zend-Avesta: Sacred books of the East. Delhi: Motilal Banarsidass.

Dodge B. 1970. The Fihrist of al-Nadīm : a tenth-century survey of Muslim culture. New York : Columbia University Press.

Durkin D. 2004. Dictionary of Manichaean texts: vol 3. *Texts from Central Asia and China* / edited by Nicholas Sims-Williams. pt. 1. *Dictionary of Manichaean Middle Persian and Parthian* / by Desmond Durkin-Meisterernst, Turnhout : Brepols ; NSW, Australia : Ancient History Documentary Research Centre, Macquarie University.

Gardner I. 1995. The Kephalaia of the Teacher : the edited Coptic Manichaean texts in translation with commentary. Leiden, New York : E J Brill.

龚方震，晏可佳. 1998. 祆教史. 上海：上海社会科学院出版社.

Henning W B. 1943. The Book of the Giants. BSOAS, Ⅺ: 52-72.

Henning W B. 1944. The Murder of the Magi. JRAS: 133-144.

Horne C F. 1987. The Sacred books and early literature of the East: with historical surveys of the chief writings of each nation. Delhi, India: Mittal Publications.

JRAS. Journal of the Royal Asiatic Society (London) Kephalaia, ed. H.-J. Polotsky and A. Böhlig (Man. Hss. Der Staatlichen Museen Berlin I, Stuttgart 1940); ed. A. Böhlig (ibid. 1.2, 1966).

Klimkeit H-J. 1993. Gnosis on the Silk Road : Gnostic texts from Central Asia. San Francisco, Calif.: HarperSanFrancisco.

Le Coq A von. 1908. Ein manichäisch-uiguisches Fragment aus Idiqut-Schāhri. SPAW: 398-414.

Lieu S N C. 1992. Manichaeism in the later Roman Empire and medieval China. Tübingen : J C B Mohr.

Lieu Samuel N C. 1994. Manichaeism in Mesopotamia and the Roman East. Leiden, New York : E J Brill.

林悟殊. 1995. 波斯拜火教与古代中国. 台北：新文丰出版公司.

马小鹤. 2008. 摩尼教与古代西域史研究. 北京：中国人民大学出版社.

Ort L J R. 1967. Mani : a religio-historical description of his personality. Leiden: E J Brill.

饶宗颐. 1993. 饶宗颐史学论著选. 上海：上海古籍出版社.

Reeves J C. 1996. Heralds of that Good Realm: Syro-Mesopotamian Gnosis and Jewish Traditions. Leiden: Brill.

荣新江. 2007. 吐鲁番文书总目·欧美收藏卷. 武汉：武汉大学出版社.

芮传明. 2009. 东方摩尼教研究. 上海：上海人民出版社.

Sachau C E.1879. The chronology of ancient nations : an English version of the Arabic text of the Athâr-ul-Bâkiya of Albîrûnî. London : Published for the Oriental Translation Fund of Great Britain & Ireland by W.H. Allen.

Skjærvø P O. 1996. Zarathustra in the Avesta and in Manicheism. Irano-Manichaica IV. Roma : Accademia nazionale dei Lincei: 597-628.

SPAW. Sitzungsberichte der Preussischen Akademie der Wissenschaften. Philosophisch-Historische Klasse. Berlin.

Sundermann W. 1986. Bruchstüscke einer manichäis-chen Zarathustralegende // Schmitt R, Skjærvø P O. Studia grammatica Iranica : Festschrift für Helmut Humbach. München : R. Kitzinger: 461-82.

West E W. 1970. Pahlavi texts. The sacred books of the East: vols 5, 18, 24, 37, 47. Delhi : Motilal Banarsidass.

余太山. 2005. 两汉魏晋南北朝正史西域传要注. 北京：中华书局.

元文琪. 1997. 二元神论——古波斯宗教神话研究. 北京：中国社会科学出版社.

元文琪．2011．福建霞浦摩尼教科仪典籍重大发现论证．世界宗教研究（5）：169-180.

张小贵．2010．中古华化祆教考述．北京：文物出版社.

26 忽必烈：最早绘在西方古地图上的中国皇帝图像

黄时鉴 浙江大学

在马可·波罗游记问世以前，西方人对东亚的地理知识基本上仍处于托勒密（Claudius Ptolemaeus，90—168年）时代。据说托勒密的《地理志》原是附有地图的，但随着原书的佚失，其所附地图并没有保存下来。直到14世纪欧洲人在拜占庭读到并传回《地理志》的阿拉伯文抄本，才将它回译为拉丁文，接着又据以重新绘制其世界地图。在15世纪以后重绘的托勒密世界地图上，东亚是混沌一片，用文字标示的一般还只是Seres、Sinae以及Scythia Extra（外斯基泰）。也有个别版本标名较详，如1490年拉丁文罗马版的托勒密《地理志》所附地图27幅，第1幅总图上标有SCYTHIA EXTRA、IMAVM MONTEN、SERICA、INDIA EXTRA、SINARVM，还有若干山川名称；第23幅在IMAVM MONTEN 以下添有CHATAE SCYTHAE。[1]这个“CHATAE”很可能是编者安格罗斯（J. Angelus）和卡尔德里努斯（D. Calderinus）添加上去的。

马可·波罗游记改变了西方人古代传统的世界观念。这种影响在14世纪欧洲人绘制的地图上开始表现出来。1375年绘制的《卡塔兰地图》（*The Catalan Atlas*）企图以马可·波罗游记为主要内容来展示一个新的世界，因此标出许多马可·波罗记述的地名。《卡塔兰地图》突破了托勒密地图的框架，是西方地图史上里程碑式的作品之一。而

〔1〕A. E. Nordenskiöld, *Facsimile-Atlas to the Early History of Cartography*, Stockholm, 1889; rep., New York , 1973. pl. Ⅰ, XXIII.

且它的绘制实际上比最早重绘的托勒密世界地图还早了一个世纪。此图彩绘，篇幅很大，共由8条长幅连接而成，每幅高66厘米；宽26.5厘米×8，共212厘米，现存于巴黎法国国家图书馆。英国学者玉尔（Henry Yule）曾说："卡塔兰地图是马可波罗地理学最完整的中世纪体现。"[1]"在我看来，且不说是对地理学，即使是对地图绘制，它也展示出马可·波罗的影响最为超胜。关于中亚和更远的亚洲以及部分印度，其书乃是该图的基础。"[2]

《卡塔兰地图》的作者，有的学者考为克莱斯克（Abraham Cresques），一位西班牙马略卡岛上的卡塔隆尼亚犹太人，但不能十分确定。总的说来，它仍是一件中世纪的世界地图，局限于欧洲、亚洲和北非。它在形制上与当今一般的地图不同，南北倒置，东西也反向。图上有很多人物和其他形象，致力于表示马可家族东来西归的行程；不过东来和西归的图像是相互倒置的。由于原图较大，后来相关图书内的印本都是缩小了的，字迹很难看清。1975年西班牙出过一个纪念此图问世三百周年的本子，1977年又有分别用法德英三种文字译编的限量印制的超大刊本。

《卡塔兰地图》上绘有一幅忽必烈肖像，这是西方古地图上最早出现的一幅中国皇帝的图像。以下的忽必烈肖像取自《卡塔兰地图》的1843年复制件。（见图26-1）

---

〔1〕Henry Yule, *The Travels of Marco Polo*, the Complete Yule-Cordier Edition, 1993, 424.

〔2〕Henry Yule, *The Travels of Marco Polo*, the Complete Yule-Cordier Edition, 1993, 425.

图26-1　1375年《卡塔兰地图》上的忽必烈肖像

（此图用法国国家图书馆1843年复制件）

这是一幅元朝皇帝忽必烈的坐像，其上方有中古西班牙-意大利文注记，今将其文字识录如下：

lo maior princep de totos los tartaros
ha nom holubeim / q[ue] uol dir gran ca /
A(e?) quest emperador es mult plus rich
de tots los altres emperadores de tot lo
mon / a quest emperador guarden Ⅻ mil
caualles / et han / iiij capitans / a qu[els] [ab]

XII millia caualles / et cascu capitan [va]

en la cort al far comparya per iij meses

de l'any / et axi dels altres per orda〔1〕

此中古西班牙–意大利文注记，可汉译为："全鞑靼人之最大君主，名忽必烈，意为大汗。此皇帝极为富有，比世上其他所有皇帝尤胜。有禁卫一万二千骑，其宫由四将各领一万二千骑更番护守，每番值三月。"〔2〕这段文字实际上是据马可·波罗游记关于忽必烈的记述的简写，是西方古地图上第一次随同所绘大汗图像而做的注记文字。当然，这个图像仅是制图家意想之笔，其实它画得更像是一位欧洲中世纪的国王。

此后又见绘有忽必烈图像的是1457年的《热诺亚世界地图》。此图作者佚名，今存意大利佛罗伦萨国立图书馆。这幅地图上并没有标出多少马可·波罗所记的地名，但在Scithia Extra、Imav Montes 下面标有Magog、Gog（此二词源出《圣经》，马可波罗置于东北亚）；而在中国本部的位置十分醒目地标出Catayum，其东北又标有Sine。Catayum重出三次，且在中间画有大汗的坐像，下方和左上角有拉丁文注记文字。下方的拉丁文是："Rex Cambalech hoc est magnus canis"，汉译意为："汗八里之王，此即大汗"。左上角的拉丁文是："Huic regioni quae catayum vel eorum līngua cambalec dicitur dominator magnus canis"，汉译意为："此地域即大汗领地，被称为契丹，或称汗八里"。〔3〕如果说《卡塔兰地图》上的大汗图像实际上

〔1〕据《卡塔兰地图》原图及其1843年复制件电子摄影识录。复制件上的注记文字尚无漫漶，更宜辨识，本文采用此复制件图像原因在此。图像由毛传慧博士摄影于法国国家图书馆，谨在此表示谢意。

〔2〕此注记文字为中古西班牙–意大利文，由意大利学友傅马利博士（Dr. Pier Fracesco Fumagalli）帮助识读，谨表深切的谢忱。下同。原笔者在一篇文章中曾说此文为拉丁文，识录与释读也不够确切，今予以更正。又，这段文字考狄在其1895年发表的《在法王查利五世的卡塔兰地图上的远东……》一文中业已转录，文中插图用的是1375年地图原件，已有漫漶不清之处，但他的转录却相当完整。（Henri Cordier, "L'extrême-orient Dans L'atlas Catalan De Charles V: Roi De France…", *Bulletin de géographie et descriptive*, 1895.）

〔3〕《热诺亚世界地图》可见于多种西方制图史专著，但注记文字不够清晰。笔者录出的拉丁文据佛罗伦萨国立图书馆赠予的该图电子本，谨表谢忱。

描绘的是一个欧洲国王，那么这幅大汗就具有东方因素了，尽管很难说他真是蒙古大汗的形象。（见图26-2）

图26-2　《热诺亚世界地图》（1457年）上的忽必烈肖像

进入16世纪以后，“蒙古大汗”的肖像又出现在马丁·瓦尔德西缪勒（Martin Waldseemüller，约1473—1519年）于1516年出版的*Carta Marina* 第197页所收的一幅地图上。[1]（见图26-3）这幅木刻印制的肖像比前地图手稿上的画像又有明显的变化，头戴的皇冠造型繁复，须发均呈辫状，左手执权杖，右手持长剑。肖像正面左侧图文是“CAMBALV METROPOLIS”（汗八里都城），上标“CATHAY PROVINCIE PARS / SIVE SYNARVM”（契丹地域 / 中国），肖像

〔1〕R. V. Tooley & Charles &Bricker, *Landmarks of Mapmakings*, Phaidon Press Ltd, 1977, p.107.

下面标“CHINGITALIS”地域，其西南标“CAMVL”地域，都是马可·波罗笔下的地名。左面的一段注记文字识录如下：

In hac cititate sedes est imperoalis magni Cha
am de Chatayo imperatoribus omnium tartarorum ge
neralis et maximi tandem hec in circuitu miliaria
40 italic habet 12 portas distantes ab invicem 2.
Miliaria In medio est palatium iustitiae seu habi
Tationis dicti Chaam cuius murus circuit miliaria 4.
Sunt enim in eo 4. columne de auro.

此段文字为拉丁文，今汉译如下：

此城为大汗皇帝所居，彼乃契丹全鞑靼之大皇帝。全城墙周围40意大利“迈”（Miliaria），有12门，诸门之间距为2意大利“迈”。城之中心为正义之宫，系大汗居处。宫城周围4“迈”，立有4金柱。

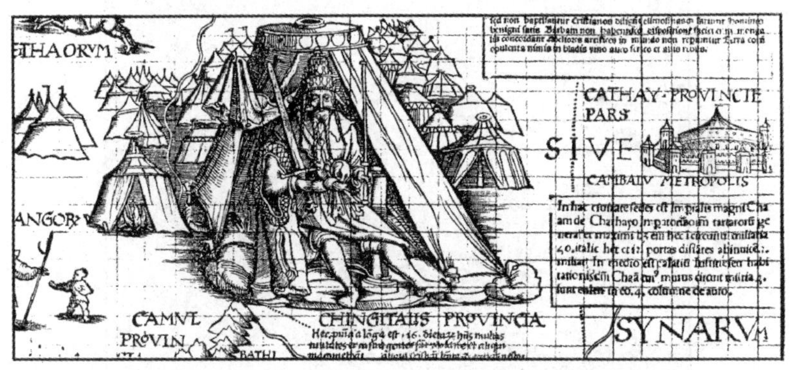

图26-3　1516年马丁·瓦尔德西缪勒所绘地图上的忽必烈肖像

又，1522年弗里西乌斯在其托勒密世界地图上标出了CATAI REGIO、cataya ci.、TANGUT、mangi和quinsai ci.等[1]；同时，在其“上印度与大鞑靼图”上标绘的马可·波罗的地名就更丰富了，不仅

[1] A. E. Nordenskiöld, *Facsimile-Atlas to the Early History of Cartography*, Stockholm, 1889; rep., New York , 1973, pl. XXXIX.

添加了CAMVL、CHICHITALIS、TEBET以及BANGALA，而且在Cathaio、quinsay、TOLMAN、CAMVL、CHICHITALIS、TEBET以及AMAGOCH的近旁均有注记，它们显然是马可·波罗游记相关文字的简写。尤其醒目的是，在此梯形地图的右上方绘出了帐幕群，最前的帐幕内有一坐像，上面的拉丁文注记为"Magnus Tartarus Gogchaam / Rex Regum et dominus dominantium"，汉译意为"大鞑靼高格汗，众王之王与众君之君"。[1]（见图26-4）马可·波罗的地名和文字较多地进入托勒密地图，这无疑是马可·波罗游记的影响在西方制图学得以扩大的显著表现。在这幅图像上，忽必烈右手所执的也是长剑。比对上幅肖像可以见出，此图像正是上幅图像的简版，不过左手上原来执有的权杖已经消失。

图26-4　1522年弗里西乌斯所绘托勒密世界地图上忽必烈肖像

〔1〕此图彩色印本见于周敏民编《地图中国》，香港科技大学图书馆，2003年，图5；摹绘黑白图见于A. E. Nordenskiöld, *Facsimile-Atlas to the Early History of Cartography*, Stockholm, 1889; rep., New York , 1973, p. 101, pl. 63.

类似的图像后来又出现在1544年卡博（Sabastian Cabot）所绘世界地图[1]和1550年戴赛利埃（Pierre Desceliers）所绘世界航海图[2]上。此两幅图像笔者所见印本不够清晰，不再引印。卡博地图上的肖像左侧的四行注记文字尚可读出，为西班牙文之“Del gran Can Emperator de los Tartaros（以下不够清晰）”汉译为：“此即鞑靼之大汗皇帝……”。

直到1570年奥特里乌斯《地球大观》问世，在其所收“鞑靼或大汗王国地图”上，也还绘有相类的大汗图像。《地球大观》是西方第一部近代地图集，到1612年用拉丁文、德文、法文、西班牙文、荷兰文、英文和意大利文七种文字共出了40多版，这幅“鞑靼或大汗王国地图”一直用到1612年的版本。可见忽必烈肖像在西方制图史上有相当长期的影响，从1375年《卡塔兰地图》算起，至少延续了两个世纪以上。

〔1〕此图藏于巴黎国家图书馆，印品见于Kenneth Nebenzahl, *Atlas of Columbus and the Great Discoveries*, pp.106-107, Ran1990.

〔2〕此图绘于法国Arques (Dieppe France)，今藏于伦敦大英图书馆，印品见于Peter Whitfield, *Mapping the World: A History of Exploration*, pp.74-75, 2000.

欧亚历史文化文库

已经出版

林悟殊著:《中古夷教华化丛考》 定价：66.00 元
赵俪生著:《弇兹集》 定价：69.00 元
华喆著:《阴山鸣镝——匈奴在北方草原上的兴衰》 定价：48.00 元
杨军编著:《走向陌生的地方——内陆欧亚移民史话》 定价：38.00 元
贺菊莲著:《天山家宴——西域饮食文化纵横谈》 定价：64.00 元
陈鹏著:《路途漫漫丝貂情——明清东北亚丝绸之路研究》
定价：62.00 元
王颋著:《内陆亚洲史地求索》 定价：83.00 元
〔日〕堀敏一著，韩昇、刘建英编译:《隋唐帝国与东亚》
定价：38.00 元
〔印度〕艾哈默得・辛哈著，周翔翼译，徐百永校:《入藏四年》
定价：35.00 元
〔意〕伯戴克著，张云译:《中部西藏与蒙古人
——元代西藏历史》(增订本) 定价：38.00 元
陈高华著:《元朝史事新证》 定价：74.00 元
王永兴著:《唐代经营西北研究》 定价：94.00 元
王炳华著:《西域考古文存》 定价：108.00 元
李健才著:《东北亚史地论集》 定价：73.00 元
孟凡人著:《新疆考古论集》 定价：98.00 元
周伟洲著:《藏史论考》 定价：55.00 元
刘文锁著:《丝绸之路——内陆欧亚考古与历史》 定价：88.00 元
张博泉著:《甫白文存》 定价：62.00 元
孙玉良著:《史林遗痕》 定价：85.00 元
马健著:《匈奴葬仪的考古学探索》 定价：76.00 元
〔俄〕柯兹洛夫著，王希隆、丁淑琴译:
《蒙古、安多和死城哈喇浩特》(完整版) 定价：82.00 元
乌云高娃著:《元朝与高丽关系研究》 定价：67.00 元
杨军著:《夫余史研究》 定价：40.00 元
梁俊艳著:《英国与中国西藏(1774—1904)》 定价：88.00 元
〔乌兹别克斯坦〕艾哈迈多夫著，陈远光译:
《16—18 世纪中亚历史地理文献》(修订版) 定价：85.00 元

成一农著:《空间与形态
——三至七世纪中国历史城市地理研究》 定价：76.00 元
杨铭著:《唐代吐蕃与西北民族关系史研究》 定价：86.00 元
殷小平著:《元代也里可温考述》 定价：50.00 元
耿世民著:《西域文史论稿》 定价：100.00 元
殷晴著:《丝绸之路经济史研究》 定价：135.00 元（上、下册）
余大钧译:《北方民族史与蒙古史译文集》 定价：160.00 元（上、下册）
韩儒林著:《蒙元史与内陆亚洲史研究》 定价：58.00 元
〔美〕查尔斯·林霍尔姆著，张士东、杨军译:
《伊斯兰中东——传统与变迁》 定价：88.00 元
〔美〕J.G.马勒著，王欣译:《唐代塑像中的西域人》 定价：58.00 元
顾世宝著:《蒙元时代的蒙古族文学家》 定价：42.00 元
杨铭编:《国外敦煌学、藏学研究——翻译与评述》 定价：78.00 元
牛汝极等著:《新疆文化的现代化转向》 定价：76.00 元
周伟洲著:《西域史地论集》 定价：82.00 元
周晶著:《纷扰的雪山——20 世纪前半叶西藏社会生活研究》
定价：75.00 元
蓝琪著:《16—19 世纪中亚各国与俄国关系论述》 定价：58.00 元
许序雅著:《唐朝与中亚九姓胡关系史研究》 定价：65.00 元
汪受宽著:《骊靬梦断——古罗马军团东归伪史辨识》 定价：96.00 元
刘雪飞著:《上古欧洲斯基泰文化巡礼》 定价：32.00 元
〔俄〕T. Б.巴尔采娃著，张良仁、李明华译:
《斯基泰时期的有色金属加工业——第聂伯河左岸森林草原带》
定价：44.00 元
叶德荣著:《汉晋胡汉佛教论稿》 定价：60.00 元
王颋著:《内陆亚洲史地求索（续）》 定价：86.00 元
尚永琪著:
《胡僧东来——汉唐时期的佛经翻译家和传播人》 定价：52.00 元
桂宝丽著:《可萨突厥》 定价：30.00 元
篠原典生著:《西天伽蓝记》 定价：48.00 元
〔德〕施林洛甫著，刘震、孟瑜译:
《叙事和图画——欧洲和印度艺术中的情节展现》 定价：35.00 元
马小鹤著:《光明的使者——摩尼和摩尼教》 定价：120.00 元
李鸣飞著:《蒙元时期的宗教变迁》 定价：54.00 元

〔苏联〕伊·亚·兹拉特金著，马曼丽译：
《准噶尔汗国史》(修订版) 定价：86.00 元
〔苏联〕巴托尔德著，张丽译：《中亚历史——巴托尔德文集
第 2 卷第 1 册第 1 部分》 定价：200.00 元（上、下册）
〔俄〕格·尼·波塔宁著，〔苏联〕B.B.奥布鲁切夫编，吴吉康、吴立珺译：《蒙古纪行》 定价：96.00 元
张文德著：《朝贡与入附——明代西域人来华研究》 定价：52.00 元
张小贵著：《祆教史考论与述评》 定价：55.00 元
〔苏联〕K. A. 阿奇舍夫、Г. A. 库沙耶夫著，孙危译：
《伊犁河流域塞人和乌孙的古代文明》 定价：60.00 元
陈明著：《文本与语言——出土文献与早期佛经词汇研究》
定价：78.00 元
李映洲著：《敦煌壁画艺术论》 定价：148.00 元（上、下册）
杜斗城著：《杜撰集》 定价：108.00 元
芮传明著：《内陆欧亚风云录》 定价：48.00 元
徐文堪著：《欧亚大陆语言及其研究说略》 定价：54.00 元
刘迎胜著：《小儿锦研究》(一、二、三) 定价：300.00 元
郑炳林著：《敦煌占卜文献叙录》 定价：60.00 元
许全胜著：《黑鞑事略校注》 定价：66.00 元
段海蓉著：《萨都剌传》 定价：35.00 元
马曼丽著：《塞外文论——马曼丽内陆欧亚研究自选集》
定价：98.00 元
〔苏联〕И. Я.兹拉特金主编,М.И.戈利曼、Г.И.斯列萨尔丘克著，
马曼丽、胡尚哲译：《俄蒙关系历史档案文献集》（1607—1654）
定价：180.00 元(上、下册)

华喆著：《帝国的背影——公元 14 世纪以后的蒙古》 定价：55.00 元
П. К.柯兹洛夫著，丁淑琴、韩莉、齐哲译：《蒙古和喀木》
定价：75.00 元
杨建新著：《边疆民族论集》 定价：98.00 元
赵现海著：《明长城时代的开启
——长城社会史视野下榆林长城修筑研究》（上、下册）
定价：122.00 元
李鸣飞著：《横跨欧亚——中世纪旅行者眼中的世界》 定价：53.00 元
李鸣飞著：《金元散官制度研究》 定价：70.00 元
刘迎胜著：《蒙元史考论》 定价：150.00 元
王继光著：《中国西部文献题跋》 定价：100.00 元
李艳玲著：《田作畜牧
——公元前 2 世纪至公元 7 世纪前期西域绿洲农业研究》
定价：54.00 元

〔英〕马尔克·奥莱尔·斯坦因著，殷晴、张欣怡译：《沙埋和阗废墟记》
定价：100.00 元
梅维恒著，徐文堪编：《梅维恒内陆欧亚研究文选》 定价：92 元
杨林坤著：《西风万里交河道——时代西域丝路上的使者与商旅》
定价：65 元
王邦维著：《华梵问学集》 定价：75 元
芮传明著：《摩尼教敦煌吐鲁番文书译释与研究》 定价：88 元
陈晓露著：《楼兰考古》 定价：92 元
石云涛著：《文明的互动
——汉唐间丝绸之路中的中外交流论稿》 定价：118 元
孙昊著：《辽代女真族群与社会研究》 定价：48 元
尚永琪著：《鸠摩罗什及其时代》 定价：70 元
薛宗正著：《西域史汇考》 定价：136 元（上、下册）
张小贵编：
《三夷教研究——林悟殊先生古稀纪念论文集》 定价：100 元
许全胜、刘震编：《内陆欧亚历史语言论集——徐文堪先生古稀纪念》
定价：90 元
石云涛著：《丝绸之路的起源》 定价：83 元（暂定）
〔英〕尼古拉斯·辛姆斯-威廉姆斯著：
《阿富汗北部的巴克特里亚文献》 定价：163 元（暂定）
余太山、李锦秀编：《古代内陆欧亚史纲》 定价：122 元（暂定）
王永兴著：《唐代土地制度研究——以敦煌吐鲁番田制文书为中心》
定价：70 元（暂定）
王永兴著：《敦煌吐鲁番出土唐代军事文书考释》 定价：84 元（暂定）
李锦绣编：《20 世纪内陆欧亚历史文化论文选粹：第一辑》
定价：104 元（暂定）
李锦绣编：《20 世纪内陆欧亚历史文化论文选粹：第二辑》
定价：98 元（暂定）
李锦绣编：《20 世纪内陆欧亚历史文化论文选粹：第三辑》
定价：97 元（暂定）
李锦绣编：《20 世纪内陆欧亚历史文化论文选粹：第四辑》
定价：100 元（暂定）
馬小鶴著：《霞浦文書研究》 定价：88 元（暂定）
林悟殊著：《摩尼教華化補說》 定价：109 元（暂定）

淘宝网邮购地址：http://lzup.taobao.com